Hans Herbert von Arnim, geboren 1939, leitete nach dem Jura- und Volks-
wirtschaftsstudium zehn Jahre lang das Karl-Bräuer-Institut des Bundes
der Steuerzahler. Nach der Habilitation war er zunächst Professor an der
Universität Marburg. Seit 1981 hat er den Lehrstuhl für Öffentliches
Recht und Verfassungslehre an der Hochschule für Verwaltungswissenschaften in Speyer inne. Seine Veröffentlichungen zur Politikfinanzierung
haben in den letzten Jahren immer größere Wirkung auf die Praxis
gehabt, so etwa bei Diäten- und Versorgungsskandalen in Hessen, Hamburg und im Saarland. »Die Zeit« nennt ihn eine »Einmann-Instanz«
gegen Auswüchse des Parteienstaates, die mehr Gesetze aus den Angeln
gehoben habe als jeder andere außer dem Bundesverfassungsgericht.

Dieses Buch wurde auf chlor- und säurefreiem Papier gedruckt.

Originalausgabe Mai 1993
© 1993 Droemersche Verlagsanstalt Th. Knaur Nachf., München
Umschlaggestaltung Adolf Bachmann, Reischach
Satz Franzis-Druck, München
Druck und Bindung Elsnerdruck, Berlin
Printed in Germany 5 4 3 ·
ISBN 3-426-80014-4

Hans Herbert von Arnim

Der Staat als Beute

Wie Politiker
in eigener Sache
Gesetze machen

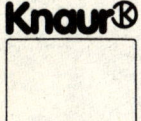

»Die parlamentarische Demokratie basiert auf dem Vertrauen des Volkes; Vertrauen ohne Transparenz, die erlaubt zu verfolgen, was politisch geschieht, ist nicht möglich.« Gerade bei Entscheidungen des Parlaments in eigener Sache ist Öffentlichkeit »die einzige wirksame Kontrolle«.

(Bundesverfassungsgericht am 5. 11. 1975)

Dieses Buch sei den kritischen und unabhängigen Journalisten in Deutschland gewidmet, die dazu beitragen, das Wort des Bundesverfassungsgerichts mit Leben zu erfüllen.

Inhalt

8 Auswertung der Erfahrungen und institutionelle Vorschläge 315

Anhang

Vorwort

Wissenschaft muß sich auch einmischen. Das wurde besonders deutlich bei den spektakulären Politikfinanzierungsskandalen, die durch meine Untersuchungen aufgedeckt wurden und Reformprozesse auslösten. Doch hat solch politiknahes Arbeiten auch seinen Preis: Der Wissenschaftler, daran gewöhnt, seinen Gegenstand nüchtern und distanziert zu analysieren, sieht sich, gerade wenn er brisante Themen anpackt, plötzlich in den politischen Grabenkrieg verstrickt und offenen Beschimpfungen ausgesetzt. Wer politische Mißstände kritisch untersucht und dabei den Nerv trifft, wird, ob er will oder nicht, von den dafür Verantwortlichen leicht als Gegner angesehen. Denn der Ausweis der Unangemessenheit und Verfassungswidrigkeit einer Regelung kommt einer Stellungnahme gegen sie gleich und setzt die Initiatoren unter Zugzwang. Beruhen die Privilegien und Mißbräuche auch noch auf parteiübergreifender Kungelei von Regierung und Opposition, sieht sich, wer dies beim Namen nennt, mit allen Parteien zugleich konfrontiert und wird unversehens als »Parteienkritiker« abgestempelt. Auch wenn von Fall zu Fall Schauplätze und Protagonisten wechseln, so laufen die Geschehnisse doch stets nach ähnlichem Muster ab, für welches der Bundespräsident die zugespitzten Begriffe der Machtversessenheit und Machtvergessenheit geprägt hat. Bürger und Öffentlichkeit sind allerdings immer weniger gewillt, dies noch zu ertragen.

Politikverdrossenheit ist das Wort des Jahres 1992. Die Entwicklung, die dazu geführt hat, gibt Anlaß zu großer Sorge. Mängel der Politikfinanzierung sind nur der äußere Ausdruck von Mängeln der Politik insgesamt. Geht die Entwicklung ungebremst so weiter wie in der Vergangenheit, entsteht die Gefahr, daß die Unzufriedenheit sich völlig unkontrolliert Bahn bricht. Um so wichtiger ist ein rechtzeitiges Gegenhalten, das an den richtigen, die Demokratie fördernden und die Leistungskraft der Politik erhöhenden Stellen ansetzt.

Speyer, im März 1993   *Hans Herbert von Arnim*

Einleitung: Politikfinanzierung – Spiegel des Parteienstaates

Die Finanzen sind für viele immer noch etwas Geheimnisvolles, beinahe ein Tabu. Über Geld spricht man nicht. Das hat historische Wurzeln. Der Idealismus des 18. Jahrhunderts verachtete alles Finanzielle zutiefst. Jean Jacques Rousseau meinte gar, Finanzen seien etwas für Sklaven, nicht für freie und aufgeklärte Bürger. Die traditionelle »Finanzblindheit« deutscher Intellektueller nimmt noch zu, wenn es um die Bezahlung der politischen Akteure geht. Zum idealistischen Erbe kommt dann die Scheu hinzu, sich mit den Interna der »politischen Klasse« zu befassen und sich mit dieser dabei möglicherweise anlegen zu müssen.

In früheren Zeiten, *vor* dem Idealismus und Rousseau, hatte die Wissenschaft keine falschen Berührungsängste. Der Satz »pecunia nervus rerum«, Geld ist der Kern der öffentlichen Dinge, war unter politischen Schriftstellern weithin anerkannt und stand seit dem Mittelalter im Zentrum der Staatswissenschaften. Auch die Frage, wie das Gemeinwesen seine politischen Führer entschädigen solle, gehörte für politische Denker von Aristoteles bis Bentham zu den Grundfragen der Politik. Sie verdient auch heute wieder unsere volle Aufmerksamkeit – gerade auch in ihren Auswüchsen.

Hessen, Hamburg und das Saarland – diese Länder stehen stellvertretend für den bedenkenlosen Umgang der politischen Klasse mit dem Geld der Steuerzahler für ihre eigenen Zwecke. Während die normalen Bezüge von Politikern in aller Regel nicht zu beanstanden sind, verbirgt sich in den Aufwandsentschädigungen, Übergangsgeldern, Ruhestandsgehältern und sonstigen Versorgungsregelungen der eigentliche Skandal. Vor den Augen der Öffentlichkeit gut

getarnt, hat sich die politische Klasse finanzielle Privilegien
von teilweise unglaublichem Umfang genehmigt.

Schon das Versteckspiel, das getrieben wurde, um solche
Sonderregelungen durchzusetzen, deutet darauf hin, daß
etwas nicht stimmt. Häufig wurden die Gesetze so überstürzt eingebracht, so gut in ein ganzes Geflecht harmloser
Regelungen eingewoben und so unverständlich formuliert,
daß selbst ein Großteil der Abgeordneten, die darüber zu
entscheiden hatten, nicht bemerkte (oder nicht bemerken
wollte), was ihnen hier zur Beschlußfassung vorgelegt worden war. Viele dieser Gesetze sind in einem wahrhaft kon-
spirativen Verfahren entstanden, bei dem sich einige wenige
verbündet hatten, um Regelungen zu allseitigem finanziellen Vorteil an der Öffentlichkeit vorbei durchzusetzen.

Aber auch Abgeordnete, die Bescheid wußten, setzen sich
regelmäßig nicht zur Wehr, sondern zeigten immer wieder
eine Art kollektive Verantwortungslosigkeit. Sie fanden
nichts dabei, ihre Zustimmung auch zu maßlosen Regelungen zu geben, nur weil alle anderen auch ja dazu sagten,
obwohl sie nie und nimmer bereit gewesen wären, für derartige Regelungen individuell-persönliche Verantwortung
zu übernehmen. Die Vogel-Strauß-Einstellung trat noch
schärfer hervor, wenn doch einmal einzelne Abgeordnete
sich dem Sog der Masse und dem Druck der eigenen Fraktion entzogen und aufrecht dagegen stimmten oder gar
den Mut besaßen, gegen ein mißbräuchliches Gesetz Verfassungsklage zu erheben.

Die Mängel der Politik*finanzierung* sind deshalb so beäng-
stigend, weil sie weithin als Symptome und Erscheinungs-
formen von Mängeln der Politik insgesamt und damit auch
als wesentliche Ursache für die zunehmende Politikverdrossenheit der Bürger angesehen werden – und das mit
vollem Recht. »Politikverdrossenheit« beruht keinesfalls

nur auf mangelnder Darstellungskunst der Politiker, wie diese immer wieder beschwichtigend äußern, sondern auf handfesten Systemfehlern unserer politischen Ordnung: der Entmündigung der Bürger, der Aufweichung der Gewaltenteilung, der beschränkten Problemlösungskompetenz der Politik bei gleichzeitiger Tendenz der politischen Klasse, die staatlichen Institutionen und Finanzen auszubeuten. Daß diese Systemfehler, die sich gegenseitig bedingen und verstärken, sich in der staatlichen Politikfinanzierung wie durch eine Lupe vergrößert zeigen, ist der tiefere Grund, warum die Öffentlichkeit neuerdings so empfindlich auf Auswüchse reagiert. In der Politikfinanzierung kommt das Streben der politischen Klasse nach Macht und Geld fast in klinischer Reinheit zum Ausdruck, und zwar nicht nur bei der Durchsetzung von Privilegien, sondern auch bei ihrer Verteidigung gegen Kritik.

Die Probleme sind jung. Bei Abfassung des Grundgesetzes gingen die »Väter« des Grundgesetzes im Parlamentarischen Rat noch davon aus, die Politik finanziere sich im wesentlichen aus privater Quelle. Staatliche Mittel für Parteien und ihre Hilfsorganisationen erschienen noch unvorstellbar. Heute beziehen die Parteien, Fraktionen und Partei-»Stiftungen« in Deutschland die höchsten Zuschüsse der Welt. Ist die staatliche Politikfinanzierung erst einmal etabliert, ist so leicht kein Halten mehr. Politiker haben auf diesem Gebiet einen besonderen Einfallsreichtum entwickelt: Sie haben die Staatsfinanzierung der Parteien in Deutschland als erstem europäischen Land eingeführt und sind nach ihrer Begrenzung durch das Bundesverfassungsgericht in die Finanzierung der Fraktionen und der Parteistiftungen – ebenfalls eine deutsche Erfindung – ausgewichen, was diesen Wachstumsraten wie im Schlaraffenland beschert hat. Sollte diese Entwicklung in Zukunft so weiter-

gehen, würde sich das parlamentarische System leicht
selbst diskreditieren. Hat der Bürger erst das Gefühl, die
politische Klasse bediene sich aus der Staatskasse, so
schwindet sein Vertrauen und damit auch die Fähigkeit der
politischen Führung, ihre Aufgaben noch wahrzunehmen.
Denn Vertrauen ist in der Demokratie die Basis für jede
Führung. Ist dieses erschüttert, kann ein Sturz ins Boden-
lose die Folge sein. Auch deshalb ist es so wichtig, die Mängel der Politikfinanzierung rasch und durchgreifend zu
beheben.

Die Begünstigten sitzen an den Schalthebeln der Macht,
beherrschen die Gesetzgebung und die öffentlichen Haushalte und entscheiden deshalb selbst über die ihnen
zufließenden staatlichen Mittel. Bei Entscheidung des Parlaments in eigener Sache ist somit Öffentlichkeit »die einzige
wirksame Kontrolle«. Dieser Satz des Bundesverfassungsgerichts ist diesem Buch nicht von ungefähr als Motto voran-
gestellt. Die hier behandelten Fälle zeigen nämlich, daß sich
ohne öffentliche Diskussion und öffentlichen Druck rein
gar nichts bewegt, *mit* öffentlichem Druck aber alles in
Bewegung geraten kann; das gibt immerhin Hoffnung.

Bis vor kurzem erschöpfte sich die öffentliche Diskussion
über Politikfinanzierung in den Themen Abgeordnetendiäten und Parteienfinanzierung. Der hessische und der
Hamburger Diätenfall haben gezeigt, zu welchen Auswüchsen eine parlamentarische Selbstbedienung führen kann.
Der Skandal zog immer weitere Kreise. Es stellte sich heraus, daß auch in anderen Ländern Regierung und Opposition einträchtig und unbemerkt von der Öffentlichkeit
ganze Versorgungsparadiese auch für Minister und andere
Amtsträger geschaffen hatten. Darüber hinaus werden in
diesem Buch noch weitere, bisher nicht öffentlich behandelte Bereiche durchleuchtet.

Auch Gesetze sind Menschenwerk und bei Ausschaltung der Kontrollen offensichtlich nicht dagegen gefeit, gezielt zur Durchsetzung von grobem Unrecht mißbraucht zu werden, eine in der Demokratie ganz neue, in diesem Buch aber vielfach belegte Erfahrung. Bisher hatte man vorsätzliches legislatives Unrecht eigentlich nur in Diktaturen für möglich gehalten.

Die Politik*finanzierung* ist nicht alles, aber ohne ihre befriedigende Ordnung ist alles nichts. Gelingt es nicht, sie unter Kontrolle zu bringen, so besteht auch kaum Hoffnung auf eine Erneuerung der politischen Ordnung insgesamt. Insofern könnte die Politikfinanzierung in der Tat »zur Schicksalsfrage der modernen Demokratie werden«.[1] Macht korrumpiert, und absolute Macht korrumpiert absolut. Nach diesem Satz Lord Actons bedürfen vor allem die politischen Parteien der Kontrolle. Das Grundgesetz beschränkt sich noch darauf, ihre Mitwirkung bei der politischen Willensbildung anzuerkennen, ohne ihnen aber bisher wirksame Grenzen zu ziehen. Das kann – angesichts des immer deutlicher werdenden grenzenlosen Hungers der politischen Klasse nach Posten und Geld – nicht mehr länger hingenommen werden. Eine staatliche Ordnung, die dem parteilichen Egoismus auf Kosten des Gemeinwohls freien Lauf läßt und den Staat zur Beute freigibt, hat auf Dauer keine Zukunft, zumal in einer Zeit, in der die Herausforderungen an die Leistungsfähigkeit der staatlichen Gemeinschaft schlagartig wachsen.

1 Diäten, Diäten ...

I. Vorgeschichte

Die Väter des Grundgesetzes waren noch davon ausgegangen, die Abgeordneten des Bundestages (und erst recht der Landesparlamente) erhielten nur eine Aufwandsentschädigung. So wurde auch der Satz des Grundgesetzes »Die Abgeordneten haben Anspruch auf eine angemessene, ihre Unabhängigkeit sichernde Entschädigung« (Artikel 48) interpretiert. Nach dem »Gesetz über die Entschädigung der Mitglieder des Bundestages« vom 15. 6. 1950 stand einem Bundestagsabgeordneten neben der Freifahrt mit der Bundesbahn eine »Aufwandsentschädigung« von 600 Mark monatlich und ein Tagegeld von 30 Mark zu.[1] Im Laufe der Zeit erhöhten und verzweigten sich die Bezüge. Neben der »Grund«entschädigung und mehreren Kostenpauschalen wurde ein Übergangsgeld eingeführt. Der folgenreichste Schritt in Richtung auf den Berufspolitiker war die Einführung der Altersversorgung, bei der aber bezeichnenderweise nicht der Bund, sondern die Länder mit ihrer viel schwächer ausgeprägten öffentlichen Kontrolle vorangingen (obwohl bei ihnen die Belastung der Abgeordneten durch das Mandat viel geringer ist als im Bund): 1965 Nordrhein-Westfalen, 1967 Schleswig-Holstein.[2] Der Bund folgte 1968, nachdem die Bildung der »großen Koalition« von christlicher Union und SPD im Dezember 1966 den Weg freigemacht hatte. »Die bisherige Scheu vor öffentlicher Kritik an parlamentarischen Pensionsplänen konnte man nun im Bewußtsein parteipolitischer Einigkeit überwinden«, schreibt Hartmut Klatt in seinem Standardwerk.[3] Die

Altersversorgung für Bundestagsabgeordnete wurde formal zwar aus Beiträgen der Abgeordneten finanziert, tatsächlich trug der Staat sie aber in voller Höhe, weil die Entschädigung der Abgeordneten gleichzeitig mit der Einführung der Altersversorgung um beinahe 50 Prozent und damit um mehr als die Beiträge erhöht wurde.[4] Das hatte auch für die Abgeordneten vieler Länder, in denen die Abgeordnetenentschädigung an die des Bundes gekoppelt war, die wohltuende Folge einer massiven Anhebung.

Alle Leistungen waren immer noch weitgehend steuerfrei. Das erschien so lange in Ordnung, als das Mandat als Ehrenamt und die Entschädigung als eine Erstattung des mandatsbedingten Mehraufwandes verstanden wurden. Spätestens mit der Einführung der Altersversorgung aber war die Steuerfreiheit sachlich nicht mehr zu halten und zu einem überholten Privileg geworden. Ein Ehrenamt mit Altersversorgung – das ist ein Widerspruch in sich.[5] Die Wende im Kampf um die Besteuerung wurde mit einer kleinen Schrift des Verfassers dieses Buches eingeleitet.[6] Bundestagspräsident Kai Uwe Hassel setzte sich bei der Verleihung des Karl-Bräuer-Preises 1971 mit dieser Schrift auseinander und stellte die Besteuerung in Aussicht.[7] Damit zeigten die Betroffenen zum ersten Mal »Wirkung«. Das dürfte auch das Bundesverfassungsgericht ermutigt haben, kurz darauf in einer Nebenbemerkung verfassungsrechtliche Bedenken gegen das Fortbestehen derartiger Vorrechte zu äußern; dabei bezog das Gericht sich ausdrücklich auf die genannte Rede des Bundestagspräsidenten.[8] Dem Parlament fehlte allerdings die Kraft, die Steuerfreiheit von sich aus zu beseitigen. Dazu kam es erst nach dem Diätenurteil des Bundesverfassungsgerichts von 1975, das teilweise durch ein verfassungsrechtliches Gutachten des Verfassers vorbereitet worden war.[9]

II. Das Diätenurteil des Bundesverfassungsgerichts und seine mißlichen Folgen

Das Diätenurteil des Bundesverfassungsgerichts vom 5. 11. 1975 erklärte neben der Steuerfreiheit eine Reihe von weiteren Privilegien, die das Parlament sich im Laufe der Zeit in eigener Sache bewilligt hatte, für verfassungswidrig. Die Parlamente nutzten das Urteil aber in ihrem Interesse: Sie beschlossen nicht nur eine massive, weit über den Ausgleich der Besteuerung hinausgehende Anhebung der Entschädigung, sondern auch der daran geknüpften Altersversorgung und sogar der steuerfreien, eigentlich nur für die Kostenerstattung bestimmten Pauschalen, was mit dem Diätenurteil unvereinbar war. Die Anrechnung beim Zusammentreffen von mehreren Bezügen aus öffentlichen Kassen blieb unzureichend, und die Forderung des Gerichts nach gesetzlichen Vorkehrungen gegen Zahlungen von Lobbyisten wurde ignoriert.

Einen besonders großen Schluck aus der Flasche nahmen die Landesparlamente. Das Bundesverfassungsgericht hatte im Diätenurteil die Frage unentschieden gelassen, ob die von ihm entwickelten Grundsätze nur für Bundestags- oder auch für Landtagsabgeordnete gelten, besonders, ob auch in den Landesparlamenten eine »Vollalimentation« zu gewähren sei. Offen blieb ausdrücklich auch, welche Auswirkungen das Diätenurteil auf landesverfassungsrechtliche Vorschriften habe, die eindeutig vom nebenamtlichen Landtagsabgeordneten ausgehen, wie in Bayern, Hessen, Bremen, Hamburg und wohl auch Rheinland-Pfalz. Die Landesparlamente nutzten das Fehlen scharf konturierter verfassungsrechtlicher Schranken, um auch auf Landesebene das Füllhorn der vom Verfassungsgericht nicht aus-

drücklich versperrten Möglichkeiten bis zur Neige zu lee-
ren und sich auch immer wieder nachzuschenken. Die Landesparlamente, jedenfalls die der Flächenstaaten, qualifizieren das Mandat zunehmend als »Vollzeittätigkeit«,
obwohl es in den Landesparlamenten auch faktisch meist
nur eine Teilzeitbeschäftigung war, neben der viele Abgeordnete ihren Beruf weiterführten, und diese Möglichkeit
bei einer durchgreifenden Straffung der Parlamentsarbeit
noch erweitert werden könnte. Früher hatte die Entschädigung der Landesparlamente etwa die Hälfte des Bundestagsniveaus betragen, jetzt wurde sie diesem angenähert.
Die Landesparlamente gerierten sich als eine Art Bundestag in den Ländern und bewilligten sich den ganzen Strauß
der teilweise schon auf Bundesebene verfassungsrechtlich
anfechtbaren Leistungen, beispielsweise:

– Eine überzogene staatsfinanzierte Altersversorgung, die
  schon nach einem halben Arbeitsleben voll »erdient«
  ist, mit dem vollendeten 55. Lebensjahr zu laufen
  beginnt und deren ökonomischer Gegenwert zusammen mit der ebenfalls staatlich finanzierten Hinter-
  bliebenen-, Invaliden- und Krankenversorgung an den
  Wert der aktiven Entschädigung heranreichen kann.
  Bedenkt man, daß der Abgeordnete in dieser Hälfte seines Arbeitslebens oft nur einer Teilbeschäftigung im
  Landesparlament nachgeht, so kann man auch zuge-
  spitzt formulieren: Landtagsabgeordnete sind die einzige Gruppe, die für ein Viertel ihrer Lebensarbeitszeit
  eine volle Versorgung aus der Staatskasse bezieht.
– Übermäßige Übergangsgelder, die in Höhe der bisherigen Entschädigung noch bis zu zwei oder zweieinhalb[10]
  Jahren nach dem Ausscheiden der Abgeordneten aus
  dem Parlament weitergezahlt werden und selbst dann

anfallen, wenn der Abgeordnete aus freien Stücken aus dem Parlament ausgeschieden ist oder ein ausreichendes Einkommen aus privater Berufstätigkeit bezieht (Ausnahme Schleswig-Holstein).

– Laxe Vorschriften bei mehrfachen Bezügen aus der Staatskasse, die Doppelalimentation erlauben.

– Steuerfreie Kostenpauschalen von teilweise gewaltiger Höhe.

– Zugleich fehlen auch in den Landesparlamenten wirksame Vorkehrungen gegen Lobbyzahlungen und Spenden aller Art und gegen Parteisteuern.

Die Verwunderung Willi Geigers, eines Mitverfassers des Diätenurteils, über die »merkwürdige Perspektive« der Landesparlamente, die zu diesen Regelungen führte, und die »unerfindliche Selbstverständlichkeit, mit der die Landtage davon ausgehen, die Tätigkeit ihrer Mitglieder sei als ›full time job‹ zu qualifizieren«,[11] vermochte die Entwicklung nicht mehr zu korrigieren. Auch die öffentliche Schelte der drastischen Diätenerhöhungen der Landesparlamente durch Bundespräsident Scheel[12] brachte keine Umkehr. Das Ergebnis der Entwicklung ist, daß die Abgeordneten sich einen mehrfach privilegierten finanziellen Status verschafft haben.

Der Bayerische Landtag war einer der ersten. Mit Gesetz vom 25. 7. 1977[13] bewilligten die Abgeordneten sich ein steuerpflichtiges Gehalt (»Entschädigung«) von 6750 Mark (Bundestagsabgeordnete: 7500 Mark) und übernahmen damit die Spitze der Landesparlamente. Zusätzlich bewilligten sie sich eine steuerfreie Kostenpauschale von 3800 Mark monatlich, die unabhängig von den tatsächlich anfallenden Kosten in dieser Höhe gezahlt wurde, und eine Altersvollversorgung von 75 Prozent der Entschädigung, die nach weniger als einem halben Arbeitsleben (16 Parlamentsjahre) erreicht und ab dem 55. Lebensjahr ausgezahlt wurde. Hinzu kam ein Übergangsgeld, das je nach Dauer der Parlamentszugehörigkeit bis zu 24 Monatsentschädigungen umfaßte und auch dann bezahlt wurde, wenn der Abgeordnete nach dem Ausscheiden aus dem Parlament eine wohldotierte Stelle in der Wirtschaft übernahm. Beim Zusammentreffen der Abgeordnetenbezüge und -versorgung mit anderen Einkommen aus öffentlichen Kassen ermöglichten großzügige Vorschriften eine teilweise Doppelalimentation.

Als dieses »Modell« auch in anderen Ländern Anklang zu finden drohte und der Nordrhein-Westfälische Landtag sich anschickte, dem bayerischen Vorbild zu folgen, griff der Bund der Steuerzahler zum letzten Mittel und drohte mit einem Volksbegehren. An diesem Beispiel zeigte sich erstmals deutlich die Wirkung, die bereits die Möglichkeit, von diesem Instrument Gebrauch zu machen, auf das in eigener Sache entscheidende Parlament haben kann. Die Hoffnung mancher »hardliner«, ein Volksbegehren über das Abgeordnetengesetz als rechtswidrig deklarieren zu können und so freie Bahn zu bekommen, erwies sich als trügerisch. Das Düsseldorfer Innenministerium bestätigte vielmehr in einer internen Stellungnahme, daß keine verfassungsrechtlichen Einwände bestanden. Die nordrhein-westfälische Verfassung verbietet Volksbegehren und Volksentscheid gegen »Besoldungsordnungen«. Abgeordnetengesetze sind aber keine Besoldungsordnungen. Ebensowenig sind sie Finanzvorlagen. Das ergab auch die Überprüfung durch das Innenministerium. Unter dem Druck des vom Bund der Steuerzahler angedrohten Volksbegehrens wurde deshalb eine Kommission unter dem Vorsitz von Willi Weyer eingesetzt, in der auch der Staatsrechtslehrer Fritz Ossen-

bühl saß. Ihre Vorschläge fielen erheblich bescheidener aus
als in Bayern und wurden vom Gesetzgeber weitgehend
übernommen. Die Drohung mit einem Volksbegehren hatte also immerhin die Einsetzung einer Kommission erzwungen, die moderatere Vorschläge als in Bayern machte.

Hinsichtlich des Abgeordnetengesetzes des Bundes scheiterten alle Versuche einer Korrektur. Als die Fehlentwicklung sich abzuzeichnen begann, versuchte Willi Geiger in
einem Vortrag vor der Deutschen Vereinigung für Parlamentsfragen am 2. Mai 1978 zwar noch gegenzuhalten. Er
betonte, die Einführung der geplanten Abgeordnetenpension werde »dem demokratischen Gebot der Transparenz
der Verhältnisse, die nach der Auffassung des Gerichts die
Grundlage für das Vertrauen des Bürgers zu den Regieren-
den« bildet, nicht mehr gerecht. Die Abgeordnetenpension sei ein mit dem Diätenurteil des Bundesverfassungsgerichts unvereinbarer »Mißbrauch«.[14] Auch die vorgesehenen Übergangsgelder seien »mit der Konzeption des
Gerichts unvereinbar«.[15] Willi Geiger war von der Fortzah-
lung der Bezüge allenfalls für eine kurze Zeitspanne – er
sprach von drei Monaten – ausgegangen.[16] Dies gilt erst
recht für Landesparlamentarier, von denen ein großer Teil
neben dem Mandat die berufliche Tätigkeit zumindest teilweise beibehält. Für solche Abgeordneten sind die Umstel-
lungsschwierigkeiten beim Ausscheiden aus dem Parlament relativ gering. Gleiches gilt für Abgeordnete aus dem
öffentlichen Dienst, die nach Ablauf des Mandats einen
Anspruch auf Wiedereinstellung besitzen.

Auch hinsichtlich der offensichtlichsten Verfassungswidrigkeit im Bund, der hohen steuerfreien Kostenpauschale,
gelang keine Korrektur mehr. Zwar hatte Willi Geiger die
»Verfassungswidrigkeit der gegenwärtigen Regelung der
Aufwandsentschädigung«[17] betont. Auch das Gericht selbst

hatte versucht, in einer Entscheidung vom 20. Juni 1978 zu
retten, was noch zu retten war, und die engen verfassungsrechtlichen Grenzen für steuerfreie Pauschalen unterstrichen. Mangels Antragsbefugnis des in diesem Verfahren
klagenden Bürgers (des pensionierten Oberlandesrichters
Speckmann) kam es aber zu keiner Sachentscheidung,[18] so
daß der Bremsversuch des Gerichtes folgenlos blieb. Auch
in einem weiteren Verfahren, das der Stuttgarter Landtagsabgeordnete Enderlein in Karlsruhe angestrengt hatte,
erging wegen Unzulässigkeit des Antrags (zuständig wäre
der Stuttgarter Staatsgerichtshof gewesen) keine Sachentscheidung,[19] so daß die Abgeordneten im Bund und in den
Ländern sich vor der Rechtsprechung weitgehend sicher
fühlen konnten. Das galt um so mehr, als ein Urteil des
Bayerischen Verfassungsgerichtshofs vom 15. 12. 1982, das
auf eine Popularklage des Bundes der Steuerzahler ergan-
gen war, die Kostenpauschale bayerischer Landtagsabgeordneter von damals 3800 Mark monatlich sogar verfassungsrechtlich absegnete. Das geschah allerdings mit der
grotesk unhaltbaren Begründung, die Konkurrenz unter
den Abgeordneten werde quasi automatisch dazu führen,
daß sie ihre Kostenpauschale auch ausschöpften, eine
Begründung, die auf einen Freibrief hinauslief, weil sie
geeignet war, Kostenpauschalen praktisch in beliebiger
Höhe zu rechtfertigen.[20]
Hier zeigen sich wesentliche Schranken in der Wirksamkeit
der verfassungsgerichtlichen Kontrolle: Zum Bundesverfassungsgericht haben, wenn es um Entscheidungen in eigener Sache geht, nur Abgeordnete, Regierungen und ähnliche Amtsträger ein Antragsrecht; sie machen davon aber
regelmäßig keinen Gebrauch. Der Steuerzahler, der letztlich alles zu bezahlen hat, besitzt kein Antragsrecht. Diejenigen, die eine Kontrolle herbeiführen möchten, haben

also kein Antragsrecht, und die, die ein Antragsrecht haben, haben kein Interesse an einer Kontrolle. Die Antragswilligen sind nicht befugt, und die Antragsbefugten sind nicht willig. Hinzu kommt, daß die Landesverfassungsgerichte aufgrund ihrer Zusammensetzung den Parlamenten oft derart nahestehen, daß von ihnen kaum eine wirksame Kontrolle in derart brisanten Angelegenheiten zu erwarten ist.

Zivilgerichte bringen es an den Tag

Lästig mußte in den Augen der Parlamente allerdings erscheinen, daß die Zivilrechtsprechung bis hin zum Bundesgerichtshof in Unterhaltsprozessen wiederholt festgestellt hatte, daß die Kostenpauschalen von Abgeordneten den Mandatsaufwand überstiegen und die überhöhten Teile dem (für die Unterhaltszahlungen zugrunde zu legenden) Einkommen zuzuschlagen seien.[21] Denn was dem Unterhaltsrecht recht war, mußte eigentlich dem Parlaments- und Steuerrecht billig sein. Der Bundestag reagierte denn auch prompt, aber nicht etwa mit einer Senkung der überhöhten verfassungswidrigen Kostenpauschale, sondern mit dem Versuch, die Rechtsprechung des Bundesgerichtshofs durch eine gesetzliche Änderung des Unterhaltsrechts zu unterlaufen: Kostenpauschalen von Bundestags- und Landtagsabgeordneten sollten durch Änderung des Abgeordnetengesetzes nicht mehr zum Einkommen des Unterhaltspflichtigen gerechnet werden dürfen. Auf diese Weise sollte die bisherige Privilegierung der Abgeordneten kurzerhand durch eine unterhaltsrechtliche Privilegierung ergänzt werden. Dieser handstreichartige Gesetzentwurf von drei Bundestagsfraktionen aus dem Jahre 1986[22] schei-

terte jedoch, als die SPD-Fraktion, durch Interventionen
hellhörig geworden, ihre Bereitschaft zurückzog, an dieser
neuerlichen gesetzlichen Privilegierung noch mitzuwir-
ken.[23] Die steuer- und parlamentsrechtliche Privilegierung
der Kostenpauschalen besteht jedoch weiterhin.

Eine ausführliche verfassungsrechtliche Darstellung des
Verfassers dieses Buches, die die verfassungsrechtlichen
Mängel der Abgeordnetengesetze des Bundes und der Länder systematisch auflistete,[24] war schon 1980 den Präsidenten aller deutschen Parlamente zugestellt worden, aber –
mit teilweiser Ausnahme Niedersachsens – ohne Reaktion
geblieben. Die Zeit war für eine selbstkritische Prüfung
noch nicht reif. Durch Nichtbeachtung der verfassungsrechtlichen Bedenken hatten die Parlamente aber den
Keim für ein neuerliches verfassungsgerichtliches Urteil
gelegt, zu dem es allerdings erst mehr als ein Jahrzehnt später durch Klage einer Abgeordneten des Rheinland-Pfälzischen Landtags kommen sollte; eine Abgeordnete des
Landtags Thüringen schloß sich an. Gegenstand des
Antrags sind bezeichnenderweise eine Reihe von Verfassungswidrigkeiten, die bereits 1978 Gegenstand eines Gutachtens des Verfassers über das rheinland-pfälzische Gesetz
gewesen waren,[25] das seinerzeit in Mainz veröffentlicht und
allen Landtagsabgeordneten zugeschickt wurde. Hätte sich
schon damals ein Abgeordneter für einen Antrag zum Bundesverfassungsgericht bereit gefunden, wäre dem Parlamentarismus manches erspart geblieben. Wenig förderlich
war auch das Verhalten des Präsidenten des Rheinland-Pfälzischen Landtags. Statt auf die Sache einzugehen, versuchte er, den Verfasser wissenschaftlich zu diskreditieren. Das
Gutachten entspreche »nicht den Anforderungen, die an
eine wissenschaftliche Arbeit zu stellen seien«.[26]

2   Der hessische Diätenfall

I.   Der »Geburtsfehler« von 1976

Einige Landesparlamente waren besonders dreist und trieben die Selbstbedienung im Laufe der Jahre auf die Spitze, allen voran der Hessische Landtag in Wiesbaden. Es begann schon gleich nach dem Diätenurteil des Bundesverfassungsgerichts von 1975. Eine von einem Parteitag der hessischen SPD eingesetzte Kommission empfahl zwar, die Entschädigung für hessische Landtagsabgeordnete unter 5000 Mark festzulegen, und der Landtag schien sich mit einer relativ bescheidenen steuerpflichtigen Entschädigung in Höhe von 4900 Mark auch daran zu halten. Die Parlamentarier unterliefen den Beschluß der Partei aber dadurch, daß sie schon im Jahre 1976 in einem handstreichartigen Verfahren ohne jede nachvollziehbare Begründung (bei nur acht Gegenstimmen und einer Enthaltung) ihre steuerfreie Kostenpauschale, die sie *neben* der Entschädigung erhielten, ohne Rücksicht auf die wirklich anfallenden Kosten, die im Durchschnitt sehr viel geringer waren, flugs von 1275 Mark (plus begrenzter Zusatzleistung) auf 3500 Mark monatlich erhöht hatten und das auf diese Weise hochgedrückte Niveau dann später auch in das Abgeordnetengesetz von 1978 übernahmen.[1] Die Strategie war offensichtlich: durch die Verdoppelung der Kostenpauschale auf 3500 Mark monatlich sollten schnell Fakten gesetzt werden für den dann zwei Jahre später erfolgenden grundlegenden Umbau des Abgeordnetengesetzes. Und die Rechnung ging auf: 1978 beschloß der Hessische Landtag eine Kostenpauschale, die je nach Entfernung des Wohnsitzes von Wiesbaden bis zu 4000 Mark monatlich

betrug. Zusätzlich wurde ein pauschales Übernachtungsgeld gewährt.

Die steuerfreie Kostenpauschale für hessische Abgeordnete war also von Anfang an kraß überhöht. Zunächst wollte
das allerdings niemand wahrhaben. Erst zehn Jahre später,
als der hessische Diätenskandal über den Landtag herein-
gebrochen war, versuchte Landtagspräsident Jochen Lengemann seinen Präsidentenstuhl mit dem Eingeständnis zu
retten, die Pauschale habe einen »Geburtsfehler« und sei
»früher«, d. h. vor Lengemanns Amtszeit, »einmal zu hoch
angesetzt worden«.[2]

Der gelungene Coup von 1976 zeigt, zu welchen Tricks Landesparlamente fähig sind und wie leicht es ihnen wird, im
Aufmerksamkeitsschatten der Öffentlichkeit in den Ländern sogar die eigene Partei zu hintergehen.

Das Fatale an dem Handstreich war, daß sein reibungsloses
Gelingen zu Nachahmungstaten geradezu herausfordern
mußte. Die rücksichts- und grundsatzlosen Trickser erhielten weiter Oberwasser; die Warner sahen sich ins Abseits
gedrängt. 1976 hatten die Abgeordneten Heyn, Dr. Schlitz-
berger, Herbert Schneider und Frau Vorbeck immerhin
noch davor gewarnt, die Gesetzesänderung dürfte »nicht
zu einer gegenüber dem Bürger kaum vertretbaren Anhebung der Einkommen hessischer Landtagsabgeordneter
führen«, und gegen das Gesetz gestimmt. Der nächste
Coup von 1981 sollte einstimmig über die Bühne gehen.
Selbst beim verfassungswidrigen Griff in die Staatskasse gilt
offenbar der Erfahrungssatz, daß nichts erfolgreicher ist als
der Erfolg. Die Warnlampen waren erloschen, die Siche-
rungen durchgebrannt.

II. Der Coup von 1981

Das Gesetz von 1981[3] brachte inhaltlich eine ganz Reihe von Merkwürdigkeiten, denen wiederum ein abwegiges Gesetzgebungsverfahren entsprach.[4] Zu den »Errungenschaften« des 1981er Gesetzes gehörte die Einführung eines 13. Gehalts für Landtagsabgeordnete. Bis dahin waren in allen deutschen Parlamenten die Bezüge zwölfmal im Jahr gezahlt worden. Mehr galt als rechtswidrig. Der Bundestag hatte ausdrücklich von einem 13. Gehalt abgesehen, weil die Gewährung eines 13. Gehalts »mit dem Status eines Mitglieds des Bundestags nicht vereinbar« sei.[5] Dem waren alle Landesparlamente gefolgt. Das hessische Gesetz enthielt neben der Einführung eines 13. Gehalts eine spezifische Arbeitslosenhilfe für Abgeordnete, eine besonders günstige Abgeordnetenversorgung zwischen dem 55. und dem 63. Lebensjahr und manches mehr.

Das hessische Gesetz von 1981 hätte bei öffentlicher Diskussion nicht die geringste Chance der Verwirklichung gehabt. Um das Gesetz dennoch durchzubekommen, wählte ein kleiner Kreis von Initiatoren ein Verfahren, das die Öffentlichkeit praktisch ausschloß. Wenn einmal eine Pathologie des Gesetzgebungsverfahrens geschrieben werden sollte, wird das Verfahren zur Änderung des Hessischen Abgeordnetengesetzes im Jahre 1981 an vorderer Stelle erwähnt werden müssen. Zu Beginn der ersten Beratung des Gesetzentwurfs am 22. 6. 1981 lag die Drucksache mit dem Entwurf, die nach der Geschäftsordnung des Landtags eigentlich acht Tage vorher hätte verteilt werden sollen, um sorgfältige Beratungen zu sichern und ein Durchpeitschen zu verhindern, den Abgeordneten noch nicht vor. Der Berichterstatter und Landtagspräsident Dr.

Wagner entschuldigte dies damit, die Beratungen mit der
Landtagsverwaltung hätten »bis zur letzten Stunde noch
stattgefunden«.[6] Der Gesetzentwurf wurde bereits am nächsten Tag, in der letzten Sitzung vor der Sommerpause, ohne
Aussprache endgültig beschlossen – einstimmig.[7]
Die Einführung des 13. Gehalts für Landtagsabgeordnete
war im Gesetzentwurf geschickt verborgen. Der einschlägige Passus lautete:

> »9. In § 18 werden nach den Worten ›versorgungsrechtlichen
> Vorschriften‹ die Worte ›und die für die jährlich zu gewähren-
> den Sonderzuwendungen geltenden Vorschriften‹ einge-
> fügt.«[8]

Daß durch diesen Passus auch eine 13. Zahlung für Abgeordnete eingeführt wurde, war für normale Sterbliche
kaum zu entziffern, schon gar nicht in der Eile des Verfahrens. Hinzu kam, daß der Landtagspräsident Dr. Wagner
verbale Nebelwerferqualitäten von hohem Rang entfaltete.
Er brachte nämlich das zweifelhafte Kunststück fertig, bei
der Begründung des Gesetzentwurfs in der ersten Beratung
im Hessischen Landtag die Einführung der 13. Entschädigung, ein echtes Novum in der Geschichte der Parlaments-
diäten, mit keinem Wort zu erwähnen, geschweige denn
zu begründen.[9] Statt dessen suchte er darzulegen, daß
die in dem Änderungsgesetz ausgewiesene Erhöhung der
Entschädigung von 4900 auf 5350 Mark eigentlich sehr
maßvoll sei, verschwieg dabei aber, daß sich bei Umlegung
der 13. Zahlung sehr viel höhere Steigerungsraten ergeben
hätten.
Wagner trieb das Stück dadurch auf die Spitze, daß er, der
die Öffentlichkeit irreführte, sich auch noch besonderer
Offenheit rühmte: »Ich gebe diesen Bericht bewußt . . .

hier vor dem Plenum und damit vor der Öffentlichkeit, um einem Gebot des Bundesverfassungsgerichts gerecht zu werden, das in seinem Urteil vom 5. 11. 1975 formuliert hat, daß über die Bezüge der Abgeordneten in einer für die Öffentlichkeit durchsichtigen Weise zu sprechen und zu entscheiden sei.« Und zum Schluß sagte er noch: »Aber über eine Sache war ich doch froh. Wir unterhalten uns ja in aller Öffentlichkeit über diese Dinge und nicht hinter verschlossenen Türen ... «.[10]

In Wahrheit hatte in einer westlichen Demokratie bis dahin kaum jemand Parlament und Öffentlichkeit ungestraft derart gezielt hintergangen wie dieser Mann an der Spitze eines deutschen Parlaments. Das Theater, eher einem Schmierenstück vergleichbar, war auf seine Art immerhin erfolgreich: Der Inhalt des Änderungsgesetzes blieb in der Öffentlichkeit zunächst völlig unbekannt. Was vorher im engsten Kreis beim Wein in einer Rheingauer Gastwirtschaft ausgeheckt worden war, war Wirklichkeit geworden: Das Camouflage-Gesetz war ins Werk gesetzt, die klassische Qualität des Gesetzes, Öffentlichkeit, ins Gegenteil verkehrt.

Als die 13. Entschädigung und die sonstigen Merkwürdigkeiten des Gesetzes später, nach seiner Veröffentlichung im Gesetzblatt, doch bekannt wurden, gab es zwar kritische Pressebeiträge und Proteste,[11] die sich angesichts der Sommerpause des Landtags und der Endgültigkeit der Beschlußlage aber bald erschöpften.

III. Das Februar-Gesetz von 1988

Der Hessische Landtag hatte sich seit Erlaß des Abgeordnetengesetzes von 1978 in mehreren von der Öffentlichkeit zunächst kaum bemerkten Schritten erstaunliche, verfassungsrechtlich und politisch unvertretbare Privilegien verschafft. Das Faß zum Überlaufen brachte schließlich eine Gesetzesänderung vom Februar 1988. War die Gesetzesänderung von 1981 das Gesellenstück trickreicher Selbstbedienung, so sollte das Gesetz von 1988 das Meisterstück werden. Durch die früheren »Erfolge« bei der Täuschung der Öffentlichkeit anscheinend tollkühn geworden, wollten die Betreiber des Gesetzes nun zum großen Schlag ausholen. Das Gesetz sah unter anderem folgendes vor:

– Die steuerfreie Kostenpauschale sollte nunmehr auf bis zu 5400 Mark monatlich[12] erhöht werden. Damit erhielten hessische Landtagsabgeordnete sogar erheblich mehr als Bundestagsabgeordnete. Bis in die Mitte der siebziger Jahre hatte die Unkostenpauschale hessischer Landtagsabgeordneter noch 50 Prozent der Kostenpauschale des Bundes betragen.[13] Der Betrag von jährlich 64 800 Mark (= 5400 Mark mal zwölf) war weit höher als die normalerweise anfallenden mandatsbedingten Kosten, zumal daneben noch ein pauschales Übernachtungsgeld von 100 Mark, ein eingerichtetes Büro in Wiesbaden mit freier Telefonbenutzung, Erstattung von Mitarbeiterkosten etc. gewährt wurden.

– Die steuerpflichtige Entschädigung sollte von bislang 6300 Mark zunächst auf 6500 Mark und dann in drei jährlichen Stufen von je 500 Mark auf 8000 Mark angehoben werden. Begründet wurde die Steigerung mit dem Ziel, die Entschädigung an die Besoldung eines Beamten der Besoldungsgruppe A 16 (Ministerialrat) anzupassen. Berücksichtigt man aber auch die maßlosen steuerfreien Kostenpauschalen und unterstellt ganz vorsichtig, daß darin »nur« ein steuerfreies Zusatzgehalt von 2000 Mark steckte, so hätte sich für die Endstufe, die 1991 erreicht werden sollte, kein Gehalt von 8000 Mark, sondern von ca. 10 900 Mark und damit praktisch die sehr viel höhere Gehaltsstufe B 7 ergeben. Der Vergleich mit Beamtengehältern mußte aber noch aus einem weiteren Grunde zu verzerrten Ergebnissen führen: Abgeordnetenentschädigung und Beamtenbesoldung sind schon deshalb nicht miteinander vergleichbar, weil Beamte besonderen Pflichten unterliegen. So können zum Beispiel Abgeordnete nebenher noch einen Privatberuf ausüben, nicht aber Beamte. Die Nichtvergleichbarkeit hatte das Bundesverfassungsgericht erst in seinem Urteil vom 30. 9. 1987 unterstrichen.[14] Auch dieser Gesichtspunkt wurde seinerzeit außer acht gelassen.

– Das Übergangsgeld, das ebenfalls dreizehnmal im Jahr gezahlt wurde, wurde auf maximal drei Jahre verlängert (vorher zwei Jahre), eine unter den deutschen Landesparlamenten einmalige Regelung.

– Noch viel großzügiger bedacht wurde eine Gruppe von Spitzenparlamentariern: Präsidenten, ihre Stellvertreter und Fraktionsvorsitzende. Sie erhielten nicht nur doppelte Entschädigung und doppeltes Übergangsgeld, sondern auch eine sehr üppige, nach kürzester Amtszeit anfallende Altersversorgung und eine traumhafte steuerfreie Aufwandsentschädigung. So hätten Landtagspräsident Lengemann und die Fraktionsvorsitzenden ab 1991 Gehälter von 16 000 Mark monatlich erhalten, Dr. Lang und die anderen Landtagsvizepräsidenten immerhin noch 12 000 Mark monatlich. Beim Ausscheiden aus dem Parlament sollte dieses Salär als Übergangsgeld bis zu drei Jahre lang fortbezahlt werden, was für Präsident und Fraktionsvorsitzende je bis zu 600 000 Mark ergeben hätte. Die Zusatzgehälter für die genannten Funktionsträger waren deshalb besonders attraktiv, weil sie schon nach kürzesten Amtszeiten auch zur Grundlage einer erhöhten Versorgung gemacht wurden (bereits nach anderthalb Jahren Amtszeit 35 Prozent) – und das rückwirkend auch für alle früheren Amtsträger, auch wenn diese längst aus dem Parlament ausgeschieden waren, wie zum Beispiel der für den 1981er Coup stehende frühere Landtagspräsident Dr. Wagner. Für Fraktionsvorsitzende, die Chancen hatten, einmal Minister zu werden, erhielt das Gesetz noch ein weiteres finanzielles Bonbon. Die Zeiten als Fraktionsvorsitzender sollten nämlich doppelt zählen. Sie erhöhten die Pension des Fraktionsvorsitzenden *und* zugleich die Ministerpensionen, so als ob das Jahr eines Fraktionsvorsitzenden doppelt so lang wäre wie üblich.[15]

– Zu allem Überfluß erhielten Landtagspräsidenten, stellvertretende Landtagspräsidenten und Fraktionsvorsitzende zusätzlich zu ihrem Gehalt eine hohe steuerfreie Pauschale. War diese für einfache Abgeordnete mit bis zu 5400 Mark schon fürstlich, so war sie für den genannten Personenkreis geradezu königlich. Landtagspräsident Lengemann erhielt zum Beispiel eine steuerfreie Gesamtpauschale von 8100 Mark monatlich, und das, obwohl er über Dienstwagen, Hilfskräfte etc. verfügte und deshalb geringeren finanziellen Aufwand hatte als einfache Abgeordnete.

– Besonders pikant war schließlich der Versuch, auch den Staatsgerichtshof einzubinden. Die steuerfreie Aufwands-

entschädigung für hessische Verfassungsrichter wurde –
gleichzeitig mit dem Abgeordnetengesetz – stark aufgestockt – ein ziemlich unverblümter Versuch des Landtags, auch die Richter des Staatsgerichtshofs, die möglicherweise über die Verfassungsmäßigkeit des Gesetzes
urteilen mußten, zu korrumpieren und ins Boot der
Selbstbediener zu ziehen.

IV. Verhöhnung der Öffentlichkeit

Dem aus vielen Gründen grob unangemessenen und verfassungswidrigen Inhalt des Gesetzes entsprach das *Verfahren* seines Zustandekommens. Der seinerzeitige Präsident des Landtags Lengemann und sein Vizepräsident Dr. Lang hatten die geplante Neuregelung auf einer Pressekonferenz am 27. 1. 1988 geradezu trickreich präsentiert. Lengemann hatte das Vorhaben unter Hinweis auf seinen Diätenbericht vom 25. 1. 1988 für »in jeder Richtung angemessen« erklärt, und Lang hatte behauptet, die Diäten in Hessen seien »überall Schlußlicht«.[16] Sie müßten deshalb angehoben werden, um auf das Niveau anderer Landesparlamente zu kommen. In Wahrheit waren die hessischen Diäten schon vor dem Februar-Gesetz in der Spitzengruppe[17] und nach diesem Gesetz in vieler Hinsicht einsame Spitze.[18] Die Begründungen für die Anhebungen und Neuerungen waren zum Teil sachlich falsch, zum Teil rechtlich unzulässig; andere Erhöhungen wurden überhaupt nicht begründet.[19] Auch über die Belastung des Landeshaushalts wurde die Öffentlichkeit getäuscht. Im Gesetzentwurf wurden die Kosten des Gesetzes (in dem Vierjahreszeitraum, über den die gestaffelten Erhöhungen der steuerpflichtigen Entschädigung sich erstrecken sollten) mit 3,5 Millionen Mark angegeben. Tatsächlich wären es weit über 15 Millionen Mark geworden.[20] Die vielfältigen hohen verfassungsrechtlichen Risiken wurden mit keinem Wort erwähnt. Ein großer Teil der beabsichtigten Regelungen widersprach der Rechtsprechung des Bundesverfassungsgerichts. Andere Teile waren verfassungsrechtlich zumindest bedenklich.[21] Der gemeinsame Gesetzentwurf von CDU, SPD und FDP wurde am 2. 2. 1988 in erster, am 4. 2. 1988 in zweiter

Beratung gegen die Stimmen der Grünen im Landtag verabschiedet. Der frühere Finanzminister Heribert Reitz enthielt sich der Stimme.

Wie sehr die Manipulation der Medien gelungen war, offenbaren begleitende Äußerungen prominenter hessischer Meinungsmacher. Rainer Dinges, Vorsitzender der Landespressekonferenz in Wiesbaden, schrieb in einem Kommentar mit dem Titel »Maßlos?« im »Darmstädter Echo« vom 3. 2. 1988, »noch nie« sei »im Hessischen Landtag so offen über ein solches Vorhaben diskutiert worden«. Der Landtag habe »bis ins kleinste Detail der künftigen Pensionsregelung für Abgeordnete alles ausgebreitet«. Von Maßlosigkeit könne keine Rede sein. Dietmar Ossenberg, Kommentator des Hessischen Fernsehens, meinte am 2. 2. 1988 in der einflußreichen »Hessenschau«, die Diätenerhöhung sei noch viel zu niedrig ausgefallen.

Der hessische Diätenfall bestätigt die These, nach Auffassung mancher Politiker komme es weniger auf den Inhalt der Politik an als auf ihre geschickte öffentliche Präsentation. Sei diese »gekonnt«, so habe man erfolgreich agiert, mag das präsentierte »Produkt« auch noch so mangelhaft sein. Eine solch degenerierte Vorstellung von Politik, die den Schein für den Inhalt nimmt, den Bürger letztlich verhöhnt und durch mancherlei Tricks manipuliert, kann zu einer schweren Belastung für die Demokratie werden. Die Vordergründigkeit, der Realitätsverlust und die reine Machtorientierung eines solchen Politikverständnisses, dem die Spielregeln der Demokratie nichts mehr bedeuten, bilden den Nährboden für die vielfach diagnostizierte zunehmende Politik- und Parteienverdrossenheit in Deutschland. Soweit Presse und Rundfunk hier »mitspielen«, sei es aus Arglosigkeit, mangels Überblicks oder gar, weil sie den Verlockungen der politischen Machthaber

erliegen, verlieren sie die Fähigkeit, die Politik noch zu
kontrollieren, und geben ihre Funktion preis.
Das Februar-Gesetz 1988 war ein Fall parlamentarischer
Korruption, ein Mißbrauch der Gesetzesform zur Ver-
deckung eines hemmungslosen Griffs in die Staatskasse.
Beamte, die ihr Amt zur eigenen Bereicherung mißbrau-
chen, verfolgt der Staatsanwalt. Abgeordnete kommen
dagegen – von der öffentlichen Kritik abgesehen – ungestraft davon. Wenn Rudolf Augsteins Satz »Der Staat stirbt
nicht, er verkommt«[22] irgendwo zutrifft, dann auf den Hessischen Landtag bei Erlaß seiner Diätengesetze.
Der Verfasser dieses Buches erfuhr von dem hessischen
Vorhaben im Februar 1988 eher durch Zufall. Die Herausgeber des Handbuchs für »Parlamentsrecht und Parlamentspraxis« hatten mich gebeten, einen Beitrag über die
Abgeordnetenbezüge beizusteuern;[23] beim Abklopfen der
neuesten Entwicklung auf diesem Gebiet kam mir der hessische Entwurf auf den Tisch. Der Versuch, die Schwach-
stellen noch vor der endgültigen Beschlußfassung des
Landtags öffentlich zu machen, mißlang allerdings. Die
»Frankfurter Allgemeine Zeitung« ging auf meine Bitte,
Raum für einen kritischen Beitrag zur Verfügung zu stellen,[24] nicht ein.[25] Inzwischen war das Gesetz verabschiedet
und in Kraft getreten. Jetzt war klar, daß ein Zeitungsarti-
kel, auch in einer verbreiteten überregionalen Zeitung,
nicht mehr ausreichen würde, um das Gesetz zu Fall zu
bringen. Ich vereinbarte deshalb am 26. 2. 1988 mit dem
Bund der Steuerzahler Hessen eine umfassende Ausarbei-
tung über Inhalt und Zustandekommen des Hessischen
Abgeordnetengesetzes von 1988, die nach ihrer Fertigstellung publiziert werden und den Landtag zur Umkehr bewegen sollte. In Anbetracht der Brisanz des Themas sollte
allerdings nichts unversucht bleiben, die Politik von sich

aus und ohne öffentliche Skandalisierung zur Einsicht zu bringen. Deshalb wurde Ministerpräsident Dr. Walter Wallmann, der gleichzeitig Mitglied des Landtags und Vorsitzender der CDU in Hessen war, durch einen Brief des Vorsitzenden des Bundes der Steuerzahler Hessen vom 9. 3. 1988 eingehend über das anstehende Gutachten informiert und, »um Schaden von Hessen zu wenden«, gebeten, eine erneute Beratung des Gesetzes mit dem Ziel einer Rücknahme der unhaltbaren Privilegien durch den Landtag einzuleiten. Wallmann antwortete zunächst weder auf dieses Schreiben noch auf eine Erinnerung vom 11. 4. 1988. Er reagierte erst, als er durch Einschaltung einer CDU-Querverbindung nachdrücklich auf die Brisanz der Thematik hingewiesen worden war. Sein Antwortschreiben vom 28. 4. 1988 war allerdings enttäuschend. Er ging auf die Sache nicht ein und lehnte jede Initiative ab. Von den angebotenen vertraulichen Gesprächen machte er keinen Gebrauch. Die wiederholten Bemühungen, die notwendige Korrektur des Gesetzes ohne massive öffentliche Kritik zu erreichen, hatten also keinen Erfolg.

Dem Bund der Steuerzahler und dem Verfasser ist später immer wieder vorgehalten worden, es sei unfair gewesen, das Parlament mit der Veröffentlichung des Gutachtens und der dadurch hervorgerufenen öffentlichen Kritiklawine überfahren zu haben. Ein Beispiel waren die Äußerungen des rheinland-pfälzischen Landtagsabgeordneten Reitzel, der am 8. 11. 1988 die Sitzung einer Enquête-Kommission, in der er zusammen mit dem Verfasser saß, nutzte, ihm vorzuhalten, es sei im hessischen Diätenfall nicht darum gegangen, die Mängel aufzudecken, sondern darum, diejenigen, die diese Mängel zu vertreten hatten, publizistisch zu erschlagen und Parteienverdruß zu erzeugen. Die schrillen Töne des hessischen Diätenfalls seien keine Hilfe für

diejenigen gewesen, die wirklich etwas verbessern wollten.
Wie falsch derartige Auffassungen in Wahrheit sind, sieht
man an der Geschichte des hessischen Diätenfalls. Die
bloße Information der Verantwortlichen selbst über
schwerste Mängel bewirkt nichts; es bedarf vielmehr größten öffentlichen Drucks. Dies hat Wallmann später selbst
bestätigt: Als er – nach Veröffentlichung des Gutachtens
und der dadurch entstandenen massiven öffentlichen Kritik – schließlich einlenkte und seiner Fraktion Ende Juli
1988 die Rücknahme des Gesetzes empfahl, räumte er ausdrücklich ein, er tue dies nur aufgrund der öffentlichen
Reaktion, die er unterschätzt habe. Bei Entscheidungen
über die eigenen Bezüge, bei Beseitigung von finanziellen
Privilegien der Abgeordneten, gerade wenn diese besonders kraß sind, reagieren die Parlamente in fraktionsüber-
wölbender »Einigkeit der Demokraten« regelmäßig nicht
auf Sachargumente, sondern nur auf größten öffentlichen
Druck. Sie pflegen vornehmlich macht- und interessenten-
bezogen zu handeln und ihre Macht nicht für ausgewogene
gute Lösungen, sondern zur Bewahrung auch sachlich
unhaltbarer Privilegien zu nutzen. Die Geschichte der Politikfinanzierung ist voll von Beispielen, wie sehr die »politische Klasse« hier Gefahr läuft, mit den Worten des Bundespräsidenten »machtvergessen« und »machtversessen«
zugleich zu agieren.

V. Der Landtag auf dem Rückzug

Als mein Gutachten fast fünf Monate nach Verabschiedung des Gesetzes zunächst in einer 37seitigen Kurzfassung auf einer Pressekonferenz des Bundes der Steuerzahler in Wiesbaden am 27. 6. 1988 vorgestellt wurde und den Medien klar wurde, wie sie manipuliert worden waren und welchen Inhalt das Februar-Gesetz in Wahrheit hatte, schaukelten sich Kritik und Erbitterung rasch auf. Da die hessische Landespresse und der Rundfunk die Angelegenheit verschlafen hatten, war allerdings unsicher, wie sie auf Vorlage des Gutachtens reagieren würden. Es erschien für das Gelingen des Versuchs, den Landtag zur Rücknahme des Gesetzes zu bewegen, förderlich, gleich zu Anfang auch überregionale Medien zu gewinnen. Am Tage der Pressekonferenz erschienen deshalb Berichte im Nachrichtenmagazin »Der Spiegel« und im »heute journal« des Zweiten Deutschen Fernsehens. Auch die überregionalen Zeitungen berichteten ausführlich. Die »Frankfurter Rundschau« veröffentlichte am 6. 7. 1988 in ihrem Dokumentationsteil die gesamte Kurzfassung des Gutachtens im Wortlaut.

Die Erkenntnis, daß anscheinend kaum etwas vor der Öffentlichkeit leichter verborgen werden kann als in einem Gesetz, wenn es nur kompliziert genug formuliert und im Schnellverfahren durchgepeitscht wird, die Erkenntnis, daß höchste Repräsentanten eines bundesdeutschen Parlaments mit Falschinformationen, schiefen Vergleichen und unter Heranziehung inadäquater Maßstäbe die gesamte öffentliche Meinung und ihre Wortführer in Presse und Rundfunk irregeführt hatten, mußte wie ein Schock wirken, zumal sich herausstellte, daß die Gesetzesänderung vom Februar 1988 kein Einzelfall war und ähnliche Manipulationen schon früher geschehen waren. Alsbald bemächtigten sich die Medien des Themas in unzähligen Berichten und Kommentaren. (Der Bund der Steuerzahler sammelte in wenigen Wochen über 3000 Presseausschnitte.) In kürzester Zeit wurden die Kritik der öffentlichen Meinung, der Druck der Parteibasis und wohl auch das Erschrecken mancher Abgeordneter über das Ausmaß dessen, was sie im Februar mit verabschiedet hatten, so groß, daß gesetzliche Änderungen und personelle Konsequenzen unausweichlich wurden. Dieser Erkenntnisprozeß, der für die Fraktionen der »Altparteien«, die für die 88er Novelle verantwortlich waren, wohl besonders schmerzhaft war, läßt sich in mehrere Phasen unterteilen: Die erste Phase ist durch die Vorlage zweier Gesetzentwürfe als Sofortmaßnahmen und die Landtagsdebatte vom 13. 7. 1988 markiert, die zweite durch die von den Grünen zunächst in den Vordergrund gestellte Diskussion um eine mögliche Manipulation bei der Neufassung des Änderungsgesetzes und den unrichtigen Kostenausweis im Vorblatt des Gesetzentwurfs, die zum Rücktritt des Vizepräsidenten Dr. Lang führten. Die dritte Phase wurde durch eine weitere (am 19. 7. 1988 angekündigte und am 21. 7. 1988 durchgeführte) Pressekonferenz des Bundes der Steuerzahler eingeleitet, auf der die Mängel des Diätenberichts des Landtagspräsidenten vom 25. 1. 1988 und der darauf immer noch weitgehend beruhenden Plenarverhandlungen vom 13. 7. 1988 dargelegt wurden. Diese Phase wurde mit dem Rücktritt des Landtagspräsidenten Lengemann am 22. 7. 1988 abgeschlossen. Die vierte Phase ist durch das Eingreifen des Ministerpräsidenten und Parteivorsitzenden der CDU in Hessen, Dr. Walter Wallmann, und die Aufhebung des Änderungsgesetzes vom Februar gekennzeichnet. In einer fünften Phase wurde das nun wieder geltende Abgeordnetengesetz alter Fassung überprüft und schließlich zum 1. 11. 1989 eine Neuregelung vorgenommen.

Phase 1: Erste, halbherzige Korrekturansätze

Die Landtagsfraktionen der CDU, der SPD und der FDP erkannten am 6. Juli – in Reaktion auf den öffentlichen Protest – die Kritik als »teilweise berechtigt« an, stellten eine Korrektur des Hessischen Abgeordnetengesetzes in Aussicht und legten am 12. Juli einen Gesetzentwurf vor.[26] Die Grünen, die im Februar als einzige gegen die Gesetzesänderung gestimmt hatten, hatten ohnehin – einer Anregung des Verfassers folgend[27] – als Sofortmaßnahme die völlige Aufhebung des Änderungsgesetzes verlangt und am 1. Juli einen dahingehenden Gesetzentwurf eingebracht.[28] Beide Entwürfe wurden bereits am 13. Juli in einer fast vierstündigen, vom Fernsehen übertragenen Sondersitzung des Hessischen Landtags in erster Lesung verhandelt.[29] Am Ende wurde der Entwurf der Grünen mehrheitlich abgelehnt, der der anderen Fraktionen angenommen. Die zweite Lesung und Verabschiedung sollten nach dem Willen seiner Initiatoren nach den Parlamentsferien im Herbst stattfinden.

Der Gesetzentwurf der Fraktionen der CDU, der SPD und der FDP vom 12. 7. 1988 hatte einige Korrekturen vorgesehen. Sie betrafen vornehmlich Privilegien von Funktionsträgern, daneben auch das Übergangsgeldprivileg, die Arbeitslosenhilfe und das Sterbegeld »normaler« Abgeordneter; die beabsichtigten Einschränkungen reichten aber nicht aus, die problematischen Punkte zu entschärfen und das Hessische Abgeordnetengesetz aus dem verfassungsrechtlichen und politischen Zwielicht zu heben. Auch nach

dem Gesetzentwurf der CDU-, SPD- und FDP-Fraktionen
vom 12. 7. 1988 blieben zahlreiche massive Privilegien
erhalten. Die Halbherzigkeit des Vorgehens spiegelte sich
auch in der Plenardebatte des Hessischen Landtags vom
13. 7. 1988. Die frühere Linie wurde nicht mit der Entschie-
denheit, mit der man sich dies gewünscht hätte, verlassen.
Es blieb zunächst auch ungeklärt, wer die politische Verantwortung für die krasse Falschinformation der Öffentlichkeit trug und inwieweit nicht auch manche Wortführer der
Debatte dazugehörten. Es wurde nicht einmal eingeräumt,
daß überhaupt unrichtige Angaben gemacht worden
waren. Statt dessen gefielen sich mehrere Debattenredner
darin, der Landtagsverwaltung Teile der Verantwortung
zuzuschieben – eine bittere Ironie angesichts des Umstan-
des, daß die Verwaltung bei Vorbereitung des Gesetzentwurfs vom Februar weitgehend übergangen worden war.
Ein anderer Debattenredner erwies sich in der Sache als so
hilflos, daß er sein Heil darin suchte, den Gutachter persönlich und quasi mit dem Vorschlaghammer zu attackieren. Der Abgeordnete Hahn meinte, der Verfasser müsse
sein Gutachten in der Badewanne gefertigt haben – als ob
es möglich wäre, monatelang zu baden. Vor allem wurde
der Bericht des Landtagspräsidenten über die Angemessenheit der Entschädigung vom 25. 1. 1988, der von unzutreffenden Kriterien ausgegangen war, nicht korrigiert,
sondern blieb im Gegenteil weithin Grundlage auch der
Debatte am 13. 7. 1988. Die Diskussion lief deshalb Gefahr,
die anfängliche Schlagseite beizubehalten; die Fehler der
Vergangenheit drohten fortwirkend neue zu zeugen.

Phase 2: Manipulation durch die Verwaltung?
Die wahre Haushaltsbelastung.
Rücktritt Dr. Langs

In der öffentlichen Kritik standen zunächst zwei Teilfragen im Vordergrund: die mögliche Veränderung des Sinnes eines Paragraphen (§ 21 Absatz 4 Satz 1 HessAbgG) bei der Neufassung des Gesetzes durch die Exekutive und die Frage der haushaltsmäßigen Kosten der Februar-Novelle.

In dem vom Landtag beschlossenen Änderungsgesetz hieß es, in § 21 Absatz 4 seien an bestimmter Stelle zwei genau bezeichnete Wörter einzufügen. Die bestimmte Stelle kam nun aber in § 21 Absatz 4 zweimal vor. Dennoch wurden die beiden Wörter bei der Neufassung des Gesetzes nur einmal eingefügt. Die Vorschrift des § 21 Absatz 4 sieht eine Teilanrechnung vor, wenn ein ehemaliger Abgeordneter neben der Abgeordnetenpension noch eine weitere Pension aus öffentlicher Kasse bezieht.[30] In den Genuß dieser Vorschrift wäre auch Dr. Lang gekommen, wenn er neben seiner Pension als ehemaliger Landesfinanzminister noch eine weitere Pension als ehemaliger Abgeordneter und Landtagsvizepräsident erhalten hätte. Die Nicht-Einfügung der beiden Wörter an der zweiten Stelle konnte sich für Doppelpensionäre im Ergebnis leicht dahin auswirken, daß sie 4000 Mark monatlich mehr erhielten.[31] Im Gesetzgebungsverfahren hatte Landtagsvizepräsident Dr. Lang die fragliche Bestimmung erst in der zweiten Lesung des Landtags mündlich mit den Worten eingebracht: »Ich darf Sie bitten, noch eine weitere Änderung vorzunehmen.« Und dann folgte der Wortlaut der Änderung, der auf den genannten Einschub zweier Wörter an bestimmter Stelle in § 21 Abs. 4 HessAbgG hinauslief, was der Landtag dann

auch so beschloß. Ob der Einschub an einer oder an zwei
Stellen erfolgen sollte, war nach dem Wortlaut des vom
Landtag beschlossenen Passus unklar, wobei die Unklarheit
genaugenommen nur Ausdruck und Folge der unglaubli-
chen Laxheit war, mit der das Gesetzgebungsverfahren insgesamt betrieben worden war. Die Frage nach der Bedeutung des Passus war von der SPD-Fraktion in einer Frakti-
onssitzung behandelt und mehrheitlich in dem für Doppelpensionäre ungünstigeren Sinn entschieden worden.[32]
Nach Abschluß des Gesetzgebungsverfahrens durch den
Landtag hatte Landtagsdirektor Lessle bei der Vorbereitung einer Vorlage für die Staatskanzlei zur Neufassung des
ganzen Gesetzes Vizepräsident Dr. Lang als den eigentlichen »Gesetzesmacher« darauf hingewiesen, der Landtag
müsse durch einen neuerlichen Gesetzesbeschluß den
Gesetzeswortlaut im Sinne des genannten Beschlusses der
SPD-Fraktion ändern, war dabei aber auf den Widerstand
Dr. Langs gestoßen; so blieb es bei der für Doppelpen-
sionäre günstigen Formulierung.
Die zweite von den Grünen herausgestellte Frage nach der
Haushaltsbelastung durch das Februar-Gesetz versuchten
Vertreter der CDU-, der SPD- und der FDP-Fraktion schließ-
lich dahin zu beantworten, die Angaben im Vorblatt seien
letztlich korrekt gewesen. Es gehe nämlich nicht um die
Mehrkosten, die das Gesetz gegenüber dem vorherigen
Rechtszustand verursache, sondern um die Mehrkosten im
Jahr 1988, und in den folgenden Jahren jeweils um die
(über die Kosten des Vorjahres hinausgehenden) *zusätzli-
chen* Mehrkosten. Die Interpretation lief allerdings dem
Sinn des Kostenhinweises im Vorblatt des Gesetzentwurfs,
Klarheit zu schaffen, direkt zuwider. Im übrigen steht dieser Rechtfertigungsversuch selbst dann, wenn man bereit
wäre, sich auf den zugrundeliegenden Gedankengang ein-

zulassen (und zusätzlich die auch dann festzustellenden Fehler[33] durchgehen zu lassen), deshalb auf tönernen Füßen, weil das alles entscheidende Wort »zusätzlich« gerade fehlte.

Vizepräsident Dr. Lang, der unübersehbar die Verantwortung für beide Pannen trug und als »heimlicher Vater« des Gesetzes bekannt war, trat am 19. 7. 1988 zurück. Dazu hatte sicher auch der Umstand beigetragen, daß die eigene Basis ihm das Vertrauen entzogen hatte. Der Kreistag Groß-Gerau, dessen Vorsitzender Dr. Lang war, hatte das Änderungsgesetz mit den Stimmen seiner eigenen SPD mißbilligt und Dr. Lang auf diese Weise eine parteipolitische Ohrfeige versetzt.

Phase 3: Kritik des Präsidentenberichts vom 25. 1. 1988. Rücktritt Lengemanns

Die Diskussion um die vorgenannten beiden Punkte drohte allerdings die Hauptsache und die dabei obwaltende Schieflage der Diskussion in den Hintergrund treten zu lassen. Der Verfasser dieses Buches legte deshalb auf einer weiteren Pressekonferenz des *Bundes der Steuerzahler* in Wiesbaden am 21. 7. 1988 in einem sechzehnseitigen Statement detailliert dar, in welchen Punkten der Bericht des Landtagspräsidenten, der auch in der Plenardebatte am 13. 7. 1988 noch weithin Geschäftsgrundlage der Diskussion geblieben war, tatsächliche Mängel aufwies und von unzutreffenden rechtlichen Kriterien ausging,[34] und äußerte nach den bis dahin gemachten Erfahrungen die Befürchtung, ohne Druck von außen werde ein echter Neuanfang schwerlich möglich werden. Das Statement schloß mit dem Satz: »Nur Münchhausen war es gegeben, sich aus

eigener Kraft aus dem Sumpf zu ziehen.« Am Tag darauf
trat Landtagspräsident Lengemann zurück, behielt aber
sein Abgeordnetenmandat. (Vizepräsident Dr. Lang hatte
bei seinem Rücktritt auch sein Ausscheiden aus dem Landtag angekündigt.)

Phase 4: Wallmanns Flucht nach vorn.
Aufhebung des Februar-Gesetzes

Der erforderliche »Druck von außen« kam rasch, für Ein-
geweihte aber nicht unerwartet. Nach Rücktritt Lengemanns griff der Ministerpräsident und Vorsitzende der
CDU in Hessen, Dr. Walter Wallmann, in die Debatte ein
und erklärte am 22. 7. 1988 in Wiesbaden auf einer Pressekonferenz, er werde nunmehr darauf dringen, daß die steuerpflichtige Entschädigung bei 6 500 Mark »eingefroren«,
die weitere stufenweise Anhebung auf 8 000 Mark also
nicht durchgeführt und die steuerfreie Kostenpauschale
im wesentlichen wieder auf das vor der Februar-Novelle
bestehende Niveau gesenkt werde. Auch alle weiteren
durch die 88er Novelle eingeführten Neuerungen sollten
zurückgenommen werden. Dr. Wallmann ließ erkennen,
daß er Druck auf die CDU-Fraktion des Landtags in Richtung auf eine solche Lösung ausüben werde. Er räumte
allerdings ein, daß er seine Vorschläge ohne den öffentlichen Protest nicht gemacht hätte.[35] Das ist entwaffnend
ehrlich und trifft in der Tat zu; auf die beschwörenden
Briefe des Bundes der Steuerzahler vom 9. 3. 1988 und
11 . 4. 1988 hatte Wallmann zunächst nicht reagiert und am
28. 4. 1988 nur abgewiegelt. Es spricht manches dafür, daß
dieser Briefwechsel Wallmann nun schwer im Magen lag.
Der Ausweis der Nonchalance des ersten Politikers Hessens

gegenüber der hochbrisanten Materie war politischer Zündstoff. Wäre der Briefwechsel damals bekannt geworden, hätte aus der schweren Parlamentskrise, zu der sich der hessische Diätenfall inzwischen entwickelt hatte, leicht eine Regierungskrise werden können. Hier liegt wohl eine Erklärung für die überraschende und auch von seiner eigenen Fraktion nur widerwillig vollzogene plötzliche Wende Wallmanns. Das entwaffnende Eingeständnis Wallmanns, daß es die Wende ohne »die öffentlichen Reaktionen« nicht gegeben hätte, rechtfertigte im nachhinein die Mobilisierung der Öffentlichkeit, ohne die ein Kurswechsel nicht durchsetzbar gewesen wäre.

Die teilweise schon in die Ferien aufgebrochenen Abgeordneten wurden am 28. 7. 1988 aus dem In- und Ausland zurückgerufen, um der Öffentlichkeit sogleich einen personellen und sachlichen Neuanfang deutlich zu machen. Zum neuen Präsidenten wurde der Gießener Rechtsanwalt und Notar Klaus-Peter Möller, zum Vizepräsidenten der frühere hessische Minister Armin Clauss gewählt. In der Sache wurde aufgrund eines gemeinsamen Gesetzentwurfs aller Fraktionen[36] das gesamte Änderungsgesetz vom Februar aufgehoben und ab 1. 8. 1988 der bis dahin geltende Rechtszustand für alle wiederhergestellt. (Eine Rückzahlung der aufgrund des aufgehobenen Gesetzes überhöhten Zahlungen wurde jedoch nicht vorgesehen.) Dabei bestand in der vom Fernsehen übertragenen Debatte des Hessischen Landtags am 28. 7. 1988 Einigkeit, daß die Aufhebung des Februar-Gesetzes nur eine Sofortmaßnahme sein und noch keine endgültige Lösung bringen könne.[37] Denn die grotesk-dreisten Regelungen, die durch die handstreichartigen Gesetze von 1976 und 1981 in das Abgeordnetengesetz hineinmanipuliert worden waren, bestanden ja weiterhin fort. Auch das ab 1. 8. 1988 wieder geltende bis-

herige Hessische Abgeordnetengesetz war deshalb in zahlreichen Punkten verfassungswidrig oder politisch untragbar. Deshalb hatte der Landtag den alten Rechtszustand
nur unter Vorbehalt wieder in Kraft gesetzt und gleichzeitig
drei eigene Gutachter berufen, die das alte Gesetz verfassungsrechtlich überprüfen sollten. Darauf sollte das Abgeordnetengesetz unverzüglich reformiert und der finanzielle Status der Abgeordneten auf eine verfassungsrechtlich
einwandfreie Grundlage gestellt werden, die zum 1. Oktober 1988 in Kraft treten sollte (so die öffentlichen Verspre-
chungen des Landtags vor der Sommerpause).

Die – auf Bitte des Landtags unter großem Zeitdruck
erstellten – verfassungsrechtlichen Gutachten von Maaß/
Rupp[38] und Martin Hirsch[39] wurden pünktlich zum 12. September 1988 vorgelegt; sie stimmten im wesentlichen mit
den Ergebnissen des Gutachtens des Verfassers dieses
Buches überein und bestätigten, daß das Abgeordnetengesetz in zahlreichen Punkten offensichtlich verfassungswidrig war und dringend der Reform bedurfte. Sollte das Parlament gehofft haben, die verschiedenen Gutachten gegen-
einander ausspielen zu können, so sah es sich jedenfalls
gründlich getäuscht.[40]

VI. Der Landtag sichert seinen Status

Kaum lagen die vom Landtag bestellten Gutachten vor, war die sechs Wochen vorher, vor der Sommerpause, öffentlich gelobte rasche Reformbereitschaft aber plötzlich wie von Zauberhand verflogen. Mit der zunehmenden Ermüdung der Öffentlichkeit, die das Thema allmählich satt hatte, setzte sich zunehmend im Wiesbadener Parlament die Auffassung durch, mit der Aufhebung des Februar-Gesetzes habe man genug getan. Jetzt müsse es darum gehen, den erreichten finanziellen Status zu verteidigen, mochte er auch durch Camouflage-Gesetze erschlichen worden sein: »Right or wrong – my money.« Die Verantwortung für die Reform wurde nun zwischen der dafür berufenen Kommission, den Fraktionen und dem neuen Präsidenten des Landtags wie ein Schwarzer Peter weitergereicht und fiel zunächst einmal zwischen alle Stühle. Der neue Landtagspräsident Klaus-Peter Möller wartete mit der – verfassungsrechtlich unhaltbaren – These auf, eine Reform zu Lasten der Abgeordneten könne vor Ablauf der Legislaturperiode im Jahre 1991 ohnehin nicht mehr wirksam werden, und segnete damit die allseitige Hinhaltetaktik auch noch von Amts wegen ab. Statt, wie vor der Sommerpause öffentlich gelobt, die eindeutigen Verfassungswidrigkeiten des Abgeordnetengesetzes unverzüglich zu beseitigen – für die Lösung weiterer Problembereiche hätte man sich eventuell mehr Zeit lassen können –, spielte der Landtag nun auf Zeit. Der Landtagspräsident erblickte seine vordringlichste Aufgabe in Sachen Diätenreform darin, Ende Oktober 1988 einen Beirat zu berufen, der Vorschläge vornehmlich über die Höhe der Entschädigung der Abgeordneten erarbeiten sollte. Ein Mitglied des Bundes der Steuerzahler

wurde – entgegen vielfachen Forderungen in der Öffentlichkeit – nicht in den Beirat berufen. Die dahinterstehen-
de Absicht war klar: Der Landtag wollte sich Argumentati-
onsmaterial beschaffen, um als Ausgleich für die Beseitigung der verfassungswidrigen Regelungen die Entschädigung und Versorgung massiv anzuheben. Dabei wäre ein
Vertreter des Bundes der Steuerzahler im Wege gewesen.
Statt dessen wurde der Beirat mit handverlesenen Mitgliedern besetzt: überwiegend mit hohen Funktionsträgern
und Verbandsvorsitzenden, die fast alle aus Hessen kamen
und damit in ihren verschiedenen amtlichen und außer-
amtlichen Obliegenheiten vom Wohlwollen des Landtags
und der mitbetroffenen Landesregierung nicht völlig
unabhängig waren. Es handelte sich zudem um »durchweg
gutverdienende Persönlichkeiten«, wie Dieter Meng in der
»Frankfurter Rundschau« anmerkte, so daß das Ergebnis
»von vornherein gesichert« schien.[41]
Der Beirat erfüllte die in ihn gesetzten parlamentarischen
Erwartungen voll. Er schlug vor, die Entschädigung hessischer Abgeordneter auf 10 200 Mark (zwölfmal im Jahr) zu
erhöhen, also noch um rund 1500 Mark mehr, als es das zu
Fall gebrachte Februar-Gesetz vorgesehen hatte. Damit
erhöhten sich auch alle weiteren daran anknüpfenden Leistungen, vor allem die Versorgung, entsprechend. Das war
weit mehr als alle anderen Landesparlamentarier und
sogar mehr als Bundestagsabgeordnete an Entschädigung
erhielten. Auch die staatsfinanzierte Versorgung wurde auf
ein einmalig hohes, alle anderen deutschen Parlamente in
den Schatten stellendes Niveau gebracht (an dem auch
eine gewisse Absenkung der Steigerungssätze nichts
ändern konnte). Der Abgeordnete sollte nach acht Jahren
einen Anspruch auf eine Altersversorgung von über 3500
Mark monatlich erwerben, die bereits mit Vollendung des

55. Lebensjahres zu laufen begann (im Bundestag erst mit dem 65. Lebensjahr). Die volle Altersversorgung von 7650 Mark monatlich sollte der Abgeordnete nach 22 Jahren erdienen – und das alles für ein Landtagsmandat, von dem viele, auch Ministerpräsident Wallmann, Ministerpräsident Späth und der rheinland-pfälzische CDU-Vorsitzende Wilhelm sagen, es ließe sich von den Aufgaben her auch als Halbtagsbeschäftigung organisieren (wie dies in den Staatenparlamenten der USA auch fast durchweg der Fall ist).

Wie Willi Geiger diese Entwicklung beurteilt hätte, ist klar. Er hatte schon 1978 betont, daß das Bundesverfassungsgericht im Diätenurteil »mit Selbstverständlichkeit« davon ausgegangen war, »daß zwischen der Höhe der Entschädigung und der übrigen Ausstattung des Bundestagsabgeordneten und eines Landtagsabgeordneten ein deutlicher Unterschied zu machen« sei. Die »steuerpflichtige Entschädigung in den größten Ländern« habe »mindestens 2000 Mark unter der eines Bundestagsabgeordneten zu liegen«, und die staatsfinanzierte Pension sei als verschleiertes Zusatzeinkommen ein mit dem Diätenurteil des Bundesverfassungsgerichts unvereinbarer »Mißbrauch«.[42]

Die Vorschläge des Beirats wurden so sehr zur Grundlage des Gesetzentwurfs aller vier Landtags-Fraktionen (auch der Grünen), daß diese sogar auf eine eigene schriftliche Begründung verzichteten.

Zwischen der ersten und der zweiten Lesung des Gesetzentwurfs stellte sich allerdings heraus, daß der Beirat sich bei Ableitung seiner Empfehlungen grob verrechnet hatte und auch die Begründung insgesamt innerlich nicht stimmig war. Denn von der Begründung des Beirats für die vorgeschlagene monatliche Entschädigung von 10 200 Mark führte kein logischer Weg zu der zusätzlich vorgeschlagenen Einführung einer staatsfinanzierten Alters-, Hin-

terbliebenen-, Invaliden- und Krankenversorgung. Der Beirat hatte sich bei seinem Vorschlag am Einkommen der Mitglieder freier Berufe (Ärzte, Rechtsanwälte, Steuerberater,
Architekten etc.) orientiert, die in Hessen im statistischen
Durchschnitt exakt 10 200 Mark im Monat verdienen
(Stichjahr 1987). Die Freiberufler müssen aus diesem Brut-
toverdienst von 10 200 Mark aber ihre gesamte Versorgung
für Alter, Invalidität, Krankheit und Hinterbliebene selbst
finanzieren. Diese Gesichtspunkte hatte der Beirat bei der
Empfehlung, für Abgeordnete eine staatsfinanzierte Versorgung einzuführen, schlicht »vernachlässigt« und Äpfel
mit Birnen verglichen, ein Mangel, der angesichts der
gewaltigen Höhe des unsichtbaren steuerfreien Einkommens, den die staatsfinanzierte Versorgungsanwartschaft
darstellt, sachlich unerklärlich ist und den Beirat und seine
Arbeit insgesamt in ein schillerndes Licht setzt.
Damit aber noch nicht genug. Der Beirat stützte seinen
10 200-Mark-Vorschlag weiter auf die Hochrechnung eines
vom Bundesverfassungsgericht 1975 im Diätenurteil genannten (und als »Vollalimentation« bezeichneten) Betrages von 3000 Mark *netto*. Dabei unterliefen dem Beirat aber
schwere methodische Fehler. Er rechnete die 3000 Mark
netto mit unzutreffenden Indizes auf das Jahr 1989 hoch
und gelangte dadurch zu einem überhöhten Betrag. Ferner schlug er bei Umrechnung von netto in brutto nicht
nur Steuern, sondern auch Sozialversicherungsabgaben
hinzu, obwohl es um die Ermittlung des angemessenen
Einkommens von Abgeordneten geht, die keine Sozialversicherungsabgaben zahlen (sondern Ansprüche auf staatliche Versorgung und Beihilfe ohne eigene Beiträge haben).
Die fehlerhaften Rechnungen führten zu einer Überhöhung des vom Beirat ermittelten Ergebnisses um rund
2400 Mark monatlich.

Die offensichtlichen Mängel machten die Empfehlungen des Beirats untauglich, weiterhin als Grundlage für den hessischen Gesetzentwurf zu dienen. Darüber waren sich denn auch alle Sachverständigen einig, nachdem der Verfasser und der Bund der Steuerzahler die genannten (und andere) Mängel des Beiratsberichts in einer Anhörung des Hessischen Landtags am 31. August 1989 zwischen der ersten und zweiten Lesung des Gesetzentwurfs offengelegt hatten.

Damit war der erste höchst aufwendige Anlauf des Landtags, die maßlose Ausweitung von Entschädigung und Versorgung mittels eines vorgeschobenen Beirats zu begründen, gescheitert. Statt nun aber – entsprechend der Logik des Gedankengangs des Beirats – auf die zusätzlich zu der hohen Entschädigung gewährte Versorgung zu verzichten (oder es bei einem geringeren Entschädigungsniveau zu belassen), hielt der Landtag an den Ergebnissen des Beirats (Gewährung der erhöhten Entschädigung *und Versorgung*) dennoch fest und suchte lediglich, die fehlerhafte Begründung des Beirats durch eine neue »eigenständige« zu ersetzen. Diese »Begründung«, die der Abgeordnete Starzacher als Vorsitzender der zuständigen Landtagskommission in der zweiten Lesung des Gesetzentwurfs auf einer halben Seite des Landtagsprotokolls unternahm, war in Wahrheit aber nur eine Scheinbegründung, die an den eigentlich relevanten Fragen vorbeiging und zudem in sich widerspruchsvoll und unvollständig war. Das wird im einzelnen noch darzulegen sein. So drängt sich der Schluß auf, daß die Anhebung der Entschädigung und Versorgung in Wahrheit gar nicht begründbar war.

Der faktische Effekt

Damit ergab sich eine groteske Situation: Eine rasche
Reform, wenn vielleicht auch nicht zum 1. 10. 1988, wie
ursprünglich vom Vorsitzenden der zuständigen Landtagskommission Starzacher angekündigt, sondern etwa zum
Jahresende 1988, war nicht zustande gekommen; die Reform war vielmehr um fast ein Jahr verschoben worden (in
dem die Abgeordneten noch all ihre verfassungswidrigen
Privilegien weiterbezogen und selbst neue geschehen
ließen, nämlich die verfassungswidrige automatische Anhebung der Grundentschädigung zum 1. 1. 1989). Dies geschah mit der *»Begründung«*, man wolle alles sorgfältig
durch einen Beirat untersuchen lassen. Diese Vorgehens-
weise hatte der neue Landtagspräsident Hans-Peter Möller
konzipiert und zu verantworten. Am Ende stellte sich heraus, daß der Beirat so mangelhaft gearbeitet hatte, daß sein
Bericht als Begründung für das Gesetz untauglich war.
Gleichwohl hielt man an den Ergebnissen des Beirats fest,
weil sie genau das darstellten, was der Landtag seit Rück-
kehr aus der Sommerpause 1988 gewollt hatte: den finanziellen Status aufrechterhalten oder gar noch erhöhen,
mochte er ihn auch durch die frühere Anhäufung verfassungswidriger Privilegien im Wege handstreichartiger
Gesetzgebung erschlichen haben. Der Beirat hat damit die
ihm vom Landtag zugedachte Funktion voll erfüllt und die
Grundentschädigung und die daran anknüpfenden Leistungen in einer Höhe salonfähig gemacht, die vorher
kaum jemand vorzuschlagen gewagt hätte. Diese Funktion
konnte der Beirat trotz der Mängel seines Berichts, ja geradezu *wegen* dieser Mängel, erfüllen. Denn sie ermöglichten
es dem Beirat erst, auf den Betrag von 10 200 Mark (plus
Versorgung) überhaupt zu kommen. Die Aufklärung über

die Mängel des Beiratsberichts in der Anhörung am 31. August 1989 kam zu spät, als daß eine von der kaum noch überschaubaren Diskussion ermüdete Öffentlichkeit[43] sie noch registriert hätte. Dieser Effekt war den Beteiligten auch durchaus bewußt. Dieter Meng, der den Skandal von Anfang begleitet hatte, schrieb am 30. 9. 1989 in der »Frankfurter Rundschau«: »Die Öffentlichkeit und auch die Basis in den Parteien sind des Themas überdrüssig, und allein das erklärt die bisherige Geräuschlosigkeit, mit der eine Diäten-Vorlage behandelt wurde, die die hessischen Abgeordneten mit 10 200 Mark bundesweit an die Spitze bringen wird.« Die Empfehlungen des Beirats behielten ihr Eigengewicht, obwohl ihre Argumentation unhaltbar war und deshalb offiziell nicht mehr zur Begründung des Gesetzes herangezogen werden durfte. Der Landtag hatte nach dem Diätenskandal im Jahre 1988 öffentlich gelobt, ein vorbildliches, wohlbegründetes Gesetz vorzulegen. Tatsächlich war dann schließlich ein Jahr später das Gegenteil der Fall.

Die nachgeschobene Begründung des Landtags

Die in der zweiten Lesung am 11. Oktober 1989 nachgeschobene »eigenständige Begründung« des Landtags für das Festhalten an den 10 200 Mark[44] war mit einer halben Seite im Landtagsprotokoll ebenso knapp wie unzureichend: Die üppige Versorgung, die der Beirat vorgeschlagen, aber eben nicht schlüssig begründet hatte, wurde nun nicht einmal mehr versuchsweise begründet, obwohl man gerade dies nach der Vorgeschichte hätte erwarten dürfen, denn schließlich war die fehlende Begründung des Beirats für die Versorgung ein Hauptmangel seines Berichts. Die

Versorgung wurde vom Berichterstatter Starzacher in der zweiten Lesung überhaupt nicht mehr erwähnt, aber gleichwohl beibehalten.

Der Landtag glaubte, die Neuregelung mit dem platten Wunsch, den bisherigen ökonomischen Besitzstand der hessischen Abgeordneten aufrechtzuerhalten, begründen zu können. Zu diesem Zweck stellte er einen Vergleich der laufenden Bezüge des Abgeordneten für die Zeit vor und nach der »Reform« an. Bei Bildung der Gesamtbeträge rechnet der Berichterstatter Starzacher für das bisherige Recht die 7150 Mark steuerpflichtige Entschädigung und »eine mittlere Kostenpauschale von 4000 Mark« zusammen und kommt so auf ein »Gesamteinkommen von 11 150 Mark«. Dem wurden dann die 10 200 Mark Grundentschädigung und 800 Mark Kostenpauschale nach neuem Recht (= 11 000 Mark) gegenübergestellt mit dem behaupteten Ergebnis, der Gesamtbetrag sei »also in etwa vergleichbar«. Diese Vergleichsrechnung ist grob fehlerhaft. Es ist von vornherein unzulässig, die Entschädigung mit der Kostenpauschale in einen Topf zu werfen und die Gesamtbeträge dann zu vergleichen. Das läuft auf einen Ersatz der verringerten Kostenpauschale durch eine erhöhte Entschädigung hinaus. Beide dienen aber unterschiedlichen Zwecken: die Entschädigung dem Unterhalt, die Kostenpauschale der Abdeckung mandatsbedingter Kosten des Abgeordneten.

Die Vergleichsrechnung des Landtags ist auch deshalb unzulässig, weil sie unberücksichtigt läßt, daß die Alters-, Hinterbliebenen- und Invalidenversorgung an die Entschädigung geknüpft ist, nicht aber an die Kostenpauschale und sich deshalb mit der Anhebung der Entschädung entsprechend erhöht. Dieser Effekt, der es neben anderen Gründen verbietet, die Erhöhung der Entschädigung einfach mit der Senkung der Pauschale zu verrechnen, wird in der Landtagsbegründung überhaupt nicht erwähnt.

Wenn man aber schon so rechnet wie der Landtag, hätte man auch die sonstigen Kostenerstattungen, die der Abgeordnete nach dem neuen Recht zusätzlich zu seiner Pauschale erhält und die der Abgeordnete nach altem Recht aus seiner Pauschale bestreiten mußte, nicht vernachlässigen dürfen. Legt man dafür nur die von der Landtagskanzlei geschätzten Kosten von über 3000 Mark[45] zugrunde, dann zeigt sich, daß die Gesamtbeträge nach neuem Recht sehr viel höher sind als nach altem und keinesfalls mehr »in etwa vergleichbar« sind.

Schließlich erscheint es auch sehr fraglich, ob die Grundprämisse des Vergleichs überhaupt tragfähig ist und in der hohen steuerfreien Kostenpauschale ein »Besitzstand« lag, den der Landtag aufrechterhalten konnte. Denn diese Pauschale hat sich der Landtag in eigener Sache im Jahre 1976 in einem handstreichartigen auf Unterlaufen des Diätenurteils abzielenden Verfahren auf 3500 Mark verdoppelt und im Jahre 1985 weiter erhöht. Dies geschah durch offensichtlichen Verstoß gegen die Verfassung als höchstrangige Norm unserer Rechtsordnung, also auf eindeutig illegale Weise. In welchem Umfang in diesen Pauschalen noch 1989 verdeckte Einkommensbestandteile enthalten waren, hat der Abgeordnete Starzacher bei »Begründung« der Erhöhung der Entschädigung nicht erörtert. Abgesehen davon, daß er dazu unbedingt hätte Stellung nehmen müssen, wenn er damit die Erhöhung der Entschädigung begründen wollte, wäre selbst eine solche Begründung in sich zweifelhaft gewesen, weil es einem allgemeinen Rechtsgrundsatz entspricht, daß illegal Erlangtes ohne Wenn und Aber herausgegeben werden muß und dafür kein anderweitig auszugleichender Besitzstand reklamiert werden

darf. Das muß erst recht gelten, wenn der Landtag sich das
illegale Leistungsniveau in eigener Sache unter Ausnutzung seiner beherrschenden Machtstellung verschafft hat
und die Mitglieder des Landtags die Rechtswidrigkeit
erkennen konnten.

Angesichts einer derart mangelhaften »Begründung«
drängt sich der Schluß auf, daß die Anhebung der Entschädigung und Versorgung wohl gar nicht begründbar war.
Die naheliegende Konsequenz aus dem Scheitern des Beirats wäre gewesen, auf die Ergebnisse des Beirats zu verzichten, mochten sie auch für die Abgeordneten noch so
angenehm sein.

VII. Nachholbedarf im Bund?

Das hessische »Vorbild« hat anscheinend auch den Bundestag inspiriert. Der Hessische Landtag hatte gezeigt, wie man mit Hilfe einer mit wohlklingenden Funktionsträgern höchster Einkommenskategorien besetzten Kommission selbst dann die vom Parlament in eigener Sache gewünschten Regelungen erreichen kann, wenn der Bericht grob fehlerhaft ist. Von diesem Muster hat sich auch der Deutsche Bundestag leiten lassen. In einem sogenannten »Bericht der unabhängigen Persönlichkeiten über die Beratung der Präsidentin bei Überprüfung der für die Mitglieder des Deutschen Bundestags bestehenden materiellen Regelungen und Bestimmungen« (er nennt sich tatsächlich so!) vom 15. 6. 1990[46] wurde empfohlen, die Entschädigung (von derzeit 9664 Mark) »um mindestens 3000 Mark monatlich« auf einen Betrag zwischen 12 000 und 13 000 Mark anzuheben und auch die steuerfreie Kostenpauschale (von derzeit 5443 Mark) zu erhöhen.

Von Unabhängigkeit des Beratungsgremiums konnte bei allem guten Willen der einzelnen Persönlichkeiten in Wahrheit wohl kaum die Rede sein, wenn man bedenkt, daß die Berater »unter Vorsitz der Bundestagspräsidentin und Beteiligung der Vizepräsidenten sowie von Fraktionsgeschäftsführern« (so der Bericht) tagten und damit dem Informationsvorsprung und dem von Eigeninteressen geprägten Vorverständnis der Betroffenen und ihrer Stäbe ausgeliefert waren. Einen Vertreter etwa des Bundes der Steuerzahler in das Beratungsgremium zu berufen hätte den Zweck der Veranstaltung nur gefährdet und ist deshalb wohlweislich unterblieben. Entsprechend einseitig ist der Bericht des Beratungsgremiums ausgefallen, von dessen

Mitgliedern fünf Vorsitzende großer Bundesverbände, der Rest vor allem Professoren oder hohe Richter waren.

Der Bericht war einseitig, weil er nur die Frage der Erhöhung des finanziellen Niveaus der Abgeordneten behandelte, nicht aber die der Beseitigung von Mißständen, die es auch bei der Entschädigung der Bundestagsabgeordneten gibt: die hohe steuerfreie Einheitspauschale von derzeit etwa 5700 Mark monatlich ohne Rücksicht auf die wirklich anfallenden mandatsbedingten Kosten; das Fehlen von Vorkehrungen gegen Interessentenzahlungen und eines strafrechtlichen Tatbestandes der Abgeordnetenbestechung; das Übergangsgeld von bis zu mehr als einer Drittel Million Mark, das auch gezahlt wird, wenn der Abgeordnete nach seinem Ausscheiden sogleich einen gutdotierten Posten in der Privatwirtschaft übernimmt und deshalb keinerlei finanzielle Übergangsprobleme hat; die Gewährung einer Altersvollversorgung bereits nach einem halben Arbeitsleben ab dem 55. Lebensjahr.

Der »Bericht der unabhängigen Persönlichkeiten über die Beratung der Präsidentin bei Überprüfung der für die Mitglieder des Deutschen Bundestags bestehenden materiellen Regelungen und Bestimmungen« dürfte unausgesprochen von der Überzeugung getragen sein, daß die Mitglieder des Bundestags keine geringere Entschädigung erhalten dürften als die Mitglieder des Hessischen Landtags (10 200 Mark monatlich) und die frühere Relation zugunsten des Bundestags wiederhergestellt werden müsse. Dabei blieb aber unberücksichtigt, daß die hessische Regelung, wie dargelegt, weit überzogen ist. In Hessen war die Anhebung über das Bundestagsniveau hinaus pikanterweise unter anderem damit gerechtfertigt worden, die Kostenpauschale der Bundestagsabgeordneten enthalte ein steuerfreies Zusatzeinkommen. Davon weiß der Bericht des

Bundestags jetzt aber nichts mehr. Im Gegenteil: Er schlägt auch noch vor, die Aufwandsentschädigung zu erhöhen.

Der Bericht kann somit nicht als ausgewogene Argumentationsgrundlage angesehen werden. Vielmehr zeigt sich hier erneut, daß Politikberatung durch sogenannte unabhängige Persönlichkeiten durchaus nicht immer zu einer Rationalisierung der Diskussion zu führen braucht. Zwar bleibt der Gedanke einer sorgfältigen öffentlichen Berichterstattung durch unabhängige Sachverständige wichtig und richtig. Die Frage, wie sie gesichert werden kann, droht bei Entscheidungen in eigener Sache jedoch selbst zum Problem zu werden. Wenn es den Betroffenen gelingt, solche Kommissionen für ihre Zwecke einzuspannen, wird der Gedanke der wissenschaftlichen Beratung der Politik diskreditiert, und die Staatsbürger und Steuerzahler werden vollends wehrlos gegen Ausbeutung.

Der Süssmuth-Bericht von 1990 wäre wahrscheinlich schon Gesetz geworden, hätte nicht bald nach seiner Vorlage der Hamburger Diätenskandal auch Bonn aufgeschreckt und dazu beigetragen, daß die Bundestagspräsidentin schließlich im Sommer 1992 eine zweite Diäten-Kommission berief.

3 Der Fall Hamburg

In Hessen war es gelungen, das Diätengesetz in kaum vier Wochen zu Fall zu bringen. Der Kampf in Hamburg dauerte länger. Die Alterspräsidentin des Hamburger Parlaments, Charlotte Fera, sprach am 28. November 1991 vom längsten Streit, der ihr »aus dreißig Jahren Parlamentszugehörigkeit in Erinnerung geblieben« sei, und er war, als Frau Fera das sagte, noch nicht einmal zu Ende. Die »heiße Phase« reichte vom 29. August 1991, der Veröffentlichung meiner ersten Stellungnahme, bis zum 6. Dezember 1991. SPD, CDU und Teile der FDP präsentierten immer neue, in der Substanz allerdings kaum veränderte Gesetzentwürfe, insgesamt drei an der Zahl. Ihre Unhaltbarkeit wurde durch vier Stellungnahmen aus meiner Feder offengelegt, bis schließlich am Nikolaustag 1991 unter dem Druck der Öffentlichkeit der Verzicht auf das vom Parlament bereits beschlossene Gesetz – und zusätzlich die Rücknahme eines Gesetzes über die Senatorenversorgung von 1987, an dem das Diätengesetz Maß genommen hatte – angekündigt wurde. Die SPD-Führungstroika, bestehend aus dem Ersten Bürgermeister Dr. Henning Voscherau, dem Hamburger Parteivorsitzenden Helmut Frahm und dem Fraktionsvorsitzenden Günter Elste, hatte sich endlich dazu durchgerungen, den Rückzug anzutreten.

Bei Entscheidungen des Parlaments in eigener Sache bleibt – mangels direktdemokratischer Möglichkeiten – nur die Öffentlichkeit als »einzige wirksame Kontrolle« (Bundesverfassungsgericht). Verfassungsgerichtliche Entscheidungen sind oft keine gleichwertige Alternative; sie ergehen regelmäßig sehr spät und pflegen die inzwischen gezahlten

Leistungen den Empfängern zu belassen, auch wenn sie
nunmehr als verfassungswidrig erkannt sind. Deshalb
fürchten die Selbstbediener gerade dann, wenn sie maßlose Bestimmungen durchdrücken wollen, die Öffentlichkeit
wie der Teufel das Weihwasser und suchen sie auf jede Weise zu unterlaufen. Der Inhalt des Vorhabens wird camoufliert, das Gesetz nicht begründet, die Vorschriften
sind schwierig bis unverständlich formuliert, die politischen Maßstäbe und die verfassungsrechtlichen Kriterien
werden vernebelt und die finanziellen Belastungen un-
terschlagen. Denn die Öffentlichkeit kann nur reagieren,
wenn sie den Sachverhalt erfaßt hat. Hamburg ist dafür ein
Lehrbeispiel.

Das Beispiel Hamburg zeigt aber auch, wie parlamentarisch
verbreiteter Nebel durchstoßen und selbst 90-Prozent-
Mehrheiten in den Parlamenten an maßloser Selbstversorgung gehindert werden können: durch nüchterne Analyse
und Darstellung in einer für die Öffentlichkeit verständli-
chen Form, also durch die Verbindung von Fachwissen und
Öffentlichkeit, die zu organisieren dem Bund der Steuerzahler immer wieder gelingt. Das Kartell der »einigen Demokraten« kann allerdings nur durch größten öffentlichen
Druck zum Einlenken bewegt werden. Der Inhalt der Regelungen muß durch die Medien vermittelt werden: dem Bürger, vor allem aber der örtlichen Basis der Parteien, die
über die Wahllisten und damit die politische Karriere der
Abgeordneten entscheidet und deshalb den Punkt treffen
kann, an dem die Abgeordneten wirklich empfindlich sind,
weil ihre politische Existenz auf dem Spiel steht.

Rechtlicher Angelpunkt des Falles, der Politik und Öffentlichkeit in Hamburg monatelang in Atem hielt, ist Artikel
13 der Hamburger Verfassung, in dem die Ehrenamtlichkeit des Parlaments verankert ist. Die Abgeordneten der

»Bürgerschaft« – so heißt das Parlament in Hamburg zur Kennzeichnung der Ehrenamtlichkeit – leben danach von ihrem neben dem Mandat weitergeführten Beruf und können nur eine »Aufwandsentschädigung« beanspruchen. Wenn es auch für einige hochbelastete Funktionsträger (etwa Fraktionsvorsitzende) schwer ist, Mandat und Beruf zu vereinbaren, so erlaubt doch das Hinausschieben der Parlamentssitzungen in den späteren Nachmittag und Abend (»Feierabend-Parlament«) den allermeisten Abgeordneten die Beibehaltung ihres Berufs. Das ist eine Vorkehrung gegen die Arbeits- und Bürgerferne, der Berufspolitiker leicht erliegen, und gegen ihre totale Abhängigkeit von den Parteien, die durch die Aufstellung der Listen über ihre Wiederwahl entscheiden.

Die Aufhebung der Ehrenamtlichkeit wäre ein massiver Einschnitt und hätte in einer Verfassungsdebatte mit allem Für und Wider offen diskutiert werden müssen. Dabei wäre auch über eine eventuelle Verkleinerung der Bürgerschaft (von derzeit 121 Abgeordneten) zu sprechen gewesen und darüber, ob nicht bestimmte kommunale Aufgaben auf die Bezirksversammlungen übertragen und dadurch die Bürgerschaftsabgeordneten entlastet werden sollten. Erst *nach* Entscheidung dieser sachlich vorrangigen Strukturfragen hätten mögliche Konsequenzen für die Diäten gezogen werden können.

I. Der Gesetzentwurf vom 26. Juni 1991

Ein politisches Kartell der etablierten Fraktionen (SPD, CDU und FDP), von einigen Wortführern trotz interner Widerstände zusammengebracht, wollte jedoch das Pferd beim Schwanze aufzäumen und die Diäten gleich nach den Bürgerschaftswahlen vom 2. Juni 1991 erst einmal massiv erhöhen, besonders für bestimmte Spitzenparlamentarier, und eine Altersversorgung für alle einführen. Gleichzeitig sollte aber der Verfassungstext mit seiner Festschreibung des Ehrenamts und der bloßen Aufwandsentschädigung unberührt bleiben, ein Vorgehen also nach der Devise »Wasch mir den Pelz, aber mach mich nicht naß«.

Ursprünglich hatte das Projekt Diätengesetz 1991 bereits vor den Bürgerschaftswahlen vom 2. 6. 1991 laufen sollen. Unterhändler einer Diätenkoalition aus SPD, CDU und FDP in der Bürgerschaft hatten sich bereits im April auf die Grundzüge des neuen Gesetzes geeinigt, das am 24. April im Verfassungsausschuß der Bürgerschaft beraten werden sollte. Doch der Erste Bürgermeister der Hansestadt seit 1988, Dr. Henning Voscherau, blockierte das Vorhaben schließlich. Er fürchtete eine Diskussion mitten im Wahlkampf. »Sie werden euch durch die Straßen jagen«, soll er seine Genossen gewarnt haben. Voscherau wußte, wovon er sprach. Der Versuch, sich bei Übernahme des Regierungsamtes sogleich mit einem Versorgungsanspruch voll abzusichern, vor Ablauf der Regelvoraussetzung von vier Amtsjahren, hätte ihn seinerzeit fast das Amt gekostet.

So wurde der Entwurf des Diätengesetzes 1991 aufgeschoben und als erstes Projekt nach dem Zusammentritt der neu gewählten Bürgerschaft präsentiert, getreu der Devise Machiavellis, Grausamkeiten müßten am Anfang der Re-

gierungszeit begangen werden. Unproblematisch war an
dem geplanten Gesetz eigentlich nur die Ersetzung der
steuerfreien »Aufwandsentschädigung« von 1920 Mark
monatlich durch eine steuerpflichtige Entschädigung von
3900 Mark. Damit wäre Hamburg unter den anderen Parlamenten der Bundesrepublik geblieben, was aber auch
durch den besonderen Charakter der Hamburger Bürgerschaft als »Feierabend-Parlament« gerechtfertigt gewesen
wäre.

Kritik wurde herausgefordert durch ein Bündel von zusätzlichen Regelungen:

- die Einführung einer staatsfinanzierten, dynamisierten
  Altersversorgung – trotz beschworener Beibehaltung des
  »Feierabend-Parlaments«;
- eine Entschädigung für Parlamentspräsident und Fraktionsvorsitzende, die kein Berufseinkommen besitzen, in
  Höhe von 19 500 Mark monatlich, mehr als hauptberufliche Funktionsträger im Bundestag und in den Landtagen aus der Parlamentskasse erhalten;
- eine hohe Versorgungsanwartschaft für diesen Personenkreis bereits nach dreieinhalb Jahren Funktionszeit,
  beginnend mit vollendetem 55. Lebensjahr, ungekürzt
  selbst neben Beamtenbezügen, eine Regelung, von der
  Spitzenparlamentarier in anderen deutschen Parlamenten nur träumen können;
- die rückwirkende Anrechnung von früheren, vor Inkrafttreten des Gesetzes liegenden Mandatszeiten für die
  Berechnung der Altersversorgung und die nachträgliche
  Gewährung von Altersversorgung auch für bereits ausgeschiedene Abgeordnete, was langjährige Abgeordnete
  mit einem Handzeichen um ein Vermögen reicher
  gemacht hätte;

– die Vorweg-Regelung der Abgeordnetenfinanzen unter
  Kappung des Zusammenhangs mit der in Hamburg
  ursprünglich angestrebten umfassenden Parlamentsreform.

Die Anfechtbarkeit des Gesetzes konnte seine Betreiber
allerdings nicht von dem (dann später immer wieder
erneuerten) Versuch abhalten, das Gesetz mit Hilfe ihrer
90-Prozent-Mehrheit im Parlament durchzuboxen. Daß die
Wahlbeteiligung bei der Bürgerschaftswahl vom 2. Juni
erschreckend gefallen, die Nichtwähler zur stärksten Partei
geworden waren und darin unübersehbar ein Ausdruck
von Unzufriedenheit der Wähler mit den »etablierten« Parteien lag, schien den Initiatoren des Gesetzes nicht von
Relevanz. »Und da klagt man über Politikverdrossenheit,
Wahlenthaltung, Glaubwürdigkeitsverluste und bejammert
die Armut der öffentlichen Haushalte. Nur weiter so. Der
Verdruß läßt sich noch steigern. Aber man wird Sturm ern-
ten damit«, kommentierte die »Süddeutsche Zeitung« später.[1]
Zunächst war die öffentliche Kritik allerdings nicht konsequent auf die unhaltbaren Punkte des Gesetzes zugeschnitten und griff deshalb noch nicht durch. Das hing wohl auch
damit zusammen, daß der Gesetzentwurf in seiner Fassung
vom 26. Juni 1992[2] den Abgeordneten erst am Tage der
ersten Beratung im Parlament[3] auf den Tisch kam und sowohl die Grünen als auch der Vorsitzende der FDP, Robert
Vogel, die das Gesetz ablehnten, wie auch die Öffentlichkeit insgesamt keine Zeit für eine ausreichende Prüfung
hatten.

II. Kritik und Reaktionen

Ich wurde mit dem Thema erst Wochen später befaßt. Am 21. August 1991 faxte der Bund der Steuerzahler Hamburg mir den Gesetzentwurf und bat um meine Beurteilung. Schon nach der ersten Lektüre war mir klar, daß dieses Vorhaben scheitern mußte, wenn es nur gelingen würde, die Öffentlichkeit über seinen maßlosen Inhalt zu informieren. Ich erklärte mich deshalb – trotz der kurzen Vorbereitungszeit – bereit, eine schriftliche Stellungnahme zu erarbeiten, die auf einer Pressekonferenz des Bundes der Steuerzahler veröffentlicht werden sollte. Nur so bestand noch eine Chance, das Gesetz zu stoppen. Die Arbeit wurde dadurch noch erschwert, daß das Protokoll der ersten Beratung des Gesetzentwurfs in der Bürgerschaft vom 26. Juni noch nicht vorlag. Hätte ich mich nicht seit Jahren mit einschlägigen Materien befaßt, wäre eine seriöse Stellungnahme in kurzer Zeit nicht möglich gewesen.

Eile war deshalb geboten, weil inzwischen bekannt geworden war, daß der Verfassungsausschuß der Hamburger Bürgerschaft bereits am Nachmittag des 29. August beraten und das Plenum das Gesetz am 4. September endgültig beschließen wollte. Der äußerste Termin für die Pressekonferenz war deshalb der Vormittag des 29. August. Die Frist war so kurz, daß ich die schriftliche Stellungnahme auf der Bahnfahrt nach Hamburg noch einmal überarbeiten und Teile vor der Presse mündlich vortragen mußte. Für eine Vorausinformation überregionaler Presseorgane wie in Hessen oder gar für eine Vorwarnung der Bürgerschaft oder des Senats war diesmal keine Zeit. Das Gesetz war aber – anders als in Hessen – noch nicht in Kraft, und der Bund der Steuerzahler hatte bereits im Juni öffentliche Kritik

geäußert und eine verfassungsrechtliche Überprüfung angekündigt.

Meine Stellungnahme war zweistufig aufgebaut; sie stellte
zunächst den Widerspruch des Gesetzesvorhabens zur
Hamburger Verfassung heraus. Die Verfassung kann frei-
lich von der Bürgerschaft mit Zweidrittelmehrheit geändert werden, und die Antragsteller verfügten über 90 Prozent der Stimmen. Deshalb war es um so wichtiger, auch die
inhaltliche Unangemessenheit des Entwurfs darzulegen.[4]

Entschädigungen von 19 500 Mark monatlich für Fraktionsvorsitzende und Bürgerschaftspräsidentin und die – zudem
auch noch mit Rückwirkung eingeführte – Altersversorgung ließen sich beim besten Willen nicht mehr unter den
Begriff der »Aufwandsentschädigung« bringen und waren
mit der Ehrenamtlichkeit der Hamburger Verfassung
unvereinbar. Die Bestimmungen der Hamburger Verfassung wurden auch nicht etwa durch das Bundes-verfas-
sungsrecht überlagert. Das Diätenurteil des *Bundes*verfas-
sungsgerichts von 1975 mit seiner Bejahung der »Vollalimentation« für Abgeordnete war vom Gericht nicht auf
Stadtstaaten bezogen worden. Zudem ist das Gericht in einer neueren Entscheidung von 1987 selbst für Bundestagsabgeordnete von dem Gebot der Vollalimentation abge-
gangen. Und Verfassungsdurchbrechungen, das heißt
Änderungen der Verfassung ohne Änderungen des Textes,
sind angesichts des bei Entscheidungen des Parlaments in
eigener Sache geltenden Gebots von Verfahrenstranspa-
renz auch in Hamburg unzulässig.

Die grobe Unangemessenheit der Vorlage wurde an ihrer
größten Schwachstelle, der hohen Altersversorgung für
Präsidentin und Fraktionsvorsitzende, schon nach kurzer
Amtszeit demonstriert: Würde ein Fraktionsvorsitzender
vier Jahre lang Beiträge an eine private Versicherung zah-

len, um nach vollendetem 55. Lebensjahr einen gleichwertigen Anspruch auf eine dynamisierte Versorgung zu erwerben, wie er ihn nach dem neuen Gesetz erhalten sollte, so hätte er monatlich etwa 40 000 Mark einzahlen müssen. So die versicherungsmathematische Berechnung. Bedenkt man, daß die Beiträge aus versteuertem Einkommen zu bezahlen gewesen wären, die vom Abgeordneten eingesparten Beiträge aber nicht der Besteuerung unterliegen, so hätten die ersparten Beiträge von monatlich 40 000 Mark etwa einem Bruttoeinkommen von monatlich 80 000 Mark entsprochen. Die eingesparten Prämien stellten wirtschaftlich ein unsichtbares steuerfreies Zusatzeinkommen dar, dessen Höhe in groteskem Mißverhältnis zum offen ausgewiesenen Einkommen stand und dessen Bewilligung nur als Mißbrauch der Gesetzgebungsmacht in eigener Sache bezeichnet werden konnte.[5]

Die ersten Reaktionen aus der Bürgerschaft waren heftige Attacken; sie kamen noch am selben Tag. »Kaum war das Gutachten da, bemühten sich die Fraktionen, den Verfasser schlechtzumachen, ihm schlampige Arbeit vorzuwerfen und ihren Gesetzentwurf wortreich zu verteidigen«, schrieb Gisela Reiners in »Die Welt« vom 30. August. Und »Der Spiegel« vom 9. September ergänzte: Kein Argument »war den Begünstigten, auf frischer Tat ertappt ... zu dürftig, um von ihrem Millionencoup abzulenken«. Wortführer waren der Vorsitzende des Verfassungsausschusses der Bürgerschaft, Dr. Martin Willich (CDU): »Selbstverständlich ist der Gesetzentwurf in keinem Punkt verfassungswidrig«, und der Vorsitzende des Haushaltsausschusses, Dr. Gerd Weiland (SPD): »Das Gutachten ist juristisch oberflächlich, verwendet zum Teil falsche Bezugszahlen und falsche Vergleiche.«[6] Willich beschwerte sich überdies über das öffentliche Vorgehen des Bundes der Steuerzahler: »Korrekterweise hätte der Bund zuerst mit den Parlamentariern Kontakt aufnehmen sollen.« Als ob diese sich durch Sachargumente in vertraulichen Gesprächen wirklich hätten beeinflussen lassen. Weiland und Willich beriefen sich dabei auf den Hamburger Professor Dr. Werner Thieme, der dem Gesetzentwurf in einem Brief an Dr. Gerd Weiland vom 19. August 1991 die angebliche Verfassungsmäßigkeit bescheinigt hatte. Thieme hatte dabei aber übersehen, daß das Diätenurteil des Bundesverfassungsgerichts bei seinem Gebot der Vollalimentation gerade für die Stadtstaaten einen Vorbehalt macht[7] und überdies durch ein neueres Urteil von 1987 überholt ist.[8]

Die Rechtmäßigkeit des Gesetzentwurfs weiter glaubwürdig zu behaupten wurde den Fraktionsspitzen auch dadurch erschwert, daß die öffentliche Kritik unerwartet Schützenhilfe von offizieller Seite erhielt. Als die Hamburger Justizsenatorin Dr. Lore Maria Peschel-Gutzeit am Abend des 29. August im Verfassungsausschuß gefragt wurde, wie der Senat das Gesetz beurteile, bestätigte sie, es sei nach einhelliger Auffassung des Senats verfassungswidrig. Eine »Verfassungsdurchbrechung« sei im vorliegenden Fall auch in Hamburg nicht zulässig. Später erfuhr ich, daß bereits seit Juni Vermerke der Senatsverwaltung betreffend der Verfassungswidrigkeit vorlagen, die der Bürgerschaftspräsidentin Kiausch und dem SPD-Fraktionsvorsitzenden Elste übersandt worden waren, aber kein Gehör gefunden hatten.[9]

Nach dem klaren Wort der Justizsenatorin beantragten die SPD- und CDU-Mitglieder des Verfassungsausschusses sogleich eine »Auszeit« von einer halben Stunde zur internen Beratung. Das Ergebnis war nicht etwa ein Zurückstecken in der Sache, sondern ein Antrag auf Verfassungsänderung. So beschloß denn auf ihren Antrag der

Verfassungsausschuß, die 90-Prozent-Mehrheit, die hinter dem Entwurf stand, zu einer Verfassungsänderung zu benutzen, die Ehrenamtlichkeit zu streichen und auf diese Weise – ohne wirkliche Verfassungsdebatte – die Grundfrage rasch zugunsten der höheren Bezahlung zu entscheiden. Hier zeigt sich das Erschreckende solcher Parteienkartelle: Sie drohen nicht nur den Wähler zu entmachten, sondern suchen auch die Verfassung für ihre Zwecke zu instrumentalisieren.

Gegen ein allzu rasches Durchpeitschen sieht die Hamburger Verfassung allerdings eine Frist von dreizehn Tagen vor, die die Bürgerschaft bei Verfassungsänderungen zwischen erster und zweiter Lesung einhalten muß. Und nun zeigte sich, wie richtig es gewesen war, in meiner Stellungnahme von Anfang an auch die sachliche Unangemessenheit des Gesetzes herauszustellen. Denn dieses Argument konnte auch durch eine Verfassungsänderung nicht unterlaufen werden. Die Kritik begann denn auch zunehmend zu greifen. Der frühere FDP-Vorsitzende in Hamburg, Professor Dr. Ingo von Münch, kritisierte das Diätengesetz am 8. September als »Wählertäuschung« und »schamlos«. Die Hamburger Vereinigung »Demokratische Offenheit«, zu deren Mitgliedern der bekannte Hamburger Politikwissenschaftler Prof. Dr. Winfried Steffani gehört, und die Arbeitsgemeinschaft sozialdemokratischer Juristen (Vorsitzender Friedrich Joachim Mehmel) stimmten in die Kritik ein (was den Ersten Bürgermeister Voscherau später zu einer unverhüllten öffentlichen Drohung gegen »einige leitende Bedienstete der Stadt«, die in diesen Vereinigungen wirkten, veranlaßte).[10] Die sieben Hamburger Zeitungen nutzten die dreizehn Tage Frist und berichteten – unabhängig von ihrer politischen Ausrichtung – ausführlich, kritisch und täglich, manchmal drei- oder viermal in derselben Ausgabe. Die überregionale Presse, die in Hamburg über fähige Korrespondenten verfügt, machte das Thema bundesweit bekannt. »Der Spiegel« brachte am 9. September eine Geschichte. Überdies wurde die Unangemessenheit des Entwurfs auf einer weiteren Pressekonferenz des Bundes der Steuerzahler am 16. September durch eine zweite Stellungnahme aus meiner Feder untermauert.[11]

Die öffentliche Kritik bewirkte, daß die für den 18. 9. 1991 geplante endgültige Verabschiedung des Gesetzes durch die Bürgerschaft schließlich ausgesetzt wurde. Die FDP hatte schon vorher einen Sonderparteitag einberufen und ihrer Fraktion empfohlen, von der geplanten raschen Verabschiedung des Gesetzes samt Verfassungsänderung abzusehen. Der SPD-Vorstand und ein ohnehin einberufener CDU-Parteitag hatten versucht, in ähnlicher Weise auf ihre Abgeordneten einzuwirken, ohne daß zunächst klar wurde, wie diese entscheiden würden. In einer dramatischen Schlußphase wurde schließlich die für den 18. 9. 1991 vorgesehene endgültige Verabschiedung des Gesetzes buchstäblich in letzter Stunde von der Tagesordnung der Bürgerschaft abgesetzt und das Gesetz zur Überprüfung in den Verfassungsausschuß der Bürgerschaft zurückverwiesen. Die SPD Hamburgs berief zum 30. 9. 1991, also nach Rücküberweisung des Gesetzentwurfs an den Verfassungsausschuß, ebenfalls einen Sonderparteitag zum Diätenthema ein. Der Termin fiel allerdings auf den Montag unmittelbar nach der Wahl in Bremen, bei der die SPD eine schwere Niederlage erlitten hatte. Dieser über dem Parteitag liegende »Schatten« erleichterte es Bürgermeister Voscherau, der überraschend erstmals öffentlich zum Diätenthema das Wort ergriff, zusammen mit dem Partei vorstand und der Fraktionsführung vor einem »Zerstreiten« zu warnen, eine volle Aufklärung der Zusammenhänge und Hintergründe zu vermeiden und die Delegierten von der ursprünglich erwarteten massiven Kritik an Fraktion und Fraktionsspitze in Sachen Abgeordnetengesetz abzubringen.

Diätenskandale haben ihre eigenen Gesetzlichkeiten. Das wissen wir seit dem hessischen Diätenskandal von 1988. Nur massivste öffentliche Kritik ist in der Lage, Regierungs- und Oppositionsfraktionen, wenn sie wie hier gemeinsame Sache machen, zum Rückzug zu bewegen. Die öffentliche Kritik geht ihrerseits nicht ohne Beschädigung des Ansehens von Abgeordneten und Parlament ab. Das ist schlimm genug, in der Demokratie aber kein Grund, auf die Offenlegung des Versteckspiels zu verzichten. Fataler noch für das Vertrauen der Bürger ist allerdings ein spezifisches Reaktionsmuster der Abgeordneten: Da die Verantwortlichen persönliche Beschädigung bis hin zu Rücktrittsforderungen befürchten, wenn sie sachliche Fehler eingestehen, schwören sie ihre Fraktion auf »Sprachregelungen« ein, welche die Abgeordneten vollends unglaubwürdig machen, weil sie die Dinge auf den Kopf stellen. Das zeigt wiederum das Hamburger Beispiel.

Als die Verfassungswidrigkeit des Gesetzes aufgezeigt wurde, wurde nicht etwa auf das Gesetz verzichtet, sondern alsbald eine Verfassungsänderung eingebracht. Gleichwohl wurde weiterhin behauptet, das Gesetz wäre auch ohne Verfassungsänderung korrekt gewesen, diese erfolge vielmehr nur aus »verfassungsästhetischen« Gründen. Als aufgezeigt wurde, daß das geplante Gesetz in weiten Teilen unangemessen und überzogen war, wurde die Schlußabstimmung der Bürgerschaft ausgesetzt, gleichzeitig aber allen Ernstes die Sprachregelung verbreitet, das Gesetz sei objektiv völlig in Ordnung.

Wort und Tat klaffen in solchen Fällen so weit auseinander,

daß eigentlich eine Überbrückung unmöglich scheint. Das
gilt allerdings nicht für die, die, in Geringschätzung des
Bürgers, Politik nur für eine Frage der »Darstellungskunst«
halten. Für sie reduziert sich der Hamburger Skandal denn
auch auf einen Fall extrem mißlungener Darstellung. Die
Öffentlichkeit, so sagen sie, die Bürger und die Presse, hätten, unaufgeklärt und verführt, wie sie seien, subjektiv und
emotional reagiert. Das war in Wahrheit ähnlich schlechter
Stil wie eine Beschimpfung der Wähler nach verlorener
Wahl. Diese Art des Vorgehens drohte beides weiter wachsen zu lassen: die Unglaubwürdigkeit und Arroganz der
Mächtigen und – als Kehrseite – das Mißtrauen der Bürger.
Haben diese Politiker vielleicht schon so weit abgehoben,
daß sie gar nicht mehr merken, daß sie nicht nur wie ein
Kartell handeln, sondern auch wie die ehemaligen Einheitsparteien östlicher Provenienz *reden*. Dort galt Kritik ja als
Beweis dafür, daß der Kritiker noch das falsche Bewußtsein
habe. Auf dieser Ebene der Diskussion werden Sachfragen
in der Tat irrelevant. »Sachliche Fehler« gibt es dann als
politischen Begriff gar nicht mehr, sondern nur noch Dar-
stellungsfehler. Damit droht aber das Befreiende und Posi-
tive politischer Skandale in der Demokratie, ihr Reini-
gungs- und Erneuerungseffekt, auf der Strecke zu bleiben.
Die 90-Prozent-Mehrheit sucht sich durch eine Art politische Selbstamnestie zu immunisieren und merkt nicht, daß
sie sich dabei von einigen Einpeitschern in eine Rolle drängen läßt, wie sie ihnen Politikwissenschaftler wie Schumpeter[12] und Downs[13] generell unterstellen: daß sie nämlich
nicht vom Ringen um möglichst gute Lösungen im Interesse des gemeinen Wohls motiviert würden, sondern primär
vom persönlichen Streben nach Macht, Geld und Status.

III. Der Gesetzentwurf vom 30. Oktober 1991

Doch der Hamburger Diätenfall war mit der Aussetzung des Bürgerschaftsbeschlusses vom 18. 9. 1991 noch nicht beendet. Die Betreiber setzten vielmehr zu einem dritten Anlauf an. Der glimpfliche Ausgang des Sonderparteitags der SPD vom 30. September hatte sie dazu ermutigt. Der vom Verfassungsausschuß auf Initiative der SPD- und der CDU-Fraktionen vorgelegte neue Gesetzentwurf[14] sah in den wichtigsten Problempunkten keine substantiellen Änderungen gegenüber dem Vorentwurf vor, besonders nicht in der gravierenden Altersversorgung hauptberuflicher Fraktionsvorsitzender und Bürgerschaftspräsidenten. Der Zusammenhang zur Parlaments- und Verwaltungsreform wurde wiederum nicht hergestellt. Vielmehr sollte der Entwurf rasch durchgezogen werden. Die von den Fraktionen GAL/Die Grünen und FDP geforderte Anhörung von Sachverständigen war von der Mehrheit abgelehnt worden. Ein Grund für die Eile dürfte darin gelegen haben, daß der Gesetzentwurf gerade hinsichtlich der Altersversorgung hauptberuflicher Fraktionsvorsitzender und Bürgerschaftspräsidenten auf die Interessen von vier oder fünf Personen zugeschnitten war, die eine rasche Verabschiedung betrieben, um noch in der laufenden Legislaturperiode in den Genuß der Pfründe zu gelangen. Das Gesetz ließ sich unschwer als *Lex Elste, Lex Kiausch, Lex Kruse* und *Lex Willich* identifizieren. Günter Elste war im Herbst 1991 Vorsitzender der SPD-Fraktion, Elisabeth Kiausch war Präsidentin der Bürgerschaft, Rolf Kruse Vorsitzender und Dr. Martin Willich stellvertretender Vorsitzender der CDU-Fraktion. Willich war intern als Nachfolger Kruses in der Fraktionsführung vorgesehen. Die klassi-

sche Regel des Rechtsstaats und der Demokratie, daß die
Gesetzgebung sich nicht nach den persönlichen Interessen
der Mächtigen, sondern nach dem Gemeinwohl zu richten
habe und verallgemeinerungsfähige Kriterien den Gesetzgeber leiten müssen, wurde mißachtet.

Das beabsichtigte Gesetz enthielt – wie seine Vorgänger
und kaum verändert – einiges Sinnvolle, etwa die Ersetzung
der steuerfreien Aufwandsentschädigung von 1920 Mark
durch eine steuerpflichtige Entschädigung von 3900 Mark
monatlich für alle Abgeordneten. Das Gesetz sah aber auch
vieles vor, wofür die Bürger mit Recht kein Verständnis hatten. Den Gipfel bildete die geplante Altersrente[15] von
hauptberuflichen Fraktionsvorsitzenden (wie Günter Elste
und Rolf Kruse) und Präsidenten der Bürgerschaft (wie
Elisabeth Kiausch). Sie sollten nach dreieinhalb Jahren
Amtszeit jeder einzeln eine Rente[16] erhalten, für die sechs
Durchschnittsverdiener ein ganzes Leben lang arbeiten
müssen.[17] Wer das Amt eines Parlaments- oder Fraktionsvorsitzenden drei Jahre und 183 Tage lang hauptberuflich
ausübt, sollte im Alter ausgesorgt haben. Und das selbst-
definierte »Alter« begann früh. Mit der Vollendung seines
55. Lebensjahres[18] sollte der Fraktions- oder Parlamentsvor-
sitzende sich in Zukunft zurückziehen und seine staatsfinanzierte, jährlich wachsende Monatsrente von 7332 Mark
genießen können. War er vorher mindestens fünf Jahre
Abgeordneter, was in der Regel der Fall war, wäre die Rente
(zusammen mit der zusätzlich anfallenden einfachen
Abgeordnetenrente) auf 10 549,50 Mark gestiegen, eine
wahrhaft fürstliche Regelung, vergleichbar der Apanage,
die ein absoluter Herrscher früher seinen Favoriten ausgesetzt haben mag – bloß leben wir in einer Demokratie.

Das Geheimnis lag im Rechenmodus: Fraktionsvorsitzende
und Bürgerschaftspräsidenten sollten bereits nach dreiein-

halb Jahren eine Rente in Höhe von 62 Prozent ihrer Amtsbezüge erhalten. (Hinzu kommen sollte die normale Abgeordnetenrente.) Dieses Resultat kam durch eine Anhäufung von Rechenkunststücken zustande, wie sie sich wohl
nur in eigener Sache entscheidende Funktionäre ausden-
ken können. Halbe Jahre wurden als ganze und ganze Jahre doppelt gerechnet. Dreieinhalb Jahre zählten auf diese
Weise wie vier Jahre und diese wiederum wie acht Jahre.
Hexerei? Mitnichten. Man muß die Paragraphen nur richtig formulieren. Für dreieinhalb Amtsjahre, die wie vier
zählen, sollte der Fraktionschef 35 Prozent seiner Amtsbezüge erhalten. Für jedes der vier Jahre sollte er aber *zusätzlich* noch einmal 3 Prozent erhalten, macht zusammen 47
Prozent. Hinzu kamen nach dem insoweit neuformulierten
Gesetzentwurf Vorzeiten als einfacher Abgeordneter. (Diese Anrechnungsregelung war im ursprünglichen Gesetzentwurf noch nicht enthalten.) Für die vorangehenden
Abgeordnetenjahre sollten Präsident und Fraktionsvorsitzende zwar bereits anteilig die allgemeine Abgeordnetenpension erhalten. Bis zu fünf Abgeordnetenjahre sollten
jedoch dadurch vergoldet werden, daß sie gleichzeitig auch
die *Amts*pension erhöhen, wiederum mit je 3 Prozent,
obwohl der Berechtigte damals gar kein besonderes Amt
innegehabt hatte. Dieses Ergebnis aus dem Wortlaut des
Gesetzes zu entnehmen war allerdings nicht leicht und verlangte die Mühe eines professionellen Interpreten schwie-
rigster Texte (siehe folgenden Kasten).

Geplante Pensionsbemessung für Bürgerschafts-präsidenten und Fraktionsvorsitzende in Hamburg (Wortlaut des § 16 des Gesetzentwurfs in der Fassung vom 30. 10. 1991, Drs. 14/524)

§ 16

Altersversorgung

(1) Ehemalige Mitglieder erhalten eine Altersversorgung. Sie beläuft sich für jedes Jahr der Zugehörigkeit zur Bürgerschaft auf 2,5 vom Hundert der Entschädigung nach § 3. Bei einer Dauer der Zugehörigkeit von mehr als zwölf Jahren erhöht sich die Altersversorgung für jedes weitere Jahr um 3 vom Hundert bis zu einem Höchstsatz von 75 vom Hundert. Zeiten, in denen das Mandat gemäß Artikel 38a Absatz 2 der Verfassung der Freien und Hansestadt Hamburg geruht hat, werden nur berücksichtigt, wenn sie nicht zu Ansprüchen auf Ruhegehalt nach dem Senatsgesetz geführt haben.

(2) Amtsentschädigungen nach § 4 Absatz 1 Satz 2 werden vorbehaltlich der Regelung in Absatz 3 zeitanteilig in die Bemessung der Altersversorgung nach Absatz 1 einbezogen.

(3) Aus dem Amt ausgeschiedene Inhaber herausgehobener parlamentarischer Ämter erhalten neben der Altersversorgung nach Absatz 1 eine weitere Versorgung, **wenn sie mindestens vier Jahre eine Amtsentschädigung** nach § 4 Absatz 1 Satz 2 Nummern 1 oder 4 **bezogen haben**, die nicht länger als sechs Monate nach § 4 Absatz 2 gekürzt war. **Die Altersversorgung beläuft sich auf 35 vom Hundert der Amtsentschädigung. Sie erhöht sich für jedes Jahr, in dem eine Amtsentschädigung** nach § 4 Absatz 1 Satz 2 Nummern 1 oder 4 **bezogen worden ist, um 3 vom Hundert bis zu einem Höchstsatz von 75 vom Hundert.**

Vorausgegangene Zeiten als Mitglied der Bürgerschaft werden bei der Berechnung des Vomhundertsatzes nach Satz 3 bis zu fünf Jahren berücksichtigt.

(4) Die Ansprüche aus den Absätzen 1 und 2 ruhen bis zur Vollendung des 65. Lebensjahres. Hat die Mitgliedschaft in der Bürgerschaft mehr als zwölf Jahre betragen, so verkürzt sich die Wartezeit für jedes weitere Jahr der Mitgliedschaft um ein Jahr, höchstens jedoch bis zur Vollendung des 60. Lebensjahres. Die Wartezeit entfällt, sobald das ehemalige Mitglied auf der Grundlage einer anderen Rechtsvorschrift aus Altersgründen in den Ruhestand tritt, erwerbs- oder berufsunfähig wird oder eine Altersversorgung nach Absatz 3 in Verbindung mit Absatz 5 erhält.

(5) Der Anspruch aus Absatz 3 ruht bis zur **Vollendung des 55. Lebensjahres.** Haben die Amtszeiten als Präsidentin, Präsident, Fraktionsvorsitzende oder Fraktionsvorsitzender insgesamt mindestens acht Jahre betragen, so ruht der Anspruch nur bis zur **Vollendung des 50. Lebensjahres.** Die Wartezeit entfällt beim anderweitigen Eintritt in den Ruhestand im Sinne des Absatzes 4 Satz 3.

(6) Ein Rest von mehr als **182 Tagen** gilt als **volles Jahr.**

Die Maßlosigkeit der geplanten Funktionärsversorgung zeigt auch der Vergleich mit anderen Parlamenten. Während in Hamburg ein Bürgerschaftspräsident oder Fraktionsvorsitzender nach dreieinhalb Jahren Amtszeit und fünf vorausliegenden Jahren als einfacher Abgeordneter 10 549,50 Mark erhalten sollte,[19] kam der *Bundestagspräsident* unter gleichen Voraussetzungen »nur« auf 5461 Mark, Fraktionsvorsitzende des Bundestags[20] könnten nur 3769 Mark beanspruchen.[21] Präsidenten und Fraktionsvorsitzen-

de der *anderen Landesparlamente* erhielten unter gleichen
Voraussetzungen nur ein gutes Drittel oder weniger der in
Hamburg vorgesehenen Funktionärsrente.[22]

Die Regelung war so unverfroren, daß der distanzierte
Beobachter sich verdutzt die Augen rieb. In dieser Lage
mußte sich die Frage, wie es dazu eigentlich hatte kommen
können, um so mehr aufdrängen. Wie war es zu erklären,
daß die Hamburger Bürgerschaft kurz davor stand, ein derartiges Versorgungsprivileg für ihre Parlamentsfunktionäre
zu beschließen?

Eine Erklärung ist so einfach wie die Banalität der Begehrlichkeit. Fraktionsvorsitzende und Bürgerschaftspräsidenten entscheiden zusammen mit den Abgeordneten ihrer
Fraktionen selbst über ihre Gehälter und Pensionen. Auch
für die einfachen Abgeordneten war gesorgt. Sie sollten
gleichfalls eine Pension erhalten. (Und das mit Rückwirkung: Auch Abgeordnetenjahre, die vor Inkrafttreten des
Gesetzes liegen, sollten pensionserhöhend berücksichtigt
werden.) Und doch bleibt die Frage, warum die Masse der
Hamburger Abgeordneten der SPD[23] und der CDU[24] es
hinnahm, daß die Parlaments- und Fraktionsvorsitzenden
sich derart maßlose Privilegien genehmigen und gleich
mehrfach besserstellen wollten als der einfache Abgeordnete: Präsidenten und Fraktionsvorsitzende sollten mit
19 500 Mark monatlich nicht nur fünfmal so hohe Bezüge
wie der Abgeordnete (3900 Mark) erhalten, sondern sie
sollten auch den genannten Pensionsanspruch von 62 Prozent ihres Amtsgehalts in nur dreieinhalb Jahren »erarbeiten«, während der Abgeordnete fast 23 Mandatsjahre
benötigen sollte, um eine Pension von 62 seiner (ohnehin
viel niedrigeren) Entschädigung zu erdienen. Hinzu kam
eine Reihe weiterer gewichtiger Privilegien.[25]

Will man das »Faszinosum« verstehen, warum die Fraktionen der SPD und CDU pfründenartige Privilegien für ihre Parlaments- und Fraktionsvorsitzenden mittrugen, stößt man auf zweierlei: die praktische Unverständlichkeit der Regelung (siehe ihren Wortlaut oben im Kasten S. 84 f.) und die Anlehnung an die Pension von Senatoren; diese habe, so hieß es in der Begründung des geplanten Abgeordnetengesetzes, Modell für die vorgesehene Versorgung von Fraktions- und Bürgerschaftsvorsitzenden gestanden.[26] Was für Senatoren recht sei, müsse für hauptberufliche Fraktionsvorsitzende und Parlamentspräsidenten billig sein.

IV. Die Senatorenpension als Vorbild

Wollte man diese Argumentation überprüfen, kam man nicht umhin, das Feld der öffentlichen Diskussion auszuweiten und auch den finanziellen Status Hamburger Senatoren näher ins Auge zu fassen. Dabei stellte sich heraus, daß sie in der Tat eine überaus großzügige Versorgung genossen. Sie erhielten nach vier Jahren Amtszeit eine Pension in Höhe von 35 Prozent ihrer Amtsbezüge ab dem vollendeten 55. Lebensjahr. Jedes dieser vier Jahre zählt doppelt, indem es die Pension noch einmal zusätzlich um 3 erhöht; das macht nach vier Jahren insgesamt 47 Prozent der Amtsbezüge. Hinzugerechnet wurden zusätzlich noch bis zu fünf Jahre, die der Senator früher als Abgeordneter oder Beamter tätig war, was für fast alle Senatoren zutrifft. Das macht pro Jahr noch einmal 3 Prozent, insgesamt also 62 Prozent aus. Auch der Senator erhielt nach vier Amtsjahren also 62 Prozent seiner Amtsbezüge als Pension (siehe folgenden Kasten).

Bemessung der Pension eines Hamburger Senators (Wortlaut des § 14 Absätze 1 bis 3 Senatsgesetz)

»(1) Ein ehemaliger Senator erhält im Anschluß an die Amtsbezüge Ruhegehalt, wenn er

1. sein Amt insgesamt mindestens vier Jahre oder für eine nicht nach Artikel 11 der Verfassung beendete Wahlperiode bekleidet hat oder

2. bei Beendigung seines Amtsverhältnisses infolge einer Gesundheitsschädigung, die er bei Ausübung seines Amtes oder im Zusammenhang mit seiner Amtsführung ohne grobes Verschulden erlitten hat, in seiner Erwerbsfähigkeit nicht nur vorübergehend wesentlich beschränkt ist.

(2) Der Anspruch auf Ruhegehalt ruht

1. bei einer Amtszeit von insgesamt mindestens acht Jahren bis zum Ablauf des Kalendermonats vor der Vollendung des fünfzigsten Lebensjahres,

2. bei kürzerer Amtszeit bis zum Ablauf des Kalendermonats vor der Vollendung des fünfundfünfzigsten Lebensjahres,

jedoch nicht über den Beginn des Kalendermonats hinaus, von dem an Dienstunfähigkeit nach den Vorschriften des hamburgischen Beamtenrechts festgestellt wird.

(3) Das Ruhegehalt beträgt mindestens fünfunddreißig vom Hundert des Amtsgehalts und des Ortszuschlags bis zur Stufe 2 und steigt mit jedem Amtsjahr als Senator um drei vom Hundert bis zum Höchstsatz von fünfundsiebzig vom Hundert; ein Rest der Amtszeiten von mehr als hundertzweiundachtzig Tagen gilt als Amtsjahr. Vorausgegangene Zeiten als Mitglied des Deutschen Bundestages, der Volksvertretung eines Landes der Bundesrepublik Deutschland oder des Europäischen Parlamentes werden der Amtszeit als Senator hinzugerechnet. Dasselbe gilt für vorausgegangene ruhegehaltfähige Dienstzeiten im öffentlichen Dienst gemäß den Vorschriften der §§ 6, 8 Absatz 1 Nummer 1 und 11 Absatz 1 Nummer 1 Buchstaben c und d des Beamtenversorgungsgesetzes. Insgesamt können aber nur fünf Jahre dieser Mandats- oder Dienstzeit der Amtszeit als Senator hinzugerechnet werden.«

Wir kennen all das schon, weil diese Regelung ja als Vorbild für die Versorgung der Fraktions- und Bürgerschaftsspitzen herhalten sollte. Bei Überprüfung der Frage, ob die Regelung wirklich zum Vorbild taugte, mußte die Entstehungsgeschichte der Senatorenpension ins Auge gefaßt werden. Nur dadurch konnte die Frage beantwortet werden, ob die Hamburger Senatorenversorgung nicht ihrerseits ein

ungerechtfertigtes Privileg war, das (außer den Begünstigten) bisher nur noch niemand bemerkt hatte, weil es versteckt und dem öffentlichen Diskussionsprozeß vorenthalten worden war.

Die Analyse der Entwicklungsgeschichte des Hamburger
Senatsgesetzes zeigte, daß die (nun zum Vorbild für Spit-
zenparlamentarier genommene) Aufbesserung in zwei
Schritten vorgenommen worden war.

V. Vom Wert eines einzigen Wortes

Die Erhöhung der Senatorenpension auf 47 Prozent der Amtsbezüge beruht auf dem Weglassen eines einzigen Wortes im Senatsgesetz, nämlich des Wortes »weitere«. Auf die Bestimmung, daß Senatoren nach vier Jahren Amtszeit Anspruch auf 35 Prozent der Amtsbezüge als Pension haben, folgt der Satz, daß sie für jedes Amtsjahr 3 erhalten (siehe Kasten 2 S. 88 f.). Stände vor dem Wort »Amtsjahr« das Wort »weitere«, gäbe es für die ersten vier Amtsjahre 35 Prozent, ohne dieses Wort gibt es 47 Prozent. Das Weglassen eines einzigen unscheinbaren Wortes bewirkte also, daß die Rente nach vier Amtsjahren um mehr als ein Drittel erhöht wurde, ohne daß dies für den unvoreingenommenen Leser des Textes erkennbar wurde. Zwölf Prozentpunkte von einem Aktivengehalt von heute rund 20 000 Mark monatlich sind 2400 Mark. Ein Wort weniger bedeutet also 2400 Mark mehr. Bis 1963 stand das Wort »weitere« noch im Hamburger Senatsgesetz, durch Gesetz vom 29. 3. 1963 wurde es mit Geltung ab 1. 4. 1963 gestrichen.

Die Streichung erfolgte seinerzeit unter anderem mit Hinweis auf einen Gesetzentwurf des *Bundes*. Wörtlich heißt es in dem vom Senat eingebrachten Hamburger Entwurf vom Dezember 1962:

> »Mit der Änderung des § 20 schließt sich Hamburg der im Entwurf eines Änderungsgesetzes zum Bundesministergesetz vom 17. Juni 1953 (Bundesgesetzblatt I Seite 407) enthaltenen Regelung an, die von der Bundesregierung in der dritten Wahlperiode in den Bundestag eingebracht worden ist (Bundestagsdrucksache Nr. 1131).«[27]

Geht man diesem Hinweis nach, so erlebt man eine Über-
raschung: Der Gesetzentwurf der Bundesregierung (Bundestagsdrucksache Nr. 1131), auf den der Senat sich bezogen hatte, ist im Bund nie verabschiedet worden. Dort galt
vielmehr noch Jahrzehnte: Ein Bundesminister erhält nach
vier Jahren Amtszeit »nur« 35 Prozent. Und dieser Satz ist
kürzlich mit Wirkung ab dem 1. 1. 1992 sogar noch auf 29
Prozent gesenkt worden.[28] Der Gesetzentwurf der Bundesregierung scheiterte damals am Widerspruch des Bundestags. Es lohnt sich nachzulesen, was zum Beispiel der
SPD-Bundestagsabgeordnete Schmitt-Vockenhausen dazu
Kritisches anzumerken hatte. Im übrigen war dem Hamburger Senat bei seiner Vorlage im Jahre 1962 natürlich
bekannt, daß der Gesetzentwurf der Bundesregierung, der
vom 2. Juni 1959 datierte, im Bundestag längst gescheitert
war. Um zu verschleiern, daß er sich auf eine Gesetzesleiche
bezog, hat der Senat in der Begründung seines Entwurfs
weder das Datum noch das Scheitern des Entwurfs der Bundesregierung erwähnt. Es bleibt dem Leser überlassen, dieses offenbar gezielte Weglassen zur leichteren Durchsetzung einer Erhöhung der eigenen Pension auf den Begriff
zu bringen.

VI. Das Camouflage-Gesetz von 1987

Noch heimlicher war das Vorgehen bei der 1987 erfolgten Erhöhung der Senatorenpension nach vier Amtsjahren auf 62 Prozent der Amtsbezüge. Die Neuregelung begünstigte nicht etwa nur zukünftige Senatoren, sondern auch die zur Zeit der Gesetzesänderung (19. 3. 1987) im Amt befindlichen, darüber hinaus auch alle ehemaligen Senatoren, ja sogar die Angehörigen von bereits verstorbenen Senatoren, indem auch ihre verwitweten Ehepartner und hinterbliebenen Kinder in die rückwirkende Erhöhung mit einbezogen wurden. Die Gesetzesänderung brachte eine Anhebung ihrer Pensionsansprüche um bis zu 32 Prozent, das heißt um bis zu 2674 Mark monatlich. Vor der Gesetzesänderung erhielt ein Senator nach vier Amtsjahren einen Versorgungsanspruch von 47 Prozent der Amtsbezüge; bei Amtsbezügen von 17 827 Mark waren das 8378 Mark Pension. Die Gesetzesänderung erhöhte den Anspruch um 15 Prozentpunkte auf 62 Prozent der Amtsbezüge; das waren 11 052 Mark. Die Gesetzesänderung brachte somit eine Erhöhung der Pension um 2674 Mark. Das aber ist im Vergleich zum Pensionsanspruch vor der Gesetzesänderung eine Erhöhung um 32 Prozent.

Es ist offensichtlich, daß dieses Gesetz – auch angesichts einer seinerzeitigen Arbeitslosigkeit von 14 Prozent in Hamburg und gewaltiger Haushaltsprobleme der Stadt, die sich etwa in hoher Staatsverschuldung zeigten – nicht die geringste Chance der Verwirklichung gehabt hätte, wenn sein Inhalt bekannt geworden wäre, zumal der Bürgerschaftswahlkampf vor der Tür stand. Die Gesetzgebung geschah deshalb praktisch unter Ausschluß der Öffentlichkeit. Die Camouflierung war Voraussetzung für das Zustandekommen des Gesetzes.

Am 19. März 1987, in der letzten Sitzung der 12. Hamburger Bürgerschaft, auf der die Neuwahl schon beschlossene Sache war, wurde die Neuregelung überfallartig und ohne ein Wort der öffentlichen Begründung verabschiedet. Öffentlichkeit und Presse wurden hintergangen. Das Vorgehen zeigt, wie politische Macht ohne lästige öffentliche Diskussion in persönliche Bezüge der Machthaber umgemünzt werden kann. Das Rezept des neuzeitlichen Machiavellisten ist einfach, setzt allerdings das Überwinden demokratischer Skrupel voraus. Wichtig ist das überfallartige Durchpeitschen des Gesetzentwurfs, das allen möglichen Gegnern außerhalb oder innerhalb des Parlaments gar keine Zeit läßt, sich zu sammeln, ja überhaupt nur zu erkennen, worum es geht.

Und so geschah es: Das ganze Gesetzgebungsverfahren einschließlich der vorbereitenden Sitzungen des Verfassungsausschusses und eines Unterausschusses des Verfassungsausschusses wurde an ein und demselben Tag durch die Bürgerschaft gepeitscht, am Nachmittag des 19. März 1988, unmittelbar bevor die Auflösung der Bürgerschaft vor den anstehenden Neuwahlen beschlossen wurde. Der Gesetzesantrag war von niemandem unterzeichnet, also gar nicht verfassungsmäßig »eingebracht«, sondern wurde, nicht unterschrieben, den Abgeordneten kurz vor der Abstimmung im Plenum als Anlage eines Ausschußberichts auf den Tisch gelegt, möglicherweise erst wenige Minuten vor der Abstimmung. Dieses Überfahren von Abgeordneten und Öffentlichkeit wurde durch die Umkehrung der normalen Reihenfolge erleichtert: Der Verfassungsausschuß und ein Unterausschuß befaßten sich mit dem Gesetzentwurf in nichtöffentlicher Sitzung, *bevor* das Plenum ihn erstmals zu Gesicht bekam. Der Text der Änderung des Ministergesetzes war aus dem Zusammenhang

gerissen, so daß man seine Bedeutung allenfalls hätte
verstehen können, wenn man das ganze Ministergesetz zur
Hand gehabt hätte. Auch der Ausschußbericht erwähnte
die anstehende Erhöhung mit keinem Wort. In der kurzen
zur Verfügung stehenden Zeit zwischen Tischvorlage und
Abstimmung konnte in Wahrheit niemand den Inhalt der
Gesetzesänderung erfassen, der nicht ohnehin Bescheid
wußte. Viele Abgeordnete dürften in der Eile nicht einmal
gemerkt haben, daß der Ausschußbericht als Anlage einen
Gesetzentwurf enthielt, ganz zu schweigen von den Vertretern der Öffentlichkeit. Auch die »Warnfunktion« der
Tagesordnung war ausgeschaltet: Den entsprechenden
Tagesordnungspunkt hatte der Präsident erst mit Schreiben vom 17. März, also zwei Tage vor der Sitzung, nachge-
schoben; der Tagesordnungspunkt war zudem falsch bezeichnet; er nannte als Gegenstand einen Bericht des Verfassungsausschusses. Daß ein Gesetz über die Anhebung
der Senatorenpension behandelt und beschlossen werden
sollte, war nicht ersichtlich. Die allseitige Camouflage setzte sich bei den Verhandlungen im Plenum fort. Der Präsident der Bürgerschaft, Dr. Martin Willich, sagte nur wenige
Sätze. Dabei brachte er das zweifelhafte Kunststück fertig,
den eigentlich brisanten Punkt, die Erhöhung der Senatorenpension, völlig auszublenden. Wortmeldungen gab es
nicht. Genau in gleicher Weise war Willich eine Stunde vorher beim Entwerfen des Berichts des Verfassungsausschusses vorgegangen; auch hierbei hatte er das Wichtigste weggelassen und die Erhöhung der Senatorenpension mit keinem Wort erwähnt. Dieses gezielte, die Öffentlichkeit und
die Abgeordneten desinformierende Weglassen hatte er,
wie das Protokoll der nichtöffentlichen Sitzung des Verfassungsausschusses ergibt, zwei Stunden vorher mit den
anderen Mitgliedern des Verfassungsausschusses abge-

stimmt, so daß es im Plenum nicht mehr zu Wortmeldungen oder einer Debatte kam. Abgestimmt hatte Willich das Verfahren, wie die späteren Vernehmungen des Parlamentarischen Untersuchungsausschusses ergaben, auch mit dem Ersten Bürgermeister von Dohnanyi. Das war erforderlich. Denn bei Vorlagen aus der Bürgerschaft sieht die Verfassung zwischen der ersten und zweiten Lesung im Plenum eine Sechs-Tage-Frist vor – auf die nur mit Zustimmung des Senats verzichtet werden kann. Diese Frist wurde mit Zustimmung des Ersten Bürgermeisters nicht eingehalten; vielmehr schloß sich die zweite abschließende Abstimmung in der Bürgerschaft unmittelbar an die erste an.

Bei diesem allseitig camouflierenden Verfahren war es kein Wunder, daß die Presse nichts merkte und erst Wochen später, als alles schon perfekt und das Gesetz im Gesetzblatt veröffentlicht war, vereinzelte Berichte erschienen, die aber keinerlei Wirkung mehr hatten. Selbst viele Abgeordnete wußten offenbar nicht, wofür sie ihre Stimme abgegeben hatten.

Die Betreiber des Camouflage-Gesetzes hatten in eigener Sache alle Regeln der demokratisch-rechtsstaatlichen Gesetzgebung gebrochen. Dabei wurde die Camouflage durch zwei weitere Faktoren flankiert, die sich gegenseitig verstärkten: Einmal wurde mit der Änderung des Senatsgesetzes ein zweites relativ harmlos anmutendes Gesetz verbunden, das eine Invaliditäts- und Hinterbliebenenversorgung für alle Abgeordneten einführte; Anlaß dazu soll der Tod eines jungen Parlamentariers gewesen sein, der Frau und Kind unversorgt hinterließ. Hinter diesem Gesetz wurde die hochbrisante Erhöhung der Senatorenpension verbal versteckt – nicht nur vor der Öffentlichkeit, sondern auch vor manchem Abgeordneten. Auch die Abgeordneten der Grünen ließen sich überlisten, so daß das Gesetz *einstimmig* verabschiedet wurde. Dadurch erschien das Gesetz von vornherein »unverdächtig«. Zudem war es ein hochrangiger CDU-Mann, der in den Gremien der Bürgerschaft vor allem als Betreiber des Gesetzes in Erscheinung trat, der damalige Präsident der Bürgerschaft, Dr. Martin Willich. Dadurch erschien das Gesetz erst recht »unverdächtig«: Wenn ein CDU-Mann eine Änderung des Senatsgesetzes betrieb und damit »gewissermaßen für den Senat in die Bresche« sprang,[29] mußte es für den Außenstehenden unwahrscheinlich anmuten, daß er dem SPD-Senat eine ungebührliche Pensionserhöhung verschaffen wollte. Darauf hob Willich später, als er unter Druck geriet, auch selbst immer wieder ab, um jedes mögliche Motiv für ein nicht korrektes Vorgehen in Abrede zu stellen. (»Es ist ... abstrus, der Opposition und mir ein besonderes Interesse an Problemen des Senatsgesetzes zu unterstellen.«[30]) Willich hielt bei Vorbereitung und Verabschiedung des Gesetzes alle Fäden in der Hand und setzte sie konsequent für einen reibungslosen und von der Öffentlichkeit ungestörten Ablauf ein. Willich war es, der als Präsident die verspätete und unrichtige Bezeichnung des Gegenstandes in der Tagesordnung der Bürgerschaft unterschrieb. Willich war Vorsitzender des Unterausschusses und Mitglied des Verfassungsausschusses, also der beiden Ausschüsse, die den Gesetzentwurf am Nachmittag, zwei Stunden vor seiner Verabschiedung durch die Bürgerschaft, kurz besprachen; er hatte laut Protokoll des Unterausschusses den Gesetzentwurf »erarbeitet«; er erweckte – ebenfalls laut Protokoll – im Unterausschuß den Eindruck, das Gesetz beruhe auf Konsens (»Der neue Entwurf berücksichtige ... den damaligen Konsensstand«[31]), und suggerierte der nur vertretungsweise anwesenden Abgeordneten der Grünen, Thea Bock, das Gesetz sei mit ihrer Kollegin abgesprochen, so daß sie nicht mehr nachzufragen brauche; er übernahm im Plenum die Funktion des Berichterstatters, die er in seiner Eigenschaft als Präsident der Bürgerschaft dazu nutzte, die Senatorenpension bei Darstellung des Gesetzes im Plenum völlig auszublenden. Auf diese Weise bewirkte er, daß ein gar nicht eingebrachtes, sondern den Abgeordneten als Anlage zu einem Ausschußbericht untergeschobenes Gesetz an der Öffentlichkeit vorbei verabschiedet wurde.

Daß ein CDU-Präsident der Bürgerschaft scheinbar überraschend die Erhöhung der Pension der Mitglieder eines SPD-Senats betrieb, wird nachvollziehbar, wenn man die Hintergründe erkennt, die zeigen, daß Willich sehr wohl mögliche Motive für sein Vorgehen hatte, auch persönliche:

- Willich war als Innensenator vorgesehen, falls die CDU nach der anstehenden Bürgerschaftswahl den Senat gestellt oder – im Falle einer Koalitionsregierung – mitgestellt hätte;[32] er hätte dann von der Anhebung der Senatorenpension persönlich profitiert. Daß die CDU in eine solche Position kommen könnte, erschien nicht außerhalb jeder Möglichkeit. Immerhin war die CDU im Frühjahr 1987 wie auch früher schon einmal stärkste Partei in der Bürgerschaft, weshalb auch Willich beide Male zum Bürgerschaftspräsidenten gewählt worden war und dieses Amt von Juni 1982 bis Januar 1983 und von November 1986 bis Juni 1987 innehatte.
- Die durch das Camouflage-Gesetz ebenfalls eingeführte Invaliditäts- und Hinterbliebenenrente für Abgeordnete war nicht ohne Aufstockung der Senatorenpension politisch zu haben. Die Invaliditäts- und Hinterbliebenenversorgung sah aber für Bürgerschaftspräsidenten, Fraktionsvorsitzende und ihre Stellvertreter einige ausgespro–

chene Privilegien vor – Verdoppelung oder Verdreifa-
chung der Versorgungsleistung, unabhängig davon, wie
lange das Amt ausgeübt worden war –,[33] in deren Genuß
auch Willich voraussichtlich kommen würde, da er nach
der Wahl, falls er nicht Senator würde, sicher eines der
genannten Ämter erlangen würde, was dann auch geschah.

– Die Einführung der Invaliditäts- und Hinterbliebenenversorgung war im übrigen nur ein erster Schritt auf dem
Wege zu einer vollausgebauten Altersversorgung für
Abgeordnete, für die Willich nachweislich seit langem
eingetreten war,[34] mit hohen Zuschlägen für Bürgerschaftspräsidenten, Fraktionsvorsitzende und ihre Vertreter, wie sie dann im Herbst 1991 durchgesetzt werden
sollte. Davon hätte Willich selbst in besonderem Maße
profitiert.

– Von besonderem öffentlichen Interesse ist ein weiteres
mögliches Motiv, das, da bisher noch nie öffentlich erörtert, eine eingehendere Darstellung verlangt. Es geht um
die überraschende zeitliche und personelle Koinzidenz
bei der Durchsetzung des Camouflage-Gesetzes und
einer massiven Aufstockung der staatlichen Subventionierung der Hamburger Filmwirtschaft, die einem von
Willich geleiteten Unternehmen mittelbar zugute kommen konnte: Am selben Tage, an dem die Senatorenpension aufgestockt und die Invaliditäts- und Hinterbliebenenversorgung eingeführt worden war, beides durch
das Camouflage-Gesetz, am 19. 3. 1987 also, wurden –
nur Minuten vorher – erstmals öffentliche Mittel für eine
neu einzurichtende Geschäftsführung der wirtschaftlichen Filmförderung in Hamburg in Höhe von 180 000
Mark für das Jahr 1987 bewilligt,[35] die dann später auf
290 000 Mark aufgestockt wurden.[36] Dieser Haushaltsti-

tel, den Bürgerschaftspräsident Dr. Willich zusammen
mit dem »Antrag« auf Erlaß des Camouflage-Gesetzes
zwei Tage vorher per Nachtrag auf die Tagesordnung der
Bürgerschaftssitzung vom 19. 3. 1987 gesetzt hatte,[37]
stand im Zusammenhang mit einigen anderen die staatliche Filmförderung in Hamburg betreffenden Haus-
haltstiteln, die 1987 und in den Jahren danach eine
gewaltige Aufstockung erfuhren. Das Merkwürdige an
dem zusätzlichen Tagesordnungspunkt für die Sitzung
am 19. 3. 1987 war, daß dieser Punkt bereits auf der vorangegangenen Sitzung der Bürgerschaft vom 5. 3. 1987
aufgrund eines Antrags der SPD-Fraktion vom gleichen
Tage[38] zur Entscheidung angestanden hatte. Dort war er
während der Sitzung auf Antrag des damaligen Fraktionsvorsitzenden der SPD, Dr. Voscherau, zunächst zu-
rückgezogen worden,[39] später – nach der Abstimmung –
war dieser »Zurückzug« aber in eine »Zurückstellung«
umdeklariert worden.[40] Bei dieser Umdeklarierung, über
die Voscherau eigens eine gesonderte Abstimmung herbeiführen ließ, bezog dieser sich ausdrücklich auf ein
kurz davor mit Willich geführtes Gespräch. Dieses merkwürdige Verfahren kommentierten Karl-Heinz Ehlers
(CDU) mit den im Bürgerschaftsprotokoll festgehalte-
nen Worten: »Im Englischen heißt das ›put, put, put‹:
stellen, setzen, legen!« und Hartmut Perschau (CDU)
mit dem Gegenruf: »Laß sie doch mit ihrer albernen
Trickserei!« Die bloße »Zurückstellung« des Haushaltsti-
tels ließ Willich die Möglichkeit, die Sache kurzfristig
wieder auf die Tagesordnung der Bürgerschaft zu bringen ohne neuerliche Einschaltung der Antragsteller, wie
es dann auch geschah. Besagter Titel war Teil des Antrags
der SPD-Fraktion vom 5. 3. 1987, der die Mittel für die
Filmförderung insgesamt erheblich ausweitete. Für die

»Förderung von Filmprojekten« (sogenannte kulturelle Filmförderung) war schon am 5. 3. 1987 von der Bürgerschaft eine Erhöhung des Vorjahresbetrages von 2,5 auf 3,683 Millionen Mark sowie für »Ausgaben für Inanspruchnahme aus Landesbank. Auftrag zur Durchführung des HH-Filmförderungsprogramms« (wirtschaftliche Filmförderung) eine Erhöhung des Vorjahresbetrages von 2,3 auf 4,382 Millionen Mark beschlossen worden.[41] Insgesamt war ein Mehr für die Filmförderung Hamburgs für 1987 in Höhe von vier Millionen Mark vorgesehen. Das war der Einstieg in eine weitere starke Aufstockung in den folgenden Jahren;[42] von 1986 bis 1990 war eine Steigerung der Filmförderung von 5,2 Millionen Mark auf 17,2 Millionen Mark vorgesehen.[43] Dieser Anstieg geht zurück auf eine Mitteilung des Senats vom 3. 7. 1986,[44] die eine Wende in der Hamburger Filmförderungspolitik zum Ausdruck brachte, nachdem vorher eher eine Einschränkung des dafür vorgesehenen Finanzvolumens angestrebt worden war.[45]

Diese enorme Aufstockung der öffentlichen Mittel für die Filmförderung Hamburgs konnte der »Studio Hamburg Atelier GmbH«, deren Vorsitzender der Geschäftsführung Dr. Martin Willich seit 1984 ist, sicher nicht zum Schaden gereichen. Die geförderten Projekte müssen einen Bezug zu Hamburg haben, »der immer dann als gegeben angesehen werden soll, wenn er sich aus der Person des Antragstellers als eines Hamburger Filmemachers oder aus dem Drehort Hamburg ergibt«.[46] Für die wirtschaftliche Filmförderung ist »Voraussetzung unter anderem, daß mindestens 50 Prozent der Herstellungskosten in Hamburg für die Produktion ausgegeben werden (Hamburg-Effekt)«.[47] Wird in Hamburg produziert, so stehen die Chancen nicht schlecht, daß dies im »Studio Hamburg«, dessen Einrichtungen dafür zur Verfügung stehen, geschieht und der »Auslastungsschock« (Willich) des Jahres 1986 nicht wiederkehrt. Denn 1986 war ein schlechtes Jahr für die »Studio Hamburg« gewesen. Die Atelierauslastung war um mehr als ein Viertel zurückgegangen, das Betriebsergebnis hatte sich halbiert.[48] Derart »gravierende Einbrüche im Atelier-Geschäft, das als mit Abstand wichtigste Dienstleistungssparte des Unternehmens etwa zwei Drittel der Umsätze bringt«, ließen sich anderweitig nicht ausgleichen.[49] Für die nächsten Jahre erwartete Willich »schwere See«.[50] Um so erfreuter zeigte er sich im Februar 1987 gegenüber der Presse über die geplante Aufstockung der Mittel für die Hamburger Filmförderung.[51] Auch die am 19. 3. 1987 von der Bürgerschaft bewilligten Mittel für eine eigene Geschäftsführung, die die Aufgabe hatte, »für den Filmstandort Hamburg aktiv zu werben und Kontakte zu deutschen und internationalen Filmproduzenten zu knüpfen (Akquisition)«,[52] konnten der »Studio Hamburg« nur zum Nutzen gereichen.

Vor diesem Hintergrund bedarf die erstaunliche zeitliche Koinzidenz zwischen dem massiven, das Parlamentsrecht vielfach mißachtenden Einsatz Willichs für die Aufstockung der Pension des SPD-Senats und der unter merkwürdigen Umständen (und im Zusammenspiel der beiden für das Camouflage-Gesetz Hauptverantwortlichen) erfolgten Bewilligung der öffentlichen Mittel für die Filmförderung der Aufklärung. Die Koinzidenz gilt nicht nur für die Bewilligung am 19. 3. 1987, sondern auch schon für die Bewilligung vom 5. 3. 1987. Einen Tag später, am 6. 3. 1987, berief Willich den Unterausschuß des Verfassungsausschusses ein und setzte auf dessen Tagesordnung den (allerdings als »Zwischenbericht« des

Verfassungsausschusses camouflierten) Gesetzentwurf
zum Abgeordneten- und Senatsgesetz. Die erstaunliche
Koinzidenz gilt auch für die Vorbereitungsphase: Die
ursprüngliche Vorlage des Senats auf Ausweitung der
Hamburger Filmförderung datiert vom 3. 7. 1986, fiel
also genau in die Zeit, in der der Gesetzentwurf zur
Erhöhung der Senatorenpension im Justizamt vorbereitet worden und über den Vorsitzenden der SPD-Fraktion,
Dr. Voscherau, an die Bürgerschaftskanzlei gelangt war.[53]
Die Senatsvorlage war am 11. 9. 1986 auf Antrag der
CDU-Fraktion an den Haushaltsausschuß der Bürger-
schaft überwiesen worden,[54] wenige Tage bevor der Verfassungsausschuß sich am 17. 9. 1986 ausführlich mit der
Erhöhung der Senatorenpension befaßte und Willich
sein Einverständnis signalisierte.[55]

Die möglichen persönlichen Motive Willichs für seine
führende Rolle beim Durchpeitschen des 87er Gesetzes
entdeckte ich allerdings erst später, nachdem die Rücknahme des Gesetzes bereits angekündigt worden war und nachdem ich durch einen Vergleichsvorschlag des Landgerichts
Hamburg dazu hatte gebracht werden sollen, Willich zu
bestätigen, er habe *nicht* aus persönlichen Motiven gehan-
delt.[56]
Willich hatte seine Vorgespräche zur Vorbereitung des
Camouflage-Gesetzes vor allem mit dem seinerzeitigen Vorsitzenden der SPD-Fraktion, Dr. Henning Voscherau, geführt, mit dem ihn seit der gemeinsamen Zeit in der Be-
zirksversammlung Wandsbek von 1970 bis 1974, zuletzt beide als Vorsitzende ihrer Fraktionen,[57] über die Parteien hinweg ein politisches Vertrauensverhältnis verband. Wie die
späteren Vernehmungen des Parlamentarischen Untersuchungsausschusses ergaben, trifft die kolportierte Bezeich-

nung des 87er Gesetzes als »VW-Gesetz« (V für Voscherau
und W für Willich) voll ins Schwarze. Die Verantwortung
traf aber auch andere Personen, und hier fällt auf, daß
die Mitglieder des Unterausschusses des Verfassungsausschusses, mit denen laut offiziellem Protokoll die Vorab-
sprachen getroffen wurden, zum großen Teil identisch sind
mit denjenigen Personen, die nach dem Abgeordnetengesetz 1991 in den Genuß der Pension für Bürgerschafts- und
Fraktionsvorsitzende gelangt wären, die nach dem Vorbild
der 1987 manipulativ hochgedrückten Senatorenpension
gestaltet werden sollte. Das sind neben Voscherau Rolf Kruse, der Fraktionsvorsitzende der CDU, Dr. Martin Willich,
der noch in der laufenden Legislaturperiode Kruse als
Fraktionsvorsitzenden ablösen sollte, und Elisabeth
Kiausch, die derzeitige Bürgerschaftspräsidentin, die
damals Schriftführerin des Unterausschusses und Vorsitzende des Verfassungsausschusses war.

Alle Anzeichen deuten auf einen zwischen den Fraktionsspitzen abgesprochenen, sorgfältig geplanten und ins Werk
gesetzten Coup, in den auch der Erste Bürgermeister eingeweiht werden mußte, da man die Zustimmung des Senats
für eine der ersten Lesung unmittelbar folgende zweite
Lesung brauchte. Der erstrebte Effekt wurde voll erreicht.
Die Presse, der Bund der Steuerzahler und die gesamte
Öffentlichkeit bemerkten nichts, *konnten* nichts bemerken
und deshalb die Betreiber des Gesetzes auch nicht nach
einer Begründung fragen, warum Senatoren nunmehr
bereits nach vier Jahren Amtszeit 62 Prozent ihrer Amtsbezüge als Pension sollten beanspruchen können. In Wahrheit wäre dies auch nicht begründbar gewesen.[58]

Das manipulative Verfahren indiziert ein sachlich unange-
messenes Ergebnis. Es ist seit alters der Sinn des öffentlichen Gesetzgebungsprozesses in der rechtsstaatlichen

Demokratie, die Befürworter eines Gesetzes öffentlich zur Begründung ihres Anliegens zu zwingen, damit auf diese Weise Mißbräuche, Fehler und Unausgewogenheiten festgestellt und verhindert werden können. Aus diesem Grunde gilt für die Gesetzgebung der Grundsatz der Kontrolle durch die Öffentlichkeit. Dieser Sinn der Öffentlichkeit trifft in gesteigertem Maße zu, wenn der Senat oder die Bürgerschaft in eigener Sache entscheiden. Das Bundesverfassungsgericht hat bei Entscheidungen des Parlaments in eigener Sache mit Recht gesteigerte Transparenz gefordert, weil hier die Öffentlichkeit »die einzige wirksame Kontrolle« darstellt. Dies gilt besonders, wenn das Parlament Abgeordnetenentschädigung und Senatorenbezüge oder -pension regelt. Um so gravierender, politisch wie verfassungsrechtlich, ist es, wenn Parlament und Senat es darauf anlegen, die Allgemeinheit zu desorientieren, um in eigener Sache ein hochproblematisches Gesetz an der Öffentlichkeit vorbei durchzuziehen.

Die Entstehungsgeschichte der Pensionsregelung für Senatoren offenbart, daß diese Regelungen nicht vertretbar, sondern auf manipulative Weise erschlichen worden waren. Das war bis dahin nur deshalb nicht zu einer öffentlichen Affäre geworden, weil die Angelegenheit geheimgehalten worden war: durch schwer verständliche Gesetzessprache und ein extrem geheimniskrämerisches Verfahren.

VII. Scheitern des Abgeordnetengesetzes 1991 und Rücknahme des Senatsgesetzes 1987

Es war klar, daß eine derart problematische, auf gezielten Machenschaften beruhende Pensionsregelung für Senatoren nicht auch noch zum Modell für die Pension von Spitzenparlamentariern gemacht werden durfte.

Die aus der Entwicklungs*geschichte* gewonnenen Erkenntnisse warfen auch ein neues Licht auf die bemerkenswerte Zurückhaltung des Senates in der Diskussion um die Neuregelung der Abgeordnetenentschädigung 1991. Man hatte gerätselt, warum der Senat die internen Vermerke über die Verfassungswidrigkeit des Entwurfs eines neuen Abgeordnetengesetzes vom 26. Juni 1991[59] lange zurückgehalten und weshalb die Justizsenatorin erst am 29. August 1991 nach Vorlage der Stellungnahme des Verfassers die Verfassungswidrigkeit des Entwurfs bestätigt hatte. Erkennt man, daß der Senat hinsichtlich seiner eigenen Versorgung ein schlechtes Gewissen haben mußte, so wird seine ostentative Zurückhaltung plötzlich erklärlich. Es ging – entgegen einem von den Betroffenen lancierten Bericht – nicht nur um einen politischen Tausch. Dabei sollte Bürgermeister Voscherau die von ihm gewünschte Richtlinienkompetenz erhalten (wozu eine Verfassungsänderung und damit die Unterstützung der CDU-Fraktion nötig war) und die Bürgerschaft sich dafür mit Zustimmung des Senats eine großzügige Entschädigung für Abgeordnete, ihre Fraktionsvorsitzenden und Präsidenten bewilligen dürfen. Vielmehr hatte der Senat 1987 bei der erschlichenen Anhebung seiner eigenen Pension selbst gesündigt und sah sich deshalb die Hände gebunden und außerstande, gegen den Entwurf des Abgeordnetengesetzes 1991 vorzugehen.

Am 7. November 1991 stellte der Bund der Steuerzahler meine dritte Stellungnahme auf einer Pressekonferenz in Hamburg vor, die das Zustandekommen des 87er Gesetzes und seinen Camouflage-Charakter offenbarte. Die Antwort der Betroffenen kam noch am selben Tag in Form einer Salve von persönlichen Beschimpfungen. Für Jan Ehlers (SPD) wurde ich zum »missionarischen Eiferer, der von Landtag zu Landtag tingelt«. Willich (CDU) äußerte: »von Arnim stellt seine Ernsthaftigkeit in Frage«. Am nächsten Tag wies gar das Präsidium der Hamburger Bürgerschaft in einer einstimmigen Presseerklärung »die Anwürfe« als »Diffamierung des ganzen Parlaments« zurück; Arnim habe sich aus dem »Kreis der Wissenschaftler herauskatapultiert, die in der Diätendiskussion ernstgenommen werden könnten«. Am 11. November schrieb die Abgeordnete Ingeborg Knipper (CDU) mir einen offenen Brief und drohte wegen der von mir angeblich betriebenen »öffentlichen Hetzkampagne« gegen die Bürgerschaft (»Psychoterror«) mit ihrem Rücktritt.

All diese Versuche, die Dinge zu verdrehen, waren, wie wir heute wissen, nur noch Rückzugsgefechte. Im Laufe der nächsten Wochen wurde immer deutlicher, daß ich genau den Nerv getroffen hatte und die Bezeichnung des 87er Gesetzes als »Camouflage-Gesetz« voll zutraf. Diese Erkenntnis brach sich allmählich in der Öffentlichkeit Bahn, nachdem es zunächst auf des Messers Schneide gestanden hatte, ob die Ablenkungskampagne zur Diffamierung meiner Person Erfolg haben würde. In dieser kritischen Situation riet mir Ingo von Münch, der Gefahr einer persönlichen Beschädigung mit einem offenen Brief entgegenzutreten, der dann auch in der Hamburger Presse abgedruckt wurde.[60] Am 13. 11. 1991 schrieb »Die Welt«, die »Anzeichen verdichteten sich«, daß es sich bei dem 87er Gesetz

um einen Coup handle, und das »Handelsblatt« bemerkte
am gleichen Tag, die These »von Komplott oder gar Ver-
schwörung«, die mir schnell den Vorwurf »Diffamierung«
des Parlaments eingebracht habe, sei »ausführlich begründet und schlüssig dokumentiert« und habe viel für sich; sie
gebe die »ersten plausiblen Antworten« auf viele offene
Fragen. Die persönlichen Attacken gegen mich waren deshalb so heftig, weil sie den Mangel an Gegenargumenten in
der Sache verdecken sollten. Wer keine Argumente hat,
wird ausfallend. Dieser Erfahrungssatz bewahrheitete sich
einmal mehr.
Nachdem es gelungen war, die inhaltliche und verfahrens-
mäßige Unangemessenheit des Gesetzes von 1987 öffentlich zu machen, war das Diätengesetz 1991 zum Scheitern
verurteilt, mochten die Betreiber zunächst verbal noch so
um sich schlagen. Die Berufung auf das Vorbild der
Senatorenpension zur Begründung der Privilegien für Spitzenparlamentarier war zum Eigentor geworden, zum selbst
geknüpften Netz, in dem sich die Betreiber des Diätengesetzes verfangen hatten und aus dem es kein Entrinnen
gab.
Die »Frankfurter Rundschau« druckte am 22. 11. 1991 meine dritte Stellungnahme und am 27. 11. auch meine vierte
Stellungnahme, in der das 87er Gesetz genauer analysiert
und der Camouflage-Charakter durch einen umfassenden
Materialanhang untermauert worden war, in vollem Wortlaut, wenn auch mit einigen Kürzungen, ab. Der Abdruck
in der angesehenen links-liberalen überregionalen Zeitung
war ein doppelter Durchbruch: als indirekte Stellungnahme der Redaktion, die die Versuche, mich in Hamburg
zu diffamieren, gegen ihre Urheber zurücklenkte, und als
Medium, die Bonner Prominenz zu veranlassen, ihre Hamburger Genossen von ihrem fatalen Vorhaben abzu-

bringen. Ich hatte meine Stellungnahmen zwar vielen Bonner Politikern geschickt, neben Hans-Jochen Vogel auch Engholm und Klose, und darauf hingewiesen, daß das Gesetz notfalls durch das Verfassungsgericht gestoppt werden müßte. Politische Relevanz gewinnt Geschriebenes in der Politik aber meist nur, wenn es auch in der Presse steht. Ende November schrieb mir Hans-Jochen Vogel einen Brief, der dadurch zum Politikum wurde, daß Durchschläge an den Ersten Bürgermeister Voscherau, den neuen Vorsitzenden der Hamburger SPD, Helmut Frahm, und den Vorsitzenden der SPD-Fraktion, Günter Elste, und den gesamten Bonner SPD-Vorstand gingen und sein Inhalt in Hamburg sofort bekannt wurde. Vogel hatte bereits in einem Interview mit »Bild am Sonntag« am 17. November Kritik an den Hamburger Begehrlichkeiten geübt. Auf die Frage: »Werden Abgeordnete ausreichend bezahlt, um unabhängig zu sein?« hatte er geantwortet: »Ja ... Allerdings gibt es gelegentlich auch ärgerliche Übertreibungen. Die in Hamburg für Fraktionsvorsitzende beabsichtigten Vergütungs- und Versorgungsregelungen gehören beispielsweise dazu.« In seinem Brief an mich verwies Vogel auf diese Aussage und fügte hinzu: »In Kenntnis Ihrer Stellungnahme wäre sie noch kritischer ausgefallen. Wahrscheinlich hätte ich mich auch der Vermutung angeschlossen, daß diese Regelung mit dem Grundgesetz nicht vereinbar ist.« Doch war der Karren inzwischen so tief in den Dreck gefahren, daß auch Vogels Brief die Hardliner in SPD und CDU nicht mehr zur Umkehr aus eigener Kraft bewegen konnte. Auch eine zwanzigminütige bundesweite »Monitor«-Fernsehsendung am 26. 11. in der ARD, die von einem Hamburger »Bubenstück« sprach, und ein weiterer offener Brief des Verfassers schienen zunächst folgenlos. Am 28. 11. 1991 wurde das Gesetz von der Bürgerschaft endgültig verabschiedet. Dagegen stimmten nur die Abgeordneten der Grünen, Robert Vogel, der Vorsitzende der Hamburger FDP, und Jan Klarmann (SPD),[61] die übrige FDP-Fraktion enthielt sich. Die Grünen ließen Kopien von Tausendmarkscheinen als Symbol für den selbstverordneten Geldregen von den Balkonen der Bürgerschaft regnen – ein Bild, das als Symbol des Hamburger Diätenskandals durch die bundesdeutsche Presse ging. Am Wochenende zuvor hatte ein Hamburger SPD-Parteitag dem Vorhaben knapp zugestimmt. Entscheidend dafür war, daß Voscherau sein ganzes politisches Gewicht aufgeboten, mit Regierungskrise und persönlichen Konsequenzen gedroht hatte, um dem Parteitag die Zustimmung zum Diätengesetz abzuringen, die dennoch mit 156:153 Stimmen denkbar knapp ausfiel.

Damit war der Ernstfall eingetreten. Für diesen Fall hatte ich von den Abgeordneten der Grünen und Robert Vogel, dem Vorsitzenden der Hamburger FDP, Auftrag und Vollmacht, eine Klage gegen das Gesetz beim Bundesverfassungsgericht einzureichen. Die Vorbereitungen waren bereits so weit gediehen, daß ein Antrag auf Einstweilige Anordnung sofort nach Veröffentlichung des Gesetzes erhoben worden wäre. Grüne und Vogel hatten ihre Entschlossenheit, gegen das Gesetz notfalls Verfassungsklage zu erheben, schon lange vorher öffentlich angekündigt.

Um so überraschender war es dann, als Voscherau nach einer nächtlichen Krisensitzung mit Frahm und Elste am Nikolaustag nachts um 23 Uhr doch noch die Umkehr bekanntgab und ankündigte, der Senat werde nicht nur Einspruch nach Artikel 50 der Hamburger Verfassung gegen das Abgeordnetengesetz 1991 einlegen, sondern auch die Aufstockung der Senatorenpension von 1987 ersatzlos streichen. In einer gemeinsamen Erklärung der sozialdemokratischen Führungstroika hieß es zur Begründung, »eine sich beschleunigende fundamentale Legitimationskrise der Legislative und in der Folge zwangsläufig auch der Exekutive« dürfe nicht hingenommen werden. (Die Bürgerschaft zog das Abgeordnetengesetz später tatsächlich zurück[62] und machte auch die 1987 beschlossene Aufstockung der Senatorenpension wieder rückgängig, und zwar auch für Altfälle: Auch ehemalige Senatoren und ihre Hinterbliebenen mußten die Kürzung hinnehmen.[63])

Es müssen die massenhaften Parteiaustritte – in der Hamburger SPD angeblich bis zu 60 pro Tag –,[64] die immer vernehmlicher zu hörenden Ordnungsrufe Bonner Prominenz, allen voran des unbestechlichen Hans-Jochen Vogel, zusammen mit der Ankündigung der alsbaldigen Verfassungsklage durch Robert Vogel und die Grünen gewesen sein, die Bürgermeister Voscherau zum Beidrehen gebracht haben. Hinzu kam zum Schluß eine Art umgekehrter Wettlauf. Am Nachmittag des Nikolaustages war nämlich bekannt geworden, daß auch der (aus Hamburg stammende) CDU-Generalsekretär Volker Rühe auf seine Hamburger Parteifreunde einwirkte, das Gesetz wieder zurückzunehmen. Wenn schon Rücknahme, dann wollte die SPD sich das eigene Verdienst daran von niemandem nehmen lassen.

Damit war die heiße Phase des von der Hamburger Presse so genannten »Diäten-Dings« beendet. Die öffentliche Kritik hatte sich gegen eine 90-Prozent-Mehrheit im Parlament durchgesetzt. Dies war ein großer Tag für Demokratie und öffentliche Medien. Er zeigte, daß der Kampf gegen Auswüchse der Macht in der Demokratie nicht aussichtslos ist, nicht einmal dann, wenn eine überwältigende Mehrheit im Parlament und die Regierung die Fehlentwicklungen zu verantworten haben. Er ist selbst dann nicht aussichtslos,

wenn die Ausgangsbedingungen derart ungünstig sind wie
in Hamburg, wo dem Volk bestimmte Ventile gegen den
Machtmißbrauch fehlen: der Volksentscheid, die Persönlichkeitswahl und die Anrufung der Verfassungsgerichte
durch eine Popularklage. Der Sieg der öffentlichen Kritik
über die politischen Immunisierungsstrategien weniger
Machtpolitiker, die über die Parteigrenzen hinweg heim-
lich Absprache in eigener Sache treffen, machte Mut, Fehlentwicklungen öffentlich beim Namen zu nennen und
auch vor parlamentarischen Königsthronen nicht zu verza-
gen. Es gibt Alternativen zur politischen Resignation.

VIII. Ein merkwürdiger Prozeß

Für mich persönlich hatte das »Diäten-Ding« noch ein lästiges Nachspiel. Der frühere Parlamentspräsident Dr. Martin Willich überzog mich mit einem gerichtlichen Verfahren vor dem Landgericht Hamburg, wollte mir durch Einstweilige Verfügung bestimmte Äußerungen verbieten lassen, die ihn als einen Hauptverantwortlichen für das 87er Camouflage-Gesetz entlarvten. Mit einem aufwendigen Schriftsatz versuchte er mir unter anderem folgende Äußerungen durch das Landgericht Hamburg untersagen zu lassen:

- daß er, Willich, das Gesetz 1987 im Handstreich ohne jede öffentliche Kontrolle durchgesetzt hatte,
- daß er den Gesetzentwurf in der Bürgerschaft am 19. März 1987 öffentlich vorgestellt und dabei das Entscheidende weggelassen hatte,
- daß er die gesamte Öffentlichkeit und ihre Medien desinformiert und dieses Vorgehen ausweislich des Protokolls mit den Mitgliedern des Verfassungsausschusses vorher abgestimmt hatte,
- daß die Beteiligten am Coup von 1987 zum großen Teil identisch mit denjenigen waren, die 1991 von den üppigen Bezügen und Versorgungen für Fraktionsvorsitzende und Bürgerschaftspräsidenten profitieren sollten.

Ähnliche Aussagen von mir hatte Willich bereits in der zweiten Lesung des Abgeordnetengesetzes am 28. 11. 1991 in der Bürgerschaft zu widerlegen versucht, was ihm aber nur durch eine Fülle von rabulistischen Verdrehungen gelang.[65] So hatte Willich meine Feststellung, daß er bei

Formulierung des Ausschußberichts und bei Erläuterung
des Gesetzentwurfs im Plenum »das Entscheidende weggelassen« und dadurch Öffentlichkeit und Medien »desinformiert« hatte, in der Bürgerschaft mit folgenden Worten
zu widerlegen versucht: Er, Willich, habe bereits mehr als
sonst üblich getan. Er habe nämlich veranlaßt, daß der
Ausschußbericht nicht mündlich, sondern schriftlich
gegeben wurde, »um Abgeordnete und Öffentlichkeit besser... zu informieren, als es bei einem mündlichen
Bericht der Fall gewesen wäre«. Wie aber sah diese angeblich bessere Information in Wirklichkeit aus? Der Bericht
des Ausschusses enthielt fünfzehn Zeilen, erwähnte die
Erhöhung der Senatorenpension aber mit keinem Wort.
In der Anlage des Ausschußberichts war zwar der Text des
Gesetzentwurfs wiedergegeben. Die neu einzufügenden
Sätze waren aber aus dem Zusammenhang gerissen. Sie
lauteten:

> »§ 14 Absatz 3 wird durch folgende Sätze 2 bis 5 ergänzt:
>
> Vorausgegangene Zeiten als Mitglied des Deutschen Bundes-
> tages, der Volksvertretung eines Landes der Bundesrepublik
> Deutschland oder des Europäischen Parlaments werden der
> Amtszeit als Senator hinzugerechnet. Dasselbe gilt für vor-
> ausgegangene ruhegehaltsfähige Dienstzeiten im öffentli-
> chen Dienst gemäß den Vorschriften der §§ 6, 8 Absatz 1
> Nummer 1 und 11 Absatz 1 Nummer 1 Buchstabe c) und d)
> des Beamtenversorgungsgesetzes. Insgesamt können aber
> nur fünf Jahre dieser Mandats- oder Dienstzeit als Senator
> hinzugerechnet werden.«

Niemand konnte den Sinn dieser Änderung erfassen, ohne
das ganze Senatsgesetz vorliegen zu haben, zumal nur wenige Minuten zwischen der Tischvorlage des Berichts samt
Anlage und den Abstimmungen in der Bürgerschaft lagen.
Daß Willich auch bei der Vorstellung des Gesetzentwurfs im

Plenum der Bürgerschaft die Erhöhung der Senatorenpension mit keinem Wort erwähnt hatte, sondern nur die Einführung einer Invaliditäts- und Hinterbliebenenrente für Abgeordnete, erklärte er mit der besonderen »Sensibilität der Öffentlichkeit und des Parlaments selbst« hinsichtlich der Abgeordnetenrente. In Wahrheit war die Erhöhung der Senatorenpension um bis zu 32 Prozent ein noch viel sensiblerer Punkt.

Die Einseitigkeit der Information durch Willich war so offensichtlich, daß später selbst das Landgericht Hamburg, das sich im Verfahren über die Einstweilige Verfügung ansonsten mit der Feststellung des Sachverhalts sehr zurückhielt und vornehmlich auf die Meinungsfreiheit des Antragsgegners (von Arnim) abhob, davon in seinem Urteil vom 23. 1. 1992 ohne weiteres ausging: Der Vorwurf, »daß die Bürgerschaft und die Öffentlichkeit über einen zur Abstimmung gestellten Gegenstand unvollständig unterrichtet worden seien ... trifft zu, weil der Antragsteller (Willich) die Regelungen über das Ruhegehalt der Senatoren nicht erwähnt hat«.

Berücksichtigt man die weiteren Handlungen des Dr. Willich (zum Beispiel die verspätete und irreführende Angabe des Gegenstandes in der Tagesordnung der Bürgerschaft, aus der nicht zu entnehmen war, daß es um die Entscheidung über einen Gesetzentwurf zum Senatsgesetz ging; die Verpackung des Gesetzentwurfs in einen Ausschußbericht; die Suggerierung eines früheren Konsenses im Unterausschuß zur Vermeidung von Nachfragen des vertretungsweise anwesenden Mitglieds der Grünen; die Absprache mit von Dohnanyi über dessen Zustimmung zur sofortigen zweiten Lesung), so erweist sich meine Feststellung, daß Willich das Entscheidende ausgeblendet und die Öffentlichkeit desinformiert hat, als voll berechtigt und

nicht als »Unwahrheit«, wie Willich behauptete und nicht
müde wurde zu wiederholen. Daß Willich gleichwohl der
Bürgerschaft und der Öffentlichkeit seine den Sachverhalt
auf den Kopf stellenden Verdrehungen zumutete, offenbart seine ganze Verachtung des öffentlichen Diskussions-
prozesses. »Willichs in der Bürgerschaft akribisch vorgetra-
gene Verteidigungsrede enthüllte eher das, was sie eigentlich verhüllen sollte, wie man heute weiß: die ganze damalige Verschleierungsarie vor der Öffentlichkeit nämlich«, schrieb Teske später in »Die Welt« vom 12. 12. 1991.
Eine Gegenklage bei Gericht wegen beleidigender Äußerungen Willichs – als Antwort auf seine Klage – war mir allerdings verwehrt, weil Willich das – historisch überholte
(siehe S. 131 f.) – Privileg der parlamentarischen Indemnität genoß, wonach er wegen seiner Äußerungen im Parlament grundsätzlich nicht zur Verantwortung gezogen werden kann. So konnte Willich – unter Ausnutzung dieser
Waffenungleichheit – vor Gericht gehen und zunächst einmal den Eindruck des zu Unrecht Gescholtenen verbreiten, ohne einen prozessualen Gegenschlag meinerseits
befürchten zu müssen.
Der Antrag Willichs auf Erlaß einer Einstweiligen Verfügung datierte vom 29. 11. 1991, war also vor dem Rückzug
Voscheraus vom 6. 12. eingereicht worden. Der Schriftsatz
wurde mir erst am 16. 12. zugestellt. Für den 23. 12. war
bereits die mündliche Verhandlung angesetzt. Beantragter
Streitwert: 345 000 Mark. Ich mußte in Windeseile einen
beim Landgericht Hamburg zugelassenen Rechtsanwalt
gewinnen und diesen mit Material versorgen. Wäre ich
bereits in Weihnachtsurlaub gewesen, hätte mir ein
Versäumnisurteil gedroht. Die Verhandlung einen Tag vor
Weihnachten verlief merkwürdig, weil der Gerichtsvorsit-
zende durch seine Verhandlungsführung den Eindruck

erweckte, als wären die Prozeßchancen einigermaßen gleich verteilt, und schließlich einen Vergleichsvorschlag machte. Danach sollte ich nicht etwa auch nur eine meiner von Willich beanstandeten Äußerungen zurücknehmen, sondern nur einräumen, daß Willich »zu seinem damaligen Vorgehen durch den Senat und die drei Fraktionsvorsitzenden bewogen sein könnte« und »nicht aus persönlichen Gründen an der Gesetzgebung interessiert war«.[66] Derartiges hatte ich aber bis dahin gar nicht behauptet. Erst später stellte sich heraus, daß Willich, wie oben im Abschnitt VI dargelegt, durchaus auch mögliche persönlicheMotive hatte, die 1987er Regelung durchzusetzen. Die Gegenseite stimmte zu, auch mein eigener Anwalt empfahl mir die Annahme. Fast wäre ich vor dem Drängen von allen Seiten eingeknickt (zumal ich etwas zugestehen sollte, was ich bis dahin gar nicht bestritten hatte), wäre ich meiner Sache nicht ziemlich sicher gewesen. Ein Vergleich aber hätte optisch auch ein Nachgeben meinerseits und damit das Einräumen von Fehlern bedeutet und die Klage Willichs scheinbar gerechtfertigt, weil der Eindruck zumindest eines Teilerfolges entstanden wäre. Erst im nachhinein bemerkte ich, auf was ich mich mit dem Verbot, persönliche Motive Willichs an dem 1987er Gesetz zu benennen, beinahe eingelassen hätte: die Akzeptierung eines Maulkorbes in einem für die Beurteilung der Rolle Willichs höchst relevanten Aspekt. Zum Glück bestand ich schließlich doch auf einem gerichtlichen Urteil. Das veränderte die Lage vor Gericht schlagartig. Der gerichtliche Berichterstatter erklärte nun, für das Urteil bestehe keine große Eile, weil der Antragsteller (Willich) ohnehin wenig Chancen habe zu obsiegen.[67] Das Urteil erging am 23. Januar 1992; das Gericht wies sämtliche Anträge Willichs zurück und erlegte ihm die Kosten des Verfahrens

auf. Damit war der Versuch Willichs, von seiner eigenen
politischen Verantwortung für das 1987er Camouflage-
Gesetz abzulenken, die Ermittlung seiner möglichen Motive zu verhindern und die Dinge auf den Kopf zu stellen,
gescheitert. Später habe ich immer wieder darüber nachge-
dacht, was den Vorsitzenden bewogen haben könnte, einen
solchen Vergleichsvorschlag zu machen, und was meinen
Anwalt bewogen haben könnte, ihn zu befürworten. Daß
der Wunsch, die Urteilsarbeit zu sparen, oder der Appetit
auf die Vergleichsgebühr eine entscheidende Rolle gespielt
haben sollten, mag ich nicht glauben. Ob der Hamburger
Corpsgeist sich bewußt oder unbewußt gegen den »Stören-
fried« aus Speyer verband, der Hamburg in ganz Deutschland blamiert hatte[68] – ich kann es mir ebenfalls nicht vor-
stellen.
Anders als in Hessen, wo der Präsident und der Vizepräsident hatten zurücktreten müssen, gab es in Hamburg allerdings keine personellen Konsequenzen. Zwar wackelte der
Stuhl des Ersten Bürgermeisters Voscherau einige Wochen
heftig, nachdem er am 6. 12. den Rückzug eingeleitet hatte,
obwohl er kurz vorher den SPD-Parteitag noch zur Zustimmung zum Gesetz veranlaßt hatte.[69] Bei Begründung des
Einspruchs des Senats in der Bürgerschaft stieß Voscherau
auf ostentatives Schweigen, das durch das heftige Klatschen
einer einzelnen Abgeordneten nur noch unterstrichen
wurde. Allerdings sank Voscheraus Ansehen nach Umfra-
gen auf einen Tiefpunkt, und die SPD hätte bei Neuwahlen
einen großen Teil ihrer Sitze im Parlament verloren.[70]
Gerade das zwang die knappe SPD-Mehrheit aber widerwillig auf Voscheraus Kurs, zumal er sich für das »Diäten-Ding«
für nicht verantwortlich hielt und ankündigte, im Falle seines Sturzes an die Öffentlichkeit zu gehen und andere mit
hineinzuziehen.

Zwar wurde Willich nach der Rücknahme des Gesetzes und nach dem mutwillig vom Zaun gebrochenen und verlorenen Gerichtsprozeß gegen mich bescheinigt, daß er als Vorsitzender des Verfassungsausschusses oder als späterer Fraktionsvorsitzender der CDU nicht mehr in Betracht komme. Voscherau ist aber nicht nur Erster Bürgermeister geblieben, sondern auch zum Vorsitzenden des Verfassungsausschusses im Bund avanciert. Und auch Willich ist immer noch Vorsitzender des Hamburger Verfassungsausschusses. In den Skandal war die Führungsspitze *beider* großen Parteien Hamburgs verstrickt, und das sicherte beiden ihre Positionen. Das Kartell bewährte sich ein weiteres Mal. Der Vorsitzende der SPD-Fraktion, Günter Elste, hatte sich ohnehin gleich nach Ankündigung der Umkehr das Vertrauen seiner Fraktion aussprechen lassen.

In Hamburg bestätigte sich einmal mehr, daß Sachargumente allein nicht ausreichen; das hatte schon der hessische Diätenfall gezeigt. Ohne massiven öffentlichen Druck hätte sich auch in Hamburg nichts bewegt. Das Diätengesetz 1991 wäre längst in Kraft, und das 87er Gesetz über die Senatorenpension würde unangefochten gelten. »Nicht Einsicht, erst anhaltender öffentlicher Druck und der hartnäckige Gutachter Professor von Arnim, der die Vorgänge bis ins Jahr 1987 zurückverfolgte, erzwangen den Rücktritt«, schrieb Karsten Plog in der »Frankfurter Rundschau«.[71] Das hat Voscherau bei Rücknahme des Gesetzes mit ganz ähnlichen Worten bestätigt wie vor ihm Wallmann in Hessen: »Die Wucht der Kritik gab den Ausschlag.«[72] Um aber den nötigen Druck zu erzeugen, war neben größter sachlicher Korrektheit eine deutliche Sprache erforderlich, die nicht nur der Fachmann verstehen konnte. Meine »Stellungnahmen« hatte ich bewußt nicht »Rechtsgutachten« genannt. Die Getroffenen sprachen von »politischen

Kampfschriften«, und selbst in dieser abwertend gemein-
ten Bezeichnung steckte ungewollte Anerkennung: daß die
Stellungnahmen nämlich so formuliert waren, daß sie politische Wirkung entfalteten. Das erhöhte mit der Durchschlagskraft aber auch das persönliche Risiko, da es Diffamierungskampagnen der Getroffenen provozierte, ein Risiko, das im Interesse der Sache ausgehalten werden mußte.
Die Hamburger Verfassungsrichterin Maja Stadler-Euler
beschrieb den unauflöslichen Zwiespalt in der »Hamburger Rundschau« vom 19. 12. 1991: »Herr von Arnim ist, wie
ich selbst in der Bürgerschaft miterlebte, in einer mise-
rablen Weise diskriminiert worden. Über die provokative
Sprache, die von Arnim gewählt hat, kann man geteilter
Meinung sein. Aber das genau war ja seine Waffe: die Dinge eben nicht nur mit der vornehmen Zurückhaltung eines
Verfassungsrechtlers verklausuliert darzustellen, sondern
sie politisch so auf den Punkt zu bringen, daß auch der
Dümmste verstehen konnte, worum es geht. Das war es, was
die Politiker so getroffen hat.« Und Klaus Brill kommentierte in der »Süddeutschen Zeitung« vom 9. 12. 1991:
»Dem Speyerer Jura-Professor Hans Herbert von Arnim
muß man dankbar sein, daß er diese Diätenaffäre aufgedeckt und mit solchem Eifer mitverfolgt hat. Sein Wirken
ist ein weiterer Beleg für die These, die sich von einem Satz
Kurt Tucholskys ableiten läßt: Politik ist eine viel zu wichtige Sache, als daß man sie allein den Politikern überlassen
könnte.«

IX. Die Camouflage der Camouflage durch den Parlamentarischen Untersuchungsausschuß

Zur Aufarbeitung des »Diäten-Dings« setzte die Bürgerschaft zwei Gremien ein: einen Parlamentarischen Untersuchungsausschuß, der das Zustandekommen des 87er Gesetzes untersuchen sollte, und eine Enquête-Kommission, die unter anderem Vorschläge für eine angemessene Entschädigung Hamburger Abgeordneter machen sollte.[73] Durch das 1987er Gesetz waren neben dem Schaden für die politische Kultur weit über Hamburg hinaus Millionen Mark auf Kosten der Bürger verpulvert worden. Die Frage der persönlichen Verantwortung für dieses Gesetz stellte sich deshalb um so dringender. Der *Untersuchungsausschuß* erwies sich seiner Aufgabe allerdings nicht gewachsen, sondern geriet zur Alibiveranstaltung. Die Aufgabe, die Verantwortung für das damals von allen Fraktionen getragene Gesetz von 1987 aufzuklären, ging wie das Hornberger Schießen aus. Die Kartellabsprache, die das 87er Gesetz ermöglicht hatte, verhinderte auch die Klärung der persönlichen Verantwortlichkeit. »Die Camouflage der Camouflage« charakterisierte die Hamburger »taz« das Unternehmen Parlamentarischer Untersuchungsausschuß treffend.

Der Bericht des Untersuchungsausschusses, der im Mai 1992 vorgelegt wurde,[74] zeigte, wie wenig ein Parlament in der Lage ist, sich am eigenen Schopf aus dem Sumpf zu ziehen. Ob das Parlament zu einer unbefangenen Untersuchung in eigener Sache in der Lage sei, war von Anfang an bezweifelt worden.[75] Die Skepsis wurde leider voll bestätigt. Zu groß erschien die Versuchung der SPD- und CDU-Mehrheit, sich selbst per Mehrheitsbeschluß ein ordnungs-

gemäßes Verfahren zu bescheinigen, den im Begriff
»Camouflage-Gesetz« liegenden Vorwurf zu entkräften und
dadurch ihre für das Gesetz hauptverantwortlichen Partei-
genossen, besonders Dr. Willich und Dr. Voscherau, weitgehend zu entlasten. (Die möglichen Motive, warum ein
CDU-Präsident der Bürgerschaft sich so vehement für die
Erhöhung der Pension eines SPD-Senats einsetzte, die oben
auf S. 98 ff. dargestellt wurden, bekam der Untersuchungsausschuß schon gar nicht in den Blick.) Die Abgeordneten
der FDP und der Grünen gaben Minderheitsvoten ab.[76]
Die Veröffentlichung des Berichts wurde zusätzlich von
drei rechtswissenschaftlichen Untersuchungen begleitet,
die auf folgende Weise entstanden waren: Die absehbare
Absegnung des 1987er Gesetzgebungsverfahrens als verfassungsmäßig und die Ablehnung des Antrags des FDP-Abgeordneten auf Hinzuziehung auswärtigen Sachverstandes
durch die SPD- und CDU-Mehrheit des Untersuchungsausschusses veranlaßte die FDP-Fraktion der Bürgerschaft, ein
verfassungsrechtliches Gutachten über das Zustandekommen des Senatsteils des 87er Gesetzes bei Prof. Dr. Edzard
Schmidt-Jortzig in Auftrag zu geben.[77] Als die Beauftragung
Schmidt-Jortzigs bekannt wurde, suchte die CDU-Fraktion
gegenzuhalten und beauftragte, um das zu erwartende
Ergebnis Schmidt-Jortzigs zu neutralisieren, Prof. Dr. Rolf
Stober ebenfalls mit einem Rechtsgutachten.[78] Beide Gutachten wurden am 22. 5. 1992 auf einer Pressekonferenz in
Hamburg vorgestellt. Schmidt-Jortzig gelangte zum Ergebnis, das 87er Gesetz sei wegen Verletzung der Verfassungsvorschriften über die Einbringung und die Beschlußfassung von Gesetzesvorlagen verfassungswidrig. Diese Verstöße machten das Gesetz zwar nicht nichtig, wohl aber –
unausräumbar – verfassungswidrig. Stober stand dagegen
nicht an, seinem Auftraggeber zu bescheinigen, das Senats-

gesetz sei »verfassungsmäßig zustande gekommen«. Damit mochten die Darlegungen von Schmidt-Jortzig auf den ersten Blick »neutralisiert« erscheinen, zumal der der CDU nahestehende Stober auch eine ganze Salve von verbalen Ausfällen gegen den Verfasser dieses Buches feuerte, der mit seinen Stellungnahmen die öffentliche Kritik ins Rollen gebracht und dabei auch den seinerzeitigen Präsidenten der Bürgerschaft, Dr. Martin Willich, nicht geschont hatte.

Beide Äußerungen beruhten allerdings, wie auch schon der Auftrag des Untersuchungsausschusses, auf sehr engen Fragestellungen und bekamen deshalb wesentliche Punkte der Problematik nicht in den Blick. Deshalb veröffentlichte der Verfasser am 2. Juni 1992 auf einer Pressekonferenz des Bundes der Steuerzahler eine ausführliche verfassungsrechtliche Analyse des gesamten 1987er Gesetzes,[79] deren Erarbeitung er während des Gerichtsverfahrens, mit dem Dr. Willich ihn überzogen hatte, begonnen hatte und die die Grünen sich zu eigen machten.[80]

Der Parlamentarische Untersuchungsausschuß sollte die dubiosen Umstände der 1987 erfolgten Aufstockung der Senatorenpension ermitteln. Ausgeblendet wurden dabei aber drei Bereiche, ohne die eine Beurteilung gar nicht möglich ist: (1) der ebenfalls hochproblematische Inhalt und das verfassungswidrige Zustandekommen des *ersten Teils* des 87er Gesetzes, der die Invaliditäts- und Hinterbliebenenversorgung für Abgeordnete einführte, (2) die Frage der *inhaltlichen* Angemessenheit und Verfassungsmäßigkeit des *Senatsteils* des 87er Gesetzes und (3) der *ursächliche Zusammenhang* zwischen dem Inhalt des Gesetzes und dem Gesetzgebungsverfahren. Dadurch wurde es dem Ausschuß ermöglicht, das *Ganze* aus dem Blick zu lassen und etwa die zentrale Frage, ob nicht ein innerer Zusammenhang zwi-

schen den Verfahrensmängeln und dem Inhalt des 87er
Gesetzes besteht, der der gesamten Aktion erst ihren
»Sinn« gibt, auszuklammern, eine Frage, die natürlich
nicht ohne vorherige Klärung der inhaltlichen Angemessenheit des 87er Gesetzes behandelt werden kann.

Der eingeschränkte Auftrag des Untersuchungsausschusses
führte auch zu eingeschränkten Aufträgen für die beiden
Gutachter der FDP und der CDU. Die Gutachter unter-
suchten weder den ersten Teil des 87er Gesetzes noch die
Frage der *inhaltlichen* Angemessenheit und Verfassungsmäßigkeit des Gesetzes und verfehlten deshalb ebenso wie
der Untersuchungsausschuß das Sinnganze der Angelegenheit. Die Einschränkung der Untersuchungsaufträge verhinderte, daß der Ausschuß und die Gutachter Schmidt-
Jortzig und Stober die Frage in den Blick bekamen, ob das
87er Gesetz auf einer Entscheidung des Parlaments *in eigener Sache* beruht und deshalb – im Interesse der Allgemeinheit und Öffentlichkeit – gewisse Anforderungen an
das Verfahren besonders strikt einzuhalten sind. Daß es
eine Entscheidung in eigener Sache war, erkennt man nämlich erst, wenn man auch den ersten Teil und seine politische *Verbindung* zum zweiten Teil des Gesetzes ins Auge
faßt.[81] Bei Entscheidung des Parlaments in eigener Sache
könnte aber selbst ein allgemeiner fraktionsübergreifender
Konsens (der im übrigen wohl gar nicht vorlag) die Problematik nicht mildern und etwaige Verfahrensmängel heilen
(wie dies besonders Stober – das eigentliche Problem über-
sehend – angenommen hat). Umgekehrt ist fraktionsübergreifender Konsens bei Entscheidungen des Parlaments in
eigener Sache geeignet, die Mißbrauchsgefahr zu erhöhen,
weil dann das Gesetzgebungsverfahren »des korrigierenden Elements gegenläufiger Interessen« gerade »ermangelt«[82] und Kritik durch die Opposition entfällt. Die in eige-

ner Sache einigen Parteien wirken wie eine Einheitspartei: insoweit droht eine Art Parlamentsabsolutismus. Dann ist die Öffentlichkeit »die einzige wirksame Kontrolle«.[83] Sie kann ihrerseits aber nur zur Wirksamkeit gelangen, wenn die öffentlichkeitsfördernden Verfahrensvorschriften strikt eingehalten und nicht durch fraktionsübergreifende Absprachen überspielt und Abgeordnete und Öffentlichkeit überrumpelt werden. Bei Entscheidungen des Parlaments in eigener Sache verlieren Verfahrensverstöße – auch und gerade, wenn sie auf konsensualen Absprachen beruhen – ihren Charakter als läßliche Sünden und können schon gar nicht geheilt werden. Im Gegenteil: Bei Entscheidungen in eigener Sache steigert fraktionsübergreifender Konsens die Gefahr und begründet eine um so striktere Geltung der Anforderungen für ein korrektes Verfahren.

Diese für die Beurteilung des 87er Gesetzes unerläßlichen Grundüberlegungen werden sowohl im Bericht des Parlamentarischen Untersuchungsausschusses als auch in beiden Gutachten nicht erkannt. Das »Gutachten« von Stober, dessen Stroßrichtung auch dahin ging, den Verfasser verbal zu diffamieren, das Gewicht seiner Ausführungen in den Augen der Öffentlichkeit herabzusetzen und dadurch den früheren Präsidenten der Bürgerschaft, Dr. Martin Willich, scheinbar zu entlasten, enthält darüber hinaus eine Reihe schwerer sachlicher Mängel, die in meiner oben genannten Analyse im einzelnen herausgestellt sind.[84] Der Kern der Argumentation Stobers läßt sich wie folgt zusammenfassen: Stober schließt daraus, daß sich während des Gesetzgebungsverfahrens kein Widerspruch erhob und das Gesetz einstimmig verabschiedet wurde, es habe über die Sache selbst Konsens bestanden. Zumindest habe jeder Abgeordnete in der Sitzung am 19. 3. 1987 die Möglichkeit gehabt, den Fortgang des Verfahrens anzuhalten.

Abgesehen davon, daß diese Argumentation die zentrale Problematik – nämlich die Kontrolle des Parlaments durch die Öffentlichkeit bei Entscheidungen in eigener Sache – verfehlt, wird auch zumindest von den Abgeordneten der Grünen/GAL bestritten, daß sie über den Senatsteil des Gesetzes informiert und mit ihm einverstanden waren. (Der Untersuchungsausschuß hat diese wichtige Frage – entgegen den Anträgen der Vertreterin der Grünen – nicht geklärt.) Während des Blitzverfahrens am 19. 3. 1987 in der Bürgerschaft – von der Tischvorlage des Ausschußberichts samt anliegendem Gesetzestext bis zur zweimaligen Abstimmung – bestand für die Abgeordneten (sofern sie nicht ohnehin eingeweiht waren) keine Möglichkeit festzustellen, daß sie hinsichtlich des Senatsteils überhaupt Informations*bedarf* hatten und deshalb Anlaß bestand, Fragen zu stellen und das Verfahren anzuhalten. Denn der aus dem Zusammenhang gerissene und deshalb unverständliche und harmlos wirkende Senatsteil wurde in dem von Dr. Willich formulierten Ausschußbericht und in seinen »einleitenden Worten« auch noch hinter dem in den Vordergrund geschobenen Abgeordnetenteil versteckt (camoufliert), so daß in dem nur Minuten währenden Verfahren praktisch niemand merken konnte, daß er Informationsbedarf hatte. Es handelt sich, wie auch Schmidt-Jortzig mit Recht feststellte, um ein »Überfahren« der Öffentlichkeit und der noch nicht eingeweihten Abgeordneten. Diesen nun auch noch zum Vorwurf zu machen, sie hätten ja Fragen stellen können, nachdem das Verfahren so ausgestaltet war, daß die Abgeordneten in der Eile gar nicht merken konnten, daß Frag*würdiges* vorlag, ist eine rabulistische Verdrehung der wahren Verhältnisse.

Der Kern der Verteidigungsstrategie der für das Gesetz Verantwortlichen ging dahin, zu behaupten, das Gesetz sei nach Inhalt und Verfahren rechtlich korrekt gewesen. Dies haben Dr. Willich, Dr. Voscherau und andere vor dem Parlamentarischen Untersuchungsausschuß geäußert, und der Untersuchungsausschuß hat sich diese Meinung in seinem Bericht zu eigen gemacht.[85] Damit zerrann dem Ausschuß sein Gegenstand zu einem guten Teil unter den Händen. Die Frage der Verantwortlichkeit von Willich, Voscherau oder wem immer, mußte sich in Wohlgefallen auflösen, falls der Gegenstand ihrer Verantwortung, das 87er Gesetz, wirklich rechtlich in Ordnung gewesen wäre. In Wahrheit war das 87er Gesetz, wie in der genannten Analyse des Verfassers im einzelnen dargelegt, nach Inhalt und Verfahren grotesk unangemessen und aus einer Vielzahl von Gründen grob verfassungswidrig.[8]

X. Ausblick

In Hamburg (wie in Hessen) hat die öffentliche Kontrolle fertiggebracht, was viele resignierte Bürger gemeinhin für unmöglich halten, nämlich ein scheinbar übermächtiges Kartell aufzubrechen. Das war ermutigend für alle, die gegen den Stachel löcken: für den Bund der Steuerzahler, der den Inhalt des Gesetzes und seine Verfassungswidrigkeit durch Stellungnahmen aus meiner Feder publik machte, für die Hamburger Presse, die das Thema mit Nachdruck aufgegriffen hatte und nicht mehr losließ, aber auch für die überregionale Presse, für die vielen protestierenden und Leserbriefe schreibenden Hamburger Bürger, für die Parteimitglieder und Parteivorstände, die ihre Abgeordneten schließlich zur Räson brachten, und nicht zuletzt für die Grünen und je einen Abgeordneten der FDP (Robert Vogel) und der SPD (Jan Klarmann), die dem Gesetz von Anfang an ihre Zustimmung versagt hatten.

Das Abgeordnetengesetz von 1991 war in erster Linie ein Versorgungsgesetz. Es sollte vor allem eine Altersversorgung bringen und hätte besonderes Gewicht für Bürgerschaftspräsidenten und Fraktionsvorsitzende und – aufgrund rückwirkender Anrechnung früherer Zeiten – für Abgeordnete mit langjährigen Mandatszeiten vor Inkrafttreten des Gesetzes gehabt. Aufgrund der Rückwirkungsvorschriften hätten der Fraktionsvorsitzende der CDU, Rolf Kruse, bereits nach anderthalb Jahren und der Vorsitzende der SPD-Fraktion, Günter Elste, nach nicht einmal einem Jahr dreieinhalb Jahre voll bekommen und einen Versorgungsanspruch im Werte von Millionen Mark erworben.

Dies erklärt auch die Hartnäckigkeit, mit der die Führungsgruppen der beiden großen Fraktionen daran festgehalten

haben. Sie hatten in das Gesetz sogar eine Art Sperrklin-
kenvorschrift eingebaut. Danach sollten, wenn das Gesetz
erst einmal verabschiedet wäre, die wichtigsten Bestimmungen nur mit Zweidrittelmehrheit der Bürgerschaft
geändert werden können, eine in der Bundesrepublik einmalige Sperre gegen die Rücknahme von Privilegien.

Die energischsten Betreiber des Gesetzes wären auch seine
Hauptbegünstigten gewesen. Dies waren zudem zum großen Teil die gleichen Personen, die auch bei der dubiosen
Aufstockung der Senatorenpension in dem vorbereitenden Unterausschuß des Verfassungsausschusses geses-
sen hatten. Das Verfahren zeigt, daß einige Spitzenparlamentarier, bei denen die Fäden der Macht zusammenlie-
fen, die öffentlichen Dinge wie ihre Privatangelegenheiten
behandelt haben. Der in der Bürgerschaft häufig gehörte
beschwichtigende Einwand, die Neuregelung sei ja nur
für »fünf Abgeordnete dieses Hauses« maßlos gewesen,
geht deshalb am politischen Kern völlig vorbei. Das Politikum bestand gerade darin, daß wenige Spitzenparlamentarier die Gesetzgebung für ihre Zwecke instrumentalisieren und für sich maßlose Regelungen (fast) durchsetzen konnten.

Der Fall Hamburg, der »bundesweit« eine »fundamentale
Legitimationskrise« (Voscherau[87]) des Parlaments herauf-
beschwor, gibt Anlaß zu einigen grundsätzlichen Überlegungen. Unser Verfassungsrecht geht immer noch von der
Vorstellung aus, das Parlament handle beinahe zwangsläufig angemessen und richtig. Deshalb gibt es praktisch keine
Schutzvorrichtungen gegen den Mißbrauch der Abgeord-
netenmacht selbst. Diese offene Flanke unseres Verfassungsrechts zeigt sich besonders bei Entscheidungen des
Parlaments in eigener Sache; hier fällt die Richtigkeitsvermutung von vornherein aus. Zwar gilt die Fiktion, das Par-

lament könne nichts Unrechtes tun, seit Einführung des Grundgesetzes mit seiner Verfassungsgerichtsbarkeit nicht mehr. Auch das Parlament steht unter der Kontrolle des Bundesverfassungsgerichts. Aber das Gericht kann nicht alle Unrichtigkeiten ausräumen und zudem nur auf Antrag tätig werden. Der Bürger hat aber kein Antragsrecht, nur Regierungen und Abgeordnete, die davon aber meistens keinen Gebrauch machen.

Auch die Oppositionskontrolle fällt regelmäßig aus. Es hat sich eingebürgert, daß Entscheidungen in eigener Sache zwischen Regierungs- und Oppositionsfraktionen im Wege einer kartellartigen Absprache einvernehmlich geregelt werden. Nur die Grünen sind meist noch dagegen. Im Wirtschaftsrecht sind Kartelle verboten, weil sie den Wettbewerb ausschalten und die Konsumenten entmachten. In der Politik werden sie, unberührt von allem Ordnungsdenken, praktiziert, obwohl die Begrenzung des politischen Wettbewerbs und die Entmachtung der Wähler hier noch viel gefährlicher werden können. Was bleibt, ist die öffentliche Kontrolle. Ihre besondere Rolle hat das Bundesverfassungsgericht bei Entscheidungen des Parlaments in eigener Sache betont. Bei großen Diätenkoalitionen muß die öffentliche Kritik allerdings äußerst massiv sein, um nicht von vornherein zur Wirkungslosigkeit verurteilt zu bleiben. Die dadurch entstehende öffentliche Auseinandersetzung ist dem Ansehen der Abgeordneten, der Bürgerschaft und der parlamentarischen Demokratie nicht unbedingt förderlich.

In Hamburg konnte die Mehrheit auch deshalb so lange nach Gutdünken agieren, weil dem Volk dort alle institutionellen Mittel gegen den Machtmißbrauch des Parlaments vorenthalten sind. Es fehlt die Möglichkeit des Volksbegehrens und des Volksentscheids, die in den meisten anderen Bundesländern als ultima ratio besteht. In Hamburg wird darüber hinaus die Bürgerschaft nur nach Listen-, nicht nach Mehrheitswahl in Wahlkreisen gewählt, ganz zu schweigen von der Möglichkeit der gesteigerten Persönlichkeitswahl durch das Kumulieren von Stimmen und das Panaschieren, das Ankreuzen von Kandidaten anderer Listen. Bilden die großen Fraktionen auch noch politische Kartelle, so wird der Wähler vollends entmachtet und zugleich jede Form der individuellen Verantwortlichkeit der Abgeordneten gegenüber den Wählern unterlaufen. Schon deshalb muß das Thema »Entscheidungen des Parlaments in eigener Sache« auch auf die Tagesordnung der Verfassungsberatungen. So schwer es auch sein mag, wenn die Parteien und Abgeordneten, die in diesem Ausschuß sitzen, verfassungsrechtliche Institutionen erdenken müssen, um sich vor sich selbst zu schützen, so muß dies doch im Interesse der Demokratie geleistet werden; es gibt objektiv vielleicht kaum etwas Dringenderes. Das ganze System der Entscheidung über Diäten (und, wie wir noch sehen werden, auch der Parteien-, Fraktionen-, Stiftungs- und Ministerfinanzierung) bedarf der Überprüfung. Das Parlament gilt seit alters als Vertretung des Volkes gegenüber der Exekutive. Bei Entscheidungen in eigener Sache aber steht das Parlament oft gegen das Volk. Das kann unter der Hand auch zu einem Funktionswandel parlamentarischer Privilegien führen.

Seit alters können Abgeordnete für beleidigende Äußerungen im Parlament gerichtlich nicht verfolgt werden. Dieses Privileg sollte ursprünglich verhindern, daß die Exekutive Abgeordnete ohne Grund festsetzen läßt, um Mehrheiten zu manipulieren. Wenn Abgeordnete nun aber unter dem Schutze dieser Indemnität Kritiker, die Mängel aufdecken, beschimpfen können, ohne ein gerichtliches Verfahren befürchten zu müssen, wird das Privileg mißbraucht. Das Privileg springt noch mehr ins Auge, wenn Abgeordnete ihrerseits gegen Kritiker von außerhalb des Parlaments gerichtlich vorgehen, diese sich dann aber nicht mit Gegenklagen zur Wehr setzen können. Die privilegienbewehrte Stellung wird dafür eingesetzt, mit ungleichen Waffen öffentliche Kritik an Mißständen durch Diffamierung der Kritiker wirkungslos zu machen. Damit stellt sich die Frage nach der fortdauernden Berechtigung dieses Privilegs.

Ein weiteres überholtes Parlamentsprivileg zeigt sich bei der Haftung. Eine Schadensersatzhaftung von Abgeordneten für legislatives Unrecht gibt es bisher nicht. Der Erhöhung der Senatorenpension vom 19. März 1987, die bis zu ihrer Wiederaufhebung Millionen gekostet hat, steht das kollusiv-manipulative Zusammenwirken einer kleinen Gruppe von Spitzenparlamentariern auf der Stirn geschrieben. Es ist darüber nachzudenken, ob zur zukünftigen Erfassung solcher Fälle nicht eine Regreßvorschrift zumindest bei vorsätzlicher Schädigung eingeführt werden muß.

Die neue Frontstellung zeigt sich aber auch in einer verbreiteten Presseschelte. So rügte die von der großen Diätenkoalition ins Feld geschickte sechsundachtzigjährige Alterspräsidentin der Bürgerschaft, Charlotte Fera, bei der zweiten Lesung des Abgeordnetengesetzes die angebliche Inszenierung eines »eiskalt geplanten Horrorstücks« durch die Medien. Es hätten sich »fast ausnahmslos alle Medien eines Bundeslandes gegen das gewählte Parlament« verbündet »und fast alle Stimmen zum Schweigen« gebracht, »die auf der Seite der Parlamentsmehrheit gestanden haben«. Diese Einlassung war enthüllend. Die Alterspräsidentin und viele in parteipolitischem Konfrontationsdenken befangene Abgeordnete verstanden nicht, daß die

herkömmliche ideologische Frontstellung auf einmal nicht
mehr galt. Das konservative Lager begriff die Kritik von
»Hamburger Abendblatt«, »Welt« und »Bild« nicht, die
SPD wurde mit der Kritik durch »Morgenpost« und »taz«
nicht fertig. Im Gespräch mit dem Verfasser äußerte ein
konservatives Mitglied der Hamburger Bürgerschaft ausdrücklich seine »Enttäuschung« darüber, daß auch die konservative Presse in die Kritik eingestimmt hatte. Er hatte
nichts verstanden. Ob die einhellige Kritik der Presse nicht
vielleicht ihren Grund in der völligen Unangemessenheit
der Regelung hatte, die im Laufe der Zeit trotz der wüsten
Diffamierungsattacken gegen meine Person immer deutlicher wurde, diese Frage, so naheliegend sie für alle diejenigen auch sein mochte, deren Blick nicht durch die parteipolitische Konfrontationsbrille getrübt war, kam der grei-
sen Präsidentin nicht in den Sinn. Für sie stand vielmehr
fest: »Die Vierte Gewalt« (das heißt die Medien) hatte »versagt«, nicht etwa das Parlament.[88] Die sich jedem Außenstehenden aufdrängende Erkenntnis, daß gerade bei Entscheidungen des Parlaments in eigener Sache die Öffentlichkeit »die einzige wirksame Kontrolle« ist und darin
auch eine besondere Verantwortung der Medien zur Ver-
hinderung mißbräuchlicher Regelungen liegt, war Frau
Fera anscheinend völlig unzugänglich. Kaum sonst wo wird
die Abgehobenheit der »politischen Klasse« vom Volk so
deutlich wie hier.
Hier offenbaren sich grundlegende Verständigungslücken.
Politiker und Bürger scheinen in unterschiedlichen Kate-
gorien zu denken und zu sprechen. Das zeigen auch die
Gründe, die für das Anhalten des Gesetzes genannt wurden: Fehlen der öffentlichen Akzeptanz, Unterschätzen
der öffentlichen Kritik und ähnliches mehr. Daß das Gesetz
in Teilen sachlich einfach grob unangemessen war, kam

Voscherau und Elste ebensowenig über die Lippen wie
schon Frau Fera. Sachliche Richtigkeit scheint politisch keinen Stellenwert zu haben, auch wenn Politiker sich
dadurch immer weiter von ihren Wählern entfernen. Das
macht auch das mangelnde Verständnis deutlich, mit dem
Voscherau vermerkte, »moralische Maßstäbe« seien zur
Bewertung des Gesetzes herangezogen worden.[89] »Was sollen Bürger von Abgeordneten halten, die gehorsam den
Arm heben und ihre innere Überzeugung der Frak-
tionsdisziplin opfern? Die ›Augen zu und durch‹ praktizie-
ren? Haben wir Politiker gewählt, damit sie nicht mehr
danach fragen, was in der Sache richtig ist, sondern nur
noch danach, ob man es durchsetzen kann? Die erst
zurückzucken, wenn es an ihre Machtpositionen geht?« So
fragte Ernst-G. Scholz im »Hamburger Abendblatt« vom
7. 12. 1992.

Politiker tendieren zu macht- und interessenorientiertem
Agieren und weichen, wenn es um ihre eigenen Interessen
geht, nur stärkstem Druck. Bundespräsident Richard von
Weizsäcker hat der politischen Klasse »Machtvergessenheit« und »Machtversessenheit« vorgeworfen. Der Fall
Hamburg ist dafür ein Lehrbeispiel. Damit steht die Denk-
weise der Politiker quer zu den auf sachliche Richtigkeit
ausgerichteten Kriterien und Maßstäben des Bürgers. In
diesen Unterschieden der Maßstäbe und Denkweisen liegt
wahrscheinlich ein Hauptgrund für die zunehmende
Glaubwürdigkeitslücke der Politik, für die Bürgerferne der
politischen Klasse und die Parteienverdrossenheit der Bürger.

4 Das saarländische Ministergesetz und Oskar Lafontaine

I. Von Hamburg ins Saarland

Der »Fall Hamburg« hatte den Blick auf die Versorgung von Senatoren gelenkt und gezeigt, daß es in diesem Bereich unangemessene Privilegien gibt, die baldige Reformen verlangen. Die Versorgungsbezüge von Regierungsmitgliedern können ökonomisch den Wert ihrer Gehälter weit überschreiten und damit in ein groteskes Mißverhältnis zu diesen treten. Bezüge und Versorgungen von Ministern waren bis dahin ein weißer Fleck auf der wissenschaftlichen und publizistischen Landkarte gewesen. Aktuelle staatsrechtliche oder politikwissenschaftliche Literatur fehlte.[1] Erst der »Fall Hamburg« machte das Forschungsdefizit deutlich.

In den ersten Monaten des Jahres 1992 stellte ich die Materialien über die siebzehn deutschen Ministergesetze und ihre Entstehungsgeschichte seit Gründung der Länder nach 1945 zusammen. Ein vorläufiger Überblick ließ bereits den Wust von Privilegien erahnen, der sich im Laufe der Jahre angesammelt hatte. Von besonderer Brisanz ist dabei nicht nur der Inhalt der Ministergesetze, sondern beinahe mehr noch die Art und Weise ihres Zustandekommens. Stichproben bestätigten nämlich, daß die jeweilige Opposition dadurch gleichgeschaltet und damit meist auch die Öffentlichkeit unterlaufen worden war, daß finanzielle Kompensationen in Form etwa von erhöhten Fraktionsmitteln oder Abgeordnetenentschädigungen gegeben wurden, auf welche die Opposition sich regelmäßig besonders angewiesen glaubt. Die Folge ist ein Hochschaukeln der verschiedenen Teile der staatlichen Politikfinanzierung ohne Rücksicht auf ihre sachliche Notwendigkeit und ihre Angemessenheit – ein wahrhaft fataler Mechanismus. Die Entstehungsgeschichte der Ministerprivilegien bietet somit auch einen Schlüssel zur Erklärung der rasanten Steigerungsraten in anderen Feldern der staatlichen Politikfinanzierung. Schlaglichtartig wird deutlich, daß das Ausmaß der Problematik weit über einzelne Paragraphen der Ministergesetze hinausgeht. Hier zeigt sich der politische Mechanismus in seltener Klarheit, der die Politikfinanzierung in »Einigkeit der Demokraten« mit so hoher Geschwindigkeit in Deutschland vorwärts treibt und ohne dessen Domestizierung es beinahe zwangsläufig und von innen heraus zu schweren Vertrauenskrisen kommen muß, eine Feststellung, die auch die Dringlichkeit des Gegenhaltens unterstreicht.

Die Publikation meiner Recherchen sollte in zwei Stufen erfolgen, zunächst als exemplarische Studie über ein Bundesland, sodann sollte in einem zweiten Schritt die Diskussion auf alle anderen Länder und den Bund erweitert werden. Das Ganze mußte öffentlichkeitswirksam geschehen, um den nötigen Reformdruck zu erzeugen.

II. Ministerversorgung wie im Schlaraffenland

Der Überblick hatte ergeben, daß die Privilegien im Saarland besonders kraß und auf besonders dubiose Weise zustande gekommen sind, wobei einige der seinerzeit mitverantwortlichen Personen der heutigen Landesregierung als Ministerpräsident oder Fachminister angehören. Zudem ist die Lage der öffentlichen Finanzen im Saarland besonders prekär. Das saarländische Ministergesetz bot sich deshalb als Pilotprojekt für eine umfassende kritische Analyse an, deren Ergebnisse später auch auf andere Länder, soweit diese ähnliche Regelungen aufweisen, übertragen werden konnte. Mit dem Bund der Steuerzahler des Saarlandes vereinbarte ich deshalb Anfang März, eine solche Analyse zu erarbeiten und im Mai 1992 auf einer Pressekonferenz in Saarbrücken vorzulegen.

Die geschilderte Vorgeschichte erklärt, »warum dieses Gutachten erst 1992 vorgelegt« wurde und warum es sich zunächst auf die saarländische Regelung konzentrierte. Sie zeigt auch, daß die von der saarländischen Landesregierung intensiv geschürte und von der saarländischen Presse aufgegriffene Verdächtigung, Zweck des Unternehmens sei, »dem heutigen Ministerpräsidenten solle an den Karren gefahren werden«,[2] nicht zutrifft. Es ging nicht darum, irgend jemanden zu diffamieren, sondern um die Aufdeckung und Beseitigung grotesker Privilegien und, soweit möglich, um die Feststellung der dafür Verantwortlichen.

Mit Schreiben vom 13.3.1992 teilte der Vorsitzende des Bundes der Steuerzahler dem saarländischen Minsterpräsidenten Oskar Lafontaine mit, der Fall Hamburg habe zu einer Überprüfung auch des saarländischen Ministergesetzes geführt und dabei seien unhaltbare Privilegien festge-

stellt worden. Lafontaine wurde um rasche Einleitung
einer Reform gebeten. Eine Reaktion seitens der Landesregierung erfolgte allerdings erst nach einem Erin-
nerungsschreiben des Bundes der Steuerzahler und war in
der Sache wenig befriedigend. Unter dem 23. 4. 1992 antwortete das saarländische Innenministerium (dem Lafontaine die Schreiben weitergegeben hatte) ausweichend: Es
werde noch überlegt, ob das Ministergesetz überprüft werden solle. Das von einem Ministerialbeamten unterzeich-
nete Schreiben ließ offen, ob, wann und mit welchem
Inhalt es wirklich zu einer Reform kommen würde. Einzelheiten wurden nicht genannt.[3] Berücksichtigt man, daß im
Innenministerium die groben Mängel des saarländischen
Ministergesetzes bekannt waren (wie der Verfasser dieses
Buches auch aus Telefongesprächen wußte), war dieses
Schreiben ein enttäuschendes Dokument des Hinhaltens,
das überdies zeigte, daß die Regierung die Lage nicht
erfaßt und den politischen Stellenwert des Themas unterschätzt hatte.

Die saarländische Regelung enthält eine ganze Fülle von
problematischen Punkten, die im einzelnen im ersten Teil
meiner Schrift »Die finanziellen Privilegien von Ministern
in Deutschland« aufgeführt sind.[4] Einige Regelungen werden auch unten in Abschnitt III behandelt. Der Clou liegt
darin, daß ein saarländisches Regierungsmitglied äußerstenfalls schon nach einem Tag Amtszeit einen staatsfinanzierten dynamisierten Ruhegehaltsanspruch von 75 Prozent seines Gehalts erwerben kann, wenn er vorher 13 ⅓
Jahre im Parlament war. Dies ist allerdings aufgrund kom-
plizierter Gesetzestexte selbst für Juristen schwer zu entziffern. Im Saarland gilt (wie in Hamburg), daß die ersten Jahre doppelt zählen: Ein ehemaliger Minister erwirbt nach
fünf Amtsjahren (Dauer einer Wahlperiode des Saarländi-

schen Landtags) einen Anspruch auf 35 Prozent und für jedes dieser Jahre noch einmal 3 Prozent, insgesamt also nach fünf Amtsjahren 50 Prozent seiner Aktivenbezüge (Amtsgehalt und Ortszuschlag), zu zahlen spätestens ab Vollendung des 55. Lebensjahres. Diese Doppelzählung der ersten Amtsjahre gibt es in den meisten anderen Bundesländern auch, was die Regelung allerdings nicht rechtfertigen kann. Gleichheit im Unrecht gibt es nicht. Daß die Regelungen unangemessen sind, signalisiert bereits das Bundesministergesetz, das keine Doppelzählung kennt. Dort wurde der Versorgungssatz nach einer Amtszeit von einer Legislaturperiode (vier Jahre) ab dem 1. Januar 1992 sogar von 35 auf 29 Prozent herabgesetzt.

Zusätzlich werden im Saarland vorausgegangene Parlamentsjahre in einem Landtag oder im Bundestag auf die Ministerversorgung angerechnet. Diese zunächst harmlos anmutende Regelung ist das eigentlich Skandalon. Im Bund und in den meisten Bundesländern gibt es nichts Derartiges.

Wie groß die Privilegierung saarländischer Minister ist, zeigt der Vergleich mit Hamburg. Während in Hamburg »nur« fünf Abgeordnetenjahre und diese nur auf die *Höhe* der Senatorenversorgung angerechnet wurden, können im Saarland unbegrenzt viele Abgeordnetenjahre auf die Ministerversorgung angerechnet werden, und dies nicht erst bei Berechnung der Höhe, sondern schon bei Berechnung des Entstehens des Anspruchs. Konkret: Während in Hamburg nach vier Amtsjahren ein Anspruch von 62 Prozent der Aktivenbezüge erdient wurde, kann ein Minister im Saarland bereits nach einem Amtstag einen Anspruch von 75 Prozent »erdienen«. Die saarländische Regelung ist also noch unvergleichlich viel günstiger als die Hamburgs, die mit Recht zu massiver öffentlicher Kritik geführt und den Senat und die Bürgerschaft schließlich veranlaßt hat, die 1987 eingefügte Anrechnung von fünf vorherigen Abgeordnetenjahren auf die Senatorenversorgung zurückzunehmen.

Hinzu kommt, daß im Saarland ruhegehaltfähige Dienstjahre als Beamter oder Richter, soweit sie über zehn Jahre hinausgehen, mit je 2 Prozent (bis zu 20 Prozent) des Amtsgehalts und des Ortszuschlags das Ministerruhegehalt erhöhen. Auch dafür gibt es im *Bundes*ministergesetz keine Parallele.

Die kaum glaublichen Versorgungsprivilegien legten die Frage nahe, wie es dazu eigentlich hatte kommen können. Der Blick richtet sich auf die Gesetzgebungs*verfahren*. Die Geschichte des Gesetzes ergibt, daß das Versorgungsniveau der Minister im Saarland schon früh relativ hoch war, weil man auf eine Bestimmung aus nationalsozialistischer Zeit zurückgriff. Dabei wurde der Eindruck erweckt, die Regelung sei die gleiche wie im Bund, obwohl sie dort längst durch eine bescheidenere ersetzt worden war.[5]

Der eigentliche Sündenfall – die Anrechnung von Parlamentszeiten auf Entstehung und Höhe der Ministerversorgung – geschah im Jahre 1972. Der Gesetzentwurf war von der damaligen Regierungsfraktion der CDU eingebracht worden. Die Änderung wurde mit unzutreffenden Argumenten oder überhaupt nicht begründet. Es kam in allen drei Lesungen im Landtag zu keiner Aussprache. Besonders überrascht die Rolle der damaligen SPD-Opposition; sie stellte sich tot und äußerte sich im Parlament mit keinem Wort, von Kritik ganz zu schweigen, obwohl die beabsichtigte Einführung derart krasser Ministerprivilegien eigentlich ein »gefundenes Fressen« für die Opposition hätte sein müssen. (Die FDP war damals nicht im Landtag vertreten.)

Der Grund dafür, daß die Opposition das Gesetz verschwieg und der Regierung quasi einen Freibrief ausstellte, lag offenbar in der annähernden Verdoppelung der Staatszuschüsse an die Fraktionen in den folgenden beiden Haushaltsjahren und in der Erhöhung der Abgeordnetendiäten, die als eine Art politisches Schmiermittel zur Herstellung der »Einigkeit der Demokraten« herhalten mußten. Von der Erhöhung der Staatsleistungen an die Fraktionen profitierte die SPD in besonderer Weise, nicht nur, weil Oppositionsfraktionen sich regelmäßig stärker auf diese Mittel angewiesen glauben, sondern auch wegen der Veränderung des Verteilungsschlüssels zu ihren Gunsten: Die SPD-Fraktion erhielt durch Einführung eines Sockelbetrages und eines Oppositionsbonus den größten Teil der Aufstockung der Mittel.

Die damals beschlossenen Änderungen des saarländischen Ministergesetzes bewirken, daß Regierungsmitglieder schon nach ganz kurzen Amtszeiten eine Altersversorgung der höchsten Stufe beanspruchen können, zum Beispiel Dr. Berthold Budell (CDU), der nur acht Monate Minister für Umwelt, Raumordnung und Bauwesen war (10. 7. 1984 bis 12. 3. 1985), oder Edmund Hein (CDU), der acht Monate Finanzminister war (10. 7. 1984 bis 12. 3. 1985). Auch ehemalige Mitglieder der Regierung Lafontaine sind Nutznießer, etwa Hans-Joachim Hoffmann und Dr. Brunhilde Peter (beide SPD), die ab 1985 Landesminister waren und beide dieses Amt im Jahre 1991 niedergelegt haben. Dr. Brunhilde Peter und Dr. Berthold Budell haben beide das 55. Lebensjahr vollendet und beziehen das Ruhegehalt bereits. Hans-Joachim Hoffmann ist Jahrgang 1945, Edmund Hein Jahrgang 1940. Von den derzeitigen Mitgliedern der saarländischen Regierung dürften voraussichtlich besonders profitieren: Innenminister Friedel Läpple,

Finanzminister Hans Kasper und die Ministerin für Bildung und Sport Marianne Granz. Obwohl diese erst seit 1985 beziehungsweise 1990 im Amte sind, haben sie bereits jetzt im Falle ihres Ausscheidens Anspruch auf ein lebenslanges Ruhegehalt von 75 Prozent des Amtsgehalts und Ortszuschlags, zahlbar ab Vollendung des 55. Lebensjahres. Oskar Lafontaine selbst hätte, falls er im Mai 1992 aus seinem Amt ausgeschieden wäre, aus seiner vorausgegangenen Abgeordnetenzeit (1970–1975) und seinen bisherigen Amtsjahren als Ministerpräsident (1985–1992) einen Ruhegehaltsanspruch von 71 Prozent. Inwieweit durch anrechenbare ruhegehaltfähige Dienstzeiten über zehn Jahre hinaus eine weitere Anhebung des derzeitigen Prozentsatzes erfolgt, ist angesichts unterschiedlicher öffentlicher Angaben durch Lafontaine nicht festzustellen, aber – bei den ohnehin feststehenden Größenordnungen – auch ohne praktische Bedeutung.

Lafontaine, Läpple, Kasper, Dr. Peter und Dr. Hein waren alle schon 1972 Mitglieder des Saarländischen Landtages, als das grob unangemessene Änderungsgesetz zum Ministergesetz verabschiedet wurde, das ihnen jetzt die hohen Pensionen beschert, sie tragen dafür also persönliche Mitverantwortung durch Verschweigen. Lafontaine trägt gesteigerte Verantwortung; er war damals stellvertretender Vorsitzender der SPD-Fraktion und Mitglied des »zuständigen« Ausschusses für innere Verwaltung.

Die Regelungen sind nach Inhalt und Verfahren grob unangemessen. Die Demokratie des Grundgesetzes ist »privilegienfeindlich«.[6] Grob unangemessene Regelungen sind, wenn das Parlament in eigener Sache über Fragen der Politikfinanzierung entscheidet, verfassungswidrig; sie sind Unrecht in Gesetzesform.[7] Derartige Regelungen hätten normalerweise nicht die geringste Chance gehabt, verabschiedet zu werden. Hätte die Opposition den Inhalt öffentlich bekanntgemacht, wäre das Gesetz mit Sicherheit gescheitert, ja schon das Drohen mit dieser Möglichkeit hätte die Parlamentsmehrheit daran gehindert, eine solche Vorlage überhaupt zu präsentieren.

III. Entwicklung der Ministerbezüge

Überblick über den derzeitigen Stand

Mitglieder der saarländischen Landesregierung erhalten derzeit zu versteuernde Amtsbezüge von monatlich 17 065 Mark (Grundgehalt der Besoldungsgruppe B 11, Ortszuschlag und pauschale Erstattung von Haushaltskosten) und eine steuerfreie Dienstaufwandsentschädigung von monatlich 700 Mark. Der Ministerpräsident erhält 18 652 Mark an steuerbaren Bezügen plus eine steuerfreie Dienstaufwandsentschädigung von 1400 Mark; hinzu kommt, wenn ihm keine Amtswohnung zur Verfügung gestellt wird, eine weitere steuerfreie Aufwandsentschädigung von 11 Prozent der Amtsbezüge. Sind die Regierungsmitglieder gleichzeitig Abgeordnete, so erhalten sie zusätzlich 5233 Mark (= 70 Prozent der Abgeordnetenentschädigung). Zusammen mit seinen steuerbaren Amtsbezügen erhält ein Minister dann also monatlich 22 298 Mark, der Ministerpräsident 23 885 Mark. Zusätzlich erhalten Regierungsmitglieder als Abgeordnete eine steuerfreie Aufwandsentschädigung von 1760 Mark monatlich, die zu ihrer Dienstaufwandsentschädigung von 700 Mark (bzw. beim Ministerpräsidenten 1400 Mark) hinzukommt, und ein Tagegeld von 50 Mark pro Tag für die Teilnahme an Sitzungen des Landtags und seiner Untergremien.

Koppelung an Beamtenbesoldung

Die Bezüge für Mitglieder der saarländischen Landesregierung sind an die Besoldungsgruppe B 11 des Beamtenbesoldungsgesetzes angelehnt (Ministerpräsident: 110 Prozent von B 11). Die Koppelung der Ministerbezüge an die Beamtenbesoldung (die sich auch im Bund und in den anderen Ländern findet) ist nicht unproblematisch. Das Bundesverfassungsgericht hat eine solche Koppelung bei der *Abgeordnetenentschädigung* im Diätenurteil für verfassungswidrig erklärt. Sieht man den Kern dieses Verdikts in der Herstellung der öffentlichen Kontrolle über Entscheidungen des Parlaments in eigener Sache, so muß es sich auch auf die *Ministerbezüge* erstrecken, über die das Parlament ebenfalls in eigener Sache entscheidet. Wie die frühere Koppelung der Diäten an die Beamtenbesoldung ist auch die Koppelung der Ministerbezüge »der Intention nach dazu bestimmt, das Parlament der Notwendigkeit zu entheben, jede Veränderung in der Höhe der Entschädigung (bzw. des Gehalts) im Plenum zu diskutieren und vor den Augen der Öffentlichkeit darüber als einer selbständigen politischen Frage zu entscheiden«. »Genau dies aber widerstreitet der verfassungsrechtlich gebotenen *selbständigen...* Entscheidung des Parlaments«.[8] Die Koppelung führt überdies dazu, daß die Minister von hohen Tarifabschlüssen im öffentlichen Dienst (die regelmäßig vom Besoldungsgesetzgeber übernommen werden[9]) profitieren. Sie profitieren als Verhandlungsführer von Bund und Ländern aufgrund der Koppelung ihrer eigenen Bezüge an die Beamtengehälter also von den Erfolgen der Gegenseite. Die Koppelung schafft somit auch eine ungute Interessenkollision und damit den bösen Schein mangelnder Unbefangenheit.

Sukzessive Steigerung des Niveaus
der Ministerbezüge

Die Bezüge saarländischer Minister liegen mit Amtsgehalt und Ortszuschlag nach B 11 – trotz der Kleinheit des Landes – auf der Ebene der meisten (West-)Länder, wie zum Beispiel Baden-Württemberg, Hessen und Rheinland-Pfalz. Bremische Senatoren beziehen zwar auch Amtsbezüge nach der Besoldungsgruppe B 11; der Betrag ist aber auch für den Präsidenten des Senats und den Bürgermeister nicht höher; zudem dürfen bremische Senatoren – anders als saarländische Minister – nicht gleichzeitig Mitglied des Parlaments sein und erhalten deshalb neben dem Senatorengehalt keine Diäten.

Ursprünglich war im Saarland Bezugspunkt noch die sehr viel niedrigere Besoldungsgruppe B 8 (Ministerpräsident B 9). Die Ministerbesoldung entsprach damit derjenigen von Ministerialdirektoren in anderen Ländern.[10] Erhöhungswünschen wurde entgegengehalten, das kleine Saarland dürfe sich nicht mit großen Flächenländern vergleichen;[11] eher angebracht sei ein Vergleich mit Bremen.[12] Dennoch wurden die Ministerbezüge 1962 um 20 Prozent, also auf 120 Prozent von B 8 (bzw. für den Ministerpräsidenten auf 120 Prozent von B 9) erhöht; man begründete das mit einer gleichzeitigen Senkung der Dienstaufwandsentschädigung,[13] allerdings ohne zu berücksichtigen, daß die Dienstaufwandsentschädigung nicht ruhegehaltfähig war. Die Anhebung der Bezüge trotz der Kleinheit des Saarlandes wurde vom Ministerpräsidenten damit begründet, daß ein Landesminister »in diesem kleinen Land . . . jeden Abend in drei oder vier Festzelten sich bewegen« müsse und deshalb »einen höheren Aufwand als ein Minister in einem großen Land« habe.[14] Kritikern aus den Reihen der parlamentarischen Opposition wurde damit gedroht, die Betreiber der Erhöhung würden sonst auch das überhöhte Niveau der Abgeordnetendiäten im Saarland zum Thema machen.[15]

Bereits 1963, also nur ein Jahr danach, erfolgte eine weitere Erhöhung auf B 10 (bzw. beim Ministerpräsidenten auf B 11). Diese Anhebung war im Gesetzentwurf, der dem Landtag wegen eines formalen Mangels des Gesetzgebungsverfahrens von 1962 das ganze Gesetz zur erneuten Beschlußfassung vorlegte, an unerwarteter Stelle untergebracht und in seiner »Begründung« nicht erwähnt worden.[16] Die erforderlichen drei Lesungen im Plenum des Landtags und eine Ausschußsitzung wurden alle am selben Tag, dem 17. 7. 1963, vorgenommen.

1972 erfolgte die Anhebung auf den heutigen Stand von B 11 (bzw. für den Ministerpräsidenten auf 110 Prozent von B 11). Auch dies geschah auf bemerkenswerte Weise: Die im Gesetzentwurf noch nicht vorgesehene Anhebung wurde vom Ausschuß für innere Verwaltung kurz vor Weihnachten, einen Tag vor der zweiten und dritten Lesung im Landtag am 21. 12. 1972, hinzugefügt; das Gesetz wurde zwischen den Feiertagen veröffentlicht.

Insgesamt gesehen erfolgte die sukzessive Erhöhung des Gehaltsniveaus saarländischer Minister auf eine Art und Weise, deren Kennzeichen das Vermeiden einer offenen und öffentlichen Diskussion über die angemessene Höhe saarländischer Ministerbezüge darstellt.

An dem im Laufe der Zeit auf die geschilderte Weise stark erhöhten Gehaltsniveau richtet sich auch die *Versorgung* der Regierungsmitglieder aus.

Minister als Abgeordnete

Regierungsmitglieder, die gleichzeitig Abgeordnete sind, erhalten den größten Teil der Abgeordnetenbezüge zusätzlich zu ihrem Ministergehalt.

Mitglieder des Saarländischen Landtages erhalten seit dem 1. 4. 1991 eine monatliche Entschädigung von 7475 Mark. Vorher waren es 5980 Mark (§ 5 I AbgG SL[17]). Die Erhöhung um 1495 Mark (= 25 Prozent) zum 1. April 1991 war mit dem Wegfall des sogenannten Ausgleichsbetrages begründet worden,[18] den öffentlich Bedienstete zum Ausgleich dafür erhielten, daß sie mit der Wahl in den Landtag ihr Amt aufgrund von Unvereinbarkeitsvorschriften nicht weiter ausüben und daraus auch keine Bezüge erhalten dürfen.[19] Die Anhebung um 1495 Mark, die voll auf die Altersentschädigung durchschlägt, erhielten aber *alle* Abgeordnete, nicht nur diejenigen aus dem öffentlichen Dienst. Das Entschädigungsniveau der Parlamentarier des kleinsten deutschen Flächenlandes, das mit einer Bevölkerung von knapp über 1 Million und einer Fläche von gut 2500 Quadratkilometern eher den Stadtstaaten ähnelt, übertraf damit das von Baden-Württemberg und Schleswig-Holstein ganz erheblich und sogar noch das von Nordrhein-Westfalen, ganz zu schweigen von den Stadtstaaten,[20] obwohl die dortigen Parlamente neben den staatlichen Aufgaben noch diejenigen der Gemeinderäte und Kreistage mitzuerfüllen haben.

Ist der Abgeordnete gleichzeitig Mitglied der Landesregierung, was verfassungsrechtlich im Saarland zulässig und in der Praxis häufig der Fall ist, wird die Entschädigung um 30 Prozent gekürzt (= 2242 Mark); dem Minister verbleiben 5233 Mark. (Das ist gegenüber dem Stand vor dem 1. April 1991 eine Erhöhung um 1047 Mark und mehr als in jedem anderen deutschen Parlament.) Zusammen mit seinen steuerbaren Amtsbezügen von 17 065 Mark erhält ein Minister also monatlich 22 298 Mark, der Ministerpräsident 23 885 Mark.

Die Doppelalimentation ist verfassungsrechtlich nicht zu halten.

Im öffentlichen Recht gilt ansonsten der Grundsatz, daß niemand aus zwei Ämtern gleichzeitig alimentiert werden darf. Auch das Bundesverfassungsgericht ist in seinem Diätenurteil vom 5. 11. 1975 davon ausgegangen, daß beim Zusammentreffen eines Ministergehalts und einer Abgeordnetenentschädigung eine Anrechnung nach »den gegenwärtig im Beamtenrecht geregelten Grundsätzen« zu erfolgen hat und daß es »an jedem sachlich zureichenden Grund« fehlt, »den Abgeordneten zu privilegieren«. Denn »das wäre unvereinbar mit dem Gleichheitssatz«.[21] Sinnvoll wäre es, neben den Ministerbezügen keinerlei Abgeordnetenentschädigungen mehr zu gewähren, wie dies seit Ende 1992 in Niedersachsen der Fall ist. *Verfassungsrechtlich* zwingend ist dies allerdings wohl nicht. Nach dem Beamtenrecht gibt es Regelungen, nach denen in besonderen Ausnahmefällen neben einem Gehalt äußerstenfalls noch *ein Drittel* eines zweiten Gehalts bezogen wird. Dies markiert dann aber auch die Obergrenze des verfassungsrechtlich allenfalls noch Zulässigen. In Hessen, Schleswig-Holstein, Mecklenburg-Vorpommern und Sachsen-Anhalt wird neben den Ministerbezügen ein Viertel der Abgeordnetenentschädigung gewährt.

Die Belassung von 70 Prozent der Abgeordnetenentschädigung neben den Ministerbezügen im Saarland ist dagegen verfassungswidrig; sie verstößt gegen den Gleichheitssatz.[22] Bei ihrer Einführung war die Belassung von 70 Prozent der Entschädigung damit begründet worden, die Entschädi-

gung sei nur eine »Teilalimentation«.[23] Ganz abgesehen
von der Frage, ob diese Begründung überhaupt jemals
stichhaltig war,[24] hat sie jedenfalls ihre Basis verloren, seitdem der Saarländische Landtag mit der Anhebung der Entschädigung zum 1. 4. 1992 von 5980 Mark auf 7475 Mark
auch nach eigenem Selbstverständnis zur Vollalimentation
übergegangen ist.[25]

Der Minister, der gleichzeitig Abgeordneter ist, erhält wie
dargelegt neben seiner steuerfreien Dienstaufwandsentschädigung von monatlich 700 Mark (bzw. als Ministerpräsident von 1400 Mark) eine steuerfreie Aufwandsentschädigung von monatlich 1760 Mark, insgesamt also 2460 Mark
(bzw. als Ministerpräsident von 3160 Mark[26]).

Aufwandsentschädigungen müssen sich von Verfassungs
wegen am wirklich auftretenden angemessenen amts- bzw.
mandatsbedingten Aufwand orientieren und daran rechtfertigen. Sie dürfen kein steuerfreies Zusatzeinkommen
sein.[27] Für Abgeordnete hat das Bundesverfassungsgericht
seine Rechtsprechung wie folgt zusammengefaßt: »Nur der
sachlich begründete und nur der *besondere,* mit dem Mandat
verbundene finanzielle Aufwand, nicht auch der allgemeine Aufwand, wie er auch sonst in jedem Beruf anfällt und
von dem besonderen, berufseigenen Aufwand zu unterscheiden ist, kann mit einer steuerfreien Aufwandsentschädigung ausgeglichen werden.«[28] Diese »doppelte
Beschränkung verfassungsrechtlicher Art« (Bundesverfassungsgericht) gilt auch für die Dienstaufwandsentschädigung der Regierungsmitglieder. Darlegungs- und Beweis-
last tragen die in eigener Sache entscheidenden Begünstigten selbst.[29] Diesen Anforderungen ist der saarländische
Gesetzgeber bisher nicht nachgekommen, weder hinsicht-

lich der Dienstaufwandsentschädigung, die der Berechtigte in seiner Eigenschaft als Minister erhält, noch hinsichtlich der Kostenpauschale, die er in seiner Eigenschaft als Abgeordneter erhält.

Auch die Berechtigung von Tagegeldern nach dem Abgeordnetengesetz ist für Minister verfassungsrechtlich nicht zu halten. Eine schleswig-holsteinische Sachverständigenkommission wies mit Recht darauf hin, Minister müßten »als Amtsinhaber ohnehin ganz überwiegend am Sitz der Landesregierung, der gleichzeitig Sitz des Landtags ist, tätig sein«.[30] Durch Teilnahme an Sitzungen des Landtags entstehen deshalb keine *zusätzlichen* Aufwendungen für Verpflegung, denen das Tagegeld dienen soll. Die Kommission spricht sich deshalb mit Recht gegen jede Art von Tagegeld oder Tagegeldpauschalen für Minister aus, was im übrigen zum Beispiel in Niedersachsen auch geltendes Recht ist.

IV. Kritik und Reaktion

Die Analyse des Verfassers wurde am Montag, dem 11. 5. 1992, in Saarbrücken auf einer Pressekonferenz des Bundes der Steuerzahler vorgestellt. Sie hob besonders die grotesken Ruhegehaltsprivilegien saarländischer Minister hervor, erwähnte aber auch die anderen Problempunkte ihres finanziellen Status, etwa die Doppelalimentation von Ministern, die gleichzeitig Abgeordnete sind und zusätzlich zu ihren Amtsbezügen noch 70 Prozent der Abgeordnetenentschädigung erhalten, mehr als in allen anderen Ländern und sogar mehr als im Bund, sowie die hohen steuerfreien Kostenpauschalen.

Das Nachrichtenmagazin »Der Spiegel«, das das Manuskript vorab erhalten hatte, widmete, für mich selbst überraschend, dem Thema die Titelgeschichte. Lafontaine wurde auf dem Titelbild in der Robe Ludwigs XIV. dargestellt mit der Titelüberschrift »Die Luxus-Politiker. Selbstbedienung im Staate Lafontaine«. Neben den groben Versorgungsprivilegien für saarländische Minister, die unter Mithilfe der SPD-Fraktion Lafontaines zustande gekommen waren, waren in journalistischer Zuspitzung weitere saarländische Kungeleien der letzten Zeit angeführt. Der frühere Sprecher der Bundesregierung, Klaus Bölling, meinte in der Baseler »Weltwoche« vom 14. 5. 1992: »Der Hamburger Spiegel« hätte »sich, indem er Arnims Enthüllungen über die Raffgier der Politiker in dieser Woche mit gebotener Ausführlichkeit transportiert, einen Pulitzer-Preis verdient«, wenn es den in Deutschland gäbe.

Wie dem auch sei, der Inhalt der Titelgeschichte wurde bereits am Wochenende vor der geplanten Pressekonferenz durch die Nachrichtenagenturen verbreitet, so daß die Diskussion im saarländischen Fernsehen und Hörfunk bereits am Samstag begann, die »tagesthemen« des ARD-Fernsehprogramms, die eigentlich erst am Montag hatten berichten wollen, das Thema auf Sonntag vorzogen und viele Zeitungen, auch die »Saarbrücker Zeitung«, damit bereits am Montag früh aufmachten.

Beinahe postwendend räumte der saarländische Innenminister Friedel Läpple ein, daß »die Kritik berechtigt« sei, und kündigte eine Rücknahme des saarländischen Ministergesetzes an.[31] Das Gesetz werde »entsprechend der Regelung des Bundesministergesetzes von 1992 geändert«.[32] Der Fraktionsvorsitzende der CDU im Landtag des Saarlandes, Peter Jacoby, verlangte ein umfangreiches »Ministersparpaket«,[33] zu dem vor allem die Beseitigung der Ruhegehaltsprivilegien gehören sollte.

Damit war bereits anerkannt, daß die Grundlinie der Kritik berechtigt war.[34] Gleichwohl wurde – ganz ähnlich wie in Hessen und Hamburg – erst einmal versucht, dem Gutachter persönlich am Zeuge zu flicken, angeblich Fehler aufzuzeigen und im Wege eines verbalen Rundumschlags das frühere Vorgehen der eigenen Fraktionsgenossen zu verschleiern. Dem Gutachter wurden »teilweise unseriöse Arbeitsweise« (Läpple) oder gar »ein gehässiger Unterton« (SPD-Fraktionsvorsitzender Klimmt) vorgeworfen. Bei allen Einwänden handelte es sich in Wahrheit aber um Nebelwerferaktionen, die den wahren Sachverhalt verdecken sollten. Hessen und Hamburg ließen grüßen. Die Abwehrreaktionen glichen sich aufs Haar.

Innenminister Läpple verteidigte das 1972er Gesetz mit dem sogenannten Fall Bulle: Der Grund für das seinerzeitige Gesetz »sei einzig ein mitmenschlicher Akt zur Versorgung eines todkranken CDU-Ministers und dessen Familie gewesen«.[35] Auf diese Weise wurde ein ehrenwertes Motiv

für die groteske Selbstbegünstigung genannt. Helmut
Bulle (CDU), der von 1965 bis 1973 Minister im Kabinett
Röder gewesen war, war schon unheilbar an Krebs erkrankt,
als CDU und SPD zur Vorweihnachtszeit 1972 das Ministergesetz änderten. Er starb am 13. Februar 1973 im Alter von
48 Jahren. Der Fall Bulle hätte aber allenfalls für die 1972
ebenfalls vorgenommene Erleichterung der Voraussetzungen für die *Hinterbliebenenversorgung* eine schlüssige Rechtfertigung abgeben können, obwohl die Hinterbliebenen
des Ministers Bulle schon aufgrund seiner siebenjährigen
Amtszeit eine Versorgung auf der Basis von mindestens 56
Prozent der Aktivenbezüge erhalten hätten, so daß eigentlich kein zwingender Anlaß für eine weitere Besserstellung
ersichtlich war. Die Einführung der allgemeinen Anrechnung vorangehender Parlamentszeiten auf die Ministerversorgung, von der auch alle *gesunden* Minister profitieren,
ließ sich dadurch schon gar nicht rechtfertigen. Der Fall
Bulle war nur Vorwand für eine viel weitergehende, durch
diesen Fall in keiner Weise zu begründende Eigenbegünsti-
gung.

Der Hinweis auf den Fall Bulle wird auch dadurch nicht
überzeugender, daß die Legende schon 1972 bei Verabschiedung des Gesetzes gezielt vorgeschützt und offenbar
dazu mißbraucht worden war, die veröffentlichte Meinung
zu täuschen. So hatte man am 30.11.1972 in der »Saarbrücker Zeitung« lesen können: »Wie aus Parlamentskrei-
sen verlautete«, sei »der unmittelbare Anlaß« zur Einbringung dieses Gesetzes »die schwere Erkrankung eines saarländischen Ministers«. Kein Wort dagegen von dem eigentlichen Skandalon, der Anrechnung von Parlamentszeiten
auf die Ministerpension. Und am 23.12.1972 hatte diesel-
be Zeitung in bezug auf die saarländische Ministerpension
kommentiert: »Die Altersversorgung der ersten Diener des

saarländischen Staates war längst fällig – in anderen Bundesländern ist sie bereits früher und großzügiger geregelt
worden.« Die Lage war ähnlich wie im Februar 1988 bei
Verabschiedung des Hessischen Abgeordnetengesetzes, als
die Medien von der Parlamentsspitze gezielt getäuscht worden waren und einflußreiche Journalisten zur falschen
Musik mitgesungen hatten. »Selbstkritisch« fragte dann
auch ein Kommentator am 11.5.1992 in der »Saarbrücker
Zeitung«, »ob wir Journalisten – wie der Bund der Steuerzahler selbst – 20 Jahre lang geschlafen haben«.[36]
Innenminister Läpple warf dem Gutachter weiter vor, er
habe das saarländische Ministergesetz fälschlicherweise mit
dem Bundesministergesetz in der Fassung vom 1. Januar
1992 verglichen, obwohl das Bundesministergesetz früher
einen anderen Inhalt gehabt habe.[37] Als ob diese Frage ins
Gewicht fiele. Das saarländische Ministergesetz weist sowohl im Vergleich mit dem Bundesministergesetz in *neuer*
Fassung als auch mit dem Gesetz in *alter* Fassung grobe Auswüchse auf. Auch in der alten Fassung enthielt das Bundesministergesetz keine Doppelzählung von Ministerjahren und keine Anrechnung von Abgeordnetenjahren. Daß
das Bundesministergesetz in der *neuen* Fassung im übrigen
doch die richtige Vergleichsgröße ist, haben einige Monate
später auch die hessische und die niedersächsische Landesregierung zum Ausdruck gebracht, indem sie dieses Gesetz
zum Vorbild für ihre Reform machten.
Ein weiterer Vorwurf ging dahin, der Gutachter sei einseitig vorgegangen: Er hätte sich nicht auf das saarländische
Ministergesetz beschränken dürfen. In anderen Ländern,
beispielsweise in Hessen und Rheinland-Pfalz, gebe es
ebenfalls Privilegien.[38] Als ob unangemessene Privilegien in
den Ministergesetzen anderer Länder die saarländischen
Auswüchse rechtfertigen könnten. Niemand, auch nicht

die saarländischen Minister, besitzt einen Anspruch auf
Gleichheit im Unrecht. Die Privilegien müssen vielmehr
überall in gleicher Weise abgebaut werden. Daß die erste
umfassende Analyse sich gerade auf das *saarländische* Ministergesetz bezog, rechtfertigt sich daraus, daß in diesem
Bundesland nicht nur die Privilegien, sondern auch die allgemeinen finanziellen Probleme besonders ausgeprägt
sind. Der Rechnungshof des Saarlandes bescheinigt den
Landeshaushalten seit 1988 ständig ihre Verfassungswidrigkeit wegen übermäßiger Kreditaufnahme.[39]

Die Argumente, mit denen versucht worden war, das Gesetz
zu verteidigen und das Gutachten und seinen Verfasser zu
attackieren, waren aufgrund der auf das Wochenende vor-
gezogenen öffentlichen Diskussion bereits bekannt, als die
Pressekonferenz des Bundes der Steuerzahler am 11. Mai
1992 in Saarbrücken stattfand. Ich konnte deshalb auf die
Gegenargumente eingehen und die Dinge richtigstellen,
was von der Presse auch registriert und korrekt wiedergegeben wurde.[40]

Dennoch wiederholten SPD-Fraktionschef Klimmt[41] und
zwei Tage später in einer Aktuellen Stunde des Landtages
auch Lafontaine die bereits widerlegten Einwände, zum
Beispiel die Legende vom rechtfertigenden Fall Bulle,
unverdrossen.[42] Lafontaine verteidigte das Gesetz »ohne
Einschränkung« – ungeachtet dessen, daß seine Minister
und die SPD-Fraktionsführung schon eine Änderung in
Aussicht gestellt hatten – und rechtfertigte es ausdrücklich
als »Lex Bulle«: Seinerzeit sei »ein Kollege erkrankt…, ein
Kollege, der quer durch die Parteien auf Respekt gestoßen
ist, und … der Landtag (habe) einen Weg gesucht…, in
Anlehnung an andere Landesministergesetze – die Grundlage war das Landesministergesetz des Landes Rheinland-
Pfalz des Jahres 1972 – eine Versorgungsregelung zu fin-

den«. Lafontaine griff also ausdrücklich die Legende wieder auf, mit der die Saarbrücker Presse schon 1972 getäuscht worden war, und sparte dabei abermals die Frage aus, ob dieser Anlaß es wirklich rechtfertigen konnte, die Altersversorgung auch für alle *Gesunden* massiv hochzudrücken. Bei Nennung des rheinland-pfälzischen Ministergesetzes als »Grundlage« für die saarländische Regelung verschwieg Lafontaine, daß das saarländische Gesetz noch günstiger war als das rheinland-pfälzische, nach welchem nur höchstens zehn Abgeordnetenjahre zu je 2 Prozent angerechnet wurden, nicht wie im Saarland unbegrenzt viele zu je 3 Prozent, ganz abgesehen davon, daß es einen Anspruch auf Gleichheit im Unrecht ohnehin nicht gibt und auch das rheinland-pfälzische Gesetz geändert werden muß. Durch suggestives Wiederaufgreifen der früheren Legende vom Fall Bulle suchte Lafontaine auch die Saarbrücker Presse ins Boot zu ziehen, der es peinlich sein mochte, daß sie sich 1972 hatte täuschen lassen und den eigentlichen Clou des Gesetzes nicht bemerkt hatte.

Lafontaine unterschob mir gezielt, aber falsch, ich hätte nicht bemerkt, daß er von 1975 bis 1985 nicht Mitglied des Landtags war.[43] Weiter kritisierte Lafontaine, in meinem Gutachten sei das Ruhegehalt von Außenminister Genscher falsch berechnet worden. (»Dies ist im höchsten Maße peinlich, wirft aber ein bezeichnendes Licht auf den Gutachter.«) Auch dieser Vorwurf trifft so nicht zu. Die Berechnung des Ruhegehalts von Minister Genscher, die übrigens für die Argumentation des Gutachtens nicht tragend war, war bereits durch ein dem Gutachten von Anfang an beiliegendes Berichtigungsblatt, das auch den mit Sperrfrist vorweg versandten Exemplaren beigefügt war, korrigiert worden. Eine vom Verfasser selbst rechtzeitig vorgenommene Korrektur zu unterdrücken und nur um der

persönlichen Diffamierung willen so zu behandeln, als
wäre sie nicht geschehen, kennzeichnet aber das Niveau
der Verteidigung.

Um seine These, bei Änderung des Ministergesetzes im Jahre 1972 sei alles offen und korrekt abgelaufen, zu untermauern, verstieg Lafontaine sich gar zu der Behauptung,
»jeder Hauptschüler« sei in der Lage, den Gesetzestext zu
verstehen und seine Bedeutung zu erfassen. Der Gesetzestext ist nachfolgend wiedergegeben, damit der Leser sich
selbst ein Urteil bilden kann.

> **»§ 13 Ruhegehalt.**
>
> (1) Ein ehemaliges Mitglied der Landesregierung
> erhält nach Ablauf der Zeit, für die Amtsbezüge ge-
> währt werden, lebenslänglich Ruhegehalt, wenn es
> bei seinem Ausscheiden das Amt eines Mitgliedes der
> Landesregierung insgesamt fünf Jahre bekleidet hat;
> dieser Amtszeit vorausgegangene Zeiten als Mitglied
> eines Landtages oder des Deutschen Bundestages
> werden zur Hälfte berücksichtigt. Eine Amtszeit als
> Mitglied der Landesregierung, die innerhalb einer
> vollen Wahlperiode des Landtages mindestens vier
> Jahre und neun Monate gedauert hat, gilt als fünf-
> jährige Amtszeit. Das Ruhegehalt ruht bis zum
> Beginn des Monats, in dem das ehemalige Mitglied
> der Landesregierung das 55. Lebensjahr vollendet
> oder in dem die Landesregierung feststellt, daß das
> ehemalige Mitglied dienstunfähig im Sinne des Saar-
> ländischen Beamtengesetzes ist, es sei denn, daß das
> Amt eines Mitgliedes der Landesregierung minde-
> stens zehn Jahre bekleidet wurde.
>
> (2) Hat ein Mitglied der Landesregierung ohne gro-

bes Verschulden eine Gesundheitsschädigung erlitten, die seine Erwerbsunfähigkeit wesentlich beeinträchtigt, so erhält es, auch wenn die Voraussetzungen des Absatzes 1 nicht erfüllt sind, lebenslänglich Ruhegehalt.

(3) Das Ruhegehalt beträgt mindestens fünfunddreißig vom Hundert der Amtsbezüge (Amtsgehalt und Ortszuschlag bis zur Stufe 2); es erhöht sich für jedes volle Jahr der Amtszeit als Mitglied der Landesregierung sowie der dieser Amtszeit vorausgegangenen Zeiten als Mitglied eines Landtages oder des Deutschen Bundestages um drei vom Hundert, für jedes angefangene Jahr um eins vom Hundert je einhundertzwanzig Tage, bis zum Höchstsatz von fünfundsiebzig vom Hundert. War das Mitglied der Landesregierung bei seiner Wahl oder Berufung versorgungsberechtigter Beamter oder Richter, so werden bei der Berechnung des Ruhegehalts nach Satz 1 die nach Vollendung einer zehnjährigen ruhegehaltfähigen Dienstzeit zurückgelegten Dienstjahre als Beamter oder Richter mit je zwei vom Hundert bis zum Höchstsatz von zwanzig vom Hundert der ruhegehaltfähigen Amtsbezüge berücksichtigt. Eine ruhegehaltfähige Zeit darf nur einmal angerechnet werden. Neben dem Ruhegehalt wird der Unterschiedsbetrag zwischen der Stufe 2 und der nach dem Besoldungsrecht für die Beamten in Betracht kommenden Stufe des Ortszuschlags gezahlt.«

Der Leser mag selbst prüfen, ob er aus diesem Text entnehmen kann, daß Minister schon nach einem Amtstag eine Anwartschaft auf eine lebenslängliche Pension von 75

Prozent ihrer Aktivenbezüge erwerben, zu zahlen ab vollendetem 55. Lebensjahr, wenn sie nur vorher 13⅓ Jahre
lang im Landtag waren. (Erschwerend kam hinzu, daß das
Änderungsgesetz, das 1972 das Privileg einführte, ohnehin
nur die neuen Einschübe enthielt und deshalb ohne Hin-
zunahme des bis dahin geltenden Gesetzes überhaupt nicht
zu lesen war.) Wie die Diskussion in Hamburg und Hessen
ergeben hatte, war die Bedeutung der Regelung, etwa, daß
das Fehlen des Wortes »weitere« die Doppelzählung der
ersten Jahre zur Folge hat, selbst Spitzenparlamentariern
nicht bekannt.[44] Auch im Saarland wurde das Unbestreitba-
re von anderen freimütig zugegeben. So äußerte der Abgeordnete Müller (CDU): »Die Regelung des Ministergesetzes ist intransparent, ist undurchschaubar.«[45] Müller
gestand auch zu, daß die »Kompliziertheit der Regelung«
es dem Landtag zwanzig Jahre lang ermöglicht hatte, vor
den »unhaltbaren Regelungen und Ergebnissen« die
Augen zu verschließen.[46]

Lafontaines biedermännische Einlassung, alles sei »ohne
Einschränkung« zu rechtfertigen und habe für jeden
»Hauptschüler« offengelegen, sollte den brisanten Tatbe-
stand verdecken, daß die SPD das Gesetz 1972 verschwie-
gen und sich die gebotene Kritik durch massive Anhebung
anderer, besonders der Opposition zugute kommender
Staatsleistungen hatte abkaufen lassen. Lafontaine suchte
zwar seine persönliche Rolle herunterzuspielen (»Ich war
... bei der Abschlußberatung nicht dabei, die kurz vor
Weihnachten stattgefunden hat«[47]), verschwieg dabei aber,
daß er als Mitglied des Ausschusses für innere Verwaltung
und stellvertretender Vorsitzender der SPD-Fraktion zum
inneren Kreis der Akteure und damit zu den persönlich
besonders Verantwortlichen gehörte. Um von diesem
eigentlichen Skandal abzulenken, startete Lafontaine zum

Rundum-Generalangriff auf alle, die den Skandal aufgedeckt hatten, besonders auf den »Spiegel« und den »Herrn Professor von Arnim, den Saubermann der deutschen Öffentlichkeit«.[48] Dem vom »Spiegel« so genannten »Kartell der Vertuscher« setzte er ein von ihm behauptetes »Kartell der Pharisäer« entgegen. Er suchte dies mit dem Hinweis auf Privilegien von Presse und Professoren zu untermauern. Lafontaine tat dabei so, als ob es den saarländischen Skandal rechtfertigen könnte, wenn, wie er behauptete, Leute, die »in diesen einschlägigen Magazinen« nach kurzer Vertragserfüllung ausscheiden, »einen goldenen Handschlag von 5 Millionen oder mehr« erhalten. Er tat so, als ob es den saarländischen Skandal rechtfertigen könnte, wenn, wie er behauptete, Professoren durch Gutachten Zusatzverdienste »bis zu mehreren Millionen im Jahr« erzielen könnten. Die Absicht, die Lafontaine mit diesen grotesken Behauptungen verfolgte, war klar: Er wollte die Presse und die Wissenschaft, und damit die einzigen, die Skandale wie den saarländischen aufdecken können, einschüchtern und mundtot machen. Lafontaine: »Wenn man zu dieser privilegierten Kaste gehört, wäre es vornehm, sich mit Vorwürfen zurückzuhalten.«

Lafontaines Manöver lief praktisch auf die Immunisierung der Auswüchse der staatlichen Politikfinanzierung (und der dafür Verantwortlichen) gegen Kritik hinaus, ein Versuch, das dubiose Zustandekommen des Gesetzes unter seiner Mitverantwortung und derjenigen einiger weiterer Mitglieder seines Kabinetts zu verdecken, nicht zuletzt die besonders brisante Frage nach den Kompensationsgeschäften für das erstaunliche Stillhalten der SPD-Fraktion. Auch der Umstand, daß er auf die an ihn persönlich gerichteten drängenden Briefe des Bundes der Steuerzahler nicht reagiert und das Innenministerium derart ausweichend geantwortet hatte, erwies sich jetzt als schweres politisches Versäumnis, es sei denn, das saarländische Gesetz wäre wirklich in Ordnung und nicht voller schwerer, grob unangemessener Mängel. Genau das versuchte er deshalb aufzuzeigen: Die ganze Aufregung sei unverständlich und von der Presse nur inszeniert, um in ihm einen Sündenbock für die allgemeine Politikverdrossenheit zu haben. Er warf der Presse sogar Nazimethoden vor.[49]

Das Kontrastprogramm zu Lafontaines groß inszeniertem Ablenkungsmanöver lieferte der ehemalige Finanzminister und jetzige Landtagsabgeordnete Edmund Hein, der eingestandenermaßen 1972 selbst für das Gesetz gestimmt hatte. Hein stellte in vorbildlicher Offenheit fest, das Gesetz sei »korrekturbedürftig«. Es sei einfach »falsch und verwerflich, den Hinweis auf Helmut Bulle als Alibi und Ausrede zu verwenden«. Im Interesse des Saarlandes müsse man jetzt, jenseits der üblichen parteipolitischen Konfrontation, die notwendigen Korrekturen, auch rückwirkend, durchführen.[50] Diese Erklärung war um so befreiender und glaubwürdiger, als Hein selbst ein Hauptnutznießer des Ministergesetzes von 1972 war.

Vor diesem Hintergrund erwies sich Lafontaines Verhalten als Versuch, von den Auswüchsen des Gesetzes und seiner eigenen Mitverantwortung mit allen Mitteln abzulenken, auch mit denen der gezielten persönlichen Diffamierung. Lafontaine hatte der Presse, die die Auswüchse publik gemacht hatte, Nazimethoden vorgeworfen. Wie soll man dann erst *seine* Methoden charakterisieren?

Demokratie und Diktatur unterscheiden sich nicht etwa dadurch, daß es in der Demokratie keine Machtmißbräuche gäbe, sondern dadurch, daß die Fehler in der Demokratie durch öffentliche Kritik aufgedeckt und möglichst abgestellt werden können. »Der Umgang der Kontrollierten, also der Mächtigen, mit den Kontrolleuren, also mit der Öffentlichkeit«, ist in der Tat der »Prüfstein« (so der Vizepräsident des Bundesverfassungsgerichts Ernst Gottfried Mahrenholz[51]) für ihr Demokratieverständnis. In diesem Sinne hatte der Partei- und Fraktionsvorsitzende der SPD, Hans-Jochen Vogel, 1988 bei Verabschiedung der neuen Parteienfinanzierung – ganz anders als Lafontaine – noch ausdrücklich »für die Kritik ›der Presse‹ an den Beratungen der Bundestagsparteien zur Änderung des Parteienfinanzierungsgesetzes« gedankt und darauf hingewiesen, »mangels einer ausreichenden parlamentarischen Opposition in dieser Sache, wo CDU, CSU, SPD und FDP in einem Boot sitzen (aus dem die Grünen erst relativ spät ausstiegen), sei man auf den Einfluß einer kritischen öffentlichen Meinung angewiesen«.[52]

Lafontaine forderte sogar noch seine Ministerkollegen in anderen deutschen Regierungen auf, es ihm gleichzutun: »Ich rufe die Politikerinnen und Politiker in allen Parlamenten und Regierungen auf, sich gegen dieses Kartell der Pharisäer zur Wehr zu setzen« und »selbstbewußt unsere Position zu vertreten«.[53] Lafontaines Aufruf lief darauf hinaus, aus dem fraktionsübergreifenden Landtagskartell, das es ermöglicht hatte, die grotesken Versorgungsprivilegien durchzusetzen, nun ein bundesweites, die gesamte politische Klasse umfassendes Kartell zusammenzubringen, um jede Kritik endgültig zu ersticken. Lafontaine stieß dabei auf die erklärte Zustimmung von Helmut Kohl,[54] auch wenn dies vielleicht das einzige Mal war, wo beide Politiker sich öffentlich einig waren.

Kohls Beifall dürfte allerdings nicht ganz uneigennützig gewesen sein. Sieht man das rheinland-pfälzische Ministergesetz und seine Entwicklungsgeschichte durch, so zeigen sich verblüffende Parallelen zum Saarland. Auch in Rheinland-Pfalz werden Parlamentsjahre auf die Entstehung der Ministerversorgung angerechnet und – allerdings begrenzt auf bis zu zehn Jahre – auch auf deren Höhe, so daß man schon nach wenigen Amtsjahren als Minister eine Vollpension erwerben kann. Diese Regelung wurde 1970 eingeführt, zu der Zeit, da Helmut Kohl Ministerpräsident in Rheinland-Pfalz war. Und auch in Mainz war der SPD-Opposition ihre an sich fällige öffentliche Kritik damals durch eine kräftige Anhebung der Fraktionszuschüsse (die durch Einführung eines Oppositionszuschlags vor allem der SPD zugute kam) und der Abgeordnetendiäten abgekauft worden.

Die Privilegien der alten Bundesländer wurden nach der deutschen Vereinigung durch westliche Berater auch noch auf die neuen Länder übertragen und diesen dadurch die Unschuld genommen. Nach dem Thüringer Ministergesetz vom 14. Mai 1991 sind – wie in Rheinland-Pfalz, das die »Betreuung« Thüringens übernommen hatte – vorangegangene Jahre in einem Parlament auf die Altersversorgung von Ministern anzurechnen, selbst dann, wenn sie außerhalb Thüringens und lange vor der Entstehung des Staates liegen. Die Anrechnung ist auf zehn Jahre begrenzt. Der erste Nutznießer dieser Regelung war zu allem Überdruß auch noch Jochen Lengemann, der frühere Präsident des Hessischen Landtages, der nach dem dortigen Diätenfall seinen Hut hatte nehmen müssen. Er war nach Gründung des Landes für kurze Zeit Thüringer Minister »für besondere Aufgaben« und vergoldete dadurch seine früheren Jahre als hessischer Landtagsabgeordneter.

Die groben Verdrehungen Lafontaines, die Behauptung, das Gesetz sei korrekt und aufgrund des Falles Bulle »ohne Einschränkung« zu rechtfertigen, eine Legende, mit der die Saarbrücker Presse schon 1972 gezielt getäuscht worden war, Lafontaines Versuch, andere Politiker und die Presse ins Boot zu ziehen und dadurch von weiterer Kritik abzubringen, seine Behauptung, das Gesetz sei so durchsichtig, daß jeder Hauptschüler es habe verstehen können, und die Diffamierung des Gutachters wegen angeblicher »Schlampereien«, all das erinnert fatal an den Fall Hamburg. Dort war es der frühere Bürgerschaftspräsident Dr. Martin Willich, der nicht müde wurde, den Gutachter zu diffamieren und die angebliche Korrektheit und Richtigkeit des 87er Camouflage-Gesetzes zu behaupten, weil die Frage seiner Verantwortlichkeit sich natürlich gar nicht mehr gestellt hätte, wenn mit dem Objekt der Verantwortung, dem 87er Gesetz, tatsächlich alles in Ordnung gewesen wäre. Auch Willich suchte, .das Kartell, das das 87er Gesetz ermöglicht hatte, funktionsfähig und alle »im Boot« zu halten, um dadurch persönliche Konsequenzen, die dann nicht auf ihn allein hätten beschränkt werden können, zu vermeiden. Lafontaines Vorgehen erinnert zugleich an die Presseschelte durch die Hamburger Alterspräsidentin Charlotte Fera. Die Erwartung Lafontaines, er werde mit diesen die Öffentlichkeit verhöhnenden Verdrehungen durchkommen können, offenbaren nicht nur ein schier grenzenloses Vertrauen in seine rhetorischen Gaben, sondern auch die ganze Verachtung, mit der er den Medien begegnet und die sich auch in seinem Vergleich der Medien mit der Nazi-Hetzpropaganda widerspiegelt. Selbst sehr wohlwollende Beobachter bewerteten Lafontaines »Verteidigungsstrategie« öffentlich als »unverständlich uneinsichtig«.[55] Lafontaine war »so unklug« vorgegangen, »wie nur Überzeugungstäter sein können, die sich selbst überschätzen«, schrieb Stefan Geiger in der »Stuttgarter Zeitung«. Sein Vorgehen bestätigte gleichwohl genau den Stil des politischen Betriebes, der mit Recht beklagt wird:

den Mangel an Sachargumenten oder ihre völlige Verdrehung, statt dessen die persönliche Beschimpfung von allen,
die sachliche Kritik äußern. Jedes Mittel schien ihm recht,
um an der Macht zu bleiben, die Kritik an Auswüchsen der
Politikfinanzierung im Saarland in eine Kritik *am* Saarland
umzumünzen und so einen Effekt der Solidarisierung der
Saarländer mit ihm zu bewirken.[56] Was ist das anderes als
die alles beherrschende »Machtversessenheit«, die Richard
von Weizsäcker bei Angehörigen der »politischen Klasse«
kritisiert hatte? Lafontaine gab vor, sich nur gegen eine angebliche Diskreditierung der politischen Klasse zur Wehr
setzen zu wollen,[57] und diskreditierte mit seinem durch
und durch machiavellistischen Manöver sich selbst als
Exponent der politischen Klasse doch mehr, als es jeder
Kritiker hätte tun können.

V. Die Oberbürgermeisterrente des Ministerpräsidenten

Die Diskussion um Überversorgung und sonstige Privilegien saarländischer Minister erhielt eine völlig neue Wendung, als Ende Mai bekannt wurde, daß eine 1986 eingeführte Verschärfung der Anrechnung beim Doppelbezug von öffentlichen Leistungen Lafontaine als einzigem eine *Erhöhung* seiner bisherigen Bezüge gebracht hatte.[58]

Die *bis* 1986 geltende Regelung hatte vorgesehen, daß neben Bezügen aus dem saarländischen Ministergesetz keine anderen Zahlungen aus öffentlichen Kassen geleistet werden, diese vielmehr »ruhen«. Die Regelung griff aber nur ein, wenn beide Zahlungen aus dem Saarland kommen; sie erfaßte dagegen solche Zahlungen nicht, die ein Minister oder ehemaliger Minister aus einem *anderen Land* erhält. Durch die Gesetzesänderung von 1986 wurden auch Zahlungen aus anderen Ländern in die Anrechnung einbezogen.[59] In Höhe der Zahlungen aus anderen Ländern wurden die Zahlungen nach dem saarländischen Ministergesetz gekürzt, so daß insoweit dem Land auch Ausgaben erspart wurden. Darauf wies auch der Berichterstatter des Gesetzes, der Abgeordnete Triem, bei der abschließenden Beratung des Änderungsgesetzes hin.[60] Um die Verschlechterung gegenüber dem bisherigen Recht abzumildern, erhielten die Betroffenen einen vorübergehenden »Ausgleich«, der im Laufe der Jahre immer geringer wurde. Der Ausgleich war laut Begründung des Gesetzentwurfs für die Fälle vorgesehen, in denen ein Betroffener »finanzielle Einbußen erleidet«.[61]

Ende Mai 1992 stellte sich heraus, daß auch Lafontaine einen solchen »Ausgleich« erhielt, obwohl es bei ihm gar

nichts auszugleichen gab.[62] Lafontaine war, bevor er 1985
Ministerpräsident wurde, Oberbürgermeister von Saarbrücken gewesen. Beim Ausscheiden aus dem Oberbürger-
meisteramt beanspruchte er eine Pension aus diesem Amt.
Es war rechtlich umstritten, ob ein dahingehender Anspruch überhaupt bestand. Selbst bei Bejahung eines
solchen Anspruches wäre er aber schon vor der Änderung
des Ministergesetzes im Jahre 1986 voll unter die Anrechnungsregelung gefallen, denn beide Leistungen Lafontaines, die mögliche OB-Rente und die Ministerbezüge,
kamen aus dem Saarland, so daß nach dem Sinn des Gesetzes kein Grund für einen Ausgleich bestand. Dennoch
bekam Lafontaine den Ausgleichsbetrag. Er war auf diese
Weise der einzige, der von der 1986er Gesetzesänderung
profitierte, indem er mehr erhielt, als er ohne die Änderung erhalten hätte.[63] »Der Spiegel« sprach von einer »Lex
Lafontaine« und bezifferte den – als rechtswidrig bezeichneten – Gewinn Lafontaines aus dem 86er Gesetz auf
300 000 Mark;[64] Lafontaine sprach zunächst von netto
90 000 Mark. Es handle sich um einen »technischen Fehler« des Gesetzgebers.[65]
Wenn Lafontaine auch die Rechtswidrigkeit der erhaltenen
Zahlungen mit Hilfe einer größeren Zahl ministerialer Hel-
fer bestritt, so konnte doch auch er den Umstand nicht
wegdiskutieren, daß er persönlich eine Verbesserung aufgrund eines von der Landesregierung eingebrachten
Gesetzes erfuhr, das die Anrechnung eigentlich hatte ver-
schärfen sollen. Er erklärte deshalb öffentlich, er werde
den netto erhaltenen Ausgleichsbetrag für soziale Zwecke
spenden.[66] Daß er die Bereitschaft, den anrüchigen Gewinn
aus dem 86er Gesetz zu spenden, erst nach Bekanntwerden
der Veröffentlichung des »Spiegel« erklärte, begründete er
zunächst damit, er habe nicht bemerkt, daß er von dem

Gesetz begünstigt worden sei; später erklärte er, er habe erst am 24. Januar 1992 einen endgültigen Bescheid über die Höhe der Ausgleichsleistungen erhalten.[67]

Allmählich verdichteten sich aber auch die Belege dafür, daß die Zahlung des Ausgleichsbetrages sehr wohl *rechtswidrig* erfolgt war, das Gesetz also zu Lafontaines Gunsten falsch ausgelegt worden war. Die Rechtsfrage ging einmal dahin, ob Lafontaine überhaupt einen Anspruch auf eine sofort beginnende Oberbürgermeisterrente haben könne, obwohl er von sich aus das Amt des Oberbürgermeisters aufgegeben hatte, um nach dem Wahlsieg der SPD 1985 Ministerpräsident zu werden. Die zweite Rechtsfrage war, ob Lafontaine wegen Kürzung des Ministergehalts in Höhe der OB-Rente den Ausgleichsbetrag beanspruchen könne. Die Verwaltung hatte beide Fragen zugunsten Lafontaines bejaht: die Stadt Saarbrücken das Bestehen der OB-Rente, die Oberfinanzdirektion Saarbrücken das Bestehen eines Anspruchs auf Ausgleich. Dadurch erhielt Lafontaine um den Ausgleichsbetrag mehr, als sein Ministerpräsidentengehalt ausmachte.

Ein von der CDU-Fraktion des Landtags bei Professor Dr. Ulrich Battis in Auftrag gegebenes Gutachten vom 12.6.1992 kam aber zu dem Ergebnis, daß die Leistung des Ausgleichsbetrags rechtswidrig sei. Ursprünglich hatte auch die SPD-Fraktion erklärt, der vielfach ausgewiesene Beamtenrechtler Battis besitze auch ihr Vertrauen und sie werde sein Votum anerkennen. Als sich jedoch das Ergebnis seiner Untersuchung abzeichnete und es weder der SPD-Fraktion noch einem Vertreter der Landesregierung in schriftlichen und telefonischen Interventionen gelang, Battis die Formulierung abzuringen,[68] die Entscheidung der Oberfinanzdirektion zugunsten Lafontaines sei »formal« korrekt gewesen, beauftragte die Regierung des Saar-

landes einen Professor der Universität Saarbrücken, Prof.
Dr. Klaus Grupp, mit einer Stellungnahme mit dem Ziel,
ihre Rechtsauffassung von der »formalen Rechtmäßigkeit
der Ruhegehaltsbezüge und Ausgleichszahlungen« abzu-
segnen, was dieser »innerhalb der kurzen (ihm) zur Verfügung stehenden Zeit« hinsichtlich beider Rechtsfragen
durch eine zehnseitige Stellungnahme auch tat.[69]

Wenige Tage vor Fertigstellung des Battis-Gutachtens versuchte Lafontaine, sich am 8. 6. 1992 im Landtag durch
eine weit ausgreifende Verteidigungsrede zu rechtfertigen
und darzulegen, die erhaltenen Zahlungen seien »ein
ungewolltes Ergebnis des Gesetzes aus dem Jahre 1986«.
Die Gewährung der Ausgleichszahlungen sei »politisch
nicht gewollt, aber rechtlich korrekt«, und die ganze Aufregung der Presse nichts anderes als die Inszenierung einer
»Rufmordkampagne«.[70] Lafontaine stellte dabei in den Mittelpunkt seiner Ausführung, er habe keine persönliche
Bereicherungsabsicht gehabt und keinen persönlichen
Einfluß auf die Gesetzesentstehung genommen. Er verdeckte aber den politisch entscheidenden Gesichtspunkt,
daß er als Ministerpräsident aufgrund eines Gesetzes, das
auf eine Verschärfung der Anrechnungsregelung abzielte,
als einziger einen finanziellen Vorteil erlangt hatte. Dafür
trug er – unabhängig davon, ob persönliche Bereiche-
rungsabsichten oder Einwirkungen nachzuweisen waren –
die politische Verantwortung.

Die Klärung der Rechtsfragen stellte Lafontaine als objektiv
schwer möglich hin und gab bekannt, er habe »den unabhängigen Rechnungshof des Saarlandes gebeten, unter
Heranziehung sämtlicher Unterlagen und Akten dem
Landtag einen Bericht zuzuleiten«.[71] Gleichwohl solle, da
er die Hoffnung auf eine zuverlässige Klärung der seine
Versorgung betreffenden Rechtsfragen aufgegeben habe,

»bei der ohnehin anstehenden Änderung des Ministergesetzes« das 86er Gesetz wieder aufgehoben werden.[72]
Der Rechnungshof des Saarlandes gelangte dann sieben
Wochen später in seiner Prüfungsmitteilung vom 29. 7.
1992 zu dem Ergebnis, »daß dem Ministerpräsidenten zu
Unrecht Versorgungsbezüge gewährt werden und ihm
auch kein Anspruch auf Ausgleich nach dem Gesetz
zur Änderung des Saarländischen Ministergesetzes vom
23. April 1986 zustehen kann«. An dieser Auffassung habe
sich »auch durch die am 21. September 1992 eingegangene
Äußerung der Landesregierung nichts geändert.«[73] Damit
war nach dem Battis-Gutachten abermals – und diesmal
durch eine von der Landesregierung selbst ausgewählte unabhängige Stelle – klargestellt, daß es sich bei der Gewährung der Ausgleichsleistungen an Lafontaine nicht um
die richtige Auslegung eines falschen Gesetzes handelte,
sondern um die falsche Auslegung eines richtigen Gesetzes
und deshalb kein Grund bestand, das Gesetz aufzuheben,
es sei denn, man wollte einen »Heldennotausgang« schaffen, um dem Ministerpräsidenten die Peinlichkeit zu erspa-
ren, die Rechtswidrigkeit der zu seinen Gunsten er-
gangenen Bescheide einräumen zu müssen. Für derartige
Formen der politischen Kosmetik darf die Gesetzgebung
aber nicht mißbraucht werden. Zudem drohte die Gesetzesänderung die Erfassung von Doppelbeziehern, wenn ein
Einkommen aus einem anderen Bundesland kommt, mit
der die frühe Gesetzesänderung von 1986 begründet worden war, wieder aufzuheben.[74] Ein solches Wiederaufreißen
von Anrechnungslücken ist auch verfassungsrechtlich
bedenklich. Der Gleichheitssatz verpflichtet den Gesetzgeber, die Anrechnungsbestimmungen auch auf solche Fälle
zu erstrecken, in denen die Bezüge aus unterschiedlichen
Ländern kommen. Dies hatte selbst der vorsichtige *Bundes-*

rechnungshof schon vor längerem und unabhängig von dem saarländischen Skandal angemerkt.[75]

Dennoch hob die Mehrheit des Landtages das 86er Gesetz rückwirkend zum 1. Juni 1986 auf,[76] und zwar nicht erst »bei der ohnehin anstehenden Änderung des Ministergesetzes«, wie Lafontaine dies angekündigt hatte, sondern isoliert vorab.[77]

Die Initiatoren ließen sich von der Aufhebung des 86er Gesetzes nicht abbringen,

- obwohl inzwischen der von Lafontaine selbst um Klärung gebetene Rechnungshof klargestellt hatte, daß nicht das Gesetz mangelhaft, sondern seine Auslegung zugunsten Lafontaines rechtswidrig sei,
- obwohl die guten Gründe für das 86er Gesetz (Einsparung im Landeshaushalt, verfassungsrechtlich korrekte Beseitigung von Doppelalimentationen für Personen, die eine Zahlung aus einem anderen Land erhalten) fortbestanden und
- obwohl das 86er Gesetz aus Gründen der Gleichheit sogar geboten und seine Wiederaufhebung deshalb verfassungsrechtlich bedenklich erschien, wie der Bundesrechnungshof bemerkt und der Rechnungshof des Saarlandes am 10. 9. 1992 vor dem Ausschuß für innere Verwaltung dargelegt und in einer Presseerklärung vom 22. 9. 1992 unterstrichen hatte.

Es wurde also die (Wieder-)Herstellung eines verfassungsrechtlich bedenklichen und den Landeshaushalt belastenden Zustandes in Kauf genommen, nur um vor der Öffentlichkeit den für Lafontaine günstigen Eindruck zu erwecken, die ganze Angelegenheit sei rückwirkend aus der Welt geschafft und damit erledigt. Zugleich wurde damit in der bundesweiten Öffentlichkeit der – ebenfalls nicht unerwünschte – Eindruck erweckt, durch die Rücknahme des 86er Gesetzes seien die Probleme des saarländischen Ministergesetzes bereinigt. In Wahrheit blieben die 1972 eingeführten und die zahlreichen anderen Privilegien, deren Kritik den saarländischen Skandal am 11. Mai 1992 ausgelöst hatte (siehe Abschnitte I – IV), voll erhalten; sie werden von der Rücknahme des 86er Gesetzes nicht berührt.

Wenn die Entgegennahme der Oberbürgermeisterrente beziehungsweise des Ausgleichsbetrages durch Lafontaine noch kein Skandal gewesen sein sollte, das Vorgehen zu seiner Bereinigung war jedenfalls einer (»Skandal im Skandal«). Ein begründetes Gesetz, das einem verfassungsrechtlich bedenklichen Zustand abhelfen und die Landeskasse schonen sollte, nur deshalb wieder zu beseitigen, um einen Ministerpräsidenten optisch besser dastehen zu lassen, ohne Rücksicht auf die verfassungsrechtliche Bedenklichkeit und fiskalische Schädlichkeit des Vorgehens für das Saarland, ist genau das, was Bundespräsident Richard von Weizsäcker moniert hat. Diese »Lex Lafontaine« war mehr als ein Heldennotausgang; sie war Ausdruck von Machtversessenheit um jeden Preis. Zugleich erhielt der »Spiegel«-Titel vom Mai 1992 mit Lafontaine als absolutem Herrscher nachträglich seine Bestätigung: Ein Gesetz aufzuheben, nur weil seine falsche Auslegung zugunsten seiner Majestät Lafontaine diesen in politische Schwierigkeiten gebracht hatte – ist das nicht Absolutismus?

5 Die Minister anderer Bundesländer und weitere Amtsträger

I. Überblick über die Ministergesetze anderer Bundesländer

Das Saarland ist nicht das einzige Land, dessen Ministergesetz unhaltbare Privilegien aufweist. Ähnliche Bedenken, wenn auch meist nicht in derselben Intensität, bestanden auch gegen die Ministergesetze anderer Bundesländer. Um dies darzulegen, veröffentlichte ich im Sommer 1992 eine kleine Schrift mit dem Titel »Die finanziellen Privilegien von Ministern in Deutschland«, die zwei Teile enthielt. Den ersten Teil bildete die im Mai 1992 bereits veröffentlichte Studie über das saarländische Ministergesetz, die ich bereits im vorangehenden Kapitel dargestellt habe. Über den Einzelfall hinaus ging es auch darum, am Beispiel des Saarlandes die schwierigen Ministergesetze insgesamt zu entschlüsseln und einer kritischen Bewertung zugänglich zu machen. Zu diesem Zweck wurden die Gesetzestatbestände in ihren problematischen Teilen ausführlich dargestellt und Punkt für Punkt kommentiert. Dadurch wurde methodisch der Weg eröffnet, auch den Inhalt der Ministergesetze anderer Bundesländer und des Bundes zu ermitteln und zu bewerten. Lafontaines »unverständlich uneinsichtige Verteidigungsstrategie« und seine Behauptung, die Privilegien im saarländischen Ministergesetz seien »ohne Einschränkung« zu rechtfertigen, drohten allerdings die Angelegenheit zu vernebeln und den Pilotcharakter und die Signalfunktion der Saarland-Studie auch für andere Länder zu verwischen. Zugleich ergaben sich auf-

grund der großen Kompliziertheit der Regelungen immer
wieder Schwierigkeiten, die Probleme wirklich zu erfassen.
Das bestätigten auch die Versuche von überregionalen Zeitungen, ihren Lesern einen Überblick über den finanziellen Status der Minister in Deutschland zu geben.[1] Es schien
deshalb erforderlich, auch die problematischen Regelungen in den Ministergesetzen anderer Bundesländer –
zumindest überschlägig darzustellen. Dies geschah dann
im zweiten Teil der genannten Schrift. Darin wurden auch
alle anderen fünfzehn Ministergesetze des Bundes und der
Länder überprüft und ihre gröbsten Mängel im einzelnen
dargelegt. Die Schrift[2] wurde am 22. Juli 1992 auf einer
Pressekonferenz des Bundes der Steuerzahler in Bonn vorgestellt[3] und war am selben Tag Gegenstand einer dreivier-
telstündigen »Zündstoff«-Sendung des Zweiten Deutschen
Fernsehens.
Die Hauptprobleme des finanziellen Status von Ministern
in Deutschland liegen nicht bei den offen ausgewiesenen Gehältern, sondern im Bereich der »unsichtbaren«
Einkommensbestandteile. Wenn ein Landesminister gut
17 000 Mark monatlich an Gehalt bezieht wie zum Beispiel
in Baden-Württemberg oder gut 20 000 Mark wie in Nordrhein-Westfalen und Bayern (siehe den Überblick in Tabelle 1, S. 178 f.) und dies unverklausuliert offengelegt und
begründet wird, ist dagegen – angesichts der Unbestimmt-
heit der quantitativen Maßstäbe – nichts einzuwenden. Die
eigentlichen Probleme liegen im unsichtbaren Kleinge-
druckten, das die ökonomisch besonders wertvollen Pfrün-
den verbirgt. Diese »raffiniert unübersichtlichen und kaum
durchschaubaren Regelungen«[4] sind geradezu durch eine
Flucht aus der Öffentlichkeit gekennzeichnet. Die Hauptprobleme der Ministergesetze liegen demgemäß

– im Bereich der Versorgung (vor allem des Ruhegehalts
   und des Übergangsgeldes), die in Wahrheit oft einen viel
   höheren wirtschaftlichen Gesamtwert besitzt als die Aktivenbezüge selbst;
– bei der Kumulierung von mehreren Bezügen und
– in der Gewährung überhöhter Aufwandsentschädigungen, die in Wahrheit ein steuerfreies Zusatzeinkommen
   darstellen.

Das *Ruhegehalt* und die Hinterbliebenenversorgung der
Landesminister (die ohne eigene Beiträge, dynamisiert
und auf Lebenszeit des Ministers und seiner Hinterbliebenen gewährt werden) sind bislang durchweg erheblich günstiger geregelt als für Bundesminister (ganz zu schweigen
von den Regelungen für Beamte und Sozialversicherungs-
rentner). Da die Regelungen ebenso kompliziert und
undurchschaubar wie wirtschaftlich gewichtig sind, habe
ich dazu eine gesonderte Übersicht gefertigt, die auf Seite
182 f. wiedergegeben ist und aus der sich ergibt, daß sämtliche Regelungen erheblich günstiger sind als im Bund. Ein
*Bundes*minister erreicht sein Höchstruhegehalt von 75 Prozent der Aktivenbezüge (Amtsgehalt und Ortszuschlag)
nach 23 Amtsjahren, Landesminister dagegen nach sehr
viel kürzerer Zeit, teilweise sogar gleich nach Amtsantritt.
Diese unhaltbare, in groteskem Mißverhältnis zur Aktiven-
leistung stehende Besserstellung von Landesministern
gegenüber Bundesministern beruht vor allem auf drei Faktoren:

– Der Bundesminister erhält nach vier Amtsjahren 29 Prozent der Aktivenbezüge, dagegen erhalten Landesminister aufgrund höherer nomineller Prozentsätze und
   einer trickreichen Doppelzählung von Jahren regel-

Tabelle 1: Monatliche Ministerbezüge in DM[1]

Ministerbezüge

	Amtsgehalt[2]	Ortszuschlag[3]	Amtsbezüge[4] (steuerpflichtig) Summe 1 + 2
	1	2	3
Bund	21 154 (B11x4/3)	1 600 (OZx4/3)	22 754
Alte Länder			
Baden-Württemberg	15 865 (B11)	1 200 (OZ)	17 065
Bayern	19 038 (B11x6/5)	1 200 (OZ)	20 238
Hessen	15 985 (B10x11/10)	1 200 (OZ)	17 185
Niedersachsen	17 452 (B11x11/10)	1 200 (OZ)	18 652
Nordrhein-Westfalen	19 038 (B11x6/5)	1 440 (OZx6/5)	20 238
Rheinland-Pfalz	15 865 (B11)	1 200 (OZ)	17 065
Saarland	15 865 (B11)	1 200 (OZ)	17 065
Schleswig-Holstein	15 985 (B10x11/10)	1 200 (OZ)	17 185
Stadtstaaten			
Berlin	15 865 (B11)	1 200 (OZ)	17 065
Bremen	15 865 (B11)	1 200 (OZ)	17 065
Hamburg	19 832 (B11x5/4)	1 200 (OZ)	21 032
Neue Länder[15]			
Brandenburg	15 865 (B11)	1 200 (OZ)	17 065
Mecklenburg-Vorpommern	15 985 (B10x11/10)	1 200 (OZ)	17 185
Sachsen	15 865 (B11)	1 200 (OZ)	17 065

Anmerkungen

Stand: Bundesbesoldungs- und Versorgungsanpassungsgesetz 1992.
Ohne Entschädigung bei getrennter Haushaltsführung sowie ohne die allgemeine Stellenzulage von 63,60 DM und weitere Zulagen.

1 Die Bezüge, besonders auch die Dienstaufwandsentschädigungen der Ministerpräsidenten, liegen regelmäßig höher.
2 Die Angaben in den Klammern enthalten die Formeln für die Berechnung des Amtsgehalts laut Ministergesetzen. Die Bezeichnung »B 11« und »B 10« beziehen sich auf das Grundgehalt der entsprechenden Beamtenbesoldungsgruppe, B 11 ist z. B. das Grundgehalt eines Staatssekretärs im Bund.
3 Die Angaben in Klammern enthalten die Formeln für die Berechnung des Ortszuschlags (OZ) laut Ministergesetzen. Der Ortszuschlag für Minister entspricht dem höchsten Ortszuschlag der Beamten. Hier ist zugrunde gelegt der Ortszuschlag der Stufe 2 (verheiratet ohne Kind), der derzeit 1200,08 DM monatlich beträgt (Stand Mai 1992).
4 Die Amtsbezüge werden dreizehnmal im Jahr, die Abgeordnetenentschädigungen zwölfmal im Jahr gezahlt, mit Ausnahme von Rheinland-Pfalz und Thüringen, wo auch die Abgeordnetenentschädigung dreizehnmal gezahlt wird. Für diese beiden Länder ist in Spalte 5 ein Zwölftel der Jahresbeträge eingesetzt.
5 In Spalte 5 ist der Teil der Abgeordnetenentschädigung wiedergegeben, den Abgeordnete, die gleichzeitig Minister sind, erhalten. In Klammern steht der Prozentsatz, der gezahlt wird.
6 In Spalte 6 ist der Teil der steuerfreien Aufwandsentschädigung wiedergegeben, den Abgeordnete, die gleichzeitig Miniser sind, erhalten. In Klammern steht der Prozentsatz, der gezahlt wird.
7 Ohne Berücksichtigung der Erstattung von Kosten für die Beschäftigung von Mitarbeitern, die es überall außer im Saarland und in Berlin gibt.
8 Ohne Berücksichtigung des Übernachtungsgeldes.
9 Ohne Berücksichtigung der Fahrtkosten, des Tage- und Übernachtungsgeldes.
10 Laut Kabinettsbeschluß vom 26.5.1981 verzichten die Mitglieder der Landesregierung auf die regel-

Dienstaufwands-entschädigung (steuerfrei)	Bezüge des Ministers als Abgeordneter – gekürzt –		Gesamtbezüge des Minister-Abgeordneten	
	Entschädigung[4,5] (steuerpflichtig)	Aufwandsent-[6,7] schädigung (steuerfrei)	Amtsbezüge und Abg. Entschäd. (steuerpflichtig)	Aufwandsent-schädigung (steuerfrei)
			Summe 3 + 5	Summe 4 + 6
4	5	6	7	8
600 (Festbetrag)	5 183 (=50%)	4 490 (=75%)	27 937	5 090
1 000 (Festbetrag)	4 577 (=70%)	2 433 (=80%)[8]	21 642	3 432
2 380 (12,5% Amtsg.)	4 350 (=50%)	3 533 (=75%)	24 588	5 913
350 (Festbetrag)	2 665 (=25%)	850 (=100%)[9]	19 850	1 200
1 000 (Festbetrag)	—	500 (=28%)	18 652	1 500
1 326 (Std.: 1.3.81.)[10]	3 917 (=50%)	2 690 (=100%)	24 155	4 016
667 (lt. Haushltspl.)	4 849 (=60%)	1 600 (=64%)[8]	21 914	2 267
700 (Festbetrag)	5 233 (=70%)	1 760 (=100%)[11]	22 298	2 460
700 (Festbetrag)	1 670 (=25%)	1 200 (=75%)[12]	18 855	1 900
300 (lt. Haushltspl.) 650 (Festbetrag)	2 395 (=50%)	1 300 (=100%)	19 460	1 600
550 (Festbetrag)	Unvereinbarkeit von Amt und Mandat		Beträge wie Spalten 3 und 4	
1 269 (8% Amtsg.)	2 438 (=50%)	1 900 (=100%)[8]	19 503	3 169
700 (Festbetrag)	1 138 (=25%)	1 440 (=75%)[12]	18 323	2 140
1 000 (Festbetrag)	2 275 (=50%)	2 100–2475 (gek.)[8,14]	19 340	3 100–3 475

mäßige lineare Anhebung der Dienstaufwandsentschädigung. Sie ist auf die Beträge mit Stand 1. 3. 1981 festgeschrieben.
11 Ohne Berücksichtigung des Tagegeldes.
12 Ohne Berücksichtigung des Tage- und Übernachtungsgeldes.
13 Kürzungen der Ministerbezüge in den neuen Ländern während der Übergangszeit sind nicht berücksichtigt.
14 Die allgemeine Kostenpauschale beträgt 1800 DM. Die Tagegeld- und Fahrtkostenpauschale beträgt je nach Entfernung zwischen 1000 und 1750 DM. Einem Mitglied des Landtages, dem ein landeseigener Dienstwagen zur ausschließlichen Verfügung steht, wird die Tagegeld- und Fahrtkostenpauschale um 400,– DM gekürzt; einem Mitglied des Landtages, das Amtsbezüge als Minister oder Staatssekretär bezieht, wird sie um 50 vom Hundert gekürzt. Beide Kürzungen erfolgen im gegebenen Fall nebeneinander.

Kommentar zu Tabelle 1

a) Die steuerfreie Dienstaufwandsentschädigung für Minister ist in vielen Ländern offenbar überhöht. Sie ist in den Flächenstaaten – zum Teil um ein Vielfaches – höher als im Bund (*Spalte 4*).

b) Auch die steuerfreie Gesamtaufwandsentschädigung, die Minister, die gleichzeitig Abgeordnete sind, erhalten, ist in den meisten Ländern und im Bund offenbar weit überhöht. Das zeigt schon der Vergleich mit den relativ moderaten Beträgen in Hessen, Niedersachsen und Sachsen-Anhalt. In anderen Ländern beträgt sie zum Teil ein Vielfaches (*Spalte 8*). Große Teile davon stellen ein steuerfreies Zusatzeinkommen dar.

c) Minister erhalten als Abgeordnete im Bund und in vielen Ländern noch die Hälfte oder gar 60 v. H. oder 70 v. H. ihrer (steuerpflichtigen) Entschädigung, während sie z. B. in Schleswig-Holstein nur 25 v. H. (= 1590 DM) der Entschädigung erhalten. In Niedersachsen entfällt die Entschädigung völlig (*Spalte 5*). Die Bevorzugung der Minister in vielen anderen Ländern und im Bund ist nicht zu rechtfertigen.

mäßig nach vier Amtsjahren (vereinzelt auch nach fünf
Amtsjahren) 43 bis 50 Prozent.
mäßig nach vier Amtsjahren (vereinzelt auch nach fünf
Amtsjahren) 43 bis 50 Prozent.

- Viele Landesgesetze behandeln Vorzeiten im Parlament,
  im öffentlichen Dienst oder allgemein im Beruf wie
  Amtszeiten als Minister, was zu einer gewaltigen Erhöhung des Ruhegehalts nach kürzester Amtszeit führen
  kann. Vergleichbares gibt es nach dem Bundesministergesetz nicht.
- Das Ruhegehalt von Landesministern wird oft früher fällig als das von Bundesministern.

Diese Faktoren führen, wie Tabelle 2 auf einen Blick zeigt,
dazu, daß Landesminister sehr hohe Ruhegehälter schon
nach ganz kurzen Amtszeiten erlangen können, die zudem
noch früher als im Bund fällig werden können.
Alle diese Privilegien müssen ersatzlos gestrichen werden,
wie die Reformen in Niedersachsen, Hessen und Rheinland-Pfalz inzwischen auch zeigen (dazu S. 190 ff.), da sie
unangemessen sind. Es besteht – angesichts des offensichtlichen Gefälles an Verantwortung und zeitlicher Belastung
zwischen Bundes- und Landesministern – kein rechtferti-
gender Grund, Landesminister besser als Bundesminister
zu stellen, umgekehrt würde eher ein Reim daraus. (Die
Einzelheiten für alle sechzehn Bundesländer ergeben sich
aus Tabelle 2; sie zeigt die Ruhegehaltsregelungen und den
in jedem Land bestehenden Reformbedarf.)
Unhaltbar ist auch die Regelung des sogenannten *Übergangsgeldes* in den Ministergesetzen der Länder und des
Bundes. Das Übergangsgeld wird regelmäßig für die gleiche Dauer gezahlt, die der Minister im Amt war, meist
jedoch mindestens für sechs Monate und höchstens für

drei Jahre. Erhielt der Minister zum Beispiel zwölf Monate lang Ministerbezüge, so kann er nach seinem Ausscheiden zwölf Monate lang Übergangsgeld beanspruchen. Die Höhe umfaßt in den ersten drei Monaten das volle Amtsgehalt und den Ortszuschlag, danach regelmäßig die Hälfte. Diese Regelung führt schon nach kurzen Amtszeiten zu riesigen Übergangsgeldbeträgen. Nach drei Jahren Amtszeit erhält ein ausscheidender Bundesminister drei Jahre lang Übergangsgeld, das sich insgesamt auf fast 445000 Mark summiert. Landesminister erhalten nach gleichlanger Amtszeit bis zu 395 000 Mark (siehe Tabelle 3, S. 186).

Die überdimensionierte Bemessung des Übergangsgeldes für Minister schon nach kurzen Amtszeiten ist nur historisch zu erklären. Früher, als es noch kein Ruhegehalt für Minister gab, fungierte das Übergangsgeld auch als Ersatz für Ruhegehalt (»zeitliches Ruhegehalt«) und wurde entsprechend großzügig dimensioniert. Mit der Einführung des lebenslangen Ruhegehalts für Minister ist der frühere Grund für die großzügige Bemessung entfallen. Die Regelungen sind daher massiv zu beschneiden. Auch die Nichtanrechenbarkeit von privaten Einkommen auf das Übergangsgeld erscheint nicht haltbar.

Bei den *Aktivenbezügen* von Ministern sind vor allem folgende Regelungen problematisch:

– Gehalt und Ortszuschlag von Ministern sind an die Beamtenbesoldung *gekoppelt.* (Die Koppelungsformeln ergeben sich aus Tabelle 1 auf S. 178 f.) Die Koppelung erschwert nicht nur den Überblick, weil die Beträge sich nicht aus den Ministergesetzen ergeben, und enthebt die Parlamente der Notwendigkeit, Erhöhungen der Ministerbesoldung selbständig zu beschließen, sondern hat auch die mißliche Konsequenz, daß Minister von hohen

Tabelle 2: Ruhegehälter der Minister

– Anzahl der benötigten Amtsjahre bis zum Erreichen eines Ruhegehaltes von 75 Prozent des Amtsgehalts und Ortszuschlags –

| | Amtsjahre bis zum Erreichen des Höchstruhegehalt-satzes von 75 Prozent ohne Anrechnungszeiten[1] | | Amtsjahre bis zum Erreichen des Höchstruhegehalts von 75 Prozent. mit Anrechnungszeiten[1] | |
| | bisherige Regelung | Neuregelung | bisherige Regelung | Neuregelung |
	(1)	(2)	(3)	(4)
Bund	23		23[2]	
Alte Länder				
Baden-Württemberg	16		16[2]	
Bayern	14		8	
Hessen[3]	14	23[4]		23[4]
Niedersachsen	12	23[4]	12[2]	23[4]
Nordrhein-Westfalen	20		10	
Rheinland-Pfalz	14	22[4]	7	22[4]
Saarland	14		0[6]	
Schleswig-Holstein	20		15	
Stadtstaaten				
Berlin	14		14[2]	
Bremen	14		9[5]	
Hamburg	14		14[2]	
Neue Länder				
Brandenburg[7]				
Mecklenburg-Vorpommern	20		0[6]	
Sachsen	16		16[2]	
Sachsen-Anhalt	12		12[2]	
Thüringen	18		6	

Anmerkungen

Kürzungen von bestimmten Teilen des letzten Amtsjahres sind um der Übersichtlichkeit willen nicht berücksichtigt. – Nicht einbezogen sind auch die Ruhegehälter, welche Minister, die gleichzeitig Abgeordnete sind, aus ihrem Abgeordnetenmandat zusätzlich erwerben können und welche regelmäßig nur zum Teil angerechnet werden.

1 Unter »Anrechnungszeiten« werden hier die besonders problematischen Zeiten im Parlament, im öffentlichen Dienst oder allgemein im Beruf verstanden (nicht dagegen z. B. die Zeiten als Mitglied einer anderen Regierung oder als Parlamentarischer Staatssekretär). – Einen Überblick über die verschiedenen Arten von Anrechnungszeiten und über die Berechnungsform für das Ruhegehalt von Ministern in Deutschland gibt Tabelle 7 in: *von Arnim,* Die finanziellen Privilegien von Ministern in Deutschland, 1992.
2 Im Bund, in Baden-Württemberg und Sachsen, Niedersachsen und Sachsen-Anhalt und Berlin ist keine Anrechnung der in Anmerkung 1 genannten Anrechnungszeiten vorgesehen. In Hamburg wurde die 1987 durch ein »Camouflage-Gesetz« eingeführte Anrechnung von Zeiten im Parlament oder öffentlichen Dienst (bis zu 5 Jahre mit je 3 v. H.) nach Protest der Öffentlichkeit mit Wirkung zum 1. 6. 1992 ersatzlos wieder aufgehoben.
3 Wegen der Möglichkeit, das Ruhegehalt alternativ auch nach den versorgungsrechtlichen Bestimmungen des Beamtenrechts zu berechnen, und der (nach Ermessen der Landesregierung und des Hauptausschusses des Landtags) anrechenbaren Zeiten außerhalb eines Beamtenverhältnisses (§ 3 Abs. 1 Satz 3 und Abs. 9 des hessischen Gesetzes über die Regelung der Ministerbezüge) sind in Hessen die Werte für *Spalte 3* nicht sinnvoll zu ermitteln.
4 Zugrunde gelegt ist für Niedersachsen das Vierte Gesetz zur Änderung des Gesetzes über die Rechtsverhältnisse der Mitglieder der Landesregierung vom 16. 12. 1992, Nieders. GVBl. S. 337; für Hessen der Gesetzentwurf der Landesregierung für ein Gesetz über die Bezüge der Mitglieder der Landesregierung vom 3. 11. 1992, Landtagsdrucksache 13/3010; für Rheinland-Pfalz ein Regierungsbeschluß vom 15. 12. 1992 über die Eckpunkte eines neuen Ministergesetzes.
5 Unterstellt sind 15 vorangegangene Jahre in der Bürgerschaft. Das bremische Gesetz enthält zwar keine Obergrenze; da jedes Jahr aber nur mit 1 v. H. zu berücksichtigen ist, ergäbe sich beim Ansatz von unbeschränkt vielen Parlamentsjahren ein verzerrtes Bild. Nach 4 Amtsjahren als Senator ergeben sich – unter der soeben genannten Voraussetzung – 62 v. H.
6 »O« bedeutet, daß der Minister unmittelbar nach Antritt seines Amtes eine Anwartschaft auf das volle Ruhegehalt von 75 v. H. erwirbt.
7 Nach dem Gesetzeswortlaut nicht eindeutig zu ermitteln.

Kommentar zu Tabelle 2

a) In allen Ländern erwerben Minister – auch ohne Berücksichtigung von Anrechnungszeiten – das Höchstruhegehalt von 75 v. H. des Amtsgehalts und Ortszuschlags in zumeist erheblich kürzerer Amtszeit als im Bund *(Spalte 1).* Hessen, Niedersachsen und Rheinland-Pfalz haben Neuregelungen vorgenommen bzw. eingeleitet, die die ungerechtfertigte Besserstellung gegenüber dem Bund in Zukunft beseitigen *(Spalte 2).*
b) Die Begünstigung der Landesminister verstärkt sich noch erheblich durch die in vielen Ländern mögliche Anrechnung von vorausgegangenen Zeiten im Parlament, öffentlichen Dienst oder allgemein im Beruf. Bei Berücksichtigung solcher anrechenbarer Zeiten ist zum Erreichen des Höchstruhegehalts in vielen Ländern nur weniger als die Hälfte, zum Teil nur ein Drittel oder noch weniger der im Bund benötigten Amtsjahre erforderlich; bisweilen genügt sogar ein Amtstag. Zum Vergleich: Der Bundesminister benötigt 23 Amtsjahre, um 75 v.H. zu erreichen; eine Anrechnung von Zeiten im Parlament, öffentlichen Dienst oder allgemein im Beruf ist nach dem Bundesministergesetz nicht möglich *(Spalte 3).* Auch die Anrechnung von Vorzeiten im Parlament, öffentlichen Dienst oder allgemein im Beruf wird durch die Neuregelungen in Hessen und Rheinland-Pfalz beseitigt. In Niedersachsen gab es schon bisher keine solche Anrechnung *(Spalte 4).*

Tarifabschlüssen im öffentlichen Dienst profitieren. Das begründet Interessenkollisionen und leistet dem »bösen Schein«, Minister seien bei Verhandlungen mit den Gewerkschaften des öffentlichen Dienstes nicht unbefangen, Vorschub.

– Minister, die Abgeordnete sind, erhalten neben ihren steuerpflichtigen Amtsbezügen noch zusätzlich große Teile der steuerpflichtigen Abgeordnetenentschädigung. Auch diese *Doppelalimentation* ist aus den Ministergesetzen selbst nicht ersichtlich, sondern erst aus der Zusammenschau mit den Abgeordnetengesetzen. Eine solche Doppelalimentation ist nicht gerechtfertigt. Niedersachsen hat die Abgeordnetenentschädigung neben dem Ministergesetz deshalb Ende 1992 gänzlich gestrichen. Die Doppelalimentation ist sogar verfassungswidrig, soweit die Minister mehr als ein Drittel der Entschädigung behalten, wie dies im Bund und in den meisten Ländern der Fall ist. (Einen Überblick über diejenigen Teile der Abgeordnetenentschädigung, die Minister zusätzlich zu ihren Ministerbezügen erhalten, gibt Tabelle 1.)

– Zusätzlich erhalten Minister eine *steuerfreie Dienstaufwandspauschale* und, wenn sie gleichzeitig Abgeordnete sind, in dieser Eigenschaft noch eine *weitere steuerfreie Kostenpauschale*, die meist nicht oder nur unzureichend gekürzt wird, obwohl die Begünstigten bereits in ihrer Eigenschaft als Minister am Sitz des Parlaments weilen müssen und insofern in ihrer Eigenschaft als Abgeordnete keinen zusätzlichen Aufwand haben. Einen Vergleich auf einen Blick ermöglicht wiederum die Tabelle 1; sie zeigt, um ein Beispiel zu nennen, daß bayerische Minister, die zugleich Abgeordnete sind, neben ihren steuerpflichtigen monatlichen Bezügen von insgesamt

24 588 Mark noch 5913 Mark monatlich an steuerfreier Kostenpauschale erhalten. Solche Pauschalen sind verfassungsrechtlich aber nur insoweit zulässig, als sie sich am amts- und mandatsbedingten Aufwand orientieren. Berücksichtigt man, daß die steuerfreien Beträge bayerischer Minister, die gleichzeitig Abgeordnete sind, höher sind als im Bund und vier- oder fünfmal so hoch wie in Niedersachsen oder Hessen, und nicht anzunehmen ist, daß die Ansätze in Niedersachsen oder Hessen zu niedrig bemessen sind, stellen große Teile der bayerischen Kostenpauschalen offensichlich ein verfassungswidriges steuerfreies Zusatzeinkommen dar.

Alles in allem müssen die Ministergesetze, insbesondere die der Länder, zu kleineren Teilen auch das des Bundes, in zentralen Punkten neu geregelt werden. Das gilt auch für die Ministergesetze der *neuen* Länder, welche die Auswüchse aus den Ministergesetzen der sie jeweils betreuenden alten »Patenländer« weitgehend übernommen haben.
Meine Schrift vom Juli 1992 schloß mit dem Satz: »Es wäre zu wünschen, daß die Regierungen und Parlamente die nötigen Einzelprüfungen und die Vorlage von Änderungsgesetzen rasch vornehmen.« Dies ist immerhin in Niedersachsen, Hessen und Rheinland-Pfalz inzwischen geschehen oder doch auf den Weg gebracht, bis Anfang des Jahres 1993 jedoch noch nicht im Saarland.

Tabelle 3: Übergangsgeld[1] für Minister
nach 3 Jahren[2] Amtszeit (in DM)

Stand: Feb. 1993

Bund	443 703
Baden-Württemberg	332 768
Bayern	394 641
Berlin[3]	230 378
Bremen[4]	332 768
Hamburg[5]	283 932
Hessen	335 108
Niedersachsen[6]	363 714
Nordrhein-Westfalen	394 641
Rheinland-Pfalz[7]	332 768
Saarland[3]	230 378
Schleswig-Holstein[3, 8]	244 598
Brandenburg[9, 10]	332 768
Mecklenburg-Vorpommern[3, 10, 11]	244 598
Sachsen[10, 12]	68 260
Sachsen-Anhalt[6, 10]	363 714
Thüringen[10, 13]	127 988

Anmerkungen

1 In der Regel wird Übergangsgeld für die gleiche Anzahl von Monaten gezahlt, für die der Berechtigte Amtsbezüge erhalten hat, jedoch mindestens für sechs Monate und höchstens für drei Jahre. Dabei wird für die ersten drei Monate das Amtsgehalt und der Ortszuschlag, für den Rest der Bezugsdauer die Hälfte dieser Bezüge gewährt.

2 Nicht berücksichtigt wurde, daß in der Regel das Übergangsgeld aufgrund der jährlichen Sonderzuwendung dreizehnmal gewährt wird (zum Beispiel § 13 III 2 SenG Hamburg, § 9a MinG Niedersachsen oder § 10 III MinG Rheinland-Pfalz).

3 Die Höchstdauer beträgt zwei Jahre.

4 Die Höchstdauer beträgt vier Jahre.

5 Die Mindestdauer beträgt drei Monate, die Höchstdauer in der Regel zwei Jahre. Die Bezugsdauer wird um die Anzahl der Monate verlängert, für die der Senator vom Beginn des Monats der Vollendung des fünfzigsten Lebensjahres an Amtsbezüge erhalten hat, höchstens jedoch um weitere zwei Jahre.

6 Bei der Berechnung wurde das erhöhte Grundgehalt und der Ortszuschlag zugrunde gelegt.

7 Hat das Mitglied der Landesregierung bei seinem Ausscheiden das 50. Lebensjahr vollendet und das Amt länger als vier Jahre bekleidet, so wird das Übergangsgeld für die Dauer seiner Amtszeit, höchstens für fünf Jahre gezahlt.

8 Nach den ersten drei Monaten wird die Hälfte des Grundgehalts und ein *voller* Ortszuschlag gewährt. Eine Mindestbezugsdauer gibt es nicht. War der Berechtigte mehr als fünf Jahre im Amt, erhält er für die ersten sechs Monate das Grundgehalt und den Ortszuschlag in voller Höhe.

9 Die Mindestbezugsdauer beträgt drei Monate. Ist der Berechtigte eine Legislaturperiode ununterbrochen im Amt gewesen, erhält er für die ersten sechs Monate das Übergangsgeld in voller Höhe des Amtsgehaltes.

10 Vorübergehende Kürzungen aufgrund der Ost-Tarife sind nicht berücksichtigt.

11 Es gibt keine Mindestbezugsdauer. Nach den ersten drei Monaten wird die Hälfte des Grundgehalts und ein *voller* Ortszuschlag gewährt. Ist der Berechtigte mehr als vier Jahre ununterbrochen im Amt gewesen, erhält er für die ersten sechs Monate das Amtsgehalt und den Ortszuschlag in voller Höhe.

12 Das Übergangsgeld wird für mindestens drei Monate gewährt. Für das zweite und jedes weitere Jahr wird es für einen weiteren Monat gewährt.

13 Die Höchstdauer beträgt ein Jahr.

II. Verschleppte Reform im Saarland

Im Saarland ließen sich Regierung und Parlament Zeit mit der Reform des Ministergesetzes. So überstürzt das 1986er Gesetz zurückgenommen worden war (siehe Seite 172), so gemächlich ging man bei der Beseitigung der Ministerprivilegien vor. Zwar wurde am 27.Mai 1992 auf Antrag der SPD-Landtagsfraktion beschlossen, der Landtag solle »Rechtsstellung, Besoldung und Altersversorgung der saarländischen Minister« unter Berücksichtigung der »Regelungen des Bundes und der übrigen Bundesländer« überprüfen. Zugleich sollten frühere Anträge der CDU zur Parlamentsreform[5] durch den zuständigen Landtagsausschuß beraten werden, und der Ausschuß solle »spätestens bis zum Herbst dieses Jahres über das Ergebnis seiner Beratungen Bericht erstatten«.[6] (Dies ist aber bis Anfang des Jahres 1993 nicht geschehen.) Weitergehende Anträge der CDU[7] und der FDP[8], die auch eine Überprüfung des Abgeordnetenstatus umfaßten, wurden von der SPD-Mehrheit im Landtag abgelehnt. Details wurden ohnehin vermieden. Es wurde lediglich angekündigt, daß »die ... Möglichkeit ... nach einem Tag den vollen Pensionsanspruch zu haben ..., ohne Wenn und Aber abgeschafft« würde (so SPD-Fraktionsvorsitzender Klimmt[9]). Etwas weiter ging der saarländische Innenminister Läpple: Bei der Ministerversorgung seien Änderungen notwendig. Und zu diesen Änderungen gehört es, daß es »keine Doppelanrechnung von Mandatszeiten mehr geben« und die Mandatszeiten nicht mehr auf die Ministerpension angerechnet werden dürften. Es müsse abgestellt werden, daß jemand »auf Grund seiner Vorzeiten als Abgeordneter ... eine Urkunde erhält – rein theoretisch – und bereits am gleichen Tag 75 Prozent

Pensionsanspruch hat, allerdings erst nach gewissen Warte-
zeiten, das heißt, wenn er das 55. Lebensjahr erreicht hat«;
das dürfe so nicht sein.[10]

Die Forderung, das neue Gesetz »rückwirkend« in Kraft zu
setzen, wurde zurückgewiesen; dies sei angeblich »verfassungsrechtlich unhaltbar«.[11] (Mehr dazu im nächsten Abschnitt.)

III. Erste Reformen in Hessen, Niedersachsen und Rheinland-Pfalz

Die Kritik an den finanziellen Privilegien von Ministern wurde von vielen Seiten aufgegriffen. Der Vorsitzende der FDP-Fraktion des Deutschen Bundestags ließ in einer Presseerklärung verlauten, die Kritik sei berechtigt, und er könne die Forderung »nach Änderung der Ministergesetze, insbesondere in den Ländern, unterschreiben«.[12] Bereits die Veröffentlichung der Saarland-Studie am 11. Mai 1992 (und das Nachstoßen einiger Landesverbände des Bundes der Steuerzahler) hatte manche Bundesländer aufgerüttelt und die Landesregierungen von Hessen und Rheinland-Pfalz veranlaßt, durchgreifende Reformen anzukündigen.

Hessen vorn? Ein Meilenstein mit Pferdefuß

Ende Oktober 1992 legte die hessische Landesregierung unter Ministerpräsident Eichel den Entwurf eines reformierten »Gesetzes über die Bezüge der Mitglieder der Landesregierung« vor[13] und entsprach dadurch in weiten Bereichen der Kritik, jedenfalls für die Zukunft. Wegen der »Vielzahl der notwendigen … Änderungen« reichte ein Änderungsgesetz nicht aus, sondern es wurde »der Weg einer umfassenden Neuregelung beschritten«.[14]

Abbau von Überversorgungen

Kern des neuen Gesetzes ist der »Abbau von Überversorgungen« (so das Vorblatt). Das Gesetz lehnt sich dabei an die Ruhegehaltsregelungen des Bundesministergesetzes

an.[15] Während nach der bisherigen Rechtslage einem ehemaligen hessischen Minister nach einer Amtszeit von vier
Jahren – auch ohne Berücksichtigung der anrechnungs-
fähigen Vordienstzeiten – laut Begründung des Gesetzentwurfs[16] schon ein Ruhegehalt in Höhe von 47 Prozent seiner Amtsbezüge zusteht und das Höchstruhegehalt spätestens nach 13,3 Jahren erreicht wird, soll er künftig nach
vier Amtsjahren nur noch 29 Prozent der Amtsbezüge
erhalten und 22,4 Amtsjahre benötigen, um das Höchstruhegehalt in Höhe von 75 Prozent der Aktivenbezüge, also
rund 12 890 Mark monatlich, zu erlangen. Dieses Ergebnis
wird durch Kürzung der Mindestversorgung von derzeit 35
Prozent auf 29 Prozent, durch den Verzicht auf die Doppelzählung der ersten vier Amtsjahre, durch eine Absenkung des Steigerungssatzes je weiteres Jahr von 3 auf 2,5
Prozent und durch die Beseitigung von Anrechnungszeiten
im öffentlichen Dienst oder in einem sonstigen Beruf
erreicht. Die Zahlungen an ehemalige Minister beginnen
in Zukunft mit Vollendung des 55. Lebensjahres, während
sie bisher sogleich nach Ausscheiden aus dem Ministeramt
gezahlt wurden. Die Regelung entspricht insoweit im
wesentlichen den Vorschlägen, die in meiner Schrift vom
Juli 1992 unterbreitet worden sind.
Wie im Bund sieht die hessische Neuregelung vor, daß
bereits nach zwei Amtsjahren ein (geminderter) Anspruch
von 15,33 Prozent und nach drei Amtsjahren von 20 Prozent der Amtsbezüge erlangt wird. Diese Regelung wird
dem Anliegen gerecht, daß eine Umbildung des Kabinetts
in der laufenden Wahlperiode nicht an Versorgungsüberle-
gungen scheitern sollte.[17]
Insgesamt muß der hessische Gesetzentwurf als ein aner-
kennenswerter Versuch auf dem Wege zur Beseitigung der
bisherigen Ruhegehaltsprivilegien in den Landesminister-

gesetzen gewürdigt werden. Das gilt jedenfalls hinsichtlich
der für die Zukunft vorgesehenen Regelungen.

Fortbestehen der Privilegien
für derzeitige und frühere Minister?

Bedenken erwecken allerdings die »Übergangsvorschriften«. Die Maßstäbe des neuen Gesetzes sollen noch nicht
für *ehemalige* Mitglieder der Landesregierung und ihre Hinterbliebenen gelten. Auch für die *derzeitigen* Minister soll
sich für die Zeit bis zum Inkrafttreten des Gesetzes die
Berechnung des Vomhundertsatzes des Ruhegehalts aus
dem bisherigen Gesetz ergeben. Diese Frage wurde bei der
ersten Lesung des Gesetzentwurfs am 11. November 1992
im Hessischen Landtag kontrovers behandelt. Ministerpräsident Eichel verteidigte die vorgesehene »Übergangsregelung« mit einer insoweit angeblich geltenden Verfassungssperre gegen eine »rückwirkende« Inkraftsetzung des
Gesetzes. Nur deshalb würde der nach dem alten Gesetz
erlangte Versorgungsstand der derzeitigen Minister durch
die Neuregelung nicht angetastet. Die Wahrung von »nach
altem Recht erworbenen Besitzständen« sei für die Regierung eine »reine Rechtsfrage«.[18] Derselben Auffassung war
auch der saarländische Innenminister Läpple in bezug auf
die angekündigte Neuregelung im Saarland: »Die Forderung, das Gesetz rückwirkend in Kraft zu setzen, ist verfassungsrechtlich unhaltbar.«
Diese Auffassung ist jedoch ihrerseits unhaltbar. Eine Verfassungssperre besteht in Wahrheit nicht. Nimmt man
Ministerpräsidenten Eichel beim Wort, so können die derzeitigen Minister und auch frühere Minister und ihre Hinterbliebenen von der Beschränkung der Privilegien deshalb nicht völlig ausgenommen werden.

Bei der Erörterung dieser Frage ist zweierlei zu berücksichtigen: Die Kontroverse geht nicht um die *scharfe* Form der Rückwirkung, die Rückzahlung früherer Beträge, die sich nunmehr anhand der Maßstäbe des neuen Gesetzes als überzahlt erweisen – eine solche Rückzahlung verlangt niemand –, sondern nur um die Frage, ob die bisher laufenden Zahlungen beziehungsweise die bisher nach altem Gesetz bestehenden Anwartschaften für die Zukunft in voller Höhe aufrechterhalten bleiben.

Zum zweiten ist zu berücksichtigen, daß die Regelungen mittelbar in eigener Sache getroffen wurden [19] und unangemessen sind. Der Gesetzentwurf sieht vor, daß, wie Dieter Meng in der »Frankfurter Rundschau« berichtete, »frühere CDU-Minister unterhalb der Pensionsgrenze, die jetzt Landtagsabgeordnete sind, Ministerpensionen in einer Größenordnung zwischen 47 (Karlheinz Weimar) und 66 Prozent (Wagner) nach nur vier Jahren im Ministeramt beziehen und ehemalige SPD-Minister wie Ulrich Steger (heute im VW-Vorstand) und Horst Winterstein (bei einer großen Wohnungsbau-Gesellschaft) zwar gut verdienen, zusätzlich aber 44 bzw. 70 Prozent Ministerpension für nur zweieinhalb und drei Jahre bekommen«. [20] Eine so hohe Pension nach verhältnismäßig so kurzer Amtszeit ist unangemessen, wie schon der Vergleich mit der Bundesregelung zeigt.

Die Unangemessenheit der bisherigen »Überversorgung« räumt im übrigen auch die Landesregierung selbst durch Vorlage ihres Gesetzentwurfs ein, der ja eben diese Überversorgung beseitigen soll. Eindeutig unangemessene Gesetze im Bereich staatlicher Politikfinanzierung aber sind verfassungswidrig. Für unangemessene Zahlungen an Abgeordnete ergibt sich dies *ausdrücklich* aus dem Grundgesetz (vgl. Art. 48 Absatz 3 GG: »angemessene« Entschädigung). Es gilt aber auch für die Zahlungen an Minister. [21]

Die Rücknahme überzogener und verfassungswidriger
Gesetze mit Wirkung für zukünftige Leistungen ist aber eindeutig zulässig. Ein durch ein verfassungswidriges Gesetz
Begünstigter hat nach der Rechtsprechung des Bundesverfassungsgerichts keinen Anspruch, in seinem Vertrauen auf
den Bestand des Gesetzes geschützt zu werden.[22] Die Rücknahme ist möglicherweise sogar verfassungsrechtlich geboten. Dies gilt erst recht, wenn das Gesetz systemwidrige und
unbillige Privilegien für die Begünstigten enthält, wie auch
das Bundesverfassungsgericht betont: »Auf das geltende
Recht kann sich der Bürger auch dann nicht verlassen,
wenn die Rechtslage unklar und verworren oder lücken-
haft ist oder in dem Maße systemwidrig und unbillig, daß
ernsthafte Zweifel an deren Verfassungsmäßigkeit bestehen. In diesen Fällen erfordert es das Rechtsstaatsprinzip,
daß die Rechtssicherheit und Gerechtigkeit durch eine
klärende Regelung rückwirkend hergestellt wird.«[23] Dementsprechend mußten in Hamburg nach Rücknahme der
1987 eingeführten Versorgungsprivilegien auch ehemalige
Senatoren und ihre Hinterbliebenen und erst recht Senatoren, die zur Zeit des Rücknahmegesetzes noch im Amt
waren, eine entsprechende Kürzung ihrer laufenden Bezüge hinnehmen. Auch nach Aufhebung des hessischen Diätengesetzes vom Februar 1988 wurden die laufenden Bezüge der Begünstigten, auch die laufenden Versorgungsbezüge, gekürzt.[24]
In diesem Zusammenhang sei auch ein Betroffener selbst
zitiert, der saarländische Abgeordnete Edmund Hein, der
von Juli 1984 bis März 1985 saarländischer Finanzminister
war und aufgrund der auch dort bestehenden massiven
Überversorgungsregelung eine hohe Versorgungsanwartschaft erlangt hatte. Er äußerte in der Sitzung des Landtags
des Saarlandes vom 13. Mai 1992, nachdem die Überversor-

gung öffentlich gemacht worden war: »Es mangelt mir nicht an Einsicht, daß auch rückwirkend eine angemessene Korrektur angebracht wäre.«[25]

Wenn die hessische Landesregierung es wirklich allein von der verfassungsrechtlichen Zulässigkeit abhängen lassen möchte, wieweit sie auch die bisher angefallenen Ansprüche beschneidet, wie Ministerpräsident Eichel geäußert hat, wird sie das neue Gesetz schon nach den selbstgesetzten Maßstäben noch einmal überarbeiten müssen. Das war auch die Auffassung der Sachverständigen in einer Anhörung des Hessischen Landtags am 19. 1. 1993, die der hier wiedergegebenen Auffassung des Verfassers zustimmten.[26]

Sicher ist es für die derzeitigen Mitglieder der Landesregierung nicht einfach, ihre eigenen Ansprüche auf ein angemessenes Niveau zu kürzen. Eben dies erscheint aber geboten. Der Umstand, daß hier Parlament und Regierung in eigener Sache entscheiden,[27] kann ein Festhalten an unbilligen und verfassungsrechtlich zumindest zweifelhaften Privilegien nicht rechtfertigen. Umgekehrt scheint gerade dieser Umstand die uneingeschränkte Durchsetzung des Rechts ohne Wenn und Aber zu verlangen.

Höhe der Aktivenbezüge

Hinsichtlich der Höhe der Aktivenbezüge hessischer Minister sieht das neue Gesetz keine Änderung vor, geht also davon aus, daß die bisherige Höhe nicht unangemessen ist (siehe Tabelle 1, S. 178 f.). Die These des rheinland-pfälzischen Ministerpräsidenten Scharping, die Minister in Deutschland seien überversorgt, aber unterbesoldet,[28] die Äußerungen aufgreift, die Lafontaine zur scheinbaren Rechtfertigung der Privilegien saarländischer Minister vorgebracht hatte, teilt die hessische Landesregierung also nicht, ebensowenig übrigens wie der niedersächsische Gesetzgeber (vgl. S. 198 f.). Dem ist grundsätzlich zuzustimmen.[29] Ein Vergleich mit (möglicherweise ihrerseits überzogenen) Großverdienern im Berufssport und in der Wirtschaft ist nur von begrenzter Aussagekraft. Ein Minister wird nie soviel verdienen können wie Boris Becker oder der Vorstand der Deutschen Bank. Bei Ministergehältern geht es um die Verwendung von öffentlichen Mitteln, die mit Steuerzwang erhoben werden und für die eine besondere Gemeinwohlbindung besteht, zumal Betroffene über diese Gesetze selbst mitentscheiden. All das trifft auf die Festlegung von Einkommen in der Privatwirtschaft oder im Sport nicht zu. Im übrigen ist die Vergleichbarkeit mit Spitzengehältern der Wirtschaft auch aus einem anderen Grund nur beschränkt gegeben. Beim Vergleich der ökonomischen Gesamtausstattung müssen neben den Aktivenbezügen auch die Alters- und Hinterbliebenenversorgung in die Bewertung einbezogen werden. Diese sei in der Wirtschaft aber regelmäßig nur auf einen *Teil* der Aktivenbezüge (nämlich die festen, nicht auch die erfolgsabhängigen Einkommensbestandteile) bezogen und mache zudem in der Regel auch einen erheblich geringeren Prozentsatz aus als 75 Prozent, nämlich im Durchschnitt nur 50–60 Prozent des Grundgehalts.[30] Nach Angaben von Heinz Evers beträgt der Versorgungssatz, bezogen auf die gesamten Aktivenbezüge, regelmäßig nur etwa 35–40 Prozent.[31] Das bedeutet, daß der Versorgungsprozentsatz für hessische Minister auch nach der die bisherige Überversorgung abbauenden Gesetzesänderung noch erheblich über dem in der Wirtschaft üblichen liegt.

Sonstiges

Wenn hier auch nicht der Ort ist, in eine Einzelauseinandersetzung mit allen Regelungen des neuen Gesetzes einzutreten, so sollen doch einige Punkte zumindest noch erwähnt werden.

– Fraglich ist, ob es gerechtfertigt werden kann, dem Minister, der gleichzeitig Abgeordneter ist, neben seinen Ministerbezügen noch ein Viertel der (in Hessen sehr hohen) Abgeordnetenentschädigung zu gewähren. Bemerkenswert ist, daß Niedersachsen (bei allerdings etwas höheren Ministerbezügen[32]) soeben die Abgeordnetenentschädigung für seine Minister vollständig gestrichen hat.

– Fraglich ist auch, ob die vorgesehene Kürzung des Höchstübergangsgeldes von drei auf zwei Jahre ausreicht.[33] Bemerkenswert ist, daß Minister in Thüringen nur maximal für *ein* Jahr Übergangsgeld erhalten. Zu überprüfen wäre auch, ob es wirklich erforderlich ist, das maximale Übergangsgeld von zwei Jahren dem Minister bereits dann zu geben, wenn er nach nur zweijähriger Amtszeit ausscheidet. Zum Vergleich: Ein Bundestagsabgeordneter, der nach vier Mandatsjahren ausscheidet, erhält »nur« sieben Monate lang Übergangsgeld. Neben Einnahmen aus öffentlichen Kassen werden auch Einnahmen aus privater Quelle teilweise auf das Übergangsgeld angerechnet; die Anrechnungsvorschriften greifen allerdings nur eingeschränkt.

– Die unglückliche *Koppelung* des Amtsgehalts an die Beamtenbesoldung (elf Zehntel des Grundgehalts der Besoldungsgruppe B 10), die der Klarheit abträglich ist und den Verdacht der Befangenheit der Minister bei

Tariferhandlungen im öffentlichen Dienst begründet,[34] wäre zu überdenken. Besser wäre es, hier einen Festbetrag einzusetzen, wie dies inzwischen auch für Parlamentsabgeordnete üblich ist.

Mit der Angleichung des Ruhegehalts an die Bundesregelung und den weiteren angesprochenen Reformpunkten wären die schlimmsten Mängel der bisherigen Regelung beseitigt. Über diese unerläßliche »Pflicht« des Landtags hinaus könnte man die Meßlatte noch höher legen und die Herstellung wirklicher Durchsichtigkeit versuchen.[35] Das wäre dann sozusagen die »Kür«. Derzeit ist der finanzielle Status der Minister in einer Vielzahl von Gesetzen geregelt. Der Überblick würde sicher ganz erheblich verbessert, wenn alles im selben Gesetz, im Ministerbezügegesetz, untergebracht würde.

Reformen in Niedersachsen und Rheinland-Pfalz

Der gleiche Grundgedanke wie in Hessen erfüllte auch die Reformen der Ministergesetze in Niedersachsen und Rheinland-Pfalz. Die Kritik an der Überversorgung der Landesminister gegenüber den Bundesministern wird akzeptiert und eine Anpassung an das Bundesministergesetz vorgenommen. Die Neuerungen tragen insofern, wie der rheinland-pfälzische Ministerpräsident Rudolf Scharping einräumte, »der berechtigten Kritik aus der Öffentlichkeit Rechnung«.[36]

In Niedersachsen ist die Gesetzesänderung bereits abgeschlossen,[37] in Rheinland-Pfalz wurden ihre von der Landesregierung beschlossenen »Eckpunkte« Ende 1992 auf einer Pressekonferenz von Scharping bekanntgegeben.[38] In anderen Ländern ist von Reforminitiativen dagegen vorerst nichts zu bemerken, auch nicht im Saarland.

Durch die Reformen in Niedersachsen, Hessen und Rheinland-Pfalz werden – neben den oben schon beschriebenen verfassungsrechtlichen – auch politische Vorgaben für die anderen Bundesländer gesetzt. Alle anderen Länder werden die Versorgungsprivilegien in ihren Ministergesetzen ebenfalls abbauen müssen.

Auch in Niedersachsen und Rheinland-Pfalz sollen allerdings die Einschränkungen des neuen Gesetzes nicht für die Zeit bis zum Inkrafttreten des Gesetzes gelten. In Niedersachsen soll sogar das alte Recht »für die beim Inkrafttreten dieses Gesetzes im Amt befindlichen Mitglieder der Landesregierung sowie für deren Hinterbliebene« fortgelten,[39] so daß die Einschränkung erst für zukünftige Minister wirksam wird. Insoweit gelten ähnliche Bedenken wie sie für den hessischen Gesetzentwurf vorgetragen wurden.

IV. Parlamentarische Staatssekretäre

Besonders deutlich zeigt sich bei den Parlamentarischen Staatssekretären, daß der eigentliche Kern der Kritik an der staatlichen Politikfinanzierung nicht die absolute Höhe der Zahlungen ist, sondern die mangelnde Leistung der Politik beziehungsweise der Politiker, die in einem Mißverhältnis zu ihrer finanziellen Ausstattung steht. Die *Relation* zwischen Leistung und Besoldung wird als unangemessen empfunden. Erscheinen die Amtsinhaber gar als überflüssig, sind alle Bezüge zu hoch, wie auch immer sie ausgestaltet sein mögen. Die verbreitete Überzeugung, daß bestimmte Politiker nicht verdienen, was sie verdienen,[40] hat sich bei Parlamentarischen Staatssekretären in besonderer Weise festgemacht.

Das Amt des Parlamentarischen Staatssekretärs ist im Grundgesetz nicht vorgesehen; es wurde erst 1967 unter der großen Koalition durch Gesetz[41] eingeführt; 1974 wurde seine finanzielle Ausstattung erheblich ausgebaut.[42]

Als Amtsbezüge erhalten Parlamentarische Staatssekretäre drei Viertel des Amtsgehalts des Bundesministers, also ein Staatssekretärsgehalt, und einen Ortszuschlag wie der Bundesminister, zusammen derzeit etwa 17 500 Mark monatlich, eine steuerfreie Dienstaufwandsentschädigung von 450 Mark monatlich und eine Pauschale von 300 Mark monatlich für den Fall, daß sie ihren Haushalt nicht nach Bonn verlegen können. Hinzu kommen, da der Parlamentarische Staatssekretär definitionsgemäß gleichzeitig Abgeordneter ist, die (nur teilweise gekürzten) Bezüge als Bundestagsabgeordneter, also fast 5200 Mark Abgeordnetenentschädigung, und etwa 4500 Mark steuerfreie Aufwandsentschädigung monatlich (Tabelle 1, S. 178 f.).

Nach dem Gesetz von 1967 erhielten Parlamentarische Staatssekretäre nur eine Entschädigung von 75 Prozent des Amtsgehalts eines Bundesministers, nicht also auch die anderen Bestandteile der Amtsbezüge von Ministern, auch keine Versorgung. Beides wurde erst 1974 eingeführt. Seitdem erhalten Parlamentarische Staatssekretäre und ihre Hinterbliebenen Versorgung in entsprechender Anwendung der Regelungen des Bundesministergesetzes; sie erwerben also schon nach zwei Amtsjahren 15,33 Prozent und nach vier Amtsjahren 29 Prozent ihrer Staatssekretärsbezüge als Ruhegehaltsanspruch, beginnend mit vollendetem 55. beziehungsweise 60. Lebensjahr. Zusätzlich erhalten sie mit ihrem Ausscheiden das überhöhte Übergangsgeld, das nach nur drei Jahren Amtszeit bereits drei Jahre lang gezahlt wird.

Ursprünglich gab es nur sieben Parlamentarische Staatssekretäre, unter der Regierung Kohl im Jahre 1990 war ihre Zahl auf 33 angewachsen. Die Parlamentarischen Staatssekretäre »unterstützen die Mitglieder der Bundesregierung, denen sie beigegeben sind, bei der Erfüllung ihrer Regierungsaufgaben«, so heißt es im Gesetz. Zunächst war vorgesehen, daß sie nur Ministern großer Ressorts, wie dem Auswärtigen Amt oder dem Finanzministerium, beigegeben werden und die Verbindung zwischen Parlament und dem jeweiligen Ministerium halten sollten, zum Beispiel durch Beantwortung parlamentarischer Anfragen. Diese Posten waren für fähige Nachwuchspolitiker bestimmt, die später zu Ministern aufrücken sollten. Zu einem solchen Aufrücken kam es im Laufe der Jahre aber immer seltener. Auch eine sinnvolle Eingliederung in den Arbeitsablauf der Ministerien erfolgte häufig nicht. Das hing auch mit der Besetzungspraxis zusammen. Immer mehr wurden reine Versorgungsfälle berufen. Bisweilen war die Aufgabenstellung des Amtsinhabers ganz unbestimmt. Die Besetzung der Stellen wurde zunehmend zum machtpolitischen Instrument, die Regierungsfraktionen bei der Stange zu halten, politisch gefügiges Verhalten zu belohnen und auf diese Weise die Fraktionen durch den goldenen Zügel der Vergabe von begehrten Ämtern zu disziplinieren.

In jüngerer Zeit wurde diese Praxis in der Öffentlichkeit zunehmend kritisiert. Man erinnerte sich an den schon Rainer Barzel zugeschriebenen Ausspruch, Parlamentarische Staatssekretäre seien »unnötig wie ein Kropf«; sie erledigten keine Arbeit, sondern machten nur welche, eine Formulierung, die der beamtete Staatssekretär im Bundesinnenministerium dahin variiert hat: »Sie nehmen uns Arbeit ab, die es nicht gäbe, wenn wir sie nicht hätten.«[43] Der Kritik zollte schließlich auch Bundeskanzler Kohl Tribut und entließ bei einem Revirement Mitte Januar 1993 sieben Parlamentarische Staatssekretäre, was aber schwerlich ausreicht.

V. Der Bundespräsident

Aktivenbezüge

Der Bundespräsident steht – zumindest nominell – an der Spitze der Einkommenshierarchie. Der Erste Mann im Staat soll auch die höchsten Bezüge haben. Das wird ihm niemand neiden, gerade wenn das Amt mit einer so anerkannten Persönlichkeit besetzt ist wie derzeit mit Richard von Weizsäcker. Der Bundespräsident erhält laut Bundeshaushaltsplan[44] *zehn Neuntel* des Amtsgehalts des Bundeskanzlers. Das Amtsgehalt des Bundeskanzlers ist seinerseits an die Beamtenbesoldung gekoppelt und beträgt *fünf Drittel* des Grundgehaltes eines Staatssekretärs als des höchsten Beamten.[45] Das ergibt sich aus dem Bundesministergesetz.[46] Dort steht allerdings nicht, wie hoch denn nun das Grundgehalt eines Staatssekretärs ist. Dazu muß man das Bundesbesoldungsgesetz zu Rate ziehen, aus dessen Anlage IV folgt: Das Grundgehalt eines Staatssekretärs (Besoldungsgruppe B 11) beträgt derzeit 15 865 Mark monatlich.[47] Fünf Drittel davon sind 26 442 Mark (Amtsgehalt des Bundeskanzlers), zehn Neuntel davon 29 380 Mark (Amtsbezüge des Bundespräsidenten), mal 13 sind dies 381 940 Mark im Jahr.[48]
Berücksichtigt man allerdings, daß der Bundeskanzler regelmäßig noch ein Bundestagsmandat besitzt und auch daraus Zahlungen erhält, übernimmt er die Spitze. Zusammen mit der hälftigen Abgeordnetenentschädigung von 5183 Mark bezieht der Bundeskanzler monatlich 31 625 Mark.[49] Berücksichtigt man weiter, daß der Bundeskanzler zusätzlich zu seiner steuerfreien Dienstaufwandsentschädigung von 2000 Mark monatlich auch noch drei Viertel der

steuerfreien Aufwandsentschädigung als Bundestagsabge-
ordneter erhält, also zur Zeit 4490 Mark, diese aber für
Amtsträger typischerweise zu einem guten Teil steuerfreies
Zusatzeinkommen darstellt, weil sie keine Zweitwohnung
in Bonn und keinen Mehraufwand für Verpflegung in
Bonn benötigen, da sie diesen Aufwand in ihrer Eigen-
schaft als Minister ohnehin haben, und rechnet man den
Nettobetrag in Bruttoeinkommen um, dann dürfte sich der
Vorsprung gegenüber dem Bundespräsidenten auf insge-
samt über 6500 Mark monatlich erhöhen.[50]

Die Amtsbezüge des Bundespräsidenten ergeben sich
allein aus dem Haushaltsplan,[51] eine gesetzliche Regelung
fehlt; sie besteht nur für die Ruhebezüge des Bundespräsidenten. Im Haushaltsplan sind neben den Amtsbezügen
und der jährlichen Sonderzuwendung (13. Gehalt) eine
freie Amtswohnung mit Ausstattung und eine steuerfreie
pauschale Aufwandsentschädigung von jährlich 132 000
Mark, aus der auch die Löhne des Hauspersonals für die
Amtswohnung des Bundespräsidenten zu zahlen sind, veranschlagt. Weiter ist zur Verfügung des Bundespräsidenten
ein Betrag von 700 000 DM für »außergewöhnlichen Aufwand aus dienstlicher Veranlassung in besonderen Fällen«
im Haushaltsplan veranschlagt, aus dem auch Ausgaben für
repräsentative Verpflichtungen anderer Angehöriger des
Bundespräsidialamts geleistet werden können. Diese Ausgaben sind einzeln zu belegen.[52]

Versorgung

Das »Gesetz über die Ruhebezüge des Bundespräsidenten«
sieht seit einer Gesetzesänderung von 1959[53] vor, daß die
Amtsbezüge des Bundespräsidenten (ohne Aufwandsgeld)

auch nach seinem Ausscheiden aus dem Amt in voller Höhe – unter der Bezeichnung »*Ehrensold*« – weiterlaufen. Die *Hinterbliebenen* eines Bundespräsidenten oder eines ehemaligen Bundespräsidenten, dem bei seinem Tode Ehrensold zustand, erhalten für die auf den Sterbemonat folgenden drei Monate den vollen Ehrensold (100 Prozent der Amtsbezüge) als Sterbegeld und bekommen sodann ein aus dem Ehrensold berechnetes Witwen- und Waisengeld (§ 2 des Gesetzes).

Der Bundespräsident erhält also auch nach seinem Ausscheiden aus dem Amt auf Dauer 100 Prozent seiner Amtsbezüge fort, und danach bemißt sich auch die Hinterbliebenenversorgung. Eine Mindestdauer für die vorherige Ausübung des Amtes ist nicht vorgesehen. Insbesondere wird nicht vorausgesetzt, daß er die nach dem Grundgesetz möglichen zwei Amtsperioden von zusammen zehn Jahren erschöpft. Die Versorgung fällt – unabhängig vom Lebensalter – mit dem Ausscheiden des Bundespräsidenten aus seinem Amt an, entweder »mit Ablauf seiner Amtszeit oder vorher aus politischen oder gesundheitlichen Gründen« (nicht allerdings dann, wenn das Bundesverfassungsgericht ihn wegen vorsätzlicher Verletzung des Grundgesetzes oder eines anderen Bundesgesetzes für schuldig befunden und ihn seines Amtes für verlustig erklärt hat).

Ein Anrechnung von Aktivenbezügen oder Versorgungsbezügen aus dem »öffentlichen Dienst« auf den Ehrensold oder die Hinterbliebenenversorgung ist in vollem Umfang vorgesehen (§ 3 des Gesetzes). Eine *Teil*anrechnung ergibt sich beim Zusammentreffen mit Bezügen aus einem Abgeordnetenmandat und aus den einschlägigen Abgeordnetengesetzen (zum Beispiel § 29 AbgG des Bundes).

Kritik

Fehlende gesetzliche Regelung

Die Höhe der Aktivenbezüge erscheint akzeptabel. Wer sonst als das Staatsoberhaupt sollte die Einkommensspitze der öffentlichen Amtsträger innehaben? Problematisch aber ist das Verfahren. Es fällt auf, daß die Aktivenbezüge (einschließlich Aufwandsgeld und außergewöhnlicher Aufwandserstattung) des Bundespräsidenten nicht gesetzlich geregelt sind. Für die Bezahlung aller anderen Amtsinhaber bestehen Gesetze (Ministergesetze, Abgeordnetengesetze, Gesetz über Parlamentarische Staatssekretäre etc.). Es ist kein sachlicher Grund ersichtlich, warum das verfassungsrechtliche Erfordernis einer Regelung durch Gesetz (»Gesetzesvorbehalt«), das für die anderen Amtsträger anerkannt ist,[54] für den Bundespräsidenten nicht gelten soll. Die bloße Veranschlagung im Haushaltsplan begründet keine Ansprüche für den Bundespräsidenten.[55]

Überhöhte Versorgung

Daß die Altersbezüge des Bundespräsidenten stets und auf Dauer 100 Prozent der Amtsbezüge betragen, ist wohl einzigartig. Eine hundertprozentige Versorgung hat es früher für Universitätsprofessoren gegeben (»Emeritierung«); sie wurde aber in den siebziger Jahren mit Recht abgeschafft. Ursprünglich hatte das Gesetz von 1953 – in Anlehnung an die Regelung für den Reichspräsidenten der Weimarer Republik[56] – vorgesehen, daß ehemalige Bundespräsidenten nach ihrem Ausscheiden aus dem Amt noch drei Monate lang die vollen, sodann »für die Dauer eines Jahres als Übergangsgeld drei Viertel und von da ab als Ehrensold die

Hälfte der Amtsbezüge mit Ausnahme der Aufwandsgelder« erhalten.[57] Die Anhebung des Ruhegehalts des Bundespräsidenten auf 100 Prozent im Jahre 1959 war nicht öffentlich begründet worden. Der Gesetzentwurf[58] enthielt keine Begründung, ebensowenig die Berichte des Ausschusses für Inneres[59] und des Haushaltsausschusses.[60] Die drei »Lesungen« des Gesetzes im Bundestag erfolgten ohne Aussprache.[61] Eschenburg berichtet ohne Angabe der Quelle, der Gesetzentwurf sei damit begründet worden, daß der ehemalige Bundespräsident voraussichtlich von vielen Seiten in starkem Umfang in Anspruch genommen werde und dadurch sehr erhebliche Repräsentationsaufwendungen zu erfüllen habe.[62] Es ist allerdings nicht recht ersichtlich, warum der *Reichs*präsident keine solchen Verpflichtungen gehabt haben soll; im übrigen erhalten die ehemaligen Bundespräsidenten inzwischen eine Art Ausstattung (mit Dienstwagen und Fahrer, persönlichem Referenten und Bürokraft und Erstattung der Sachausgaben), so daß die frühere Begründung für die hundertprozentige Versorgung inzwischen jedenfalls entfallen ist.

Ob die seinerzeitige Anhebung der Altersbezüge mit dem in die damalige Zeit fallenden Wunsch Adenauers, Bundespräsident zu werden, zusammenhängt oder ob dem ersten Bundespräsidenten Theodor Heuss der Abschied versüßt oder ihm für seine Leistung eine Art Gratifikation gewährt werden sollte oder ob dadurch gar für die seinerzeit diskutierte dritte Amtsperiode von Heuss der Weg bereitet werden sollte (was eine Grundgesetzänderung verlangt hätte), wird von der Zeitgeschichte noch zu erforschen sein.

Auch der jetzige Bundespräsident Richard von Weizsäcker hält die Versorgungshöhe offenbar für überzogen. Als der stellvertretende CDU-Landtagsfraktionsvorsitzende in Nordrhein-Westfalen, Lothar Hegemann, ihn – offenbar als

Revanche für seine Kritik am überzogenen Parteienstaat – zum Verzicht auf sein Privileg aufforderte, ließ er zwar darauf hinweisen, es gebe einen besoldungsrechtlichen Grundsatz, »wonach man auf gesetzliche Besoldungs- und Versorgungsansprüche nicht verzichten« könne, vielmehr sei es Sache des Gesetzgebers, eine Einschränkung vorzunehmen. Dies schließe im übrigen auch nicht aus, daß der Präsident nach seinem Ausscheiden aus dem Amt einen Teil seiner Ruhestandsbezüge für gemeinnützige Zwecke spende.[63]

6 Politische Beamte

Die Analyse der Ministergesetze und die Entdeckung der überzogenen Ministerversorgung in den Bundesländern bewirkte, daß der kritische Blick sich nun fast zwangsläufig auch auf die Versorgung der sogenannten politischen Beamten richtete. Berührungspunkte ergaben sich immer wieder. In Gesprächen mit Politikern und Ministerialbeamten wurde oft versucht, die Versorgungsprivilegien der Landesminister mit dem Hinweis auf die teilweise noch größeren Privilegien der politischen Beamten zu rechtfertigen. Tatsächlich ist die Aufstockung der Versorgung von Ministern oder Abgeordneten auch im Blick auf die üppige Versorgung politischer Beamter erfolgt. Was diesen recht sei, so offenbar die Vorstellung, müsse Ministern und Abgeordneten billig sein. Bei der Schaffung der Versorgungsprivilegien in Hamburg im Jahre 1987 spielte der Umstand eine Rolle, daß einige Jahre zuvor die dortigen »Staatsräte« zu politischen Beamten gemacht worden waren[1] und die diesen »vorgesetzten« Senatoren deren üppige Versorgung vor Augen hatten. In Hessen dürfte die 1981 erfolgte Aufstockung der Versorgung für ehemalige Abgeordnete auf zwei Drittel der Entschädigung zwischen dem 55. und dem 63. Lebensjahr nicht zuletzt auf die Umwandlung der Fraktionsassistenten in politische Beamte (mit ihrer maßlosen Versorgung) im Jahre 1980 zurückzuführen sein. Auch bei einer Anhörung des Hessischen Landtags am 19. 1. 1993 über die Reform der dortigen Ministerversorgung wurde immer wieder der Vergleich zur besonders günstigen Versorgung von politischen Beamten gezogen.[2]

I. Überblick

Die Regelungen über politische Beamte sind nicht einfach zu verstehen. Gerade darin lag – ähnlich wie bei der Ministerversorgung – bisher ja auch der Schutz vor Entdeckung und öffentlicher Diskussion. Will man die finanziellen Privilegien des politischen Beamten erfassen und bewerten, so ist dies daher ohne eine gewisse Anstrengung nicht möglich.

Versetzung in den einstweiligen Ruhestand jederzeit

Ein Kennzeichen des Status des normalen Laufbahnbeamten ist, daß er vor Erreichen der Altersgrenze nicht entlassen werden kann, außer bei Dienstunfähigkeit oder schweren disziplinarischen Verfehlungen. Dagegen sind *politische* Beamte dadurch charakterisiert, daß sie »jederzeit in den einstweiligen Ruhestand versetzt werden« können, weshalb man auch von disponiblen Beamten sprechen könnte. Dieser beamtenrechtlichen Anomalie liegt die Vorstellung zugrunde, bei der Ausübung derartiger Ämter müsse der Beamte »in fortdauernder Übereinstimmung mit den grundsätzlichen politischen Ansichten und Zielen der Regierung stehen« (§ 31 Beamtenrechtsrahmengesetz) und müsse in den einstweiligen Ruhestand versetzt werden können, wenn sich eine Divergenz in den grundsätzlichen politischen Ansichten und Zielen ergebe.

Kreis der politischen Beamten

Zu den politischen Beamten gehören vor allem Spitzenbeamte wie Staatssekretäre und Ministerialdirektoren, in jüngerer Zeit aber – besonders in den Bundesländern – auch
immer häufiger junge politische Hilfskräfte wie persönliche Referenten oder gar – wie in Hessen – Fraktionsassistenten. Den Kreis der politischen Beamten im einzelnen
bestimmen die Beamtengesetze des Bundes und der Länder durch katalogartige Aufzählungen. Nach § 36 *Bundes-*
beamtengesetz kann der Bundespräsident »jederzeit in den
einstweiligen Ruhestand versetzen

1. Staatssekretäre und Ministerialdirektoren,
2. sonstige Beamte des höheren Dienstes im auswärtigen
   Dienst von der Besoldungsgruppe A 16 an aufwärts,
3. Beamte des höheren Dienstes des Bundesamtes für Verfassungsschutz und des Bundesnachrichtendienstes von
   der Besoldungsgruppe A 16 an aufwärts,
4. den Chef des Presse- und Informationsamtes der Bundesregierung, dessen Stellvertreter und den Stellvertre-
   tenden Sprecher der Bundesregierung,
5. den Generalbundesanwalt beim Bundesgerichtshof und
   den Oberbundesanwalt beim Bundesverwaltungsge-
   richt,
6. den Bundesbeauftragten für den Zivildienst,
7. Beamte des höheren Dienstes in der Ständigen Vertretung der Bundesrepublik bei der Deutschen Demokratischen Republik von der Besoldungsgruppe B 3 an aufwärts,

soweit sie Beamte auf Lebenszeit sind.« (Die Ziffer 7 ist
inzwischen überholt.) Nach § 176 Absatz 2 Bundesbeam-

tengesetz gehören zu den politischen Beamten ferner: der Direktor beim Deutschen Bundestag und der Direktor des Bundesrates, soweit sie Beamte auf Lebenszeit sind.

Darüber hinaus erweitern Spezialgesetze, zum Beispiel aus dem Bereich der Bundeswehr, den Kreis der politischen Beamten.

In *Hessen* (das hier neben Bayern und Sachsen als Beispiel für eine Länderregelung angeführt sei) können nach § 57 des Hessischen Beamtengesetzes in den einstweiligen Ruhestand »jederzeit versetzt werden

1. Staatssekretäre, Staatsräte und Ministerialdirektoren,
2. Regierungspräsidenten,
3. der Leiter des Landesamts für Verfassungsschutz,
4. Leiter der Ministerbüros, Pressereferenten und persönliche Referenten bei der Landesregierung und beim Landtag,
5. der Generalstaatsanwalt,
6. Polizeipräsidenten,
7. der Leiter der Landeszentrale für politische Bildung,
8. die Fraktionsassistenten bei den Fraktionen des Landtags,

soweit sie Beamte auf Lebenszeit sind.«

In *Bayern* fehlt die Einrichtung des politischen Beamten völlig. Staatssekretäre sind allerdings Mitglieder der Staatsregierung;[3] sie können wie Staatsminister vom Ministerpräsidenten entlassen werden[4] und erhalten dann Versorgung wie Minister.

In *Sachsen* können nach § 55 seines neuen Beamtengesetzes[5] in den einstweiligen Ruhestand »jederzeit versetzt werden

1. Staatssekretäre,
2. Regierungspräsidenten,
3. Regierungssprecher,

soweit sie Beamte auf Lebenszeit sind.« Staatssekretäre können allerdings zu Mitgliedern der Staatsregierung ernannt
werden. Ferner können in besonderen Fällen Mitglieder
des Landtags zu Parlamentarischen Staatssekretären gemacht werden und haben dann einen ministerähnlichen
Status.
Einen Überblick über die wichtigsten politischen Beamtenstellen in Bund und Ländern gibt Tabelle 4.

Status im einstweiligen Ruhestand

Der in den einstweiligen Ruhestand versetzte Beamte ist
rechtlich verpflichtet, einer erneuten Berufung in das
Beamtenverhältnis auf Lebenszeit Folge zu leisten; daher
der Begriff »*einstweiliger* Ruhestand«. Voraussetzung ist, daß
das neue Amt einer mindestens gleichwertigen Laufbahn
angehört wie das frühere Amt und mit mindestens demselben Endgrundgehalt verbunden ist (§ 39 BBG, § 60 HBG).
Tatsächlich steht jene Pflicht weitgehend auf dem Papier.
Reaktivierungen sind in der Praxis selten.[6] Kommt es nicht
zu einer erneuten Berufung, so tritt mit Erreichen der normalen Altersgrenze (Vollendung des 65. Lebensjahres)
kraft Gesetzes der dauernde Ruhestand ein (§ 32 BRRG,
§ 61 HBG).

Tabelle 4: Politische Beamte in Bund und Ländern

Funktionsbeschreibung	Bund (§§ 36, 176 II BBG)	Baden-Württ. (§ 60 LBG)	Bayern*	Berlin (§ 72 BerlLBG)	Bremen (§ 41a BreBG)	Hamburg (§ 41 I HmbBG)	Hessen (§ 57 HGB)	Nieders. (§ 47 II NBG)
Leiter eines Ministeriums	Staatssekretär	Ministerialdirektor		Staatssekretär	Staatsrat/ Senatsdirektor	Staatsrat	Staatssekretär/ Staatsräte	Staatssekretär
Abteilungsleiter eines Ministeriums	Ministerialdirektor						Ministerialdirektoren	
Pressechef	Bundespressechef u. Stellvertr.; Stellvertretender Sprecher der Bundesregierung			Leiter der Presse- u. Informationsabteilung d. Senatskanzlei		Leiter der staatl. Pressestelle u. Stellvertreter	Leiter der staatl. Pressestelle u. Stellvertreter	Leiter der Pressestelle d. Landesregierung
nichtleitende Pressesprecher							Presseref. d. Landesreg. und LTag	
persönliche Referenten							pers. Ref. b. d. Landesreg. u. LTag	
Mittelinstanz		Regierungspräsident					Regierungspräsident	Regierungspräsident
Polizei							Präsidenten u. Direktoren als Pol.Verw. iSv § 68 HSOG	Präsidente
Bereich der »Dienste«	ab A 16			Leiter d. LA f. Verf.Schutz			Leiter d. Amts f. Verf.Schutz	Leiter d. L f. Verf.Schutz
Bereich der Gerichtsbarkeit	Gen.-Bundesanwalt b. BGH; Oberbundesanwalt b. BVerwG						Generalstaatsanwalt, Oberstaatsanwälte als Beh.-Leiter	Generalstaatsanwalt
»auswärtiger« Bereich	Ausw. Dienst ab A 16; DDR-Vertretg. ab B 3			Leiter d. Protokoll- u. Ausl.-Abt. d. Berl. Staatskanzlei				
Leiter d. Parlamentsverwaltg.	Direktor b. Bundestag/ Direktor b. Bundesrat (u. Vertr.)	Ministerialdirektor						
Landesbevollmächtigte beim Bund								
Sonstige Funktionen (Auswahl)	Bundesbeauftragte f. d. Zivildienst			Gen.-Sekretär d. Ständigen Kultusministerkonferenz	Sprecher des Senats	Staatsräte mit sonst. Funktionen	Leiter d. Landeszentrale f. Politische Bildung; Fraktionsassistenten bei Fraktionen d. LTags	

* In Bayern gibt es die Institution des politischen Beamten nicht.
Quellen: *Kugele*, Der politische Beamte, 1976, S. 450; *Fürst*, Kommentar BBG, Loseblatt, § 36 Rdnr. 16
Stand: Dez. 1992; eigene Feststellungen; weitere polit. Beamtenstellen in Spezialgesetzen sind nicht berücksichtigt.

[...]drh.-stf. (§ 8 LBG)	Rheinl.-Pfalz (§ 50 LBG)	Saarland (§ 58 SBG)	Schlesw.-Holstein (§ 48 LBG)	Brandenburg (§ 4 LBG)	Mecklenb.-Vorp. (§ 72 Beamtenrechts-regelungsG.)	Sachsen (§ 55 LBG)	Sachsen-Anhalt (§ 36 LBG)	Thüringen (§ 4 Beamten-VorschaltG)
[Staats]sekretär	Staatssekretär		Staatssekretär	Staatssekretäre	Staatssekretär	Staatssekretär	Staatssekretär	Staatssekretär
	Ministerialdirektoren							
[Regi]erungssprecher	Sprecher der Landesregierung	Pressechef d. Landesregierung	Pressechef d. Landesregierung		Pressesprecher der Landesregierung	Regierungssprecher	Leiter des Presse- u. Informationsamtes der Landesregierung	Sprecher der Landesregierung
[Regi]erungs[präs]ident / [...präs]identen	Regierungspräsidenten u. Direktoren			Präsidenten		Regierungspräsident	Regierungspräsident	Präsidenten
[Leit]er d. LA [f. Ve]rf.-[Schu]tz			Leiter d. Amts f. Verf.-Schutz	Leiter d. Abt. I Verf.-Schutz	Leiter d. Abt. f. Verf.-Schutz	Leiter d. Abt. f. Verf.-Schutz		Leiter d. LA f. Verf.-Schutz
[Gen]eral[staats]anwalt	Generalstaatsanwalt	Generalstaatsanwalt	Generalstaatsanwalt		Generalstaatsanwalt			
	Staatssekretär	Bevollmächtigter d. Saarland. b. Bund	Staatssekretär					
[Chef d. Staats]kanzlei	Landräte; Beamte, die mit ihrer Zustimmung zu Ref. f. Presse- u. Öffentlichkeitsarbeit bei einer obersten LBehörde best. sind	Landräte; Chef der Staatskanzlei		Chef der Staatskanzlei				Leiter des Landesverwaltungsamtes
		Ständiger Vertreter eines Ministers						Leiter der Ministerbüros

Versorgung im einstweiligen Ruhestand

Werden politische Beamte in den einstweiligen Ruhestand versetzt, so ist ihre (sofort einsetzende) finanzielle Versorgung immens. Sie erhalten im laufenden Monat und in den drei folgenden Monaten ihre vollen Bezüge weiterbezahlt (§ 4 Absatz 1 Bundesbesoldungsgesetz), danach fünf Jahre lang 75 Prozent der ruhegehaltfähigen Dienstbezüge aus der Endstufe ihrer Besoldungsgruppe; der Betrag darf die bis dahin erhaltenen Bezüge allerdings nicht überschreiten (§ 14 Absatz 5 Beamtenversorgungsgesetz). Nach Ablauf der fünf Jahre wird je nach Amtszeit ein Ruhegehalt zwischen 35 und 75 Prozent der ruhegehaltfähigen Dienstbezüge gezahlt, wobei die vorangehenden fünf Jahre im einstweiligen Ruhestand als »ruhegehaltfähige Dienstzeit« gerechnet werden (§ 7 Nr. 2 Beamtenversorgungsgesetz).
Diese Regelung ist aus mehreren Gründen extrem großzügig:

– Das Ruhegehalt beginnt – unabhängig vom Lebensalter – sofort nach Ablauf der dreimonatigen Übergangzeit zu laufen, wohingegen ein Beamter darauf normalerweise bis zum Ablauf seines 65. Lebensjahres warten muß.
– Das Ruhegehalt fällt an ohne Rücksicht darauf, wie lange der politische Beamte sein Amt innegehabt hat, also im theoretischen Grenzfall auch dann, wenn der Beamte nach einem einzigen Amtstag in den einstweiligen Ruhestand versetzt wird.
– Die Höhe des Ruhegehalts ist mit 75 Prozent in den ersten fünf Jahren extrem hoch. Bei Beamten der Besoldungsgruppe A mit je nach Dienstalter steigenden Gehältern – dazu gehören Beamte bis zum Ministerialrat – bemessen sich diese 75 Prozent stets nach der höchsten

Gehaltsstufe, selbst wenn der Beamte aufgrund seines geringen Dienstalters noch weit von ihr entfernt war. So beträgt das Grundgehalt eines Ministerialrats nach der Besoldungsgruppe A 16 je nach Dienstaltersstufe derzeit zwischen 4235 und 7658 Mark, und die Bemessungsgrundlage für das 75prozentige Ruhegehalt des in den einstweiligen Ruhestand versetzten politischen Beamten ist immer der höchste Betrag. Er kann dann in der Praxis leicht 100 Prozent seines letzten Gehalts bekommen.

– Auch nach Ablauf der fünf Jahre bleibt die Regelung sehr großzügig, weil auch diese fünf Jahre voll als ruhegehaltfähige Zeit zählen, obwohl der Betreffende keine Dienste mehr geleistet hat; in jedem Fall erhält er 35 Prozent des Aktivengehalts.

Diese Kumulation von Vergünstigungen führt dazu, daß beispielsweise ein politischer Beamter im Alter von 32 Jahren, wenn er nach einem halben Jahr Dienstzeit in den einstweiligen Ruhestand versetzt wird, ein lebenslängliches Ruhegehalt erhält, das in den ersten fünf Jahren und drei Monaten bis zu 100 Prozent seines letzten Aktivengehalts betragen kann, danach mindestens 35 Prozent, ohne daß er dafür etwas tun müßte. Man spricht nicht von ungefähr von den »teuersten Spaziergängern Deutschlands«.

Beurteilung der Versorgung

Die Regelung mag zumindest vom Ansatz her nachvollziehbar sein für die Gruppe von politischen Beamten, für die sie ursprünglich gedacht war, also für Spitzenbeamte, die beispielsweise die Position als Staatssekretär am Ende ihrer Beamtenkarriere in fortgeschrittenem Alter erreichen.

Ihnen im Falle ihrer Versetzung in den einstweiligen Ruhestand eine hohe Versorgung zu garantieren erscheint angemessen, wenn man erreichen will, daß sie ein wirtschaftli-
ches Interesse behalten, über die Stelle des höchsten nicht-
politischen Beamten hinaus auf die risikobehafteten Stellen von politischen Beamten zu gelangen. Für sie mag ein
Ruhegehalt von 75 Prozent der Aktivenbezüge zu rechtfertigen sein. Eine faktische Aufstockung auf 100 Prozent
erhalten sie ohnehin nicht, weil sie als Spitzenbeamte Ein-
heitsgehälter ohne Dienstaltersstufen (nach der sogenannten Besoldungsgruppe B) beziehen. Und auch die gesetzlich vorgesehene Gewährung von 75 Prozent und die Einbeziehung der zusätzlichen fünf Jahre während des einstweiligen Ruhestandes in die ruhegehaltfähige Dienstzeit
bedeuten für sie oft keine Verbesserung, weil sie aufgrund
ihrer regulären Dienstzeit regelmäßig ohnehin bereits die
Höchstversorgung von 75 Prozent erdient haben.
Völlig anders muß die Beurteilung der Versorgungsregelung aber ausfallen, wenn der Kreis der politischen Beam-
tenpositionen derart ausgeweitet oder die Ernennungsvor-
aussetzungen rechtlich oder praktisch derart abge-
schwächt werden, daß sie schon in jüngeren Jahren erlangt
werden können. Und genau das ist in zunehmendem
Umfang der Fall. Der Katalog der politischen Beamten ist
im Laufe der Zeit ausgeweitet und die Stellen sind im
Durchschnitt mit immer jüngeren Personen besetzt worden. Neben besonders politiksensiblen Bereichen, wie
dem Auswärtigen Dienst, dem Verfassungsschutz und dem
Bundesnachrichtendienst, bei denen im Bund zu den politischen Beamten auch Beamte von der Besoldungsgruppe
A 16 (Ministerialräte) an aufwärts gehören, haben manche
Bundesländer den Kreis immer weiter nach unten ausgedehnt und teilweise auch persönliche Referenten und Pres-

sesprecher bei der Landesregierung und in Hessen sogar
Assistenten der Landtagsfraktionen den Status von politischen Beamten verschafft. Es ist auch unübersehbar, daß
die ursprüngliche Annahme, Staatssekretäre und andere
hohe politische Beamtenstellen würden regelmäßig erst
von Personen in fortgeschrittenem Alter mit großer Erfahrung erreicht, nicht mehr zutrifft. Der mit 31 Jahren beru-
fene Staatssekretär, der mit 32 in den einstweiligen Ruhestand tritt, die prominente Sportlerin, die, zur Staatsse-
kretärin berufen, nach kürzester Zeit in den einstweiligen
Ruhestand versetzt wird, weil sie dem Amt nicht gewachsen
ist, sind keine Erfindungen. Ein 32jähriger Mann hat eine
statistische Lebenserwartung von weiteren 44 Jahren, und
seine Ehefrau überlebt ihn nach der Wahrscheinlichkeits-
rechnung um etwa zehn Jahre (mit 60 Prozent Witwenren-
te). Wenn auch die frühere Möglichkeit, daß der einstweilige Ruheständler aus privater Quelle unbeschränkt dazu-
verdienen kann, seit kurzem durch eine Anrechnungsvor-
schrift eingeschränkt ist (§ 53a Beamtenversorgungsgesetz), bleibt doch die Regelung, daß ein 32jähriger nach
kurzer Dienstzeit in den einstweiligen Ruhestand versetzt
werden kann und dann für sein ganzes Leben ausgesorgt
hat, ein groteskes, sachlich nicht zu rechtfertigendes Privileg. Damit gerät aber die Institution des politischen Beamten – zumindest die damit derzeit verbundene überaus
großzügige lebenslange Versorgung – ins Zwielicht. Wenn
ein politischer Beamter schon in jungen Jahren eine überzogene lebenslange Versorgung erlangen kann, ist etwas
faul im Staate.

Das gilt um so mehr, als keine sachliche Notwendigkeit
ersichtlich ist, derartige Stellen zu politischen Beamtenstellen zu machen. Persönliche Referenten und ähnliche
Beamte haben regelmäßig Stellen einer Gehaltskategorie

inne, die es erlaubt, sie – im Falle einer Störung des politischen Vertrauensverhältnisses – anderweitig im Ministerium auf »unpolitischen« Stellen unterzubringen, wenn es
nicht überhaupt sinnvoller wäre, sie im Angestelltenver-
hältnis zu beschäftigen (näheres dazu siehe S. 235 ff.).

II. Wie es zu der üppigen Beamtenversorgung kam (Gesetzgebungsverfahren)

Auch bei den politischen Beamten wird, wie das auch bei anderen Regelungen immer wieder zu beobachten war, die inhaltliche Unangemessenheit der gesetzlichen Regelung bereits durch das Verfahren der Gesetzgebung und die Art der »Begründung« indiziert. Das gilt für die Gesetzgebungsverfahren auf Bundes- wie auf Landesebene.

Beamtenversorgungsgesetz von 1976

Bis 1976 erhielt der in den einstweiligen Ruhestand versetzte Beamte im Bund und in vielen Ländern fünf Jahre lang »nur« 50 *Prozent* der Aktivenbezüge. Diese 50 Prozent bezogen sich damals noch auf das tatsächliche Gehalt, nicht auf die höchste Stufe der Besoldungsgruppe. Auch zählten jene fünf Jahre nicht als ruhegehaltfähige Dienstzeit, erhöhten die folgende Versorgung also nicht. Die Erhöhung auf 75 Prozent der höchsten Dienstaltersstufe und die Anrechnung von fünf Jahren im einstweiligen Ruhestand als Dienstzeit für die Berechnung des folgenden Ruhegehalts wurden – einheitlich für den Bund und alle Länder – erst durch das Beamtenversorgungsgesetz von 1976 eingeführt. »Begründet« wurde diese – nach Auffassung eines bekannten Beamtenrechtlers[7] – »sachlich völlig unberechtigte« Neuerung damit, daß Beamte, die ihr Amt »durch Gebietsreform oder Umwandlung von Behörden verlieren«,[8] gut abgesichert sein müßten. Diese Argumentation trifft auf politische Beamte aber gar nicht zu. Mit Recht spricht ein anderer Kommentator vom Vorschützen eines Feigenblattes.[9]

Sinnvoll wäre es, die seinerzeitigen nicht gerechtfertigten
Änderungen wieder zurückzunehmen: Der Versorgungssatz von 75 Prozent ist wieder auf 50 Prozent herabzusetzen,
die sich zudem auf das tatsächliche Gehalt beziehen müssen, nicht auf das der höchsten Besoldungsgruppe.
Zugleich ist die Anrechnung von fünf Jahren im einstweiligen Ruhestand auf die spätere Versorgung wieder aufzuheben. Bei älteren und B-Gehälter beziehenden Personen
werden beide Verbesserungen ohnehin kaum relevant. Bei
jüngeren und besoldungsmäßig niedriger eingestuften
Beamten sind sie dagegen regelmäßig nicht gerechtfertigt.

Wie hessische Fraktionsassistenten politische Beamte wurden

Äußerst problematisch ist oft auch das Gesetzgebungsverfahren in den Bundesländern abgelaufen, mit dem der
Kreis der politischen Beamten erweitert wurde. Als Beispiel
sei das Verfahren in Hessen dargestellt, mit dem die Fraktionen ihren Fraktionsassistenten den Status politischer
Beamter verschafft haben. Diese »Neuerung« wurde nicht
im normalen Gesetzgebungsverfahren beschlossen, sondern ins Haushaltsgesetz geschrieben,[10] also in ein Gesetz,
dessen Funktion die Feststellung der Einnahmen und Ausgaben des staatlichen Haushaltsplans ist und in dem niemand ein derartiges Gesetz, das das Hessische Beamtengesetz ändert, erwartet. Überdies war die Änderung des
Beamtengesetzes, die die Fraktionsassistenen zu politischen Beamten machte, in dem von der Regierung beschlossenen Entwurf des Haushaltsgesetzes vom 1. 8. 1980[11]
noch nicht vorgesehen, sondern tauchte erst im »Zweiten
Bericht des Haushaltsausschusses« des Hessischen Land-

tags vom 26.11.1980 auf.[12] Ausweislich der Protokolle waren die neuen Bestimmungen vormittags in einem Unterausschuß des Haushaltsausschusses, dem sogenannten Unterausschuß für die Stellenpläne, und sodann noch am selben Tag vom Haushaltsausschuß in nichtöffentlichen Sitzungen beschlossen worden. Die Änderung des Beamtengesetzes wurde in der Sache also vom Haushaltsausschuß durch einstimmigen Beschluß[13] in den Landtag »eingebracht«, ohne daß der Haushaltsausschuß aber das Recht der Gesetzesinitiative besäße. Zum Zeitpunkt der »Einbringung« hatten die beiden ersten Beratungen des Haushalts 1981 im Landtag längst stattgefunden. Es stand nur noch die dritte Beratung bevor, die am 11. 12. 1980 stattfand und in der die im Haushaltsgesetz versteckte Änderung des Beamtengesetzes nicht erwähnt wurde, von einer Begründung ganz zu schweigen;[14] die Diskussion über einen am selben Tag vom Haushaltsausschuß beschlossenen neuen »Dritten Bericht des Haushaltsausschusses«[15] verdeckte die Änderung des Beamtengesetzes vollständig.

Vorsitzender des Haushaltsausschusses des Hessischen Landtags war damals der erste Vizepräsident und frühere kurzzeitige Landesfinanzminister Dr. Erwin Lang (SPD), der später (1988) wegen seiner Verantwortung für den hessischen Diätenskandal zurücktreten mußte.[16] Stellvertretender Vorsitzender war Dr. Christian Bartelt (CDU). Von der FDP-Fraktion hatte an der Sitzung vom 26. 11. 1980 auch der Abgeordnete Weghorn teilgenommen. (Die Grünen waren damals noch nicht im Landtag vertreten, sondern kamen erst 1982 hinein.) Die drei Genannten waren auch bei der vorberatenden Sitzung des Unterausschusses für die Stellenpläne vom Vormittag desselben Tages mit dabei. Berichterstatter des Haushaltsausschusses bei der dritten Beratung des Haushalts 1981 im Landtag war wiederum Dr. Lang, der sich aber denkbar kurz faßte und auf die schriftlichen Materialien verwies. Das Wort ergriffen auch Dr. Bartelt (CDU) und die Ausschußmitglieder Weghorn (FDP) und Welteke (SPD). Keiner erwähnte die im Haushaltsgesetz enthaltene fatale Änderung des Beamtengesetzes auch nur mit einem Wort.

In das Haushaltsgesetz gehört ein Gesetz, das das hessische Beamtenrecht ändert, nicht hinein. Materielles Recht hat im Haushaltsgesetz oder im Haushaltsplan nichts zu suchen.[17] Dies nicht nur, um zu verhindern, daß die Verabschiedung des Haushalts durch politische Auseinandersetzungen über solch materielles Recht verzögert wird,[18] sondern auch deshalb, weil das – im Interesse der rechtzeitigen Verabschiedung des Haushalts – beschleunigte Haushaltsverfahren nicht die ausreichende Öffentlichkeit vermittelt, die gerade bei wesentlichen Entscheidungen über materiellrechtliche Regelungen gewährleistet sein muß, weshalb das Parlament darüber im Wege eines speziellen Gesetzes[19] entscheiden muß. Das gilt erst recht, wenn das Parlament in eigener Sache entscheidet, wie dies hier bei Einführung des politischen Beamtenstatus für Fraktionsassistenten (und der gleichzeitigen Ausweitung der Staatsmittel für Fraktionen in Höhe der nicht besetzten Stellen[20]) der Fall war. Bei Entscheidungen des Parlaments in eigener Sache ist Öffentlichkeit »die einzige wirksame Kontrolle«,[21] was zwingend eine spezialgesetzliche Regelung verlangt.[22]

Darüber hinaus enthält die Hessische Verfassung (ebenso wie das Grundgesetz) eine Bestimmung, die es ausdrücklich verbietet, derartige Regelungen in das Haushaltsgesetz aufzunehmen. Nach Art. 139 Absatz 3 Satz 2 der Hessischen Verfassung (die im Bund dem Art. 110 Abs. 4 GG entspricht) dürfen nur Gesetze ins Haushaltsgesetz aufgenommen werden, die mit den Einnahmen und Ausgaben des

Staates und ihrer Verwaltung keinen unmittelbaren Zusammenhang haben (sachliches Bepackungsverbot). Die Vorschrift verbietet zugleich Normen, die sich auf längere Zeit als das Haushaltsjahr beziehen (zeitliches Bepackungsverbot). Dauerregelungen dürfen im Haushaltsgesetz also nicht vorgesehen werden.

Die Einführung des Status von politischen Beamten für Fraktionsassistenten durch das Haushaltsgesetz 1980 war eine Dauerregelung, die überdies keinen unmittelbaren Bezug zu den Einnahmen und Ausgaben des Landeshaushalts und ihrer Verwaltung besitzt. Sie verstieß also sowohl gegen das zeitliche als auch gegen das sachliche Bepackungsverbot der Hessischen Verfassung. Der Sinn der Vorschrift ist es, ein Überrumpeln der Opposition und der Öffentlichkeit zu verhindern. Gerade auf Überrumpelung der Öffentlichkeit lief die Aufnahme der Regelung ins Haushaltsgesetz aber hinaus. Dies bestätigt auch der Umstand, daß die Regelung sich noch nicht im Regierungsentwurf des Haushaltsgesetzes fand und, wie beschrieben, erst vom Haushaltsausschuß in seinem zweiten Bericht präsentiert und im Plenum mit keinem Wort erwähnt wurde.

Der Verstoß gegen das Bepackungsverbot des Art. 137 der Hessischen Verfassung machte die Regelung bereits aus formellen Gründen nach herrschender Auffassung nichtig.[23] Der Verstoß ist derart offensichtlich, daß die Mitglieder des *Haushaltsausschusses,* bei denen die verfassungsrechtlichen Grundsätze des Haushaltsrechts als bekannt vorausgesetzt werden können, ihn erkannt haben müssen. Soweit sie zugleich Mitglieder des vorbereitenden Unterausschusses waren, muß von *Vorsatz* ausgegangen werden.

Das Verfahren erinnert an das Hamburger Camouflage-Gesetz von 1987. Auch dort war das Gesetz erst von einem

Parlamentsausschuß als Anlage eines Berichts ins Plenum
gebracht worden, ohne daß jemand, der nicht ohnehin eingeweiht war, in diesem Bericht ein derartiges Gesetz hätte
vermuten können. Auch in Hessen war das Gesetz erst zum
Schluß des Verfahrens von einem Ausschuß – und noch
dazu von dem für Beamtenrecht gar nicht zuständigen
Haushaltsausschuß – dem Plenum präsentiert worden, und
das an einer Stelle, an der niemand ein derartiges Gesetz
vermuten konnte, weil es dort von Verfassungs wegen nicht
stehen durfte, nämlich im Haushaltsgesetz. Und noch eine
weitere Parallele zeigt sich: Auch in Hessen war die eigentliche Entscheidung in einen Unterausschuß verlagert worden, dessen Sitzung nur Minuten vor Beginn der Sitzung
des Haushaltsausschusses endete.

III. Fraktionsassistenten: Instrument zur Ausbeutung des Staates

Die Umwandlung der hessischen Fraktionsassistenten zu politischen Beamten steht nicht isoliert für sich, sondern war Bestandteil eines Gesamtkonzepts, das die Fraktionen in eigener Sache entwickelten, um sich staatliche Stellen und Finanzen verfügbar zu machen – ohne Rücksicht auf Recht und öffentliche Interessen. Die Regelungen wurden allerdings nur teilweise im (Haushalts-)Gesetz getroffen, andere Teile kamen lediglich in den Haushaltsplänen zum Ausdruck, wenn es nicht überhaupt bei (öffentlich nicht nachvollziehbaren) internen Verwaltungsentscheidungen blieb. Auf diese Weise wurden Teile des Gesamtpakets »abgedunkelt«, wodurch eine Kenntnisnahme und Kritik durch die Öffentlichkeit verhindert werden sollte – aus gutem Grunde: Das öffentliche Bekanntwerden des Konstrukts hätte sein Scheitern bedeutet.

Gleichzeitig mit den Fraktionsassistenten wurden – ebenfalls im Haushaltsgesetz 1981 – auch Pressereferenten und persönliche Referenten »beim Landtag« zu politischen Beamten gemacht und konnten damit jederzeit in den einstweiligen Ruhestand geschickt werden. Die neue Vorschrift trat zum 1. 1. 1981 in Kraft und galt damit ursprünglich auch für alle zu diesem Zeitpunkt vorhandenen Stelleninhaber. Durch eine weitere – im Blitzverfahren verabschiedete – Gesetzesänderung vom 1. 7. 1981, die auch an diesem Tag in Kraft trat,[24] wurde jedoch bestimmt, daß die neuen Regelungen für Beamte, die am 1. Januar 1981 eines der dort genannten Ämter innehatten, nur anzuwenden seien, wenn sie dies bis zum 30. 6. 1983 gegenüber dem Präsidenten des Landtags beantragten. Die Regelung sollte dadurch gegen anderenfalls drohende Verfassungsklagen abgesichert werden.

Zugleich wurde die Wahrnehmung der Aufgaben des Direktors des Landespersonalamts und der Landespersonalkommission in bezug auf Beamte des Landtags auf das Präsidium des Landtags übertragen. Nach § 185 Hessisches Beamtengesetz war zwar schon vorher die Ernennung, Entlassung und Versetzung der Landtagsbeamten in den Ruhestand Sache des Landtagspräsidenten »im Benehmen mit dem Präsidium des Landtags«. Der Landtagspräsident war auch bereits oberste Dienstbehörde der Landtagsbeamten. Wichtige Befugnisse standen jedoch bis dahin unter dem Vorbehalt der Zustimmung des Direktors des Landespersonalamts und der Landespersonalkommission. Diese mußten mitwirken, wenn es zum Beispiel darum geht, festzustellen, ob Bewerber, die die laufbahnrechtlichen Voraussetzungen nicht aufweisen, die nötige Befähigung besitzen (§ 26 Satz 2 HBG), oder ob eine Ausnahme von dem Grundsatz gemacht werden kann, daß Beamte nur im Eingangsamt ihrer Laufbahn eingestellt werden können (§ 19 Abs. 1 und 3 HBG). Die Übertragung dieser Zustimmungsbefugnisse auf das Landtagspräsidium ist problematisch, weil dieses in seiner Zusammensetzung aus prominenten Fraktionsmitgliedern in Sachen Fraktionsassistenten nicht unabhängig ist. Die Übertragung der Zustimmungsvorbehalte auf das Landtagspräsidium für eine bestimmte Kategorie von Beamten, nämlich die Beamten des Landtages, verstößt wohl gegen das Beamtenrechtsrahmengesetz und ist deshalb bundesrechtswidrig (Art. 31 GG) und nichtig. Denn § 61 BRRG sieht nur *eine* und zudem *unabhängige,* das heißt auch uninteressierte Stelle im Bereich eines jeden Landes vor.[25]

Zu den Mitgliedern des Landtagspräsidiums gehörten in

der 9. Wahlperiode (1978–1982) laut Handbuch des Landtages unter anderen der Präsident Dr. Hans Wagner (CDU), der erste Vizepräsident Dr. Erwin Lang (SPD) und die weiteren Vizepräsidenten Eberhard Weghorn (FDP) und Jochen Lengemann. Wagner, Lang und Lengemann sind uns einschlägig bekannt: Landtagspräsident Dr. Wagner wegen seines skrupellosen Durchboxens des Diäten-Gesetzes von 1981 (näheres siehe S. 31). Dr. Lang und Lengemann spielten eine unrühmliche Rolle beim hessischen Diätengesetz von 1988, das wenige Monate später zurückgenommen werden mußte und beide ihr Amt als Vizepräsident und Präsident des Hessischen Landtags kostete (näheres siehe S. 34). Berücksichtigt man weiter, daß der Vorsitzende des Haushaltsausschusses, der die Änderung des Hessischen Beamtengesetzes ins Plenum einbrachte, wiederum Dr. Lang war und er zusammen mit dem Abgeordneten Weghorn auch bei der Vorbereitung des Coups im Unterausschuß für die Stellenpläne mit dabei war, so wird offenbar, daß hier – ähnlich wiederum wie in Hamburg – eine kleine Gruppe von Spitzenparlamentariern in ihren verschiedenen Funktionen die staatlichen Finanzen und Personalstellen ihren Zwecken dienstbar zu machen und dabei die Öffentlichkeit und sonstige Kontrollen zu unterlaufen suchte.

Die Zahl der politischen Beamtenstellen für Fraktionsassistenten, die sich lediglich aus einem Vermerk im Haushaltsplan ergibt, nahm, nachdem ihnen der politische Beamtenstatus verschafft war, rasch zu. Während es 1980 noch 18 Stellen des höheren Dienstes waren, stiegen sie bis 1984 auf 31 zum Teil hochdotierte Stellen. Seitdem ist keine größere Änderung mehr eingetreten.

Die Zuweisung von Landtagsstellen an die Fraktionen war – nach Angaben der Landtagsverwaltung – schon 1971 ein-

geführt worden, zunächst mit 6 Stellen der Besoldungsgruppe A 13/A 14, die sich dann im Laufe der Jahre nach
Anzahl und Besoldungsgruppen stark erhöhten.

Soweit von der Möglichkeit, Fraktionsassistenten in den
einstweiligen Ruhestand zu versetzen, Gebrauch gemacht
worden ist, tragen die Steuerzahler eine Zusatzbelastung,
deren Gewicht aus dem Haushaltsplan allerdings nicht
ersichtlich ist, weil der Einzelplan des Landtags nur die
Aktivenbezüge von Landtagsbeamten ausweist, nicht auch
ihre Versorgungsbezüge; diese werden – ununterscheidbar
von allen anderen Versorgungsbezügen des Landes – im
Einzelplan 14 nur als Globalsumme ausgewiesen.

Im selben Jahr, in dem die Umwandlung der Fraktionsassi-
sten in politische Beamte durch Änderung des Hessischen
Beamtengesetzes erfolgte, war im Haushaltsplan erstmals
vermerkt, die Inhaber von Planstellen könnten »den Fraktionen zur Dienstleistung zugewiesen werden« (obwohl
dies tatsächlich auch schon vorher geschah). Weiter war
erstmals im Haushaltsplan vermerkt, der Betrag, »der
dadurch eingespart wird, daß von den genannten Stellen
nicht alle besetzt sind«, erhöhe die den Fraktionen zuste-
henden Mittel. Heute haben die 33 Stellen einen Gesamtwert von etwa drei Millionen Mark.

Aus dem Haushaltsplan ist allerdings nicht zu ersehen, wie-
viele Stellen im jeweiligen Jahr voraussichtlich nicht besetzt
und wie hoch die »eingesparten« und damit den Fraktionen zusätzlich zufließenden Barmittel sind. Ebensowenig
ist aus dem Haushaltsplan zu entnehmen, wie die »eingesparten« Mittel auf die Fraktionen *aufgeteilt* werden. Man
wird davon ausgehen können, daß jeweils diejenigen Fraktionen die entsprechenden zusätzlichen Zahlungen erhalten, denen die nicht besetzten Stellen zugewiesen waren. Es
fehlt aber im Haushaltsplan auch ein Hinweis, welchen

Fraktionen welche Stellen zugewiesen sind. Nach Angaben der Landtagsverwaltung erhält jede Fraktion gleich viele Stellen.

Dadurch, daß die Fraktionen die durch die Nichtbesetzung der ihnen zugewiesenen Stellen eingesparten Beträge in bar erhalten und gleichzeitig die Möglichkeit eingeführt wurde, Fraktionsassistenten als politische Beamte jederzeit in den einstweiligen Ruhestand zu versetzen, verschafften sie sich ein Instrument, die ihnen aus dem Haushalt zufließenden Zahlungen zu erhöhen. Neben der Möglichkeit, sich zusätzliche Fraktionsassistentenstellen zu bewilligen, diese aber nicht zu besetzen, besteht die weitere Möglichkeit, bestimmte Stelleninhaber in den einstweiligen Ruhestand zu versetzen, ohne ihre Stellen neu zu besetzen. Doch ergibt sich in diesem Fall – entgegen der Formulierung im Haushaltsplan – in Wahrheit kein »Einsparungsbetrag« für den hessischen Haushalt als Ganzen, weil die in den einstweiligen Ruhestand Versetzten ein Ruhegehalt beziehen, das in den ersten fünf Jahren und drei Monaten bis zu 100 Prozent ihres Aktivengehalts beträgt – nur eben aus einem anderen Titel des Haushalts. Auch wenn von dieser Möglichkeit tatsächlich nur selten Gebrauch gemacht worden sein sollte, so ist doch schon die Eröffnung der Möglichkeit abenteuerlich.

Gegen eine Kontrolle durch den Rechnungshof wurden die Zahlungen an die Fraktionen dadurch abgeschirmt, daß dem Rechnungshof die Prüfung der Fraktionsfinanzen ausdrücklich untersagt wurde. Im Haushaltsplan fand sich bei dem Titel mit den Zahlungen an die Fraktionen (Titel 684 06) stets der Vermerk: »Die Prüfung der Verwendung der Mittel erfolgt durch die Fraktionen in eigener Verantwortung.« Dadurch sollten dem Landesrechnungshof die Fraktionstüren versperrt bleiben. Dieser Vermerk bezog

sich auch auf die erwähnten zusätzlichen Zahlungen, die
den ausgewiesenen Beträgen zuwachsen, weil die Stellen
für das den Fraktionen zugewiesene Personal nicht besetzt
sind. 1984 wurde der Vermerk umformuliert und lautet
seitdem: »Die Jahresrechnung über die Ausgaben dieses
Titels und deren Verwendung unterliegt nur der Prüfung
durch den Präsidenten des Hessischen Rechnungshofs.«
Die Vorschrift soll offenbar anknüpfen an § 13 des Gesetzes
über den Hessischen Rechnungshof, wonach »bei bestimmten Ausgaben, deren Verwendung geheimzuhalten ist ...,
der Haushaltsplan festlegen (kann), daß die Prüfung durch
den Präsidenten ... vorgenommen wird«. Dann »entfällt
die Zuständigkeit des Kollegiums und der Senate« des
Rechnungshofs.
Die Vorschrift des § 13 Rechnungshofgesetz ist bereits in
sich problematisch. Darunter die Fraktionsfinanzen zu
nehmen ist jedenfalls abwegig. Die Verwendung der Zahlungen an die Fraktionen ist nicht »geheimzuhalten«, sondern im Gegenteil öffentlichzumachen.[26] Demgemäß hat
das Bundesverfassungsgericht festgestellt, daß die Fraktionsfinanzen nicht nur der Prüfung durch den Rechnungshof (als Ganzes) unterliegen, sondern auch Beanstandungen veröffentlicht werden *müssen*.[27] Eine Prüfung der Fraktionsfinanzen allein durch den Präsidenten des Hessischen
Rechnungshofs ist verfassungswidrig.
Nimmt man alles zusammen, so ergibt sich ein Konstrukt,
das mehreres gleichzeitig bewirkte: Es stellte den Fraktionen und ihrem Personal Stellen zur Besetzung zur Verfügung und erlaubt ihnen zugleich, Barmittel in Anspruch zu
nehmen, befriedigte also den Hunger der Parteien (Fraktionen) nach Ämtern und Finanzen und macht so den
Staat in doppelter Weise zur Beute der Parteien, wobei das
Ganze auf geradezu kunstvolle Weise vor der Öffentlichkeit

»abgeschirmt« wurde. Das Konstrukt soll auch durch den Entwurf eines Fraktionsgesetzes vom 1. 12. 1992 nicht wesentlich berührt, sondern im Gegenteil gesetzlich »abgesegnet« werden.[28] Aus der Sicht der staatlichen Gemeinschaft ist das Konstrukt allerdings verheerend: rechtlich, fiskalisch und psychologisch. Es ist rechts- und verfassungswidrig und belastet den Landeshaushalt stärker, als auf den ersten Blick erkennbar.

An anderer Stelle dieses Buches wurde bemerkt, daß die Parlamente, gerade dann, wenn sie unangemessene Regelungen beschließen, die Öffentlichkeit wie der Teufel das Weihwasser fürchten und alles unternehmen, um sie auszuschalten. Das vorliegende Konstrukt bestätigt diese Aussage. Ohne das camouflageartige Verfahren hätte das Gesetz nicht die geringste Chance gehabt, verabschiedet zu werden, zumal gerade damals größte Haushaltsprobleme bestanden, die von den verantwortlichen Akteuren auch unterstrichen wurden. Sie warnten bei der dritten Beratung des Haushalts 1981 vor den hohen Personalkosten in Hessen (Kanther[29]), zunehmendem Anspruchsdenken (Weghorn[30]), und der Abgeordnete Welteke betonte, es gelte, die »Ansprüche an den Staat zurückzudrängen« und »die Personalkostensteigerungen zu bremsen«,[31] und zwar für alle Gruppen übereinstimmend, so daß niemand sich irgendwo ein »Bröckchen herauspicken« dürfe.[32] Diese sicher berechtigten Appelle wurden in *eigener* Sache aber ignoriert.

Der »gelungene« Gesetzescoup von 1980 war wohl Ermutigung, es kurz darauf auch mit dem Camouflage-Gesetz von 1981 zu versuchen, das den hessischen Abgeordneten die 13. Entschädigung und die Aufstockung des Ruhegehalts auf mindestens zwei Drittel der Entschädigung zwischen 55. und 63. Lebensjahr brachte (näheres siehe S. 31). Und auch inhaltlich dürfte diese Aufstockung durch die ein halbes Jahr vorher erfolgte Umgestaltung des Status für Fraktionsassistenten mitbedingt sein: Wenn Fraktionsassistenten, die nach kurzer Dienstzeit ausscheiden, 75 bis 100 Prozent ihrer letzten Dienstbezüge erhalten, scheint es in der Tat nicht einsehbar, daß Abgeordnete nicht wenigstens 67 Prozent ihrer Entschädigung erhalten sollen. Die – ungerechtfertigte – Aufstockung des Ruhegehalts für Abgeordnete wurde inzwischen wieder beseitigt, die noch viel unangemessenere Versorgung von Fraktionsassistenten aber besteht noch heute fort. Der Landtag wird das Gesetz von 1980 und die damit zusammenhängende Konstruktion der verschleierten Ausbeutung staatlicher Ämter und Finanzen umgehend zu beseitigen haben.

IV. Mißstände auch bei anderen politischen Beamten

Auch bei anderen politischen Beamten häufen sich die Probleme, so daß sich seit einiger Zeit in der Wissenschaft die Stimmen mehren, der Kreis der politischen Beamten müsse stark eingeschränkt oder die Einrichtung sogar abgeschafft werden. Diese Auffassung beruft sich auf dreierlei:

– Die Befugnis, politische Beamte jederzeit in den einstweiligen Ruhestand zu versetzen, läuft in der Praxis weitgehend auf die Möglichkeit willkürlicher Entscheidungen hinaus, sei es zu Lasten, sei es zugunsten des Beamten. Eine gerichtliche Überprüfung ist nur sehr eingeschränkt möglich. In der Praxis dürfte sich – angesichts der offenen gesetzlichen Begriffe – praktisch stets eine haltbare Begründung für eine beabsichtigte Versetzung eines Beamten in den einstweiligen Ruhestand formulieren lassen.[33] Das kann so weit gehen, daß jemand in den einstweiligen Ruhestand geschickt wird, obwohl in Wahrheit nicht das politische Vertrauensverhältnis fehlt, sondern umgekehrt in ausgeprägter Weise gegeben ist. So wurde Anfang der 70er Jahre im Auswärtigen Amt ein 40jähriger Beamter in den einstweiligen Ruhestand versetzt, mit einem Ruhegehalt von 61 Prozent der Dienstbezüge, um dann Bundesgeschäftsführer derselben Partei zu werden, der auch der damalige Außenminister angehörte. »Hier beförderte«, so bemerkte ein Kommentator, »gerade das besondere Vertrauen seines Ministers den Beamten aus dem Staatsdienst in den Parteijob«.[34] Ein anderer Fall ereignete sich 1981, als der Hamburger Bürgermeister Klose, wenige Stunden bevor er

von seinem Amt zurücktrat, veranlaßte, daß sein damals
vierzigjähriger Pressesprecher Bissinger, der vertraglich
einem politischen Beamten gleichstand, entlassen wurde
und in den Genuß des Ruhegehalts gelangte, statt die
Entscheidung seinem Nachfolger von Dohnanyi zu überlassen, ob dieser mit Bissinger zusammenarbeiten könne.[35]

– Die Ausweitung des Kreises der politischen Beamten leistet der zunehmenden parteipolitischen Ämterpatronage Vorschub. Denn politische Beamte sind in der Praxis oft besonders stark parteipolitisch ausgerichtet,
haben ihrerseits aber großen Einfluß auf die Auswahl der
normalen Laufbahnbeamten, so daß auch deren Partei-
politisierung tendenziell verstärkt wird.[36]

– Der Haupteinwand liegt schließlich darin, daß es bei
dem größten Teil der derzeitigen Stellen in Wahrheit
nicht gerechtfertigt ist, sie zu politischen Beamtenstellen
zu machen. Eine solche Rechtfertigung besteht nur,
wenn drei Voraussetzungen kumulativ gegeben sind,
nämlich die betreffenden Beamtenkategorien nach der
Art ihrer Aufgaben wirklich in besonderer Weise des politischen Vertrauens der Staatsführungen bedürfen, bei
Erschütterung des Vertrauens eine angemessene Verwendung an anderer Stelle typischerweise nicht möglich
ist *und* die betreffenden Stellen nicht mit Angestellten
besetzt werden können. Nach diesen Kriterien erweist
sich der größte Teil der politischen Beamtenstellen als
nicht erforderlich. Dies sei im folgenden anhand einiger
Beispiele zumindest skizziert; im übrigen sei auf die
angeführte Spezialliteratur verwiesen.

Abteilungsleiter im Ministerium

Während die Spitzenbeamten der Ministerien (im Bund und in einigen Ländern Staatssekretäre; in anderen Ländern: Ministerialdirektor bzw. Senatsdirektor oder Staatsrat), sofern man die Institution des politischen Beamten überhaupt befürwortet, in diesen Kreis einbezogen werden müssen, erscheint dies hinsichtlich der Abteilungsleiter im Bund (Ministerialdirektoren) höchst zweifelhaft. Schon bei Beratung des Bundesbeamtengesetzes im Bundestag wurden dagegen erhebliche Bedenken geäußert. So bekannte sich der Beamtenrechtsausschuß nach eingehenden Beratungen zu der Auffassung, die Ministerialdirektoren sollten nicht in den Kreis der politischen Beamten aufgenommen werden.[37] Erst in der dritten Lesung setzten dann die CDU/CSU- und die SPD-Fraktion mit gleichlautenden Anträgen die Einbeziehung der Ministerialdirektoren durch.[38] Diese Entscheidung ist deshalb so problematisch, weil die Position der Abteilungsleiter – im Gegensatz zu der des Ministervertreters – von Sachkunde, Verwaltungserfahrung und Stetigkeit der Arbeit beherrscht ist und die Durchsetzung der politischen Ziele des Ministers über Richtlinien und Weisungsbefugnis ausreichend gesichert sein dürfte.[39] Thieme nennt die Einbeziehung der Abteilungsleiter in den Kreis der politischen Beamten daher eine Fehlentscheidung.[40] Auch Isensee stimmt dem zu.[41]

Persönliche Referenten von Ministern

Nicht gerechtfertigt erscheint es auch, die persönlichen Referenten von Ministern zu politischen Beamten zu machen, wie dies in Hessen geschehen ist. Hier ist zwar ein enges politisches Vertrauensverhältnis notwendig. Es fehlt aber an der weiteren Voraussetzung, der typischen Unmöglichkeit anderweitig zumutbarer Verwendung. Persönliche Referenten sind nämlich in der Regel jüngere Beamte mit geringerem Dienstrang, so daß bei Erschütterung des Vertrauensverhältnisses eine Versetzung auf andere gleichwertige Stellen im allgemeinen möglich ist.[42] Fraglich erscheint es auch, sie überhaupt zu Beamten zu machen. (Ein Ausweichen in den Angestelltenvertrag führt dann allerdings nicht weiter, wenn der Angestellte in diesem *wie* ein politischer Beamter behandelt wird.) Dies ergibt sich auch daraus, daß der Bund und die größte Zahl der Länder die persönlichen Referenten nicht zu politischen Beamten gemacht haben.

Pressereferenten der Ministerien

Während die Einbeziehung der Leiter der Presseämter bei der Bundesregierung und den Landesregierungen in den Kreis der politischen Beamten akzeptabel erscheint, ist dies hinsichtlich der Pressereferenten und Büroleiter der Minister (entgegen der Regelung in Hessen) nicht gerechtfertigt.[43] Denn auch hier ist wegen des relativ niedrigen Dienstranges notfalls eine Versetzung in ein »unpolitisches« Amt in der Regel durchaus möglich.

Regierungspräsidenten

Einzeluntersuchungen belegen, daß auch bei den Regierungspräsidenten (entgegen der Regelung in Baden-Württemberg, Hessen, Niedersachsen, Nordrhein-Westfalen, Rheinland-Pfalz, Sachsen und Sachsen-Anhalt) keine überzeugenden Gründe vorliegen, sie in den Kreis der politischen Beamten einzubeziehen.[44]

Polizeipräsidenten und -direktoren

In mehreren Bundesländern gehören die Polizeipräsidenten, in Hessen und Rheinland-Pfalz auch Polizeidirektoren, zum Kreis der politischen Beamten. Dies erscheint ebenfalls nicht gerechtfertigt. Die Aufgaben der Polizei sind zumeist solche der reinen Gefahrenabwehr, gewichtigere politische Bezüge ergeben sich allenfalls bei politischen Unruhen. Hier vermag die Regierung aber kraft ihrer Weisungsbefugnis den nötigen Einfluß zu nehmen.[45]

Der Generalbundesanwalt beim BGH, der Oberbundesanwalt beim BVerwG und die Generalstaatsanwälte

Auch bei ihnen ist die Einbeziehung in den Kreis der politischen Beamten problematisch und wird in der Literatur ganz überwiegend kritisiert.[46] Sie sind einerseits Organe der Rechtspflege, andererseits weisungsgebunden, sei es gegenüber dem Justizminister, sei es gegenüber der Regierung. Soweit für ihre Entscheidungen überhaupt politische Erwägungen von Regierung oder Minister ausschlaggebend sein dürfen, reicht die Weisungsunterworfenheit aus, um dies durchzusetzen.

Die Berechtigung eines durchgreifenden Abbaus der politischen Beamtenstellen zeigt sich auch in einem Gesetzentwurf der FDP-Fraktion im Hessischen Landtag,[47] der eine Kürzung des Kreises der politischen Beamten vorsieht. Danach sollen aus dem Katalog der politischen Beamten zum Beispiel die Stelle des Leiters des Landesamtes für Verfassungsschutz, die des Generalstaatsanwaltes und die der Polizeipräsidenten herausfallen, ferner die Stelle des Leiters der Landeszentrale für politische Bildung. Erstaunli-

cher- und inkonsequenterweise werden aber die Stellen
der persönlichen Referenten, Pressesprecher, Büroleiter
von Ministern und Fraktionsassistenten als politische
Beamte *nicht* zur Streichung vorgeschlagen.

7 Staatliche Parteienfinanzierung

Wenn der Satz stimmt, daß Macht – soll sie nicht korrumpieren – Kontrolle benötigt, sind die Parteien heute besonders kontrollbedürftig. Sie haben sich »fettfleckartig« (Richard von Weizsäcker[1]) ausgebreitet, scheinen hinter allen staatlichen Institutionen hervor, auch dort, wo sie eigentlich nichts zu suchen haben, kurz: Sie neigen dazu, sich den Staat zunehmend »zur Beute«[2] zu machen.

I. Parteien

Von der »Mitwirkung« zur »Ausbeutung«

Nach Art. 21 des Grundgesetzes wirken die Parteien »bei der politischen Willensbildung des Volkes mit«. Dieser Satz war 1949 ausgesprochen fortschrittlich, brachte er doch die legitime Rolle der politischen Parteien zum Ausdruck. Nach über vier Jahrzehnten »Parteienstaat« haben sich die Problemfronten heute aber völlig verschoben. Mußte es nach dem Zusammenbruch der Hitler-Diktatur erst einmal darum gehen, die Parteien zu etablieren, so sind sie heute wahrhaft etabliert genug. Es besteht kein Grund mehr, sie gegen Kritik zu immunisieren.

In der Vor- und Anfangsphase der Bundesrepublik hatte sich dem Weg in den Parteienstaat kaum Widerstand entgegengestellt. Die (von den Besatzungsmächten lizenzier-

ten) Parteien stießen in der Stunde Null – auch angesichts
der politischen Vorbelastung mancher konkurrierender
Einflußgruppen – in ein Vakuum und konnten ihre Position rasch festigen.

Damit einher ging ein Konzentrationsprozeß unter den
Parteien, bei dem schließlich nur wenige übrigblieben. In
Überreaktion auf die Verketzerung demokratischer Partei-
en in der Weimarer Republik, die ihnen die Daseinsbe-
rechtigung abgesprochen und der nationalsozialistischen
Diktatur in den Sattel geholfen hatte, verfiel man in der
Bundesrepublik zunächst ins gegenteilige Extrem. Die
Überhöhung der Parteien fand ihren staatsrechtlichen Ausdruck in der überspitzten Parteienstaatsdoktrin von Gerhard Leibholz, der in den Parteien nicht nur Vermittler zwischen Volk und organisierter Staatlichkeit sah, sondern die
Parteien mit Volk und Staat identifizierte[3] und so den Blick
für Mißstände und Fehlentwicklungen lange verstellte. Da
Leibholz einflußreiches Mitglied des Bundesverfassungsgerichts wurde, schlug sich seine Auffassung anfangs auch in
der Rechtsprechung nieder. So bewirkte zum Beispiel ein
bloßer Wink aus Karlsruhe im Jahre 1958,[4] daß die Bundesrepublik 1959 als erstes europäisches Land die staatliche
Finanzierung der Parteien einführte; die Verfasser des
Grundgesetzes waren noch von einer rein privaten Finanzierung ausgegangen. Darauf werde ich später noch eingehen.

Auch die Politikwissenschaft wirkte einseitig parteietablie-
rend: Sie sah anfangs die Hauptaufgabe darin, die bundesdeutsche Bevölkerung von der NS-Diktatur zur parlamentarischen Demokratie umzuerziehen. Dabei stand auch
hier die (natürlich nicht bestreitbare) Unverzichtbarkeit
der Parteien in der Demokratie so sehr im Vordergrund,
daß die ebenfalls notwendige Diskussion über Begrenzun-

gen und Kontrollen zu kurz kam. Später kamen methodische Verkürzungen hinzu: Die positivistische Hauptrich-
tung der Politikwissenschaft kann mangels Fehlens eines
normativen, gemeinwohlorientierten Konzepts nur darstellen und analysieren, aber nicht kritisieren und Verbesse-
rungsvorschläge entwickeln. Sie neigt deshalb zu einer
affirmativen Behandlung der Macht und zur Beschwichti-
gung gegenüber Kritik.[5]

Überreaktionen waren auch nach der deutschen Vereinigung wieder zu befürchten: In Abgrenzung zum ehemaligen diktatorischen Regime in der DDR mit seiner Einparteienherrschaft drohte die Güte unseres Parteienstaats, der
auf der Konkurrenz mehrerer Parteien beruht, so überbetont zu werden, daß zunächst zu befürchten war, die Diskussion über Mängel und Reformen könne gar nicht erst
aufkommen. Vor lauter Erschrecken über den Balken im
Auge des ehemals totalitären Nachbarn drohen wir den
Spreißel im eigenen Auge zu übersehen.

Anfänge und Entwicklung
der staatlichen Parteienfinanzierung

Besonders augenfällig wird der hypertrophe Parteienstaat
bei der staatlichen *Finanzierung* der Parteien (einschließlich der Fraktionen und Parteistiftungen).[6] In den Finanzen werden die Entwicklungen und Fehlentwicklungen
eines Gemeinwesens immer besonders deutlich. Die Bundesrepublik hat, wie erwähnt, die direkte Staatsfinanzierung der politischen Parteien und der Parteistiftungen als
erstes Land in Europa eingeführt. Es wäre eine Weltpre-
miere gewesen, hätten nicht Costa Rica schon 1954 und
Argentinien 1955 eine staatliche Parteienfinanzierung

geschaffen. Und auch heute leben die Parteien »bei uns im
Vergleich zu anderen westlichen Demokratien ... wie im
Schlaraffenland«.[7]
Die Parteien anderer westlicher Demokratien ließen sich
von dem deutschen Beispiel animieren. Es gibt aber auch
heute noch Demokratien in Europa, die keine staatliche
Parteien- oder Wahlkampffinanzierung kennen, so Belgi-
en, Großbritannien, Portugal und die Schweiz.
Die Staatsfinanzierung ist Spiegel des Einflusses der Partei-
en und zugleich Mittel, ihren Einfluß immer weiter auszu-
bauen. Geld ist Macht und schafft Verfügung über Personal
und Ressourcen aller Art. Insofern sind die staatliche Politikfinanzierung und die öffentliche Diskussion darüber in
der Tat »symptomatisch«, wie der Bundespräsident bemerkt
hat.[8] Daher ist die Frage, auf welche Weise, in welchem
Umfang und aus welchen Quellen die politischen Parteien
sich finanzieren, verfassungsrechtlich und verfassungspoli-
tisch von weit größerem Gewicht als die absoluten (auch
nicht gerade geringen) finanziellen Beträge, um die es geht,
auf den ersten Blick vermuten lassen. Veranlaßt gar der
Wunsch, mehr Staatsgeld zu erhalten, die Parteien zu einer massiven Ausdehnung ihrer im Parteiengesetz genannten Aufgaben, um eine vordergründige Legitimation für
ihre verstärkte Staatsfinanzierung zu schaffen (dazu unten), so wird exemplarisch deutlich, wie die in eigener
Sache beschlossene staatliche Parteienfinanzierung – schon
per Vorwirkung – dem Marsch in den immer umfassende-
ren und ausschließlichen Parteienstaat den Weg bereiten
kann.
Der Parlamentarische Rat war bei Konzeption des Grundgesetzes 1949 noch wie selbstverständlich davon ausgegangen, daß die Parteien sich ausschließlich aus Mitgliedsbeiträgen und Spenden finanzierten. Eine direkte oder

indirekte Subventionierung der Parteien galt noch als undenkbar.

Einer der »Väter«, der hessische Ministerpräsident Zinn, hat rückblickend bemerkt, »daß uns damals der Gedanke einer Alimentierung der Parteien durch den Staat völlig unvorstellbar gewesen ist«.[9] Gefahren sahen die »Väter« des Grundgesetzes deshalb allein vom privaten Kapital, von dem man befürchtete, es könne über Großspenden ungebührlichen politischen Einfluß gewinnen; sie verpflichteten deshalb die Parteien, »über die Herkunft ihrer Mittel öffentlich Rechenschaft« zu geben. Einzelheiten waren durch ein Parteiengesetz zu regeln. Das aber ließ auf sich warten. Kaum je ist ein zwingender Gesetzgebungsauftrag des Grundgesetzes so lange unerfüllt geblieben. Statt die gebotene Transparenz der Einnahmen herzustellen, führten die Parteien seit Mitte der fünfziger Jahre ihre indirekte und direkte Finanzierung aus der Staatskasse ein und bauten sie massiv aus.

Steuerbegünstigung von 1954: international einmalig

Trotz der Vorbehalte der »Verfassungsväter« führte der Bundestag 1954 (gegen die Stimmen der SPD) eine enorme steuerliche Begünstigung von Spenden (und Beiträgen) an politische Parteien ein. Spenden und Beiträge an politische Parteien wurden bis zur Höhe von 10 Prozent der Einkünfte (bei Körperschaften 5 Prozent des Einkommens) oder zwei Promille der Summe der Umsätze und der Löhne und Gehälter als Sonderausgaben einkommensteuerlich bzw. körperschaftsteuerlich abzugsfähig.

Das Bundesverfassungsgericht erklärte diese Begünstigung aber 1957 für verfassungswidrig, weil sie auf Parteien im Bundestag beschränkt war[10] und deshalb die Grundsätze

der Chancengleichheit aller Parteien und der Offenheit
des politischen Prozesses verletzte. In einem weiteren
Urteil von 1958 erklärte das Gericht die Regelung auch deshalb für verfassungswidrig, weil sie die Bezieher hoher Einkommen (und die Parteien, denen hohe Spenden vornehmlich zugute kommen) gleichheitswidrig begünstigte.[11] Das Parteiengesetz von 1967 sah deshalb nur einen
geringen steuerlichen Freibetrag von 600 DM (bei zusammenveranlagten Ehegatten 1200 DM) für Spenden und
Beiträge an Parteien vor, der 1979 verdreifacht wurde.

Direkte staatliche Parteienfinanzierung

Auch die direkte Subventionierung der Parteien galt in der
Anfangsphase der Bundesrepublik als verfassungsrechtlich
dubios. Diese zumindest politisch-psychologische Barriere
lockerte ausgerechnet das Bundesverfassungsgericht. In
einer Nebenbemerkung seines Spendenurteils von 1958
machte es die direkte Staatsfinanzierung der Parteien
salonfähig, ohne gleichzeitig irgendwelche Begrenzungen
mitzunennen.[12] Es hat wohl kaum vorausgesehen, welche
Entwicklung es dadurch in Gang setzen würde. Die Partei-
en griffen die »Anregung« unverzüglich auf, aber nicht
etwa durch Erlaß des damals schon seit zehn Jahren über-
fälligen Parteiengesetzes, was auch eine Durchsetzung der
grundgesetzlich vorgesehenen Einnahmetransparenz verlangt hätte. Vielmehr wurden die Mittel ohne gesetzliche
Regelung schlicht in den Bundeshaushalt eingestellt, 1959
erstmals 5 Millionen Mark, 1964 schon 38 Millionen Mark
jährlich. Empfänger waren ausschließlich die im Bundestag
vertretenen Parteien, also Parteien mit mehr als 5 Prozent
der Wählerstimmen.
Der Betrag von 38 Millionen Mark errechnete sich aus

einer Mark je Wahlberechtigten (nicht: Wähler). Einige
Länder folgten dem Beispiel des Bundes, besonders Nordrhein-Westfalen. Dort wurde 1959 ein Betrag von einer Million Mark in den Haushaltsplan eingesetzt, der bis 1964 auf
vier Millionen Mark anstieg. Insgesamt erhielten die Partei-
en in den Bundesländern im Jahre 1965 9,45 Millionen
Mark.[13] (Die Zuschüsse an die Fraktionen, die damals nach
Schätzungen von Plate etwa zur Hälfte an die Parteien weitergeleitet wurden und die im Jahre 1965 im Bund und in
den Ländern insgesamt etwa 9 Millionen Mark betrugen,[14]
sind dabei noch nicht mitgezählt.) Damit waren die Regie-
rungsparteien aber noch nicht zufrieden; die CDU/CSU-
und die FDP-Fraktionen des Bundestages beabsichtigten
vielmehr, das Gesamtvolumen der Staatszuschüsse auf 90,8
Millionen Mark pro Jahr hochzudrücken: Sie legten 1964
den Entwurf eines Parteiengesetzes vor,[15] in dem zusätzlich
zu den 38 Millionen Mark, die im Gesetz festgeschrieben
werden sollten, noch 60 Prozent dieses Betrages auf Landesebene (= 22,8 Millionen Mark) vorgesehen waren und
im Wege eines Spendengutscheinverfahrens weitere 30 Millionen Mark Staatsgeld jährlich aufgewendet werden sollten.[16] Das Gesetz sollte zum 1. 7. 1966 in Kraft treten. Es hätte also eine Steigerung der Staatsfinanzierung in sieben
Jahren von 5[17] auf 90,8 Millionen Mark gebracht.

Das Bundesverfassungsgericht zieht 1966 die Notbremse und erzwingt das Parteiengesetz

In Reaktion auf die explosionsartige Steigerung der staatlichen Parteienfinanzierung zog das Gericht 1966 auf Antrag
der hessischen Landesregierung Grenzen. Es ließ, nachdem der Richter Leibholz aufgrund einer öffentlichen
Äußerung wegen Befangenheit ausgeschlossen worden

war,[18] nur noch die Erstattung der Kosten eines zeitlich eng
begrenzten Wahlkampfes zu.[19] Die Staatsfinanzierung durfte zudem nicht höher sein als die übrigen Einnahmen der
Parteien[20] (später als »relative Obergrenze« bezeichnet).
Die Begrenzung der staatlichen Kostenerstattung auf einen
kurzen Wahlkampf wurde jedoch bald wieder aufgegeben,
als der Gesetzgeber 1967 eine Pauschale einführte und darauf Abschlagszahlungen gewährte, die über die ganze
Wahlperiode verteilt waren, und das Bundesverfassungsgericht dies 1968 (nunmehr unter Mitwirkung von Leibholz)
für verfassungsmäßig erklärte.[21] Die Notwendigkeit einer
halbwegs wirksamen verfassungsrechtlichen Begrenzung
des in eigener Sache entscheidenden Parlaments war inzwischen aber unübersehbar geworden. Deshalb erklärte das
Gericht nun, die staatliche Kostenerstattung dürfe
grundsätzlich nicht schneller wachsen als die allgemeine
Kostenentwicklung.[22] Schon im Urteil von 1966 hatte das
Gericht aus Gründen der Chancengleichheit eine Beteiligung auch der *nicht* im Bundestag vertretenen Parteien verlangt und überdies keinen Zweifel daran gelassen, daß
(über die Einstellung der Mittel in dem Haushaltsplan hinaus) eine vollgesetzliche Regelung erforderlich sei. Wollten
die Parteien weiterhin im Genuß von Zahlungen aus der
Staatskasse bleiben, so mußten sie ein Gesetz machen. So
kam es 1967 endlich zum Erlaß des seit 18 Jahren überfälli-
gen Parteiengesetzes. Es sah als Gesamtsumme der »Wahlkampfkostenerstattung« einen Betrag von 2,50 Mark pro
Wahlberechtigten vor. Die Parteien bekamen Geld also
auch für *Nicht*wähler und machen sich so von der Höhe der
Wahlbeteiligung unabhängig. Die Gesamtsumme wird auf
die Parteien im Verhältnis der von ihnen erreichten
Wählerstimmen verteilt. Der Betrag von 2,50 Mark pro
Wahlberechtigten lehnte sich an das Ausgabevolumen an,

das die im Bundestag vertretenen Parteien (nach eigenen
Angaben vor dem Bundesverfassungsgericht) anläßlich der
Bundestagswahl von 1965 ausgegeben hatten: rund 83
Millionen Mark.[23] Da dieses Volumen aber durch die vorherige schnelle Steigerung der Staatsfinanzierung ermöglicht
und deshalb sehr großzügig bemessen war, sprach der Politikwissenschaftler Heino Kaack, ein versierter und geistig
unabhängiger Kenner der Parteien, von einem »Geburtsfehler der Parteienfinanzierungsgeschichte«.[24] Dennoch
ergab sich, umgerechnet auf das einzelne Jahr, eine Senkung gegenüber dem bisherigen Betrag von 38 Millionen
Mark jährlich,[25] was die Parteien zunächst zu Kürzungen
ihrer vorher stark aufgeblähten Budgets zwang.[26] Allerdings ermächtigte das Parteiengesetz auch die *Länder,* eine
Wahlkampfkostenerstattung einzuführen, die nach einer
Übereinkunft der Landtagspräsidenten 1,50 Mark (= 60
Prozent des Bundesniveaus) betragen sollte. Davon machten allmählich alle Länder Gebrauch, wobei die Beträge
sich im Laufe der Jahre allerdings immer mehr dem Bundesniveau anglichen. Die ursprünglich vorgesehene
Beschränkung auf 60 Prozent geriet in Vergessenheit,
obwohl selbst die den Parteien besonders gewogene (erste)
Parteienfinanzierungskommission in ihrem Bericht von
1983 noch betont hatte, für die Länder sei eine Anhebung
des Pro-Kopf-Betrages auf den für den Bund vorgesehenen
Satz von 5 Mark je Wahlberechtigten *nicht* dargetan,[27] und
Heino Kaack die automatische Anhebung der Landespau-
schalen auf Bundesniveau sogar als »untragbar« bezeichnete.[28]
Inzwischen liegt der Betrag, den es neben den Bundestags-
und den Landtagswahlen seit 1979 auch bei Europawahlen
gibt (trotz der bei Europawahlen sehr viel geringeren
Kosten der Parteien), einheitlich bei 5 Mark pro Wahlbe-

rechtigten. Durch die deutsche Vereinigung wurde die Zahl
der Wahlberechtigten von rund 47 auf etwa 60 Millionen
und damit auch das Volumen der Wahlkampfkostenerstattung entsprechend aufgestockt. Die Parteien erhalten seit
der deutschen Vereinigung bei rund 60 Millionen Wahlberechtigten 300 Millionen Mark je Wahlebene (Bund, Länder und Europa), insgesamt also rund 900 Millionen Mark
Wahlkampfkostenerstattung pro Legislaturperiode. (Hinzu
kommen weitere direkte oder indirekte Zuwendungen aus
der Staatskasse, auf die noch einzugehen sein wird.)

Rückwirkungen auf den Aufgabenkatalog der Parteien

Die Einführung der Staatsfinanzierung und ihre schnelle
Steigerung hatte Rückwirkungen auf die Festlegung der
Aufgaben der Parteien. Normalerweise sind die Aufgaben
einer Einrichtung der Ausgangspunkt für die Ermittlung
ihres Finanzbedarfs und eines eventuellen staatlichen
Zuschußbedarfs. Soweit die eigenen Mittel nicht ausreichen und ein öffentliches Interesse an der Aufgabenerfül-
lung besteht, kommen staatliche Zuschüsse in Betracht.
Diese Schlußweise setzt jedoch voraus, daß sich die Aufgaben einigermaßen objektiv ermitteln lassen oder, soweit
ihre Bestimmung einen Spielraum läßt, dieser von einer
unabhängigen Instanz ausgefüllt wird. Dafür besteht aber
nicht die geringste Gewähr, wenn die Parteien über ihre
eigenen Aufgaben bestimmen. Sie haben im Parlament die
gesamte Gesetzgebung im Griff und deshalb auch »bei der
Bestimmung ihrer Zuständigkeiten durch den Bundestag
selbst die Feder geführt«.[29] Um so näher lag aber die Versuchung, kurzerhand den gesetzlichen Katalog der Aufgaben
der Parteien möglichst auszuweiten,[30] um damit dem
Zugriff auf die Staatsfinanzen eine scheinbare Rechtferti-

gung zu geben. »Je detaillierter und je extensiver die Aufgabenstellung, desto größer die Ansprüche der Parteien an den Staat«.[31] Da die finanziellen Mittel im Haushaltsplan als »Sondermittel für die Aufgaben der Parteien nach Art. 21 GG« ausgewiesen waren, brauchte man in eigener Sache nur den Katalog der Aufgaben in den Gesetzentwürfen zum Parteiengesetz immer weiter auszudehnen, um so den Schein einer Rechtfertigung für die schnell wachsenden Bewilligungen zu konstruieren.

In der Tat wurden – im Gleichschritt mit den seit 1959 eingeführten und schnell wachsenden Staatszuschüssen – die in den Gesetzentwürfen eines Parteiengesetzes angegebenen Aufgabenkataloge der Parteien seit 1959 immer weiter ausgedehnt und erhielten schließlich die umfassende Gestalt des heutigen Parteiengesetzes. Nach seinem § 1 bündeln und integrieren die Parteien nicht nur die politischen Auffassungen, stellen Kandidaten für Wahlen auf und führen Wahlkämpfe, sondern wirken auch an der Bildung des politischen Willens des Volkes »auf allen Gebieten des öffentlichen Lebens« mit, indem sie z. B. auch »auf die Gestaltung der öffentlichen Meinung Einfluß nehmen« und »die politische Bildung anregen und vertiefen«. Der Regierungsentwurf eines Parteiengesetzes von 1959 hatte noch einen moderaten Aufgabenkatalog für die Parteien enthalten, der sich dann aber von Gesetzentwurf zu Gesetzentwurf ausweitete, bis der Aufgabenkatalog im Parteiengesetz von 1967 sein extensives Maximum erreichte. Die Parteiaufgaben lassen sich in der Tat »kaum umfassender und ehrgeiziger formulieren« als in § 1 Abs. 2 Parteiengesetz geschehen; darin stimmen erfahrene Beobachter überein.[32]

Auch hinsichtlich der Festlegung des Aufgabenkatalogs erweist sich das Parteiengesetz somit als »Parteien*finanzierungs*gesetz«.[33] Das »hohe Pathos der Aufzählung in § 1

Abs. 2« Parteiengesetz sollte »Schrittmacher«[34] für die Finanzierung aus öffentlichen Mitteln sein. Alles spricht dafür, »daß die Parteien bestrebt waren, sich durch eine sehr weitgehende, sehr extensive Aufgabenbeschreibung ihre Pfründe zu sichern.«[35]

Den unzulässigen Schluß von den selbst entgrenzten Aufgaben auf hohe Staatszuschüsse, den die Parteien selbst so gerne ziehen, hat 1983 auch die (erste) Parteienfinanzierungskommission gezogen, als sie – anknüpfend an die umfassenden in § 1 Parteiengesetz selbst formulierten Aufgaben der Parteien – eine massive Erhöhung der Staatsfinanzierung empfahl,[36] die dann vom Parlament 1984 beschlossen wurde.

Wenn sich aber der Katalog der Aufgaben der Parteien nach dem gewünschten Finanzierungsvolumen richtet, wird alles auf den Kopf gestellt. Der Schwanz wedelt mit dem Hund. Das zeigt sich besonders bei der politischen Bildung. Die Frage ihrer angemessenen Organisation wird parteilichen Eigeninteressen untergeordnet. Nicht weil die politische Bildung Sache der Parteien wäre, wird sie ihnen übertragen, sondern weil die Parteien sie – um ihrer Interessen an Macht und Geld willen – zu ihrer Sache machen *wollten*. Ist es aber eigentlich sinnvoll, den Kämpfern um die Macht die politische Bildung anzuvertrauen? Ist die politische Bildung nicht zuallererst Sache des auf Ausgewogenheit und Objektivität verpflichteten staatlichen Schul-, Erziehungs- und Fortbildungswesens?[37] Diese Frage wird dadurch noch drängender, daß bei der Schlußformulierung des Parteiengesetzes im Jahre 1967 die Ausrichtung der Parteien auf Interessenintegration und Gemeinwohl ausdrücklich fallengelassen wurde.[38] Muß eine *parteiliche* politische Bildung aber nicht fast zwangsläufig übergreifende Erwägungen der Sachrichtigkeit zurückdrängen, Macht,

Eigeninteresse und die Sicherung von Positionen immer
stärker dominieren lassen und so die Defizite noch verstärken, die uns in jüngerer Zeit immer bewußter geworden
sind?

Das Bundesverfassungsgericht hat diesen von den Parteien
in eigener Sache gefertigten Schuh nicht angezogen, die
von den Parteien gewünschte *finanzielle* Konsequenz aus
ihrem umfassenden Aufgabenkatalog nicht gezogen und
der politischen Bildung im Urteil von 1966 ausdrücklich
den Charakter einer staatlich *zuwendungs*fähigen Aufgabe
der Parteien aberkannt.[39] Zuschüsse durften nur für den
Wahlkampf erfolgen, nicht auch für die politische Bildung.
Diese Auffassung hat das Gericht im Stiftungsurteil von
1986 bestätigt:[40] Bei den vom Parteiengesetz genannten
Aufgaben, die politische Bildung anzuregen und zu vertiefen und die aktive Teilnahme am politischen Leben zu fördern und zur Übernahme öffentlicher Verantwortung
befähigte Bürger heranzuziehen, handle es sich um Aufgaben, die die Parteien wahrnehmen *können,* aber nicht *müssen* und die zudem regelmäßig Teil politischer Werbemaß-
nahmen seien.[41]

Diese gegenständliche Begrenzung der Staatsfinanzierung
auf Wahlkampfkostenerstattung hat das Gericht dann später in seinem Urteil von 1992 zwar aufgegeben, weil eine
Abgrenzung sich ohnehin als unmöglich erwiesen hatte.[42]
Das Gericht hat statt dessen eine »absolute Obergrenze«
festgelegt. Darin kommt die aus jahrzehntelanger Erfahrung gewonnene Erkenntnis zum Ausdruck, daß – angesichts der Neigung der Parteien, ihre Aufgaben nach ihrer
gewünschten Staatsfinanzierung auszurichten – ein anderes ausgaben- und damit aufgabenbegrenzendes Instru-
mentarium nicht zur Verfügung steht.[43] Die vom Bundesverfassungsgericht gesetzte Grenze stellt also zugleich

einen Versuch dar, der immer weiteren Ausdehung der
Aktivitäten der Parteien zu begegnen.

Umgehungen, Amnestieversuche

Das Bundesverfassungsgericht und das Parteiengesetz hatten die steuerliche Begünstigung von Zuwendungen an
Parteien sehr eingeschränkt. Gegen Ende der siebziger Jahre stellte sich allerdings heraus, daß die Parteien ihre
Großspender massenhaft zur Umgehung (und damit zur
Verletzung) der restriktiven steuerlichen Regelung eingela-
den hatten. Es kam zu Tausenden von Straf- und Ord-
nungswidrigkeitsverfahren. Fast wäre die strafrechtliche
Aufarbeitung dieser Fälle allerdings unmöglich geworden;
zweimal, 1981/82 und im Mai 1984, haben die Parteien versucht, eine strafbefreiende gesetzliche Amnestie im Bundestag durchzusetzen,[44] die aber beide – nicht zuletzt am
öffentlichen Protest – scheiterten.

Explosion der direkten und indirekten Subventionen

Was für die Vergangenheit nicht hatte durchgesetzt werden
können, sollte immerhin für die Zukunft »glücken«, nämlich, die steuerliche Subventionierung so weit auszudehnen, daß Umgehungen fürderhin überflüssig würden. Dies
war die erklärte Absicht, die hinter der Neuregelung stand,
für deren Vorbereitung die Parteien sich einer sogenannten Parteienfinanzierungskommission bedienten. Auf ihre
Empfehlung wurde 1983 mit Wirkung ab 1984 ein neuer
Paragraph 10b ins Einkommensteuergesetz eingefügt,
nach welchem jedermann Spenden (und Beiträge) in
Höhe von bis zu 5 Prozent seines Einkommens als Sonderausgabe von der Bemessungsgrundlage der Einkommen-

steuer absetzen konnte. Eine solche Regelung hätte für sich
allein allerdings dem Urteil des Bundesverfassungsgerichts
von 1958 offensichtlich widersprochen. Man hielt gleichwohl daran fest und suchte die Verfassungswidrigkeit durch
die gleichzeitige Einführung noch weiterer Leistungen aus
der Staatskasse auszugleichen:

– eine fünfzigprozentige Steuersubvention für kleinere
  Zuwendungen und
– den sogenannten staatlichen Chancenausgleich.

Obwohl der Bundesjustizminister und der Bundesinnenmi-
nister es ausdrücklich ablehnten, die Verantwortung für die
Verfassungsmäßigkeit der Neuregelung zu übernehmen,[45]
und bei einer Sachverständigen-Anhörung des Innenausschusses des Bundestags[46] die Mehrheit der geladenen Ver-
fassungsrechtler die geplante Regelung für verfassungswidrig hielt,[47] wurde der Gesetzentwurf sogar in noch ver-
schärfter Form ohne wesentliche Änderungen verabschiedet.[48] Das Gesetz[49] trat zum 1. 1. 1984 in Kraft.[50] Die Grünen, die sich als einzige Fraktion gegen die Verabschiedung
des Gesetzes gewandt hatten,[51] hatten bereits damals
angekündigt, sie würden das Bundesverfassungsgericht
anrufen, und haben dies dann auch getan.[52]

Der Chancenausgleich begünstigt die Falschen

Schon nach wenigen Jahren zeigte sich allerdings, daß der
Chancenausgleich falsch konzipiert war. Es erwies sich
nämlich, daß dieses überaus komplizierte, für einen Außenstehenden völlig unverständliche Konstrukt aufgrund
eines »Systemfehlers« – so der Initiator des »Chancenausgleichs« Hans-Peter Schneider selbst – die Falschen begün-

stigte. Der Sinn des »Chancenausgleichs« hatte darin liegen
sollen, den Parteien, die nur geringe Spenden erhalten,
einen Ausgleich aus der Staatskasse dafür zu geben, daß die
höheren Spenden anderer Parteien steuerlich begünstigt
würden. Da der »Chancenausgleich« neben den Spenden
aber auch die Mitgliedsbeiträge in die Rechnung einbezog,
begünstigte er die Grünen, die FDP und die CSU, obwohl
diese ein relativ hohes Spendenaufkommen erhalten und
der »Chancenausgleich« deshalb für sie gar nicht gedacht
war. Dagegen ging die SPD, um deretwillen der »Chancenausgleich« eigentlich eingeführt worden war, aufgrund
ihres hohen Beitragsaufkommens leer aus. Der »Chancenausgleich« war von der (ersten) Parteienfinanzierungskommission »erfunden« worden. Seine völlige Mangelhaftigkeit
kennzeichnet zugleich die Arbeitsweise dieser stark unter
dem Einfluß der Parteien stehenden Kommission.

Das Gesetz von 1988 bringt das Faß
zum Überlaufen

Inhalt des Gesetzes

Vom Regen in die Traufe: der »Chancenausgleich« 1988

Statt nun aber die steuerliche Begünstigung so zurückzuführen, daß der mißratene Chancenausgleich gestrichen
werden konnte, baute man ihn im Jahre 1988[53] um. Nunmehr profitierten vor allem die großen Parteien. Zugleich
nutzte man die Gelegenheit zu einer kräftigen Ausweitung
des Gesamtvolumens des Chancenausgleichs, wie überhaupt die in eigener Sache entscheidenden Parteien stets
versucht haben, Änderungen mit einer Ausdehnung der
Staatsmittel zu verbinden. (Die Änderung beruhte auf

einem Gesetzentwurf der Parteischatzmeister der CDU, CSU, SPD und FDP, den die gesetzgebenden Organe übernahmen und formell absegneten.[54] Auch weiteren abwegigen Konsequenzen, zu denen das neue, noch kompliziertere und deshalb selbst für den Fachmann kaum noch durchschaubare Konstrukt führt, schenkte man keine Aufmerksamkeit. So bewirkt der »Chancenausgleich«, daß eine Anspannung der Beitragseinnahmen, also der unproblematischsten Einnahmequelle der Parteien, finanziell bestraft wird.[55]

»Sockelbetrag« als Lückenbüßer

Die Zustimmung der FDP (als Partner der Regierungskoalition) zum Umbau und zur Erhöhung des Chancenausgleichs erhielten die Initiatoren der Neuregelung nur durch gleichzeitige Einführung einer weiteren Staatsleistung: des sog. Sockelbetrages,[56] in dessen Genuß alle Parteien mit mindestens zwei Prozent der Stimmen kamen. Auch war er anhand des Gesetzeswortlauts schwer zu erfassen. Im Ergebnis bewirkte er eine relative Bevorzugung der kleineren Bundestagsparteien und gab der FDP (und den Grünen) einen Ersatz für den verminderten »Chancenausgleich«. Den Sockelbetrag erhielten gleichwohl auch die großen Parteien. Er kam zur bisherigen Wahlkampfkostenerstattung hinzu und sollte ursprünglich für jede Partei mit einer bestimmten Mindestgröße ab der Bundestagswahl 1994 knapp 14 Mio. DM ausmachen, für die Bundestagswahl 1990 die Hälfte. Aufgrund der deutschen Vereinigung haben sich diese Beträge massiv erhöht.[57]

Paradoxes Zwischenergebnis: Die drei kleinen Parteien, die Grünen, FDP und CSU, deren ungerechtfertigte und sinnwidrige Einnahmen aus dem »Chancenausgleich« nach

altem Recht den Grund für die Neuregelung bildeten,
erhielten – zusammen mit dem als Ausgleich für die Kürzung des »Chancenausgleichs« gewährten Sockelbetrag –
in den Jahren 1989 und 1990 mehrere Millionen Mark
mehr, als sie nach altem Recht erhalten hätten.[58]

Die direkte Staatsfinanzierung der Parteien war ursprünglich damit gerechtfertigt worden, man wolle den Einfluß
des privaten Kapitals neutralisieren. Nachdem nun aber
Großspenden auch noch steuerlich massiv begünstigt wurden, war dieser Rechtfertigung die Grundlage entzogen.
Um so mehr trat die Kehrseite staatlicher Parteienfinanzierung in den Blick, die in der bisherigen Ausgestaltung
geeignet war, der Bürgerferne der Parteien und der Parteienverdrossenheit der Bürger Vorschub zu leisten.

Kumulation von Staatsleistungen

Die Entstehungsgeschichte der Neuregelung 1988 (die vor
allem den Chancenausgleich geändert und den Sockelbetrag eingeführt hat) beginnt also bereits 1983 mit dem Versuch der Parteien, die verfassungsrechtlichen Grenzen für
die steuerliche Begünstigung von Spenden auszuweiten.
Dieser Versuch gab Anlaß, immer weitere Staatsleistungen
einzuführen, ein Verfahren, das den Parteien fünffachen
Ertrag brachte:

– die Steuervergünstigung für Großspenden,
– die 50prozentige Steuersubvention für kleinere Zuwendungen,
– den staatlichen »Chancenausgleich«,
– die Umschichtung und Anhebung des »Chancenausgleichs« und
– den »Sockelbetrag«.

Der gesamte Ablauf bestätigt einmal mehr die Erfahrungs-
tatsache, daß das in eigener Sache entscheidende Parlament eine Begrenzung und Disziplinierung der Parteien
möglichst vermeidet und statt dessen zur Entgrenzung von
Leistungen aus der Staatskasse neigt.

Das Fehlurteil von 1986 als »Enthemmer«

Diesem Vorgehen der Parteien in eigener Sache war durch
ein Urteil des Bundesverfassungsgerichts Bahn gebrochen
worden, das in der wissenschaftlichen Literatur fast ein-
mütig als Fehlurteil kritisiert worden war: 1986 hatte das
Gericht den von der (ersten) Parteienfinanzierungskommission entwickelten Chancenausgleich (in der ursprünglichen Fassung) und die steuerliche Begünstigung von Spenden bis zur Höhe von 100 000 Mark (für zusammenveran-
lagte Ehegatten bis 200 000 Mark) als verfassungsmäßig
abgesegnet und damit die Parteien zu dem neuerlichen
Versuch ermutigt, durch noch weitere Ausdehnung ihrer
Staatsfinanzierung die Grenzen der Belastbarkeit der Verfassung noch weiter hinauszuschieben.

Nach einem früheren Urteil des Bundesverfassungsgerichts von 1979 hatte die Steuerbegünstigung von Spenden
nur so weit zulässig sein sollen, »wie der Mehrzahl der Steuerpflichtigen die Möglichkeit eröffnet bleibt, in vergleich-
barer Weise an der Steuervergünstigung teilzuhaben«. Es
ist nicht nachvollziehbar, wie eine steuerliche Begünstigung von Spenden bis 100 000 Mark, die nur Höchstverdie-
ner mit einem Rieseneinkommen faktisch ausnutzen können, noch mit dem Gleichheitssatz vereinbar sein soll. Das
Durchschnittseinkommen von Arbeitnehmern beträgt weniger als die Hälfte dieses Betrages. Ebensowenig nachvollziehbar ist die steuerliche Begünstigung auch von Spenden
juristischer Personen, obwohl dadurch die dahinterstehen-

den natürlichen Personen in die Lage versetzt werden, die Höchstgrenze zwei- oder mehrmals auszuschöpfen. In dem durchweg überzeugenden, abweichenden Votum des Richters Böckenförde (dem der Richter Mahrenholz sich anschloß) wurde die Unhaltbarkeit der Mehrheitsentscheidung klar herausgearbeitet. Ein schaler Nachgeschmack blieb auch deshalb, weil einer der Richter 1982 in einem in der »Neuen Juristischen Wochenschrift« publizierten Aufsatz[59] das Gericht zur Lockerung seiner bisherigen Rechtsprechung zur Steuerbegünstigung von Parteispenden aufgefordert hatte und darauf von den Parteien ins Bundesverfassungsgericht gewählt worden war. Einem Befangenheitsantrag der Kläger im Spendenverfahren wurde nicht stattgegeben.[60]

Die Parteien, die eigentlich mit einer deutlichen Niederlage in Karlsruhe gerechnet hatten, hatten dennoch keinen Grund zu triumphieren. Sie hatten einen Pyrrhussieg errungen. Denn auf Dauer hätte ihnen dieses Urteil nur geschadet, weil es dazu beitrug, ihre Strukturen zu verändern – zu ihrem eigenen Nachteil und zu dem der Allgemeinheit. Das schrieb ihnen Böckenförde in seinem Minderheitsvotum mit Deutlichkeit ins Stammbuch.

Zum Glück hat das Gericht dann 1992 – das sei hier im Vorgriff auf S. 270 ff. schon angemerkt – in neuer personeller Besetzung zur Umkehr gefunden und in ausdrücklicher Abweichung vom 1986er Urteil den (geänderten) Chancenausgleich, die hohe steuerliche Spendenbegünstigung und einige weitere 1988 eingeführte Regelungen, insbesondere den Sockelbetrag, für verfassungswidrig erklärt und den Gesetzgeber zu einer völligen Neuregelung gezwungen.

Gesetzgebungsverfahren

Das Gesetz von 1988 wurde zum Schluß unter größtem Zeitdruck verabschiedet.[61] Die Parteischatzmeister, die den
Gesetzentwurf und spätere Änderungen untereinander
abgesprochen hatten und den Zeittakt des Gesetzgebungsverfahrens bestimmten, wollten die finanziellen Segnun-
gen der Neuregelung unbedingt zum Jahresanfang 1989 in
Geltung sehen. Das Gesetzgebungsverfahren trägt merkwürdige, manchmal surrealistisch anmutende Züge; und
doch war dies die Wirklichkeit im Parteienstaat der Bundesrepublik Deutschland.

Gesetzentwurf vom 8. 6. 1988

Der Gesetzentwurf der Fraktionen der CDU/CSU, SPD
und FDP vom 8. 6. 1988[62] beruhte auf einer Absprache der
Schatzmeister dieser Parteien und war von den Vorsitzenden der CDU und der SPD, Helmut Kohl und Hans-Jochen
Vogel, bei einem gemeinsamen Frühstück abgesegnet worden.[63] Äußerer Anlaß der Initiative war die erwähnte Fehl-
konstruktion des sogenannten Chancenausgleichs, die
dazu geführt hatte, daß spendenreiche Parteien (wie die
FDP und die CSU) auch noch Chancenausgleich bekamen
und spendenarme (wie die SPD) leer ausgingen, und ein
Urteil des Bundesverfassungsgerichts vom 14. 7. 1986 zur
steuerlichen Begünstigung von Spenden.[64] Ursprünglich
war möglicherweise beabsichtigt, den Gesetzentwurf sehr
rasch »durchzuziehen«. Der Bundestagsabgeordnete Det-
lef Kleinert wurde öffentlich mit dem Satz zitiert: »Wir müssen das durchziehen, bevor die Leitartikler zuschlagen.«[65]
Anscheinend sollte die erwartete Kritik unterlaufen werden. Die Veröffentlichung jenes Satzes dürfte dann aber
dazu beigetragen haben, daß die erste Beratung doch erst

nach der Sommerpause stattfand (13.10.1988).[66] Der
Gesetzentwurf wurde in der Öffentlichkeit massiv kritisiert,[67] nicht zuletzt auf einer Pressekonferenz des Bundes
der Steuerzahler am 17.11.1988, auf der eine kritische
Analyse des Verfassers vorgestellt wurde,[68] und bei einer
Sachverständigen-Anhörung des Innenausschusses des
Deutschen Bundestages am 21.11.1988,[69] an der auch der
Verfasser teilnahm. Gegenstand der Kritik waren die meisten der oben bereits genannten Problempunkte, also vor
allem der neu vorgesehene Sockelbetrag und der geänderte Chancenausgleich. Darüber hinaus hatte der Gesetzentwurf vom 8.6.1988 zunächst noch weitere bedenkliche
Regelungen vorgesehen:

- Der Grundbetrag war nach dem Entwurf vom 8.6.1988
  auf Parteien mit mindestens 2,5 Prozent der Wählerstimmen beschränkt.[70]
- Der Grundbetrag wäre bei unveränderter Verabschiedung des Gesetzentwurfs vom 8.6.1988 entgegen der
  erklärten Absicht der Parteien bei *Europa*wahlen automatisch ein zweites Mal gewährt worden, weil das Euro-
  pawahlgesetz global auf die Vorschriften des Parteiengesetzes über Wahlkampfkostenerstattung und damit
  auch auf den dort vorgesehenen neuen Grundbetrag verwies.[71]
- Die Wahlkampfkostenerstattung sollte nach dem Gesetzentwurf vom 8.6.1988 nicht mehr nach dem aktuellen
  Wahlergebnis, sondern nach dem der *vorausgegangenen
  Wahl* berechnet werden. Dies hätte eine mit dem Grundsatz der Offenheit des politischen Wettbewerbs unverein-
  bare Verfestigung des Status quo bewirkt.[72] Zugleich
  waren Übergangsregelungen vorgesehen, die es jeder
  Partei erlaubt hätten, die Berechnung ihrer Wahlkampf-

kostenerstattung für die Bundestagswahl 1990 wahlweise
nach dem Wahlergebnis von 1987 oder von 1990 vorzunehmen, je nachdem, welches für sie günstiger sein würde; dies
hätte zu einer weiteren Ausweitung der staatlichen Leistungen geführt.[73]

Die Pressekonferenz des Bundes der Steuerzahler vom
17. 11. 1988, auf der der Verfasser dieses Buches zahlreiche
Kritikpunkte darlegen konnte, fand – zum Ärger der Initiatoren und Befürworter des Gesetzentwurfs[74] – große Resonanz in den Medien[75] und dürfte dazu beigetragen haben,
daß der vier Tage später stattfindenden Sachverständigen-
Anhörung des Innenausschusses des Deutschen Bundestages gleichfalls erhöhte öffentliche Aufmerksamkeit gewidmet wurde[76] (und schon nach einem weiteren Tag die
Schatzmeister der Parteien in einigen Kritikpunkten ein-
lenkten[77]). Dadurch dürfte es auch manchem Sachverständigen erleichtert worden sein, Kritik ohne Scheu vorzutra-
gen. Jedenfalls hielt die Mehrheit der sechs Sachverständigen den Entwurf für verfassungswidrig. Lediglich der Politikwissenschaftler Kaltefleiter, früher wissenschaftlicher
Leiter der Konrad-Adenauer-Stiftung, und der Staatsrecht-
ler Hans Peter Schneider, ständiger Gutachter und Prozeßvertreter der SPD, erteilten dem Entwurf den erwarteten verfassungsrechtlichen Persilschein in vollem Umfang.
Schneider ging dabei zum Teil von unrichtigen Tatbestän-
den aus,[78] und Kaltefleiter vertrat ganz unverblümt den
Standpunkt, verfassungsrechtliche Argumente und die
Rechtsprechung des Bundesverfassungsgerichts besäßen
für ihn als Politikwissenschaftler keine Relevanz.[79] Die
anderen vier Sachverständigen (Fürst, Kaack, Jürgen Seifert und von Arnim) erhoben gravierende Einwände verfassungsrechtlicher und politischer Art. Dies war um so

bemerkenswerter, als die Fraktionen des Bundestags ihre
Sachverständigen selbst benennen und dabei oft nicht
gerade die kritischsten auswählen. Wenn dennoch unter
den Sachverständigen die Kritik überwog, zeigte dies die
Anfechtbarkeit des Gesetzentwurfs um so deutlicher. Ebenso bemerkenswert ist, daß andere geladene Staatsrechtslehrer wie zum Beispiel Josef Isensee und Karl-Heinrich Friauf
nicht bereit waren, sich vor den Karren der Parteien span-
nen zu lassen. Nach der Absage von Isensee und anderen[80]
wurde die zunächst für den 7. 11. 1988 terminierte Sachverständigen-Anhörung kurzfristig ausgesetzt und auf den
21. 11. 1988 verschoben. Hier blieb dann auch Friauf weg.

Korrektur des Gesetzentwurfs

Bereits am 22. 11. 1988, einen Tag nach der Sachverständigen-Anhörung des Innenausschusses, teilte SPD-Schatzmei-
ster Klose in einem Interview im Norddeutschen Rundfunk
mit, die öffentliche Kritik solle aufgegriffen und einigen
verfassungsrechtlichen Bedenken Rechnung getragen werden.[81] Die Schatzmeister von CDU, CSU, FDP und SPD hätten sich unter anderem auf folgende Korrekturen geeinigt:

- Die ursprünglich vorgesehene Mindeststimmenzahl von
  2,5 Prozent für den Grundbetrag solle herabgesetzt werden; er wurde später auf 2 Prozent festgesetzt.[82]
- Durch eine ausdrückliche Ergänzung des Europawahlge-
  setzes solle die Gewährung eines weiteren Grundbetrages für Europawahlen ausgeschlossen werden.
- Die Berechnung der Wahlkampfkostenerstattung solle
  nicht wie ursprünglich geplant nach den vorausgegangenen Wahlen, sondern wie bisher nach denen der aktuellen Wahlen erfolgen.

Entgegen dem in der Öffentlichkeit zunächst erweckten Eindruck[83] wurde aber auch der korrigierte Gesetzentwurf der Kritik nur teilweise gerecht und enthielt sogar neue Mängel. So wurde unter der Hand eine Aufstockung des Grundbetrages (der nun »Sockelbetrag« hieß) vorgesehen: Während die Bundestagsparteien nach dem ursprünglichen Gesetzentwurf in den Jahren 1989 und 1990 als Grundbetrag insgesamt 34 Millionen Mark zusätzlich erhalten hätten, sollten sie für beide Jahre nun 68 Millionen Mark, also das Doppelte, bekommen. Weiter sah der neue Entwurf (der insoweit Gesetz geworden ist) die ausdrückliche Ermächtigung für die Landesgesetzgeber vor, auch für Landtagswahlen einen entsprechenden Sockelbetrag einzuführen,[84] wobei die Frage, ob dies neben einem schon bestehenden »Bundessockel« überhaupt sinnvoll ist, gar nicht gestellt wurde.

Korrektur in letzter Stunde

Nachdem eine Rückfrage bei Mitgliedern des Innenausschusses des Bundestags ergeben hatte, daß diese »Verböserungen« nicht nur auf einem redaktionellen Versehen beruhten, gab der Verfasser nach vorbereitenden Presseinterviews[85] zusammen mit dem Bund der Steuerzahler am 7. 12. 1988 in Bonn eine weitere Pressekonferenz. Dort wurde eine 22seitige Stellungnahme des Verfassers zum aktuellen Stand der Neuregelung der Parteienfinanzierung vorgestellt,[86] die zuvor auch dem Vorsitzenden und einigen Mitgliedern des Innenausschusses und anderen Politikern übersandt worden war. Die Pressekonferenz verlief überraschend: Mitten während meines Vortrags erschien der Abgeordnete Dr. Burkhard Hirsch (FDP) aus dem gleichzeitig tagenden Innenausschuß des Bundestags und teilte mit, dieser habe soeben die Verdoppelung des Sockels für

1989 und 1990 zurückgenommen.[87] »Als die Innenpolitiker erfuhren«, so schrieb »Der Spiegel«, »daß der Professor Arnim ihnen auf die Schliche gekommen war, handelten sie schnell und halbierten die Begünstigung.«[88]

Der geänderte Gesetzentwurf sah zugleich vor, in Zukunft müsse »vor Änderungen in der Struktur und Höhe der Wahlkampfkostenerstattung (oder des Chancenausgleichs) … eine Kommission unabhängiger Sachverständiger, die vom Bundespräsidenten berufen wird, dem Deutschen Bundestag Empfehlungen« vorlegen.[89] Nicht einzusehen war allerdings, daß die Einschaltung der Kommission nur für die *Zukunft* vorgesehen ist, während die Anfang 1989 in Kraft getretenen besonders problematischen und weitgehenden Umgestaltungen und Erhöhungen der Wahlkampfkostenerstattung (zu der das Gesetz auch den Sockelbetrag zählte) und des Chancenausgleichs einem solchen Test nicht unterworfen wurden. Gerade hier hatten die Warnungen und Empfehlungen mehrerer Sachverständiger besondere Überprüfungsbedürftigkeit signalisiert und offenbart, daß zahlreiche wichtige Voraussetzungen für die Verabschiedung der Regelung noch nicht vorlagen, daß beispielsweise keine Klarheit über die Wirkungen des Chancenausgleichs bestand.

Überhastete Schlußphase begünstigt »Pannen«

Das Gesetz wurde schon am 9. 12. 1988, zwei Tage nachdem der Innenausschuß die Gesetzesvorlage geändert hatte, im Bundestag in zweiter und dritter Lesung verabschiedet. Da aber der schriftliche Bericht des Innenausschusses erst am 8. 12. fertiggestellt worden war[90] und deshalb dem Bundestag – entgegen § 81 der Geschäftsordnung – nicht zwei Tage vor der zweiten Lesung vorgelegen hatte, mußte der Bundestag am Morgen des 9. 12. 1988 mit Zweidrittelmehrheit einen Ausnahmebeschluß fassen.[91] An sich erlaubt die Geschäftsordnung solch ausnahmsweises Abkürzen der Frist mit qualifizierter Mehrheit. Ob dies aber auch bei *Entscheidungen des Parlaments in eigener Sache* zulässig ist, wo es von Verfassungs wegen gerade auf die Ermöglichung realer öffentlicher Kontrolle ankommt, erscheint fragwürdig. Solche Fristen sollen die sorgfältige Abwägung, Diskussion und Kontrolle sichern. Dazu ist bei Entscheidungen in eigener Sache Öffentlichkeit unerläßlich. Öffentlichkeit ist hier »die einzige wirksame Kontrolle«.[92] Es kann deshalb sinnvollerweise nicht ins Belieben der zu Kontrollierenden selbst gestellt sein, die Öffentlichkeitskontrolle durch Außerkraftsetzen der Verfahrensvorschriften in ihrer Wirksamkeit zu schwächen.[93]

Das Blitzverfahren erleichterte es, das Gesetz trotz der gravierenden verfassungsrechtlichen Bedenken zu verabschieden und einige Änderungen, die der Innenausschuß des Bundestags am 7. 12. 1988 zusätzlich beschlossen hatte und die, im komplizierten Entwurf gut verborgen, überraschende und zumeist für die Parteien günstige Konsequenzen haben können, ohne öffentliche Kritik und Kontrolle zwei Tage später ins endgültige Gesetz zu übernehmen.[94] Dabei war für den Außenstehenden nicht ersichtlich, ob es sich um bloße Versehen in der Eile des überstürzten Gesetzgebungsverfahrens handelte oder um Versuche, in letzter Sekunde klammheimlich noch eine zusätzliche Ausweitung der Staatsfinanzierung zu erreichen.

Die in der Hast des Gesetzgebungsverfahrens nicht auszuräumenden massiven Zweifel an der Verfassungsmäßigkeit des Gesetzes finden auch darin ihren Ausdruck, daß (neben der Fraktion der Grünen) zahlreiche Abgeordnete der CDU/CSU, der SPD und der FDP, also der das Gesetz tragenden Fraktionen, ihre Zustimmung verweigerten[95] und dies teilweise in eindrucksvollen schriftlichen Erklärungen festgehalten und begründet haben.[96]

Für eine offene und öffentliche Diskussion des Gesetzesvorhabens war es sicher auch nicht förderlich, daß Initiative und Verfahren ganz wesentlich in der Hand der Parteischatzmeister lagen. Diese sprachen nicht nur den Gesetzentwurf untereinander ab, lange bevor das Parlament damit befaßt wurde[97], sondern einigten sich nach der öffentlichen Kritik auch auf Änderungen des Gesetzentwurfs, teilten diese öffentlich mit[98] und präjudizierten dadurch die parlamentarischen Gremien, so als wären diese nur »Vollzugsorgane von Schatzmeister-Runden«.[99]

Polemik gegen die Kritiker

Wie sehr die öffentliche Kritik und der daraus folgende Druck (ohne den sich in der Politik – jedenfalls bei Entscheidungen in eigener Sache – leider kaum etwas bewegt) die Betroffenen irritiert haben muß, zeigt der Umstand, daß der Verfasser und der Bund der Steuerzahler von Vertretern der »Altparteien« in polemischer Form attackiert wurden. Dem Verfasser wurde vorgeworfen, er habe, »– anstatt sachverständigen Rat zu geben – sozusagen zu einem persönlichen Generalangriff auf die Parteien« geblasen,[100] was sachlich unzutreffend war; die Stellungnahmen des Verfassers beschränkten sich auf Kritik an Inhalt und Verfahren des Änderungsgesetzes. Es wurde gerügt, »daß jener Sachverständige am meisten Gehör findet, der sich mit einer Organisation zusammentut, die ihm eine Pressekonferenz im Tulpenfeld ermöglichte«[101] und die statt Bund der Steuerzahler »richtigerweise ›Bund der Nicht-Steuerzahler‹ heißen« müsse. Vermutlich sei es nur darum gegangen, »das karge Professorensalär um einen kleinen Chancenausgleich aufzubessern«.[102]

Bei der erbosten Reaktion der Betroffenen auf die Kritik, die im einzelnen im Bundestagsprotokoll der Sitzung vom 8. 12. 1988 nachzulesen ist, wurden der Gesamtzusammenhang ausgeblendet und die Einsicht, daß gerade bei Entscheidungen des Parlaments in eigener Sache die Güte der Regelung von der Qualität und der Intensität der öffentlichen Kontrolle mit abhängt und die Anhörung allein – angesichts des Allparteien-Kartells der Etablierten und des Zeitdrucks – nicht ausgereicht hätte, um der öffentlichen Kontrolle immerhin eine gewisse Wirksamkeit zu verschaffen. Das Bundesverfassungsgericht hat die Notwendigkeit einer wirksamen öffentlichen Kontrolle mit aller Deutlichkeit hervorgehoben,[103] ein Verständnis, zu dem sich in der Bundestagsdebatte vom 8. Dezember 1988 allein der Abgeordnete Häfner von den Grünen bekannte, als er sagte: »Ich habe den Eindruck, es gibt für diejenigen Abgeordneten, die sich hier so freigebig aus Steuergeldern bedienen wollen, nichts Ärgerlicheres und Schlimmeres, als daß sich auch die Steuerzahler einmal zu Wort melden und ihre Interessen vertreten. Sie haben ein merkwürdiges Bild von Demokratie. Als gute Demokraten müßten sie sich eigentlich freuen, statt hier ständig die deutlichen Äußerungen vom Bund der Steuerzahler in den Dreck zu ziehen.«[104] Fair äußerte sich auch Hans-Jochen Vogel: »Der SPD-Vorsitzende Vogel bedankte sich dieser Tage bei Journalisten für die Kritik ›der Presse‹ an den Beratungen der Bundestagsparteien zur Änderung des Parteienfinanzierungsgesetzes. Mangels einer ausreichenden parlamentarischen Opposition in dieser Sache, wo CDU, CSU, SPD und FDP in einem Boot sitzen (aus dem die Grünen erst relativ spät ausstiegen), sei man auf den Einfluß einer kritischen öffentlichen Meinung angewiesen.«[105]
Wie berechtigt die Kritik und wie kurzsichtig die Diffamie-

rung der Kritiker war, sollte sich dreieinhalb Jahre später erweisen, als das Bundesverfassungsgericht den 1988 eingeführten Sockelbetrag und den 1988 geänderten und erweiterten Chancenausgleich für verfassungswidrig erklärte. Hier zeigt sich einmal mehr, daß ein Ausweichen der verantwortlichen Politiker in persönliche Polemik gegen die Kritiker häufig nur den Mangel an sachlichen Argumenten verdecken soll.

Die Entscheidung des Bundesverfassungsgerichts vom 9. 4. 1992

Das Bundesverfassungsgericht hat im Frühjahr 1992 auf Antrag der Grünen beinahe die gesamte staatliche Parteienfinanzierung für verfassungswidrig erklärt und das Parlament verpflichtet, zum 1.1.1994 eine Neuregelung zu treffen.[106] Das war nicht nur ein »Schuß vor den Bug« der Parteien, deren Schatzmeister das Gesetz unter sich abgesprochen und deren Vorsitzende es abgesegnet hatten, es war vielmehr ein »Volltreffer«, und so wurde das Bundesverfassungsgericht in der Öffentlichkeit auch verstanden.[107]

Das Urteil bringt eine Präzisierung und teilweise Fortentwicklung der verfassungsrechtlichen »Rolle« der Parteien. Es enthält entscheidende neue Akzente: Einmal wird die bisherige einseitige Betonung der Parteien als Wahlvorbereitungsorganisationen relativiert. Das ermöglicht es dem Gericht, die Beschränkung der Staatsfinanzierung auf die Wahlkampfkostenerstattung aufzugeben und offen zu einer staatlichen Teilfinanzierung der Parteien überzugehen, die in Wahrheit ohnehin schon bestanden hatte, da die sogenannte Wahlkampfkostenerstattung für Bundestags-, Landtags- und Europawahlen in pauschalierter Form gewährt und durch Abschlagszahlungen über die Jahre verteilt worden war. Diese Entwicklung erkannte das Gericht nun auch verfassungsrechtlich an. Sie werde der verfassungsrechtlichen Rolle der Parteien gemäß, die auch außerhalb der Wahlkämpfe die Aufgabe hätten, den Willen der Bürger zu artikulieren. Nicht zuletzt über die Parteien nehme »das Volk auch zwischen den Wahlen Einfluß auf die Entscheidungen der obersten Staatsorgane«.[108]

Zum zweiten entwickelt das Gericht den Begriff der »Staatsfreiheit der Parteien« – in Anlehnung an einschlägige Ansätze im Schrifttum – zu einem Gebot der »Staatsferne« der Parteien fort. Staatsfreiheit bedeute nicht nur die Unabhängigkeit der Parteien vom Staat, sondern verlange auch Vorkehrungen, »daß die Parteien sich ihren Charakter als frei gebildete, im gesellschaftlich-politischen Bereich wurzelnde Gruppen bewahren«.[109] Staatsfreiheit der Parteien enthalte »das Gebot der fortdauernden Verankerung der Parteien in der Gesellschaft und ihrer darauf beruhenden Staatsferne«.[110]

Dieser vom Bundesverfassungsgericht durchgesetzte Verfassungswandel ist von weittragender Bedeutung. Der Sinn des lange mißverstandenen Grundsatzes der »Freiheit der Parteien vom Staat« besteht weniger in dem üblichen grundrechtlichen Schutz vor Eingriffen des Staates. Denn es geht um die Gewährung von Leistungen; diese aber pflegen den Freiheits- und Handlungsraum der Empfänger nicht zu beeinträchtigen, sondern zu erweitern. Im übrigen halten die Parteien selbst die staatlichen Schaltzentralen besetzt, so daß der verfassungsrechtliche Schutz auf einen Schutz der Parteien *vor sich selbst* hinauslaufen muß. Geschützt werden muß zunächst einmal die Minderheit, und zwar davor, daß sie majorisiert und ihr von der Mehrheit nach Gutdünken die Mittel abgedreht werden. Diese

Gefahr ist allerdings in ihrer Aktualität zurückgetreten, seitdem die Fraktionen dazu übergegangen sind, derartige Fragen einvernehmlich zu entscheiden, obwohl sie – gerade mit der Einführung von Obergrenzen – jederzeit wieder aktuell werden kann. Akuter war in den letzten Jahren regelmäßig die Gefahr, daß die Parteien durch staatliche Mittel von der Basis zunehmend unabhängiger, dieser dadurch entfremdet werden und sie so ihre Verwurzelung in der Gesellschaft verlieren.[111] So gesehen, scheint der Ausdruck Staatsfreiheit nicht ganz treffend zu sein; auch der Begriff der Staatsferne bringt das Wesentliche noch nicht voll zum Ausdruck; besser wäre es, von *Bürgernähe* zu sprechen. Es geht darum, die – auch finanzielle – Angewiesenheit der Parteien auf Mitglieder und (Klein-)Spender aufrechtzuerhalten.[112]

Aus diesen Grundgedanken leitet das Gericht drei weitere Grundsätze ab:

- Nach der »relativen Obergrenze« müssen die »Eigenmittel« jeder Partei mindestens ebenso hoch sein wie die Zuwendungen, die sie aus der Staatskasse erhält; die Grenze war der Sache nach schon aus der früheren Rechtsprechung des Bundesverfassungsgerichts bekannt, hat aber erst im Urteil vom 9. April 1992 diese Bezeichnung gefunden.

- Nach der »absoluten Obergrenze« darf die Summe der Staatszuwendungen an alle Parteien zusammen in Zukunft grundsätzlich nicht höher sein als in der Vergangenheit. Die absolute Obergrenze bewirkt ein Einfrieren der öffentlichen Mittel und ist ein zwar grobes, aber wirksames Mittel, um die Parteien, die hier über den Umweg des Gesetzgebers in eigener Sache entscheiden, an der gemeinsamen finanziellen Ausbeutung des

Staates und damit auch an einer fortschreitenden Über-
dehnung ihrer Aktivitäten zu hindern. Denn das müßte
die Legitimation und damit die Fähigkeit der Parteien
beeinträchtigen, ihre eigentlichen Aufgaben noch voll
wahrzunehmen. »Gewönne der Bürger den Eindruck,
die Parteien ›bedienten‹ sich aus der Staatskasse«, so
schreibt das Gericht den Parteien ins Stammbuch, »führte dies notwendig zu einer Verminderung ihres Ansehens und würde letztlich ihre Fähigkeit beeinträchtigen,
die ihnen von der Verfassung zugewiesenen Aufgaben zu
erfüllen.«[113] Was die Parteien in der Vergangenheit
erhalten hätten, sei hinreichend und markiere, was
ihnen der Staat »äußerstenfalls« zuwenden dürfe. Die
absolute Obergrenze steht jedoch unter zwei Vorbehal-
ten: Sie gilt nur, »solange die bestehenden Verhältnisse
keine einschneidende Veränderung erfahren«. Außer-
dem kann der Gesetzgeber »die mit Rücksicht auf Veränderung des Geldwertes etwa notwendigen Anpassungen«
vornehmen.[114] In Wahrheit ist auch die absolute Obergrenze so neu nicht. Das Gericht hat die 1968 für die
Wahlkampfkostenerstattung formulierte Begrenzung –
nach Vorschlägen in der Literatur[115] – nun auf die allgemeine staatliche Teilfinanzierung erstreckt.

– Zugleich entwickelt das Gericht eine Trias von Kriterien
für die Verteilung der Staatsmittel unter die Parteien
(Erfolg bei den Wählern, bei den Mitgliedern und Spen-
dern). Dem Gebot, die gesellschaftliche Verwurzelung
der Parteien müsse gefestigt werden, werde »Rechnung
getragen, wenn der Erfolg, den eine Partei beim Wähler,
den sie bei der Summe der Mitgliedsbeiträge sowie bei
dem Umfang der von ihr eingeworbenen Spenden
erzielt, zu einem jeweils ins Gewicht fallenden, im einzelnen allerdings vom Gesetzgeber zu bestimmenden Anteil

in den Verteilungsmaßstab eingeht«.[116] Ein solches
Finanzierungssystem verstärke die Anstrengungen der
Parteien, sich um Zustimmung und aktive – auch finanzielle – Unterstützung in der Bevölkerung zu bemühen;
dies aber sei um der Einbeziehung des Volkes in die politische Willensbildung willen erwünscht und geboten.
Beim Beitrags- und Spendenaufkommen der Parteien
dürften allerdings »nur Zuwendungen einer Größenordnung berücksichtigt werden, wie sie alle Parteien ungeachtet ihrer politischen Zielvorstellungen verzeichnen
und von den Beziehern durchschnittlicher Einkommen
auch geleistet werden können«.[117]

Die Anknüpfung der öffentlichen Mittel auch an die
Wählerstimmen und die von den Parteien eingeworbenen
Beiträge und kleineren und mittleren Spenden ist ein
Instrument, die Parteien am goldenen Zügel förmlich in
die Bürgernähe zu zwingen; zugleich wird es dadurch den
Parteiführungen erleichtert, Erhöhungen von Beiträgen
parteiintern durchzusetzen und für mehr Spenden zu werben. Das mag ein Beispiel deutlich machen: Wer bereit ist,
für seine Partei 10 Mark mehr aus Eigenmitteln aufzubrin-
gen, kann ihr wegen des hälftigen Abzugs von der Steuerschuld nach § 34g Einkommensteuergesetz 20 Mark zuwenden. Die Partei erhält dazu noch einmal einen Zuschlag aus
öffentlichen Mitteln. Beträgt dieser zum Beispiel 20 Prozent, so werden aus den 10 Mark Eigenbelastung des Mitglieds für die Partei 24 Mark. Dieser Geldvermehrungsme-
chanismus auf Kosten der öffentlichen Hand dürfte in
Zukunft einen stimulierenden Effekt auf die Ausweitung
der Eigeneinnahmen der Parteien haben, und dieser
Effekt ist gewollt. Wenn es nur gelingt, die Monatsbeiträge
der Parteien im Durchschnitt um drei Mark anzuheben,

ergibt sich daraus ein Mehr für die Parteien von insgesamt rund 100 Millionen Mark jährlich.[118]

Das Gericht hat den *Sockelbetrag* mit sofortiger Wirkung für verfassungswidrig und nichtig erklärt, weil er gegen den Grundsatz der Staatsfreiheit verstoße und »grundsätzlich unabhängig davon gewährt wird, welchen Erfolg die empfangsberechtigten Parteien, sei es beim Wähler, sei es bei der Einwerbung von Mitgliedsbeiträgen und Spenden, erzielt haben«.[119]

Auch der *Chancenausgleich* sei verfassungswidrig, weil er die Mitgliedsbeiträge einbeziehe, hinsichtlich deren aber gar kein Ausgleich erforderlich sei; denn die Mitgliedsbeiträge würden durch § 4g EStG (hälftiger Abzug von der Steuerschuld bei Mitgliedsbeiträgen und Kleinspenden) bereits gleichmäßig steuerlich begünstigt und dadurch in sich ausgeglichen.[120] Die Einbeziehung der Mitgliedsbeiträge habe deshalb – entgegen der verfolgten Intention – keine Chancengleichheit gebracht, sondern diese beeinträchtigt.

Mit dem Wegfall des Chancenausgleichs sei auch die Begünstigung von Spenden bis zu 100 000/200 000 Mark (Abzug von der steuerlichen Bemessungsgrundlage) verfassungswidrig. Denn der Chancenausgleich sei ja geschaffen worden, um diese Spendenbegünstigung, die für sich genommen eindeutig verfassungswidrig sei, zu heilen.[121] Die hohe steuerliche Begünstigung von Spenden an Parteien sei aber – unabhängig vom Wegfall des Chancenausgleichs – auch deshalb verfassungswidrig, weil der einzelne Großspender gleichheitswidrig bevorzugt werde.[122] Damit hat der Senat schließlich denen recht gegeben, die die steuerliche Begünstigung von Großspenden von Anfang an als Verstoß gegen die Gleichheit des Bürgereinflusses kritisiert

hatten.[123] Im Jahre 1983 hatten Hans-Peter Schneider aus
Hannover und der Verfasser dieses Buches in einem »Spiegel«-Streitgespräch darüber diskutiert, ob die hohe steuerliche Begünstigung von Parteispenden, die damals gerade
eingeführt wurde, voraussichtlich Bestand haben und vom
Bundesverfassungsgericht akzeptiert werden würde.[124] Sie
beruhte – zusammen mit dem unsäglichen »Chancenausgleich« – auf einem Vorschlag, den Schneider in der damaligen Parteienfinanzierungskommission durchgesetzt hatte, und er suchte sie gegen meine Kritik zu verteidigen. Das
Gespräch endete mit einer Wette um eine Flasche Cham-
pagner, die der Gesprächsleiter des »Spiegel« Hartmut Pal-
mer durchschlug.[125] Spätestens mit der Entscheidung des
Bundesverfassungsgerichts vom 9. 4. 1992 sollte klar sein,
wer die Wette gewonnen hat.
Von den bisherigen Regelungen der direkten und indirekten staatlichen Parteienfinanzierung hatte nur eine Regelung Bestand: die steuerliche Begünstigung von kleineren
und mittleren Spenden an Parteien nach § 34g EStG.
Danach werden Beiträge und Spenden bis zur Höhe von
1200 Mark (bei zusammenveranlagten Ehegatten bis 2400
Mark) jährlich zur Hälfte von der Steuerschuld des Gebers
abgezogen. Die Verfassungsmäßigkeit dieser Regelung
begründete das Gericht in seiner Entscheidung vom 9. 4.
1992 wie folgt: »Mit guten Gründen konnte der Gesetzgeber der Meinung sein, daß im Veranlagungszeitraum 1984,
für den die Vorschrift erstmals zur Anwendung kam, ein
Beitrags- oder Spendenvolumen von 1200/2400 Mark für
den Durchschnittsverdiener erreichbar war; er konnte also
die danach größtmögliche steuerliche Begünstigung erlangen. Folgerichtig stünde eine dem Anstieg der Durchschnittseinkommen folgende Anhebung der in § 34g Satz 2

EStG genannten Beträge der verfassungsrechtlich gebotenen Gleichheit unter den Einkommensbeziehern nicht entgegen.«[126] Umgekehrt wurde § 10b II EStG mit der Begründung für verfassungswidrig erklärt, daß »nur eine Minderheit von Bürgern ... in der Lage (ist), den vom Gesetz gezogenen Rahmen voll auszuschöpfen«.[127] Daraus ergibt sich, daß das Gericht in der von § 34g EStG genannten Grenze von 1200/2400 Mark, angehoben entsprechend der Einkommensentwicklung seit 1984, die verfassungsrechtliche Obergrenze für steuerbegünstigte Zuwendungen sieht. Es hätte für das Gericht keinen Sinn gehabt, eine Anhebung entsprechend der Einkommensentwicklung ausdrücklich zuzulassen, wenn ohnehin eine höhere Festsetzung der Grenze zulässig wäre. Eine überschlägige Durchsicht der statistischen Daten und Prognosen für die Jahre 1984 bis 1994, dem voraussichtlichen Inkrafttreten der Neuregelung, ergibt, daß eine Anhebung der Obergrenze des § 34g EStG um 50 Prozent, also auf 1800/3600 Mark, in Betracht kommt. Auch den Vorschlag der Parteienfinanzierungskommission, die Grenze auf 2000/4000 Mark zu erhöhen, wird man äußerstenfalls noch akzeptieren können.

Das Gericht hat zugleich die 1988 auf 40 000 Mark heraufgesetzte *Publizitätsgrenze* für Spenden, ab der die Namen der Spender veröffentlicht werden müssen, wieder auf 20 000 Mark zurückgenommen. »Auf örtlicher und mitunter auch auf Kreisebene« kann durch eine Spende von 20 000 Mark, »gemessen am Haushaltsvolumen der entsprechenden Parteigliederungen«, in der Tat ein erheblicher politischer Einfluß ausgeübt werden.[128]

Das Gericht hat darüber hinaus auch Spenden an Abgeordnete ab 20 000 Mark in das Publikationsgebot einbezogen. Soweit solche Spenden an die Partei weitergegeben werden (sogenannte Durchlaufspenden), muß die Partei ohnehin Spende und Spender publizieren. Verbleibt die Spende aber bei dem empfangenden Abgeordneten (sogenannte Direktspende), bestand bisher eine Publikationslücke. Nach § 4 Abs. 2 der Verhaltensregeln für Bundestagsabgeordnete waren diese Spenden über 10 000 Mark im Jahr bisher lediglich dem Bundestagspräsidenten *anzuzeigen;* eine Veröffentlichung erfolgt normalerweise nicht. Das Gericht hat diese Lücke nunmehr unter Berufung auf die verfassungsrechtlich verbriefte Unabhängigkeit des Abgeordneten (Art. 38 I 2 GG) und die Gefahr einer Umgehung der für Parteien geltenden Publizitätspflicht des Art. 21 I 4 GG geschlossen und ist damit entsprechenden Vorschlägen in der Literatur[129] gefolgt. Derartige Zuwendungen sind nunmehr »nach erfolgter Anzeige beim Präsidenten des Bundestags von diesem zu veröffentlichen, soweit sie im Kalenderjahr den Wert von 20 000 Mark übersteigen und nicht – nach Weiterleitung – im Rechenschaftsbericht einer Partei nach ihrer Herkunft verzeichnet werden. Entsprechendes gilt für die Mitglieder der Landesparlamente.«[130]

Das Urteil von 1992[131] setzt die bisherige Rollenverteilung zwischen Bundesverfassungsgericht und Parlament insofern fort, als es dem Gesetzgeber die großen Linien vorgibt und diesem nur noch ihre Konkretisierung bleibt. Grund dafür ist aber nicht etwa eine usurpatorische Anmaßung gesetzgeberischer Kompetenz durch das Gericht, sondern das Versagen des Parlaments, für das die Rechtsprechung ersatzweise in die Bresche springt. Die Erfahrung zeigt, daß ordnungspolitische Innovationen allein vom Bundesverfassungsgericht zu erwarten sind, das die Rolle des Ersatzgesetzgebers übernommen hat. Das Ausmaß der ersatzweisen Gesetzgebung des Bundesverfassungsgerichts in

Sachen Parteienfinanzierung spiegelt die Intensität des Versagens der Parlamente und Parteien wider. (Allerdings ist die Rechtsprechung des Bundesverfassungsgerichts selbst nicht frei von Widersprüchen und unbeabsichtigten Konsequenzen, die – entgegen den Intentionen des Gerichts – die Probleme teilweise sogar noch verschärft haben dürften. Das wird in Kapitel 8 im Zusammenhang dargestellt.)

II. Fraktionen, Parteistiftungen und Abgeordnetenmitarbeiter

Man kann die staatliche Parteienfinanzierung nicht behandeln, ohne gleichzeitig die Finanzierung bestimmter Nachbarbereiche mit in den Blick zu nehmen:[132] Abgeordnete, ihre Fraktionen und die Parteistiftungen sind Teile oder Hilfsorganisationen ihrer Mutterparteien. Sie haben rechtlich und finanziell zwar streng von der eigentlichen Partei getrennt zu sein, stehen tatsächlich aber in mehr oder weniger enger Verbindung zu ihr. Das ist bei Abgeordneten und Fraktionen, also den Zusammenschlüssen von Abgeordneten derselben Partei im Parlament, offensichtlich, gilt aber auch für die Parteistiftungen.[133] Die Arbeit der Abgeordneten, Fraktionen und Parteistiftungen wird in den Augen der Wähler den Mutterparteien bis zu einem gewissen Grad zugerechnet. Insofern können Zahlungen an Abgeordnete, Fraktionen und Parteistiftungen eine politische Ersatzfunktion für Zahlungen an Parteien erfüllen. Dies setzt nicht voraus, daß Geldmittel an die Parteien weitergeleitet werden. Bei Fraktionen und Parteistiftungen und bei der Finanzierung der Abgeordnetenmitarbeiter[134] liegen die gleichen Gründe vor, die auch bei der *Parteien*finanzierung Transparenz und Begrenzung erzwangen:

– Über die staatlichen Zahlungen an Fraktionen, Parteistiftungen und Abgeordnetenmitarbeiter entscheiden die Parlamente – ähnlich wie über die Parteienfinanzierung im engeren Sinne – in eigener Sache; auch hier fehlt regelmäßig das korrigierende Element gegenläufiger politischer Interessen. Die Zahlungen kommen nur denjenigen zugute, die *im* Parlament sitzen.

– Die Zahlungen an die genannten parteinahen Organisationen ermangeln in besonders krasser Weise der Transparenz.

Parteinähe, Entscheidung in eigener Sache, Undurchsichtigkeit und fehlende Begrenzung bilden eine für die Glaubwürdigkeit der parlamentarischen Demokratie brisante Mischung und begründen die Gefahr einer unkontrollierten Ausweitung der Staatsmittel. Solange die Parteien selbst noch keiner Kontrolle unterlagen, wurden die staatlichen Mittel direkt an sie geleistet; Umwege waren noch nicht erforderlich. Das änderte sich im Jahre 1966, als das Bundesverfassungsgericht die staatliche *Parteien*finanzierung begrenzte, ein Parteiengesetz und die öffentliche Rechenschaftslegung erzwang. Nun hielt man nach Ausweichmöglichkeiten Ausschau. Das Jahr 1966 markiert deshalb zugleich den Beginn eines gewaltigen Wachstums der Staatsmittel für Fraktionen und Parteistiftungen. Die Zahlungen an die Fraktionen des Bundestags haben sich von 1966 (3,4 Millionen Mark) bis 1992 (109 Millionen Mark) verzweiunddreißigfacht; die Zahlungen an die Landtagsfraktionen sind im gleichen Zeitraum von 7 auf 122 Millionen und die Zahlungen an die Parteistiftungen von 14 auf 670 Millionen Mark hochgeschossen, haben sich also versiebzehnfacht beziehungsweise versiebenundvierzigfacht, Wachstumsraten wie im Schlaraffenland. (Auch wenn man die durch die deutsche Einigung bedingten Erhöhungen und die zweckgebundenen Zuschüsse an die Stiftungen abzieht, bleiben Wachstumsraten, die weit über alle wirtschaftlichen Vergleichsindikatoren hinausgehen.) Die sogenannten Globalzuschüsse an die Parteistiftungen, die freier verwendet werden können als die zweckgebundenen Zuwendungen, wurden 1968 eigens geschaffen, und eine der Stiftungen, die Hanns-Seidel-Stiftung der CSU, wurde 1967 erst gegründet, damit auch diese Partei die auf ihre Organisation entfallenden Mittel in Empfang nehmen konnte, ein Vorgang, der sich Ende der 80er Jahre in bezug auf die Grünen wiederholte: Als es ihnen nicht gelungen war, die Globalzuschüsse an die Stiftungen der etablierten Parteien durch das Bundesverfassungsgericht für verfassungswidrig erklärt zu bekommen, gründeten sie, um einen Empfänger für die umstrittene »Staatsknete« zu haben, den Stiftungsverband Regenbogen. Auch bei der »Erfindung« der Mitarbeiterfonds für Abgeordnete stand, wenn auch öffentlich kaum je ausgesprochen, der Wunsch mit Pate, die durch das Bundesverfassungsgericht vorgenommene Begrenzung der Parteienfinanzierung wettzumachen und »auf dem Wege über Hilfskräfte, die bei den Abgeordneten einzustellen wären, die Parteiapparate wieder zu besetzen«.[135] Die Bezahlung von Abgeordnetenmitarbeitern des Bundestags wurde 1969 eingeführt und für sie im Gründungsjahr 3,25 Millionen Mark in den Haushaltsplan eingestellt, 1992 waren es rund 135 Millionen Mark, also mehr als die öffentlichen Mittel für Bundestagsfraktionen. In den Ländern wurden 1992 rund 60 Millionen Mark für Abgeordnetenmitarbeiter bewilligt.

Das von der Öffentlichkeit weitgehend unbemerkte Hochschießen der Staatsmittel für Fraktionen, Parteistiftungen und Abgeordnetenmitarbeiter hat zu einer völligen Gewichtsverlagerung geführt: Während die Zahlungen an Fraktionen und Stiftungen Mitte der sechziger Jahre nur einen Bruchteil derjenigen ausmachten, die die *Parteien* selbst erhielten, und Abgeordnetenmitarbeiter noch nicht finanziert wurden, haben diese Mittel die staatliche Parteienfinanzierung inzwischen vielfach überflügelt. Dieses

Wachstum hängt mit dem Fehlen jeder rechtlichen Ordnung und Disziplinierung zusammen. Das Zuviel an Staatsleistungen ist die Kehrseite der fehlenden Transparenz und
Begrenzung.

Die direkte und indirekte Staatsfinanzierung der Parteien,
Fraktionen und Parteistiftungen betrug im Jahre 1992
rund 1 400 Millionen Mark (siehe hierzu Tabelle 5, S. 284)
und ist die höchste der Welt. Im Durchschnitt der Jahre
1968 bis 1971 waren es noch 115 Millionen Mark gewesen
(siehe hierzu Tabelle 6, S. 285). In rund 23 Jahren haben
sich die Staatsleistungen also verzwölffacht (Steigerung um
1 117 Prozent) und sind damit sehr viel schneller gewachsen als alle wirtschaftlichen Vergleichsindikatoren: Der
Preisindex für die Lebenshaltung aller privaten Haushalte
ist im gleichen Zeitraum um etwa 136 Prozent,[136] die durchschnittlichen Einkommen sind um etwa 311 Prozent[137] und
das Bruttosozialprodukt um etwa 364 Prozent[138] gestiegen.[139]

Die Bundesrepublik war und ist im internationalen Vergleich der Vorreiter der Staatsfinanzierung. Nicht nur die
direkte staatliche Parteienfinanzierung wurde in der Bundesrepublik als erstem europäischen Land 1959 eingeführt.
Auch die Finanzierung des Umfeldes der Parteien über die
massive Subventionierung der parteinahen »Stiftungen« ist
eine bundesdeutsche Erfindung. Die Bundesrepublik ist
vorgeprescht, und andere Länder sind gefolgt. Staatlich
finanzierte Parteistiftungen gibt es inzwischen auch in Israel, den Niederlanden, Österreich und den USA.[140] Die Bundesrepublik hat ihren »Vorsprung« bis heute gewahrt. Das
gilt besonders für die unglaublich schnell gewachsene
Staatsfinanzierung der parteinahen »Stiftungen« und der
Parlamentsfraktionen.

Tabelle 5:
1400 Millionen Mark
Staatsfinanzierung
für Parteien, Fraktionen
und Parteistiftungen in 1992

Direkte Staatsfinanzierung	ca. 230 Mio. DM[1]
»Parteisteuer«	ca. 60 Mio. DM[2]
Steuerbegünstigung von Beiträgen und Spenden an Parteien	ca. 180 Mio. DM[3]
Zahlungen an die Bundestags- und Landtagsfraktionen	ca. 231 Mio. DM[4]
Zahlungen an Parteistiftungen aus dem Bundeshaushalt	ca. 670 Mio. DM[5]
Zusammen	**1.371 Mio. DM**

Anmerkungen:

1 Mittel der Jahre 1989 bis 1992 nach dem Verfahren zur Ermittlung der »absoluten Obergrenze«.
2 Schätzung auf Grundlage der Vorgaben der Parteien.
3 Zugrunde gelegt ist ein Vergünstigungssatz von 50 v. H.
4 Bundestagsfraktion 109 Mio. DM, Fraktionen der Länderparlamente 122 Mio. DM. Nicht berücksichtigt sind Zahlungen an Fraktionen der kommunalen Volksvertretungen und des Europäischen Parlaments.
5 Davon Globalzuschüsse 209 Mio. DM; nicht berücksichtigt sind Zahlungen an Parteistiftungen aus den Landes- und Kommunalhaushalten.

Das Hochschießen der öffentlichen Mittel für die parteinahen Einrichtungen begründet Gefahren für die Chancengleichheit und Offenheit des politischen Prozesses.
Denn davon profitieren nur Parteien, die die Fünfprozentklausel überwunden haben. Neu aufkommende kleine Parteien, die aufgrund der Fünfprozentklausel (noch) keine Sitze im Parlament haben, haben keine Abgeordneten mit staatlich finanzierten Mitarbeitern, keine Fraktionen oder Parteistiftungen, die Staatsmittel erhalten, obwohl ansonsten für die direkte *Parteienfinanzierung* nur eine 0,5-

Tabelle 6:
115 Millionen Mark jährliche Staatsfinanzierung
für Parteien, Fraktionen und Parteistiftungen
in 1968 bis 1971

Wahlkampfkostenerstattung	ca. 43	Mio. DM[1]
»Parteisteuern«	ca. 11,5	Mio. DM[2]
Steuervergünstigungen von Beiträgen und Spenden	ca. 16,8	Mio. DM[3]
Zahlungen an die Bundestags- und Landtagsfraktionen	ca. 11,8	Mio. DM[4]
Zahlungen an Parteistiftungen aus dem Bundeshaushalt	ca. 32	Mio. DM[5]
Zusammen		**115,1 Mio. DM**

Anmerkungen:

1 Ermittelt als Durchschnittswert der in den Rechenschaftsberichten der Parteien für die Jahre 1968 bis 1971 enthaltenen Werte.

2 Ermittelt als Durchschnitt der Werte für 1968 bis 1971 an den Rechenschaftsberichten der Parteien.

3 Ermittelt aus den Beiträgen (141 Mio. DM) und Spenden (125 Mio. DM) für 1968 bis 1971, geteilt durch vier, multipliziert mit einem geschätzten durchschnittlichen Steuerbegünstigungssatz von 25 Prozent.

4 Ermittelt auf der Basis der Werte in den Haushaltsplänen 1968.

5 Wert für 1968 32 Mio. DM. In dem Betrag sind 9 Mio. DM Globalzuschüsse enthalten.

Prozent-Hürde gilt, gerade *um* Kleine nicht zu benachteiligen.

Bedenkt man, daß – auch ohne Mitteltransfer und Aufgabenverlagerung – eine verstärkte Aktivität von Abgeordneten und ihren Mitarbeitern, Fraktionen und Parteistiftungen regelmäßig auch ihren Mutterparteien zugute kommt, so be- begründet die gewaltige Zunahme der öffentlichen Mittel für jene Teil- und Hilfsorganisationen der Parteien, von denen die nicht im Parlament vertretenen Kräfte ausgeschlossen sind, beinahe zwangsläufig Gefahren für die

Chancengleichheit der Parteien und damit für die Offenheit des politischen Prozesses.

Auch die angestrebte Bürgernähe wird gefährdet: Die staatliche *Parteien*finanzierung muß nach dem Urteil des Bundesverfassungsgerichts von 1992 so ausgestaltet sein, daß sie die Verwurzelung der Parteiführung in der Basis und in der Gesellschaft überhaupt fördert. Hinsichtlich der staatlichen Mittel für Mitarbeiterfonds und für Fraktionen, die vornehmlich den Führungsgruppen der Parteien zugute kommen, bestehen keine derartigen Anforderungen zur Sicherung der Bürger- und Basisnähe. Die Fraktionsmittel stehen im wesentlichen den Fraktionsapparaten zur Verfügung. Da die Abgeordneten und die Mitglieder der Fraktionsführungen meist auch in der Mutterpartei hervorgehobene Positionen innehaben, liegt es – angesichts der erheblichen Steigerung jener Mittel – auf der Hand, daß auf diese Weise der Sinn des Urteils von 1992 beeinträchtigt werden kann.

Das alles unterstreicht die Notwendigkeit, die öffentlichen Mittel für Fraktionen, Parteistiftungen und Abgeordnetenmitarbeiter zu begrenzen und für die Öffentlichkeit transparent zu machen.

Fraktionen

Stand der Finanzierung

Die Fraktionen des Bundestags und der Länderparlamente werden fast ausschließlich aus öffentlichen Mitteln finanziert. Berechnungsfaktoren sind im allgemeinen ein Grundbetrag, den alle Fraktionen eines Parlaments in gleicher Höhe erhalten, und Zusatzbeträge, die sich proportional nach der Zahl der Fraktionsmitglieder richten. Oppositionsfraktionen erhalten regelmäßig Zuschläge. Darüber hinaus dürfen die Fraktionen meist Räume und Büroeinrichtungen, oft auch Kommunikationsanlagen, unentgeltlich nutzen. In einigen Parlamenten wird ihnen auch Personal, vom Parlament finanziert, zugewiesen, so besonders ausgeprägt in den Landtagen von Baden-Württemberg und Hessen.

Die Zahlungen an Bundestagsfraktionen betrugen 1992 109 Millionen Mark, die an Landtagsfraktionen rund 122 Millionen Mark. Sie sind damit genauso hoch wie die gesamte staatliche *Parteien*finanzierung auf allen Ebenen, die heute maximal 230 Millionen Mark im Jahr (= »absolute Obergrenze«) beträgt.

Wie steil die Fraktionsmittel seit 1966 *gestiegen* sind, zeigt ein Vergleich der Beträge pro Kopf der Wahlberechtigten: Während die Staatsmittel für die Parteien je Wahlberechtigten sich seit 1966 etwa vervierfacht haben,[141] haben sich diejenigen an die Fraktionen des Bundestags und der Landesparlamente versechzehnfacht.[142]

Begrenzte Aufgaben der Fraktionen

Das Bundesverfassungsgericht sieht die Aufgabe der Fraktionen, der die Zuschüsse allein dienen dürfen, seit 1966 darin, »den technischen Ablauf der Parlamentsarbeit in gewissem Grade zu steuern und zu erleichtern«.[143] Diese enge Bestimmung der Fraktionsaufgaben hat das Gericht in seinem Urteil von 1989 bestätigt und sie ausdrücklich auf die parlamentsinterne Koordination beschränkt.[144] Damit stimmt auch eine Stellungnahme überein, die die parlamentarischen Geschäftsführer der CDU/CSU-, der SPD- und der FDP-Fraktion in diesem Verfahren abgegeben haben: Die Fraktionszuschüsse würden »zur Finanzierung des Aufwandes verwendet, der für die Vorbereitung und Durchführung des fraktionsinternen Willensbildungsprozesses und zur Einbringung des Ergebnisses dieses Prozesses in die parlamentarische Arbeit erforderlich« sei.[145]

Die Fraktionen im Bund und den Ländern haben die Konsequenzen aus der mit Recht restriktiven Rechtsprechung des Bundesverfassungsgerichts noch nicht gezogen. Nach der Rechtsprechung ist ein Teil der Ausgaben, für die die Fraktionszuschüsse bisher verwendet werden, rechtlich dubios, so daß es von Verfassungs wegen zu einer erheblichen Senkung der staatlichen Leistungen unter das bisherige Niveau kommen muß. Der Präsident des Hessischen Rechnungshofs Udo Müller schätzt die Überhöhung bei den Fraktionen des Hessischen Landtags auf etwa 20 Prozent.[146]

Besonders problematisch sind Ausgaben der Fraktionen für Öffentlichkeitsarbeit. Selbstverständlich kann es Fraktionsvertretern nicht verwehrt werden, Erklärungen gegenüber den öffentlichen Medien abzugeben. Doch müssen enge Grenzen beachtet werden. Würde den Fraktionen verfassungsrechtlich zum Beispiel eine Öffentlichkeitsarbeit in Form von Zeitungsanzeigen oder Fernsehspots erlaubt, wäre – angesichts der Möglichkeit der Fraktionen, sich in eigener Sache öffentliche Mittel zu bewilligen, und in Anbetracht der Ersatzfunktion solcher Öffentlichkeitsarbeit für Werbetätigkeit der Mutterparteien – kein Halten mehr. Ließe man die Finanzierung von Öffentlichkeitsarbeit aus Fraktionsmitteln erst einmal zu, so wäre insoweit der Gefahr einer dann praktisch nicht mehr zu kontrollierenden und nicht zu unterbindenden teilweisen Aufgabenverlagerung von den Parteien auf die Fraktionen nicht mehr zu begegnen.

Für das Jahr 1993 hat der Bundestag eine Senkung der Zahlungen an die Bundestagsfraktionen um 10 Millionen Mark (von 109 auf 99 Millionen Mark) beschlossen. Dies reicht jedoch nicht aus. Auch nach der Auffassung der Parteienfinanzierungskommission kommt »deshalb auf einige Zeit keine Anhebung der Zahlungen über das Niveau von 1993 hinaus in Betracht«.[147] Entsprechendes gilt für die Fraktionen der Landesparlamente.

Kontrolle durch Rechnungshöfe

Nach dem Urteil des Bundesverfassungsgerichts von 1989 ist »der Bundesrechnungshof ... verpflichtet, die ordnungsgemäße Verwendung der Fraktionszuschüsse im Sinne ausschließlichen Einsatzes für die Arbeit der Fraktionen regelmäßig nachzuprüfen, Verstöße gegen die Zweckbindung sowie die Wirtschaftlichkeit und sonstige Ordnungsmäßigkeit der Mittelverwendung aufzudecken und zu beanstanden, gegebenenfalls Abhilfevorschläge zu unterbreiten und Beanstandungen in den jährlichen Prüfungsbericht aufzunehmen (Art. 114 Abs. 2 GG). Der verfassungsrechtliche Prüfungsauftrag des Bundesrechnungshofs umfaßt die Rechtmäßigkeit und Wirtschaftlichkeit der Verwendung von Fraktionszuschüssen in gleicher Weise und nach den gleichen verfassungsrechtlichen und haushaltsrechtlichen Maßstäben wie bei anderen Etatmitteln auch.«[148]

Trotz dieser klaren Aussage des Bundesverfassungsgerichts wird den Rechnungshöfen das umfassende Prüfungsrecht von den Fraktionen bisweilen bestritten. Auch ist bisher keine Veröffentlichung von Kontrollergebnissen der Rechnungshöfe bekannt geworden. Die Parteienfinanzierungskommission hat deshalb eine Klarstellung in den Verfassungen des Bundes und der Länder empfohlen.[149]

Die Kontrolle durch die Rechnungshöfe reicht aber nicht aus. Die Rechnungshöfe überprüfen vornehmlich die angemessene *Verwendung* der bewilligten Mittel, nicht die *Bewilligung* im politischen Prozeß selbst. Aus der unkontrollierten Bewilligung in eigener Sache ergeben sich aber die Hauptprobleme der Fraktionsfinanzierung.

Fehlende Transparenz und Begrenzung

Für die Finanzen der *Parteien* gelten inzwischen durchgreifende verfassungsrechtliche Transparenzgebote und Begrenzungen (Gesetzesvorbehalt, öffentliche Rechenschaftlegung, absolute und relative Obergrenzen für die Staatsfinanzierung). Diese Gebote und Grenzen werden auf Fraktionen bisher regelmäßig nicht angewendet, obwohl die Fraktionen sich fast vollständig, also viel weitergehend als die Parteien, aus Staatsmitteln finanzieren. Die Zahlungen an Fraktionen werden – ohne Gesetz – meist nur als Globalposten in einen Titel des umfangreichen und schwer überschaubaren Haushaltsplans eingestellt. Das Verfahren wird zusätzlich verkürzt, indem Erhöhungen, selbst wenn sie sehr hoch ausfallen, erst in der sogenannten Bereinigungssitzung des (nichtöffentlich beratenden) Haushaltsausschusses des Bundestags in den entsprechenden Titel des Haushaltsplans eingefügt werden, also kurz vor der endgültigen Verabschiedung des Haushalts in zweiter und dritter Lesung im Bundestagsplenum.

Fraktionsgesetze

Nachdem die Kritik immer wieder in die Öffentlichkeit getragen wurde,[150] sind die Parlamente seit 1992 darangegangen, Gesetze über die Fraktionen der Staatsparlamente (nicht auch der Kommunen) zu erlassen. Das erste war das bayerische Fraktionsgesetz vom 26. 3. 1992;[151] es folgte eine niedersächsische Regelung, die im Abgeordnetengesetz untergebracht ist.[152] Auch in Sachsen-Anhalt wurde Ende 1992 ein Fraktionsgesetz erlassen.[153] In einigen anderen Ländern liegen Gesetzentwürfe vor.[154] Zugrunde liegt ein gemeinsamer Entwurf der Landtagsdirektoren aus dem Jahre 1991.

Diese Initiativen genügen den verfassungsrechtlichen Anforderungen allerdings nur teilweise. Zu begrüßen ist die vorgesehene öffentliche Rechnungslegung über Einnahmen, Ausgaben und Vermögen. Sie ist in den Fraktionsgesetzen Bayerns und Sachsen-Anhalts und in den vorliegenden Gesetzentwürfen vorgesehen. Allerdings ist die Gliederung der Einnahmen und Ausgaben einerseits zu grob, andererseits enthält sie auch Posten, die verfassungsrechtlich problematisch sind, wie etwa Ausgaben für Öffentlichkeitsarbeit.

Die Gesetze und Entwürfe gehen durchweg davon aus, daß die Fraktionen durch die Rechnungshöfe geprüft werden. Sie enthalten jedoch Einschränkungen des Prüfungsrechts, indem die »Erforderlichkeit der Wahrnehmung der parlamentarischen Aufgaben einer Fraktion« (Art. 8 Bayerischen Fraktionsgesetz) oder »die Zweckmäßigkeit von Maßnahmen der Fraktionen im Rahmen ihrer Aufgaben« (§ 33d Niedersächsisches Abgeordnetengesetz) nicht Gegenstand der Prüfung sein dürfen. Diese Regelungen sind mit dem verfassungsrechtlichen Prüfungsrecht der Rechnungshöfe nicht vereinbar und müssen deshalb ersatzlos entfallen.[155] Daß die Rechnungshöfe den politischen Ermessensspielraum der Fraktionen zu respektieren haben, versteht sich von selbst.

Im übrigen werden die vorliegenden Fraktionsgesetze und

Gesetzentwürfe den verfassungsrechtlichen Anforderungen in zentralen Punkten nicht gerecht:

Es fehlt meist eine gesetzliche Regelung der öffentlichen Leistungen, die die Fraktionen erhalten und die diese nach Art und Höhe der konkreten Leistungen genau benennt. Dem haben bisher nur Thüringen[156] und Niedersachsen[157] entsprochen. Das Bayerische Fraktionsgesetz enthält in Art. 2 und 3 nur eine Regelung dem Grunde nach und überläßt die Festsetzung der Höhe dem Haushaltsplan. Das reicht nicht aus, um bei Erhöhungen eine öffentliche Begründung und Kontrolle möglichst zu erzwingen. Es gilt hier von Verfassungs wegen ein Gesetzesvorbehalt.[158] Das hat auch die Parteienfinanzierungskommission 1993 unterstrichen.[159] Das Bundesverfassungsgericht hat die Frage bisher allerdings offengelassen.[160] Deshalb schlägt die Parteienfinanzierungskommission zur Klarstellung eine Änderung des Grundgesetzes vor.

Darüber hinaus fehlt es in den Fraktionsgesetzen an den erforderlichen Weichenstellungen für eine dem Verfassungsrecht entsprechende differenzierte Veranschlagung der Mittel im Haushaltsplan.[161] Den Gesetzen liegt vielmehr eine Konzeption zugrunde, die auf eine bloße Globalveranschlagung der Mittel hinausläuft. Das reicht (auch nach Auffassung der Parteienfinanzierungskommission) nicht aus.

Schließlich fehlt es an der Fixierung der absoluten Obergrenze für die Fraktionsmittel, die das Bundesverfassungsgericht in seinem Urteil von 1992 zwar nur für die staatliche *Parteien*finanzierung aufstellen konnte, weil nur diese Gegenstand seiner Entscheidung war, die ihrem Sinn nach für die Staatsfinanzierung der Fraktionen aber erst recht gelten muß.[162]

Parteistiftungen

Zu den parteinahen Organisationen gehören auch die Parteistiftungen. Solche »Stiftungen« haben inzwischen alle im Bundestag vertretenen Parteien: die SPD die (schon 1925 gegründete) Friedrich-Ebert-Stiftung, die CDU die (1964 gegründete[163]) Konrad-Adenauer-Stiftung, die FDP die (1958 gegründete) Friedrich-Naumann-Stiftung, die CSU die (erst 1967 gegründete) Hanns-Seidel-Stiftung[164] und die Grünen den 1987 gegründeten Stiftungsverband Regenbogen. Hinzu kommen noch einige regionale Parteistiftungen.

Die Bezeichnung ist allerdings irreführend. Das Wort »Stiftung« vermittelt den Eindruck, hier würde von privater Seite ein Vermögen für gemeinnützige Aufgaben »gestiftet«. Das trifft nicht zu. Es handelt sich – mit Ausnahme der Friedrich-Naumann-Stiftung – nicht um »Stiftungen« im Rechtssinne, die der Stiftungsaufsicht unterlägen, sondern um eingetragene Vereine. Sie finanzieren sich auch nicht aus privaten Spenden, sondern aus Staatsmitteln. Und diese Mittel haben ihren Ursprung oder doch ihr heutiges Gewicht in folgenden Umständen:

– der Parteinähe der »Stiftungen«, die bewirkt, daß ihre Aktivitäten den Mutterparteien bis zu einem gewissen Grade zugute kommen,
– dem Umstand, daß das Parlament auch hier in eigener Sache entscheidet,
– der völligen Intransparenz der Stiftungsfinanzierung und
– der Rechtsprechung des Bundesverfassungsgerichts, die der staatlichen *Parteien*finanzierung Grenzen zog, nicht aber der Finanzierung der Stiftungen.

Kaum hatte das Gericht den Parteien 1966 Grenzen gezogen, lenkten der Bundestag und die hinter ihm stehenden Parteien die Staatsmittel, die sie selbst nicht mehr entgegennehmen durften, an ihre »Stiftungen« um. Das ist die Idee, die hinter den sogenannten Globalzuschüssen für die politische Bildung steht, die die Parteistiftungen 1968 erstmals in einer Höhe von 9 Millionen Mark aus einem Haushaltstitel des Bundesinnenministeriums erhielten und die seitdem steil angestiegen sind – auf 209 Millionen Mark im Jahre 1992.

Mit diesen Mitteln betreiben die »Stiftungen« politische Bildungsarbeit, wissenschaftliche Forschung sowie Begabtenförderung und widmen sich der internationalen Zusammenarbeit. Sie unterhalten Archive und Bibliotheken, veröffentlichen Arbeitsmaterialien und Schriften und stellen Tagungsstätten bereit. Die Leistungen sind formal zumeist offen für die Allgemeinheit. In der Sache aber wird das Umfeld der jeweiligen Mutterpartei besonders gefördert: durch Schulung und Bildung von Anhängern und Funktionären, durch Förderung des besonders begabten Nachwuchses und durch sozialwissenschaftliche Grundlagenforschung und angewandte Forschung, die der Willensbildung der jeweiligen Mutterpartei nutzt und ihr »Herrschaftswissen« zur Verfügung stellt.[165]

Neben dem Globalzuschuß erhalten die »Stiftungen« projektbezogene Zuwendungen aus zahlreichen Titeln des Bundeshaushalts, vor allem vom Bundesministerium für wirtschaftliche Zusammenarbeit, dem Bundesministerium für Bildung und Wissenschaft und dem Auswärtigen Amt. Diese Mittel sind für Entwicklungshilfen, Stipendien, die Unterstützung des Integrationsprozesses in West- sowie des Reformprozesses in Mittel- und Osteuropa und für Forschungsvorhaben bestimmt. Die projektbezogenen Zu-

schüsse bilden zwei Drittel der staatlichen Stiftungsfinanzierung und betrugen 1992 rund 461 Millionen Mark.
Zusammen mit den Globalzuschüssen erhalten die Parteistiftungen 670 Millionen Mark aus dem Bundeshaushalt.
1966 lagen die Zahlungen noch bei 14 Millionen Mark.
Die öffentlichen Mittel der Parteistiftungen sind von völli-
ger Undurchsichtigkeit. Was die »Stiftungen« erhalten,
wird zwar einheitlich von dem (nicht öffentlich beratenden) Haushaltsausschuß des Bundestags festgelegt. In diesem Gremium fällt also die eigentliche Entscheidung, nicht
bei der späteren Einzelbewilligung der Mittel durch die
Ministerien, die, wenn die üblichen Voraussetzungen gegeben sind, ohne weiteres erfolgt. Der Haushaltsausschuß
geht dabei in dem oben geschilderten Blitzverfahren vor
und richtet sich nach einem nur ihm bekannten internen
Schlüssel für die Verteilung der Mittel unter die Stiftungen.[166] Wie hoch die Beträge wirklich sind, wieviel die »Stiftungen« insgesamt erhalten und wie die Mittel sich auf die
verschiedenen Stiftungen verteilen, wird dadurch für die
Öffentlichkeit vernebelt, daß sie völlig unübersichtlich in
einer Vielzahl von Titeln unterschiedlicher Einzelpläne
enthalten sind, aus denen oft nicht einmal ersichtlich ist,
daß sie überhaupt den Parteistiftungen zugute kommen.
Selbst bei den Globalzuschüssen wird die Verteilung eines
wichtigen Postens (Zuwendungen für die Errichtung von
Bildungsstätten) im Haushaltsplan nicht angegeben. Die
totale Intransparenz bewirkt, daß die Öffentlichkeit nicht
verfolgen kann, wofür die Parteistiftungen wieviel Staatsgeld bekommen, und selbst bei enormen Erhöhungen
nicht öffentlich dargelegt zu werden braucht, wofür das in
eigener Sache bewilligte Geld benötigt wird, ob die bisherigen Leistungen sinnvoll verwendet worden sind, ob nicht
die Finanzierung anderer öffentlicher Aufgaben dringen-

der ist und wieviel Vermögen die Parteistiftungen angesammelt haben.

Durch die völlige Intransparenz sind die Wachstumsraten der Vergangenheit erst ermöglicht worden. Wie bei der staatlichen Finanzierung der Parteien und Fraktionen muß auch für die »Stiftungen« Transparenz der Finanzen und des Gesetzgebungsverfahrens hergestellt und eine wirkungsvolle Begrenzung geschaffen werden. Bei der gesetzlichen Regelung der Finanzierung der Parteistiftungen ist sicherzustellen, daß die genauen Beträge, die die »Stiftungen« erhalten, im Gesetz niedergelegt und auf diese Weise übersichtlich zusammengefaßt werden, so daß Erhöhungen eine ausdrückliche Gesetzesänderung verlangen. Es gilt auch hier von Verfassungs wegen ein Gesetzesvorbehalt,[167] wenn das Bundesverfassungsgericht die Frage auch noch offengelassen hat.[168] Eine gesetzliche Regelung nur der Grundsätze der Stiftungsfinanzierung, wie sie die Mehrheit der Parteienfinanzierungskommission empfiehlt,[169] reichte nicht aus, weil sie hinsichtlich der konkreten Zahlungen alles offenließe, weiterhin erlaubte, die staatlichen Zuwendungen in der bisherigen völlig undurchsichtigen Form im Haushaltsplan zu verbergen und Erhöhungen praktisch unter Ausschluß der Öffentlichkeit zu beschließen.[170]

Zugleich müssen die Stiftungen zur öffentlichen Rechenschaftslegung über ihre Einnahmen, Ausgaben und ihr Vermögen gezwungen und eine Obergrenze festgelegt werden, also diejenigen verfassungsrechtlichen Anforderungen durchgesetzt werden, die inzwischen für die Parteien anerkannt sind. Diese Anforderungen müssen auch auf »Stiftungen« erstreckt werden, auf diese sogar erst recht; denn während für Parteien immerhin noch die zusätzliche verfassungsrechtliche Begrenzung wirksam ist, daß sie nicht mehr als die Hälfte ihrer Einnahmen aus der Staatskasse erhalten dürfen (sogenannte relative Obergrenze), fällt eine solche Begrenzung für Parteistiftungen aus, weil diese sich praktisch zu 100 Prozent aus Staatsmitteln finanzieren.

Die Finanzierung der »Stiftungen« steht auch aus einem anderen Grund auf sehr dünnem verfassungsrechtlichen Eis. Es fehlt dem Bund nämlich die Kompetenz, die politische Bildung zu finanzieren.[171] Bildung ist Ländersache, sofern das Grundgesetz dem Bund nicht eine ausdrückliche Kompetenz dazu gibt. Solange die *Parteien* die Zuschüsse für die politische Bildung erhielten, konnte man die Bundeskompetenz aus Artikel 21 Absatz 3 Grundgesetz ableiten, wonach die Regelung der Parteienfinanzierung Sache des Bundes ist. Seitdem das Bundesverfassungsgericht dies aber untersagt hat und die »Stiftungen« diese Mittel nur erhalten dürfen, wenn sie von den Parteien rechtlich und organisatorisch streng abgeschottet sind,[172] ist eine Grundlage für die Kompetenz des Bundes nicht mehr ersichtlich.[173] Damit sind jedenfalls die Globalzuschüsse für die politische Bildung verfassungsrechtlich unzulässig. Dies hat auch die Parteienfinanzierungskommission gesehen und eine Ergänzung des Grundgesetzes vorgeschlagen, die dem Bund die Gesetzgebungskompetenz für eine Rahmenregelung über »die allgemeinen Grundsätze der politischen Bildungsarbeit einschließlich der parteinahen Stiftungen« gibt.[174] Damit erhielte die Förderung der politischen Bildung durch den Bund eine verfassungsrechtliche Grundlage; die staatliche Förderung der Parteistiftungen würde gefestigt. Die Mehrheit der Kommission versäumt es aber, gleichzeitig die Verankerung eines Gesetzesvorbehalts, der öffentlichen Rechenschaftslegung über Einnahmen, Ausgaben und Vermögen und einer Obergrenze im Grundgesetz zu empfehlen, durch

die die nötige Transparenz und Begrenzung erzwungen
würden.[175]

Abgeordnetenmitarbeiter

Am 28. 3. 1969 beschloß das Präsidium des Bundestags, den
Abgeordneten Mitarbeiterkosten bis zu 1500 Mark monatlich auf Nachweis zu erstatten. Inzwischen sind diese Beträge explodiert und liegen derzeit bei rund 12 300 Mark, also
dem Achtfachen. Darin sind Lohnnebenkosten, wie ein
dreizehntes Gehalt, Sozialversicherungsbeiträge des
Arbeitnehmers etc. noch nicht enthalten. (Die Kostenerstattung für Mitarbeiter erhält der Abgeordnete neben seinem Gehalt und seiner Amtsausstattung, die zum Beispiel
eine steuerfreie Kostenpauschale von rund 5800 Mark und
eine Bundesbahnfreikarte umfaßt.) Insgesamt hatten die
Aufwendungen des Bundestags für Abgeordnetenmitarbeiter 1992 etwa ein Volumen von 135 Millionen Mark, also
mehr als die »Zuschüsse« an die Bundestagsfraktionen.
Inzwischen haben auch fast alle Landesparlamente eine
Erstattungsregelung für Abgeordnetenmitarbeiter eingeführt. Die dafür bewilligten Mittel betrugen 1992 etwa 60
Millionen Mark.
So anerkannt das Ziel ist, den Abgeordneten für ihre parlamentarische Arbeit ausreichende Assistenz zur Verfügung
zu stellen,[176] so sehr liegen bei dem jetzt praktizierten Verfahren doch die Mängel auf der Hand. Der bisherigen Ausgestaltung fehlt die Transparenz, und sie begründet die
Gefahr der Zweckentfremdung und des Mißbrauchs der
Mittel.
Wie bei den Mitteln für Fraktionen und »Stiftungen« ist
auch bei der Abgeordnetenentschädigung eine spezialge-

setzliche Regelung erforderlich. Dies gilt auch für Mittel für Abgeordnetenmitarbeiter. Ihre Bewilligung bloß im Haushaltsplan reicht nicht aus. Die Obergrenze muß sich vielmehr betragsexakt aus dem Abgeordnetengesetz ergeben. Eine den Erstattungsbetrag exakt beziffernde Regelung findet sich bisher nur in Niedersachsen und Schleswig-Holstein. Die Bezugnahme der gesetzlichen Regelung auf eine Vergütungsgruppe des Bundesangestelltentarifs (wie in Baden-Württemberg, Hamburg und neuerdings in Rheinland-Pfalz und Hessen) dürfte wohl zulässig sein; sie wäre sachlich begründet, weil ihre Entwicklung den steigenden Aufwendungen für Mitarbeiter entspräche.

Erforderlich ist ferner, daß die Abgeordneten über die Verwendung der Mittel in geeigneter Form öffentlich Rechenschaft ablegen.

Bisher sind die Mittel nicht ausreichend gegen Zweckentfremdung und Mißbrauch gesichert. Es besteht die Gefahr, daß sie nicht nur der persönlichen Bereicherung dienen, sondern auch für Zwecke der Partei und des Wahlkampfs mißbraucht werden. Dies aber ist unzulässig, ohne daß bisher eine wirksame Kontrolle stattfindet. Da die Mitarbeiter nicht nur im Bundestag tätig sind, sondern zum großen Teil auch im Wahlkreis, teils auch in den örtlichen Parteigeschäftsstellen, liegt die Versuchung nahe, sie für Parteiarbeit und Wahlkampfzwecke einzusetzen. Durch solche unzulässige indirekte Parteienfinanzierung wird zugleich die Chancengleichheit des politischen Wettbewerbs beeinträchtigt, weil der bisherige Abgeordnete einen erheblichen Vorteil gegenüber potentiellen Herausforderern erhält. Die Offenheit des politischen Prozesses wird gemindert. Auch hier besteht also dringender Regelungsbedarf.

Es ist in Bonn ein offenes Geheimnis, daß die inzwischen

mehr als 4000 Abgeordnetenmitarbeiter in großem Umfang auch für Wahlkampf- und Parteizwecke eingesetzt werden,[177] obwohl anfangs ausdrücklich beschworen wurde,
von diesen Mitteln dürfen die Parteien *nicht* mittelbar profitieren, und in den Ausführungsbestimmungen des Älte-
stenrats des Bundestags an sich vorgesehen ist, die Abgeordneten dürften ihre Mitarbeiter nur »zur Unterstützung
ihrer parlamentarischen Arbeit« einsetzen. Die mißbräuch-
liche Verwendung für Parteizwecke oder unmittelbar für
Wahlkämpfe wird dadurch erleichtert, daß die Mittel innerhalb eines Jahres nicht kontinuierlich Monat für Monat
ausgegeben zu werden brauchen, sondern angespart und
auf bestimmte Zeitpunkte, beispielsweise vor einem Wahl-
termin, gehäuft ausgegeben werden können.[178]

III. Parteienfinanzierungskommission 1993

Zur Vorbereitung der Neuordnung der Parteienfinanzierung, die durch das Urteil des Bundesverfassungsgerichts vom 9. April 1992 notwendig geworden war, berief der Bundespräsident im Sommer 1992 eine siebenköpfige Kommission.[179] Ihr Auftrag bestand darin, »in voller Unabhängigkeit Vorschläge für eine künftige Regelung der mit der Parteienfinanzierung zusammenhängenden Fragen zu erarbeiten«. Der Bundespräsident kam mit der Einsetzung der Kommission einem in der Öffentlichkeit vielfach vorgetragenen Vorschlag nach. Die Kommission hat ihre Empfehlungen in einem Bericht am 17. Februar 1993 veröffentlicht (Bundestagsdrucksache 12/4452).

Aufgabe der Kommission war es, die Vorgaben des Bundesverfassungsgerichts zu konkretisieren und Vorschläge für eine nach Struktur und Niveau angemessene Parteienfinanzierung zu machen. Die Kommission sah darüber hinaus ihre Aufgabe auch darin, die Grundgedanken des Urteils auch auf partei*nahe* Organisationen zu erstrecken und Empfehlungen für die Transparenz, Kontrolle und Begrenzung der Finanzierung der Fraktionen und Parteistiftungen zu entwickeln. Sie hängen so sehr mit der engeren Parteienfinanzierung zusammen, daß ohne ihre Einbeziehung keine Befriedung dieses Bereichs der Politikfinanzierung möglich erscheint.

Die Kommission empfahl, den Parteien für jede abgegebene gültige Wählerstimme bei Bundestags-, Landtags-, Europa- und Gemeinderatswahlen einen jährlichen Zuschuß von neunzig Pfennig pro Stimme zu geben. (*Bisher* waren die Gemeindeebene und damit die kommunalen Wählergemeinschaften ausgeschlossen. Es gab auf den drei Ebe-

nen der Bundestags-, Landtags- und Europawahlen für eine
Wahlperiode jeweils fünf Mark pro Wahlberechtigten, also
auch für Nichtwähler.) Bei den letzten Wahlen auf den vier
Ebenen waren rund 165 Millionen Wählerstimmen abgegeben worden. Dies ergäbe nach den Vorschlägen der Kommission 149 Millionen Mark jährlich.

Zusätzlich schlägt die Kommission vor, den Parteien für
jede Mark Mitgliedsbeitrag oder Spende (im Rahmen der
Steuerbegünstigungsgrenzen von 4000/2000 Mark) zwanzig Pfennig Staatszuschuß zu geben. Bei einer Gesamtsumme der Beiträge der fünf großen Parteien im Jahre 1991
von 285 Millionen Mark und des zuschußfähigen Teils der
Spenden von etwa 74 Millionen Mark errechnen sich weitere 72 Millionen, insgesamt also 221 Millionen Mark an jährlichen Staatszuschüssen für die Parteien und Wählergemeinschaften. Rechnet man auch die Spenden und Beiträge der sonstigen Parteien hinzu, die bisher Wahlkampfkostenerstattung erhielten, und das »normale« Wachstum der
Beiträge bis 1993, das der Berechnung für 1994 zugrunde
gelegt wird, so ergeben sich jährliche Staatszuschüsse von
230 Millionen Mark, womit die »absolute Obergrenze«
erreicht wäre.[180]

Spenden und Beiträge sollen nur noch bis zu einer Höhe
von 4000 Mark jährlich (Ledige 2000 Mark) steuerlich
begünstigt werden, sei es durch hälftigen Abzug von der
Steuerschuld (§ 34g Einkommensteuergesetz), sei es durch
Abzug vom zu versteuernden Einkommen (§ 10b Einkommensteuergesetz). Ein höherer Betrag kommt nach den
Vorgaben des Bundesverfassungsgerichts nicht in Betracht,
weil die Mehrzahl der steuerpflichtigen Einkommensbezie-
her ihn nicht mehr hätte ausschöpfen können.

Der Grundgedanke der Empfehlungen der Kommission
besteht darin, Umfang und Verteilung der staatlichen Par-

teienfinanzierung in die Hände der Bürger und der Parteibasis zu legen. Der Erfolg soll entscheiden. Für Nichtwähler soll es kein Geld mehr geben. Jeder, ob Wähler, Mitglied oder Spender, kann zudem genau ersehen, welchen Betrag er der Partei mit seiner Stimme oder seiner Zuwendung verschafft. Die doppelte staatliche Förderung der Beiträge und Spenden verspricht einen Anreiz mit verhaltensändernder Wirkung: Wenn der Geber in Zukunft weiß, daß er nicht nur selbst Steuern spart, sondern seine Zuwendung zugleich staatliche Zuschüsse bei seiner Partei auslöst, entsteht eine neue Ausgangsmotivation, die eine erhebliche Dynamik in die Entwicklung der Beiträge und kleineren Spenden bringen kann. Angesichts dieser Dynamik wäre es sogar sinnvoll, niedrigere Beiträge anzusetzen.[181] Anderenfalls bestände auch die Gefahr, daß die auf die zusätzlich eingeworbenen Zuwendungen entfallenden Staatszuschüsse durch die »absolute Obergrenze« wieder abgeschöpft würden, die Geber sich im nachhinein getäuscht vorkämen und so das ganze System in Mißkredit geriete.

Die Gründe, die die staatliche Parteienfinanzierung zu einem regelungsbedürftigen Problemfall machen, liegen auch bei den Fraktionen und Parteistiftungen vor, die die Kommission in ihre Empfehlungen einbezogen hat. Die Kommission empfiehlt:

– Eine öffentliche Rechenschaftslegung über die Herkunft und Verwendung der Mittel und das Vermögen der Fraktionen und Parteistiftungen.
– Eine genaue, betragsmäßige gesetzliche Regelung sämtlicher Staatsleistungen an die Fraktionen. Eine Bewilligung im unübersichtlichen Haushaltsplan reicht nicht, um die Initiatoren bei Erhöhungen zur öffentlichen

Begründung zu zwingen und unbegründete Erhöhungen möglichst zu verhindern. Für die Parteistiftungen fehlt, wenig folgerichtig, eine entsprechende Empfehlung der Kommission. Eine Regelung lediglich der »Grundsätze« reicht nicht aus.

– Zugleich müssen die Rechnungshöfe regelmäßig prüfen und Beanstandungen veröffentlichen.

Der Bundestag hat die staatlichen Mittel an seine Fraktionen 1993 um 9 Prozent und an die Parteistiftungen um 5 Prozent gesenkt. Die Kommission schlägt vor, die Fraktionsmittel auf dem Niveau von 1993 für einige Zeit einzufrieren. Gleiches wäre – angesichts der schlaraffenländischen Wachstumsraten der Vergangenheit – meines Erachtens auch für die Parteistiftungen angezeigt. Für beide will die Kommission das spätere Wachstum eng begrenzen.

Weiter empfiehlt die Kommission, das Verfahren der Gesetzgebung des Parlaments in eigener Sache zu verbessern und »Blitzgesetze« unmöglich zu machen (vgl. auch S. 369). Gesetzesvorlagen sollen in Zukunft schriftlich und verständlich begründet und für die Beratungen des Parlaments zwingende Mindestfristen festgelegt werden. Darüber hinaus sollen Gesetze über Politikfinanzierung grundsätzlich erst in der nächsten Legislaturperiode wirksam werden.[182]

Auch für Abgeordnete macht die Kommission Vorschläge, soweit sie in engem Zusammenhang mit der Parteienfinanzierung stehen: die Einführung eines Straftatbestandes der aktiven und passiven Abgeordnetenbestechung, ein Verbot von Spenden an Abgeordnete und eine bessere Kontrolle der Mittel für Abgeordnetenmitarbeiter. Zugleich geht die Kommission davon aus, die sogenannten Parteisteuern, also solche Zahlungen, die vor allem Abgeordnete – über

ihre normalen Mitgliedsbeiträge hinaus – an ihre Partei
abführen müssen und die ein jährliches Volumen von etwa
60 Millionen Mark haben, seien verfassungswidrig und
unzulässig.[183] Sie ruhen wie eine finanzielle Hypothek auf
dem Mandat, führen zu einer Zweckentfremdung der Diäten, beeinträchtigen die Unabhängigkeit der Mandatsträger und sind eine Form der verschleierten staatlichen Parteienfinanzierung, weil sie bei Bemessung der Diäten regelmäßig berücksichtigt werden. Parteisteuern setzen das Verhältnis des Abgeordneten zu seiner Partei in ein schiefes
Licht, erwecken den Eindruck, der Abgeordnete müsse
sich der Partei für seine Aufstellung als Kandidat – auch
finanziell – erkenntlich zeigen, fördern deshalb eher den
Typ des »Parteisoldaten«, der in der Tat seiner Partei alles
verdankt und sich deshalb von ihr völlig abhängig weiß, vertiefen dadurch ohnehin bestehende Abschottungs- und
Verkrustungstendenzen und erschweren es, »Quereinstei-
ger«, auf deren »Blutzufuhr« die Parteien angewiesen sind,
zu gewinnen. Die Kommission sieht aber keine Sanktionen
vor. Bedenkt man, daß die Zahlungen nicht rechtlich, sondern durch *faktischen* Druck erzwungen werden – wer nicht
zahlt, läuft Gefahr, bei der nächsten Wahl nicht wieder auf-
gestellt zu werden – so ist abzusehen, daß das von der Kommission vorgesehene bloße Verbot rechtlichen Zwangs
keinerlei Wirkung haben wird. Daß die Mehrheit der Kommission es mit der Unterbindung dieser Zahlungen nicht
wirklich ernst meinte, ist auch daraus zu ersehen, daß Parteisteuern nach ihrer Vorstellung steuerbegünstigt bleiben
und in Zukunft sogar noch *zusätzlich* Bemessungsgrundlage
für die direkte Staatsfinanzierung der Parteien werden sollen. Da auch nach Absenkung des Begünstigungsrahmens
auf 4000 Mark (2000 Mark bei Ledigen) die Parteisteuern
der kommunalen Mandatsträger regelmäßig voll erfaßt

bleiben und diese den Löwenanteil der Parteisteuern ausmachen, führen die Vorschläge der Mehrheit der Kommission zu dem untragbaren Ergebnis, daß eine verschleierte
und verfassungswidrige Form der Staatsfinanzierung auch
noch zur Basis für weitere Staatszuschüsse wird. Der Verfasser hat deshalb in seiner Abweichenden Meinung vorgeschlagen, die steuerliche Begünstigung von Parteisteuern
aufzuheben und sie auch nicht zur Bemessungsgrundlage
der staatlichen Parteienfinanzierung zu machen. Zugleich
sollte in die entsprechenden Gesetze die Vorschrift eingefügt werden, daß Abgeordnete und Kommunalvertreter
»niemandem Zuwendungen mit Rücksicht auf ihr Mandat
machen« dürfen. Eine dahingehende Vorschrift enthält
bereits das niedersächsische Abgeordnetengesetz. Die Verwirklichung dieser Vorschläge würde den Parteisteuern die
Basis nehmen und sie weitgehend beseitigen.[184]
Die Vorschläge sind in Zeitungskommentaren und von den
Grünen begrüßt, von den Schatzmeistern etablierter Parteien dagegen kritisiert worden. Das ist Teil des üblichen
Rituals. Die Klage über zu wenig Geld gehört für die Schatzmeister zum Geschäft. Die Vorschläge wären sicher anders
ausgefallen, wenn die Schatzmeister sie (wie 1988) selbst als
Insichgeschäft entworfen hätten. Ihre erste Betroffenheit
über den umfassenden Ansatz, mit dem die Kommission
das Problem der Entscheidung des Parlaments in eigener
Sache bei der staatlichen Politikfinanzierung in den Griff
zu bekommen sucht, entlud sich vereinzelt auch in unsach-
licher Schelte. So äußerte die Schatzmeisterin der SPD,
Inge Wettig-Danielmeier, die Empfehlungen der Kommission brächten »allzu oft ... die von-Arnimsche Parteienfeind-
lichkeit ungeschminkt zum Ausdruck«.[185] Das war – angesichts der Zusammensetzung der Kommission[186] – abwegig.
Wenn die Kommission sich gleichwohl den größten Teil der

Vorschläge des Verfassers zueigen machte, lag das wohl an
ihrer sachlichen Angemessenheit und ihrer Ausgerichtet-
heit auf die eigentliche Problematik.

Im übrigen führt der Übergang zum neuen System zwangsläufig zu Umschichtungen: Kleinere Parteien erleiden Einbußen, vor allem deshalb, weil der Sockelbetrag wegfällt,
der sie bisher begünstigte, oder weil sie weniger Mitgliedsbeiträge oder kleinere Spenden erhalten. Die daraus resultierenden Einschränkungen sind systemgewollt und sollen
die Parteien veranlassen, sich vermehrt um Zuwendungen
zu bemühen. Innerhalb der Parteien werden die unteren
Ebenen stärker bedacht, was den ohnehin fälligen parteiin-
ternen Finanzausgleich zugunsten der Parteizentralen
erzwingt.[187] Ginge es nach den Schatzmeistern, würden
systembedingte Einbußen wie 1988 wohl nach dem größten
gemeinsamen Nenner aus der Staatskasse ausgeglichen –
und damit das System und seine erwünschten Wirkungen
beeinträchtigt. Dieser Versuchung mußte die Kommission
widerstehen. Auch bei der Gewichtung der Wählerstimmen
und Zuwendungen als Kriterien für die Staatsfinanzierung,
die nach dem Vorschlag der Kommission vorläufig etwa im
Verhältnis 2:1 stehen, bestand wenig Spielraum: Beiträge
und Spenden müssen zur Vermeidung von Manipulations-
anreizen mit gleichem Satz und erheblich niedriger als
Wählerstimmen »bezuschußt« werden; Wählerstimmen
sind zudem Ausdruck der Verwurzelung in der gesamten
Aktivbürgerschaft.[188]

Die Schatzmeister befürchten, auch Großspenden und Teile der »Parteisteuern« würden zurückgehen, weil sie in
Zukunft nur noch eingeschränkt steuerlich begünstigt sind
und daraus im Ergebnis für alle ein erhebliches Weniger an
Einnahmen resultieren würde. Doch dabei werden die Pro-
portionen verkannt. Normale Beiträge und kleinere Spen-

den haben ein vielfaches Volumen, so daß ihre doppelte
staatliche Förderung im Ergebnis auch stärker durchschlagen dürfte. Das zeigt eine Beispielsrechnung. Die durchschnittlichen Monatsbeiträge aller Parteien betragen derzeit etwa elf Mark. Gelingt es aufgrund des in der doppelten Förderung liegenden Anreizeffekts, die Beiträge in den
nächsten zwei Jahren um drei Mark monatlich anzuheben,
ergibt sich zusammen mit dem Staatszuschuß insgesamt ein
jährliches Mehr von fast hundert Millionen Mark. Das Risiko eines (weiteren) Rückgangs der Wahlbeteiligung müssen die Parteien allerdings tragen. Das liegt in der Logik
des neuen Systems. Dem durch Einführung einer Wahl-
pflicht zu begegnen, wie die Schatzmeisterin der SPD nach
Bekanntwerden der Vorschläge der Kommission öffentlich
angeregt hat,[189] kann nur als schlechter Scherz angesehen
werden.[190] Die Parteien müssen durch bessere Politik überzeugen und dürfen sich nicht mit Hilfe ihrer Gesetzgebungsmacht in eigener Sache von den Folgen des Bürger-
verdrusses freizeichnen.

Die Parteien täten – so der Tenor fast aller Zeitungskom-
mentare – gut daran, wenn sie den Bericht der Kommission
als Chance begriffen, Politikverdrossenheit abzubauen,
und ihn entschlossen in ein neues Gesetz umsetzten.

IV. Der Kampf um die Parteienfinanzierung

Im Januar 1982 lud mich der spätere Landrat von Ludwigshafen Dr. Ernst Bartholomé zu einem Vortrag über Parteienfinanzierung in eine Mainzer Gesprächsrunde christlichsozialer Juristen ein. Das Thema erwies sich aber als viel zu umfangreich, als daß es in einem Vortrag hätte erschöpft werden können. Es stellte eher ein ganzes Forschungsprogramm dar und veranlaßte mich, tiefer einzusteigen. Das Ergebnis war eine 150-Seiten-Studie, die im September 1982 in der Schriftenreihe des Karl-Bräuer-Instituts des Bundes der Steuerzahler veröffentlicht wurde.[191] Dabei konnte ich die Erfahrungen und Erkenntnisse aus der Beschäftigung mit den Abgeordnetendiäten[192] als eines anderen Bereichs der Politikfinanzierung nutzbar machen. Der Bericht der (ersten) Parteienfinanzierungskommission von 1983 griff manches auf. Die Kommission übernahm vor allem den theoretischen Ausgangspunkt,[193] daß es sich »bei der Staatsfinanzierung jeglicher Art letztlich um Entscheidungen der im Bundestag vertretenen Parteien in eigener Sache handelt«,[194] und die daraus folgende Forderung nach Transparenz auch der *Verwendung* der Mittel und des *Vermögens,* die ich aus dem Grundgesetz abgeleitet hatte.[195] Im übrigen sah die stark unter dem Einfluß der Parteien stehende Kommission[196] mehrheitlich ihre Aufgabe darin, auf eine starke Ausweitung der staatlichen Parteienfinanzierung hinzuwirken, so daß ziemlich einseitige Vorschläge herauskamen, die – mit den Worten eines Kommissionsmitglieds selbst – »an Wohlwollen gegenüber den Parteien nicht zu überbieten« waren.[197] Dies geschah vor allem über ein extensives Verständnis der Partei*aufgaben,*[198] das als Hebel benutzt wurde, um die Ausweitung der Staats-

gelder scheinbar zu legitimieren.[199] Die Wahlkampfkostenerstattung wurde entsprechend den Vorschlägen der Kommission zum 1. 1. 1984 von 3,50 auf 5 Mark und rückwirkend für die frühere Bundestagswahl von 1983 auf 4,50
Mark erhöht. Vor allem aber wurde die Steuerbegünstigung
für Zuwendungen an die Parteien immens ausgedehnt. Um
die offensichtliche Verfassungswidrigkeit der hohen Steuerbegünstigung zu heilen, wurden nach den Vorschlägen
der Kommission weitere Leistungen aus der Staatskasse eingeführt: der »Chancenausgleich« und der 50-Prozent-
Abschlag von der Steuerschuld für Mitgliedsbeiträge und
Kleinspenden.

Die (dennoch bestehende) Verfassungswidrigkeit dieser
Neuerungen (und der ihnen zugrundeliegenden Kommis-
sionsempfehlungen), insbesondere der maßlosen steuerlichen Begünstigung auch von Großspenden, habe ich in
den Jahren 1983 und 1984 in mehreren Veröffentlichungen dargelegt,[200] denen die wissenschaftliche Literatur
ganz überwiegend folgte.[201] In einer Sachverständigen-
Anhörung des Innenausschusses des Bundestags vom 9. 11.
1983[202] und in einem »Spiegel«-Streitgespräch mit Hans-
Peter Schneider, der als Mitglied der Kommission die hohe
steuerliche Spendenbegünstigung und den »Chancenausgleich« initiiert hatte, kamen die unterschiedlichen Positionen zum Ausdruck. Doch dauerte es lange, bis schließlich
auch die Rechtsprechung des Bundesverfassungsgerichts
folgte. Zunächst einmal nämlich segnete das Gericht in seinem unseligen Urteil von 1986 die Neuregelung zur Über-
raschung aller Beobachter (fast) vollständig ab.[203]

Dieses Urteil muß die Parteien übermütig gemacht und
veranlaßt haben, durch ein weiteres Änderungsgesetz von
1988 noch zuzulegen und zu versuchen, die Grenzen des
verfassungsrechtlich Zulässigen erneut hinauszuschieben.

Damit brachten sie aber das Faß zum Überlaufen. Meine Kritik an dem Gesetzesvorhaben, zunächst in zwei hektographierten Stellungnahmen, die auf Pressekonferenzen des Bundes der Steuerzahler publiziert wurden (und für die ich in der Bundestagsdebatte vom 9. 12. 1988 schwer gescholten wurde), sodann in Buchveröffentlichungen,[204] taten allmählich ihre Wirkung und standen auch hinter dem erneuten Karlsruher Antrag der Grünen.

Am 9. April 1992 erklärte das Gericht – unter ausdrücklichem Abrücken von seinem Urteil von 1986 – die teils 1983, teils 1988 vom Gesetzgeber getroffenen Regelungen für verfassungwidrig. Das frühere Minderheitsvotum von Böckenförde wurde nun zur einmütigen Auffassung des Senats. (Das war sicher auch dadurch erleichtert worden, daß von den ursprünglichen acht Richtern aus dem Jahre 1986 nur noch zwei [Böckenförde und Hans Hugo Klein] dem Senat angehörten. Nur Klein mußte deshalb seine Meinung ändern, womit er die verhängnisvolle Fehlentwicklung, die er durch einen Aufsatz von 1982[205] eingeleitet hatte, eingestand.) Zugleich ging das Gericht auch ausdrücklich von der 1966 begonnenen Rechtsprechung ab, daß nur eine Wahlkampfkostenerstattung zulässig sei, und akzeptierte eine allgemeine staatliche Teilfinanzierung, unterstrich aber die dafür bestehenden Obergrenzen. Darüber hinaus verlangte es, daß die Staatsmittel auf eine solche Weise verteilt werden, daß sie die Verwurzelung der Parteien im Volk fördern.

Vor dem Hintergrund des Urteils von 1992 zur Parteienfinanzierung treten die fortbestehenden Mängel der *Fraktions-* und *Stiftungsfinanzierung* nun aber besonders scharf hervor. Die Fraktions- und Stiftungsfinanzierung und ihr – mangels Transparenz und Begrenzung – unglaublich rasantes Wachstum hatte ich bereits in der Schrift »Parteienfinanzierung« von 1982 mitbehandelt und die Notwendigkeit, sie zu begrenzen und zur Transparenz zu zwingen, auch in der Diskussion um die Änderung des Parteiengesetzes im Jahre 1983 betont. Die Fragen traten in der Öffentlichkeit jedoch zunächst hinter der eigentlichen Parteienfinanzierung zurück. 1986 bat mich dann der Politikwissenschaftler Göttrik Wewer, einen Aufsatz über die Fraktionsfinanzierung zu einem Sammelwerk beizusteuern. Da die Veröffentlichung sich aus internen Gründen verzögerte,[206] arbeitete ich das Thema zu einem kleinen Buch aus und veröffentlichte es im Oktober 1987 unter dem Titel »Staatliche Fraktionsfinanzierung ohne Kontrolle?« in der Reihe des Karl-Bräuer-Instituts des Bundes der Steuerzahler. Die Schrift, in der unter anderem dargelegt wurde, daß die Fraktionen der Finanzkontrolle der Rechnungshöfe unterliegen, wurde auf einer Pressekonferenz des Bundes der Steuerzahler in Bonn vorgestellt.[207] Eine Bereitschaft der politischen Kräfte zu einer Änderung war aber zunächst nicht vorhanden. Die Fraktionen suchten, die riesigen Wachstumsraten mit dem Argument zu rechtfertigen, sie verwendeten 75 Prozent ihrer Mittel für Personalausgaben und die Steigerungsraten »orientierten sich an den Tarifabschlüssen im öffentlichen Dienst«.[208] Diese Rechtfertigung war in Wahrheit aber keine: Die Zahlungen an die Bundestagsfraktionen haben sich in den vergangenen Jahrzehnten um ein Vielfaches schneller erhöht als die Tarifabschlüsse im öffentlichen Dienst.

Gewisse Teilklärungen brachte ein Verfahren, das der fraktionslose Abgeordnete Wüppesahl vor dem Bundesverfassungsgericht anstrengte. Die von den Fraktionen und auch von manchen Rechnungshöfen bestrittene Prüfungskompetenz der Rechnungshöfe gegenüber den Fraktionen wurde bestätigt,[209] ebenso, daß die Fraktionen mit ihren Mitteln nur sehr beschränkte Aufgaben der Koordinierung erfüllen dürfen.[210] Andere Fragen blieben jedoch offen.

Erst 1992, nachdem die Thematik immer wieder in die Öffentlichkeit gebracht worden war, gingen die Parlamente daran, Fraktionsgesetze zu erlassen. Das erste war das Bayerische Fraktionsgesetz vom März 1992.[211] Diese Initiativen genügen den verfassungsrechtlichen Anforderungen allerdings nur teilweise und lassen wesentliche Punkte unberücksichtigt. Derart lückenhafte Gesetze führen zu keiner wirklichen ordnungspolitischen Disziplinierung der Fraktionsfinanzen. Soweit ihre Initiatoren dies gleichwohl vorspiegeln, läuft das Gesetz eher auf eine Vernebelung als eine Aufhellung und wirksame Lösung der eigentlichen Probleme hinaus.

Hinsichtlich der *Parteistiftungen* scheinen die Parteien bislang überhaupt nicht zu eigenen ordnenden Initiativen bereit zu sein. Insoweit hat das sogenannte Stiftungsurteil des Bundesverfassungsgerichts von 1986[212] verhängnisvoll gewirkt. Denn es wurde in der Öffentlichkeit und selbst von Fachleuten[213] dahin mißverstanden, es habe die bestehende Finanzierung der Parteistiftungen insgesamt verfassungsrechtlich abgesegnet. Das trifft zwar eindeutig nicht zu,[214] gab den Parteien aber die Möglichkeit, sich hinter diesem Mißverständnis zu verstecken, die Forderung nach einer grundlegenden gesetzlichen Ordnung der Finanzierung der Parteistiftungen zurückzuweisen und sich weiterhin auf die Bewilligung rasch steigender Zuwendungen im Dunkeln zu konzentrieren.

Immerhin hat die Parteienfinanzierungskommission des Bundespräsidenten in ihren Empfehlungen 1993 auch die Fraktionen und Parteistiftungen voll einbezogen und eine Reihe von durchgreifenden Empfehlungen zur Transparenz und Kontrolle unterbreitet.

8 Auswertung der Erfahrungen und institutionelle Vorschläge

I. Zusammenfassung der Erfahrungen

Die vorangehenden Kapitel dieses Buches liefern Anschauungsmaterial dafür, wie Politik in der Praxis abläuft, mögen auch manche Auswüchse bei Entscheidungen des Parlaments *in eigener Sache* besonders scharf hervortreten.

Die große Erfahrung mit der staatlichen Finanzierung der Politik in den letzten Jahren besteht nicht nur in der Erkenntnis, daß es viele unangemessene Privilegien gibt, sondern auch darin, daß öffentliche Kontrolle unter bestimmten Bedingungen durchaus Wirkung entfalten und Reformen erzwingen kann – selbst gegen die Interessen der in eigener Sache entscheidenden Politiker. Das zeigen die Fälle Hessen, Hamburg und Saarland und die jüngste Entwicklung im Bereich der Abgeordnetendiäten und der staatlichen Parteien- und Fraktionsfinanzierung. In Hessen (1988) und in Hamburg (1991) mußten aufgrund der öffentlichen Kritik unmäßige Diätengesetze, in Hamburg auch eine unangemessene Senatorenversorgung (1991/92) wieder aufgehoben werden. Die Kritik an Doppelbezügen und Überversorgung von Ministern führte dazu, daß inzwischen einige Länder die Maßstäbe der Kritik anerkannt, Reformen eingeleitet und dadurch auch politische Vorgaben für alle anderen Länder gesetzt haben. Ein Hauptpunkt der Kritik war die völlige Undurchsichtigkeit der Regelung. Gerade sie stellt sich aber auch der öffentlichen Vermittlung entgegen. Um zu verhindern, daß die kritische Diskussion nur auf der Ebene fachwissenschaftlicher

Auseinandersetzung ablief, mußten die überzogenen Privilegien allgemein verständlich verdeutlicht werden. In Hessen, Hamburg und im Saarland gelang es, die Unangemessenheit der Diäten- und Versorgungsregelungen jeweils auf kurze, einleuchtende Formen zu bringen, die die Durchschlagskraft der öffentlichen Kritik erhöhten.

Auch bei der Parteienfinanzierung gab es Teilerfolge, zum Beispiel die Rücknahme der beabsichtigten Verdoppelung des Sockelbetrages für die Jahre 1989 und 1990 und die Streichung eines weiteren Sockelbetrages auf Europaebene (Ende 1988), die der öffentlichen Kritik direkt zuzurechnen waren. Auch die Initiative zu Fraktionsgesetzen in Bayern und anderen Ländern, die immerhin eine öffentliche Rechenschaftslegung über die Fraktionsfinanzen vorsehen, ist – bei aller Unvollkommenheit und Ergänzungsbedürftigkeit dieser Gesetze – ein erstes Einlenken. Das Urteil des Bundesverfassungsgerichts vom April 1992, das beinahe die gesamte staatliche Parteienfinanzierung für verfassungswidrig erklärte, bestätigte dann auf breiter Front die bisherige wissenschaftliche und öffentliche Kritik[1] und erhöhte die Einsicht in die Unausweichlichkeit der Reform in allen Bereichen der staatlichen Politikfinanzierung. Hier zeigte sich auch die grundlegende Bedeutung der soliden fachwissenschaftlichen Fundierung der Kritik, die allein vor Gericht bestehen und Einfluß auf die Rechtsprechung haben kann. Im übrigen haben auch alles Bemühen um die Einbeziehung der Öffentlichkeit und dadurch bedingte zugespitzte Vereinfachungen auf Dauer nur Erfolg, wenn sie auf fachlich unangreifbarer Grundlage beruhen. So kam es Mitte des Jahres 1992 schließlich zur Einsetzung der beiden Kommissionen beim Bundespräsidenten und bei der Bundestagspräsidentin mit dem Auftrag, die staatliche Parteienfinanzierung und die Bezüge von Politikern zu analysieren und Reformempfehlungen vorzulegen (zu den Vorschlägen der Parteienfinanzierungskommission siehe S. 301 ff.).

Ohne öffentlichen Druck geschieht nichts

Die bisherigen Erfahrungen zeigen aber auch sehr deutlich, daß zu den Erfolgsbedingungen für das Zustandekommen selbst der nötigsten Reformen der Politikfinanzierung zuallererst massiver öffentlicher Druck gehört. Ohne öffentliche Kritik durch die Medien bewegt sich fast nichts; das bestätigt sich in allen Fällen immer wieder. Solchen Druck zu erzeugen setzt aber wie dargelegt voraus, daß die Problempunkte sorgfältig und auch für Nichtfachleute so verständlich aufbereitet werden, daß der Inhalt die Öffentlichkeit überzeugt. Beides, gründliche Analyse und Vermittlung an die Medien, war jeweils die Mutter des Erfolges.

In Hessen lag der Kritik ein 200 Seiten starkes Gutachten zugrunde, das später als Buch veröffentlicht wurde,[2] in Hamburg waren es vier schriftliche Stellungnahmen, die auf Pressekonferenzen des Bundes der Steuerzahler vorgestellt und begleitend in überregionalen Zeitungen verbreitet wurden;[3] die Darstellung der Ministerprivilegien im Saarland wurde Grundlage einer Titelgeschichte des »Spiegel«, die vergleichende Analyse der Ministerprivilegien in anderen Bundesländern Basis für eine »Zündstoff«-Sendung des Zweiten Deutschen Fernsehens.[4]

Bündnis von Sachverstand und Medien

Den Machtmißbrauch der in eigener Sache entscheidenden Parlamente können in der parlamentarischen Demokratie mit starrer Listenwahl im wesentlichen nur drei
Instanzen verhindern: die Öffentlichkeit, der wissenschaftliche Sachverstand und die Verfassungsrechtsprechung.
Daß ihr gemeinsames Gegenhalten immer wichtiger wird,
wurde in der Theorie nachdrücklich herausgearbeitet.[5] Die
Fälle in Hessen und Hamburg zeigen, daß das theoretische
Konzept gelegentlich tatsächlich auch für die Praxis taugt
und durch Verbindung von unabhängiger Wissenschaft
und Öffentlichkeit, die zu organisieren dem Bund der
Steuerzahler immer wieder gelingt, unter bestimmten Voraussetzungen ausreichend großer Druck entwickelt werden
kann, um selbst 90-Prozent-Mehrheiten in den Parlamenten eine ungeliebte Reform aufzuzwingen.

Ergänzung der Rechtsprechung

Der Erfolg der Verbindung von parteiunabhängigem Sachverstand und Medien in Hessen, Hamburg und im Saarland zeigte, daß sie gemeinsam in Grenzfällen etwas Ähnliches zustande bringen können wie die Kontrolle durch die
Verfassungsrechtsprechung. Diese Feststellung gewinnt um
so mehr Gewicht, als die Mühlen der Rechtsprechung
regelmäßig sehr langsam mahlen und bisweilen auch große
Umwege machen. Zwar hat die Rechtsprechung gerade bei
der Politikfinanzierung vielfach als Ersatzgesetzgeber fun-
giert. Alexander von Brünneck unterstreicht in einem kürzlich erschienenen rechtsvergleichenden Werk, daß derartige Ersatzgesetzgebung durch die »Verfassungsgerichtsge-

richtsbarkeit in den westlichen Demokratien« als (offenbar notwendiges) Substitut für politische Mängel und Blockierungen der eigentlichen Gesetzgebung überall im Vordringen begriffen ist. Brünneck macht allerdings Vorbehalte hinsichtlich der Wirksamkeit der Rechtsprechung im wirtschaftlich-finanziellen Bereich.[6] Und zu diesem Bereich gehört auch die Politikfinanzierung. Hinzu kamen unübersehbare Änderungen und Kehrtwendungen der Rechtsprechung selbst. So fällte das Bundesverfassungsgericht in Sachen Parteienfinanzierung zunächst einseitige Urteile, so das von 1958, welches es 1966 korrigieren mußte, und das Fehlurteil von 1986, ehe das Gericht schließlich 1992 den Durchbruch fand. In Sachen Stiftungs- und Fraktionsfinanzierung gab es 1986 und 1989 zwei Urteile, die bei oberflächlicher Lektüre den Eindruck suggerieren konnten, diese Bereiche wären verfassungsrechtlich nicht zu beanstanden (und selbst von Fachleuten teilweise dahin mißverstanden worden sind). Das Diätenurteil von 1975 leistete mit seiner Formulierung, Abgeordnete hätten Anspruch auf eine »Vollalimentation«, – wohl unbeabsichtigt – einer Verdoppelung der Zahlungen an Landtagsabgeordnete und damit ihrer Professionalisierung Vorschub. 1987 nahm das Gericht zwar ausdrücklich von dem früheren Urteil Abstand, es ist aber fraglich, ob die vom Gericht selbst geförderte Tendenz zum lebenslänglichen Berufspolitiker nun noch eingedämmt werden kann. Nimmt man die Rechtsprechung zur Politikfinanzierung insgesamt in den Blick, so zeigen sich also in der Tat viele Irrwege, die später korrigiert werden mußten. Sie erinnert, wie Antje Vollmer einmal formuliert hat, insgesamt an die Echternacher Springprozession (drei Schritte vor und zwei zurück).
Zudem kann das Bundesverfassungsgericht wie jedes Gericht nur auf Antrag eines dazu Befugten entscheiden.

Die Bürger, die Steuerzahler und ihre Verbände haben aber
kein Klagerecht. Ein solches haben regelmäßig nur die Parteien, Fraktionen, Regierungen und Abgeordneten, die von
den Regelungen begünstigt werden. So sind die Antrags*wil-
ligen* meist nicht befugt, die Antrags*befugten* aber meist nicht
antragswillig. Deshalb ist über die zahlreichen und massiven
verfassungsrechtlichen Bedenken gegen die Abgeordnetengesetze des Bundes und der Länder, die seit fünfzehn Jahren
ausführlich begründet vorliegen, bisher vom Bundesverfassungsgericht noch nie entschieden worden. (Erst seit 1991
liegen Anträge von Abgeordneten der Grünen der Landtage
Rheinland-Pfalz und Thüringen auf Überprüfung der Abgeordnetengesetze beim Bundesverfassungsgericht vor, ohne
daß bisher aber darüber entschieden wäre.)
All dies zeigt, daß die Kontrolle durch die Rechtsprechung
jedenfalls nicht das Allheilmittel sein kann, sondern eine
wache Öffentlichkeit der beste Kontrolleur ist.

Die Länder als Schrittmacher von Fehlentwicklungen

Die vorstehenden Kapitel haben auch eine auf den ersten
Blick überraschende Erfahrung gelehrt. Die Bundesländer
waren häufig Schrittmacher von Fehlentwicklungen; jedenfalls sind die Mängel und Auswüchse der Politikfinanzierung bei ihnen regelmäßig besonders kraß. So gingen
bezeichnenderweise die Länder und nicht etwa der Bund
bei der Einführung der Altersversorgung für Abgeordnete
voran. Nordrhein-Westfalen (1965) und Schleswig-Holstein
(1967) führten als erste eine Versorgung ein, obwohl die
Belastung eines Landtagsabgeordneten durch das Mandat
sehr viel geringer ist als die seiner Kollegen im Bund und

Landtagsabgeordnete neben ihrem Mandat regelmäßig noch ihren Beruf ausübten. Der Bund folgte dann 1968, wobei die damals bestehende große Koalition die Einführung natürlich erleichterte.

Auch die Privilegien von Ministern trieben in den Bundesländern besondere Blüten. Daß Ministerjahre doppelt zählen und ein Minister schon nach einem einzigen Amtstag einen Anspruch auf die Höchstversorgung erwerben konnte, nur weil er vorher einige Jahre im Parlament war, gab und gibt es nur in den Ländern. Die Mißbräuchlichkeit der Versorgungsregelungen ist geradezu durch ihre groteske Abweichung von der Bundesregelung definiert. Am Maßstab des Bundes wurde die Unangemessenheit der Länderregelungen offenbar. Dementsprechend ist es nunmehr – nach der mit Hamburg und Saarland beginnenden Kritik – das Bestreben der Reformer, die Länderregelungen dem Bund anzugleichen.

Auch die Diätenskandale in Hessen 1988 und in Hamburg 1991 waren *Landes*skandale und dadurch bedingt, daß sehr viel günstigere steuerfreie Aufwandsentschädigungen, Versorgungen etc. vorgesehen waren als im Bund.

Die Länder preschten bei der Privilegierung nicht nur vor. Die Unangemessenheit bestand teilweise auch darin, daß die Länder – trotz völlig anderer Verhältnisse – ihre Regelungen denen des Bundes anglichen. So herrschte bei der Abgeordnetenentschädigung und der Wahlkampfkostenerstattung ursprünglich Konsens, daß das Landesniveau nur 50 oder 60 Prozent des Bundesniveaus betragen sollte, bevor im weiteren Verlauf eine Nivellierung auf hohem Niveau eintrat. Ursprünglich betrug die Wahlkampfkostenerstattung in den Ländern 1,50 Mark je Wahlberechtigten (was 60 Prozent der damals im Bund fixierten 2,50 Mark ausmachte), und auch die Abgeordnetenentschädigung in den Ländern belief sich regelmäßig auf 40, 50 oder 60 Prozent des Bundestagsniveaus.

Eine Erklärung für die Schrittmacherrolle der Länder dürfte einmal darin liegen, daß die öffentliche Kontrolle dort regelmäßig sehr viel weniger intensiv ist. Es gibt meist nur wenige regionale Zeitungen, im Saarland etwa nur eine einzige. Die landespolitische Berichterstattung durch die Rundfunk- und Fernsehanstalten kann sich – trotz großer Unterschiede von Land zu Land – bisweilen nur schwer freimachen.

Eine weitere Erklärung mag zunächst überraschen, erscheint bei zunehmendem Nachdenken aber immer plausibler. Sie beruht nicht auf der vielen Arbeit der Politiker in den Ländern und ihrer hohen Verantwortung, sondern umgekehrt auf einem Faktor, den man geradezu als Frustration aus Machtlosigkeit, fehlenden Aufgaben und ungenügender Verantwortung bezeichnen könnte. Es handelt sich um einen sozial-psychologischen Erklärungsversuch: Reichen Aufgaben und Verantwortung nicht mehr zur Motivation, bedarf es einer Ersatzbefriedigung. In Umkehrung des Satzes von Max Weber kann man vielleicht die These wagen: Wer – mangels lohnender Verantwortung – nicht mehr *für* die Politik lebt, will wenigstens gut *von* ihr leben können. Wenn Macht nicht befriedigt, muß man für ihr Fehlen entschädigt werden. Diese Erklärung dürfte besonders auf manche Landesparlamente zutreffen, deren Kompetenzverlust auf zwei Faktoren beruht, die beide zu ihren Lasten gehen: der ständigen Ausweitung der Gesetzgebungskompetenz des Bundes und der Europäischen Gemeinschaft zu Lasten der Länder und dem weiteren Umstand, daß die den Ländern dafür eingeräumten Mitsprecherechte vornehmlich über den Bundesrat und damit von den Landes*regierungen* ausgeübt werden.

Der geringe Stellenwert des Sacharguments

Geradezu erschütternd ist die Erfahrung, daß die verantwortlichen Politiker ihre Ohren gegenüber Sachargumenten verschließen. Sachliche Argumente in Briefen oder wissenschaftlichen Büchern, so sorgfältig und stimmig sie auch entwickelt sein mögen, scheinen keinerlei Wirkung auf die Betroffenen zu haben. An den CDU-Vorsitzenden und Ministerpräsidenten Hessens wie an den SPD-Vorsitzenden und Ministerpräsidenten des Saarlandes wurden Monate, bevor die vernichtenden Gutachten veröffentlicht wurden, Briefe geschickt, die die Unangemessenheit der kritisierten Regelungen darlegten und die Adressaten um rasche Einleitung einer Reform baten, »um Schaden von dem Land zu wenden«. Der Erfolg war stets gleich Null. Eine Antwort erfolgte beide Male erst nach einem Erinnerungsbrief und auch dann nur ausweichend. Erst der massive Druck durch die Medien veränderte die Lage völlig. Unzählige andere Erfahrungen weisen in die gleiche ernüchternde Richtung. Im Jahre 1980 schickte der Verfasser dieses Buches einen Sonderdruck seiner Kommentierung des Diätenartikels des Grundgesetzes, die eine Fülle von Verfassungswidrigkeiten in den Abgeordnetengesetzen des Bundes und der Länder aufzeigte, an den damaligen Bundestagspräsidenten Rainer Barzel. Dieser dankte zwar freundlich und teilte mit, er habe die Schrift seinen Fachreferenten zur Prüfung weitergegeben, eine inhaltliche Reaktion erfolgte gleichwohl nie. Zehn Jahre später, 1990 also, fand ein Gespräch zwischen der Präsidentin des Bundestages Rita Süssmuth, dem Präsidenten des Bundes der Steuerzahler Armin Feit und dem Verfasser statt. Darin wurde erneut auf einige hochproblematische Regelungen des Abgeordnetengesetzes des Bundes hingewiesen und

(danach noch einmal schriftlich) die Hilfe des Verfassers
bei ihrer Beseitigung angeboten. Keine Reaktion. Statt dessen berief die Bundestagspräsidentin eine Kommission von
elf Mitgliedern, deren Arbeitsweise aber so ausgestaltet war,
daß sie nur die erwünschten Ergebnisse erbringen konnte,
die zu verwirklichen der Bundestag sich dann aber selbst
nicht traute (siehe S. 63 ff.).

Die immer wieder bestätigte Erfahrung zeigt, daß sachliche
Argumente in der politischen Diskussion keinen Stellenwert haben, besonders wenn sie mit handfesten Interessen
kollidieren. Ein Argument gewinnt erst Gewicht, wenn es
in der Zeitung steht und von Leitartiklern aufgegriffen
wird. Nicht von Sachrichtigkeit, sondern von Mehrheiten,
Macht und Geld scheinen Politiker sich in eigener Sache
leiten zu lassen. Eine deutlichere Bestätigung des Wortes
Richard von Weizsäckers von der Machtversessenheit bei
gleichzeitiger Machtvergessenheit der Politiker als durch
die in diesem Buch geschilderten Fälle läßt sich kaum
denken.

Ambivalenz der Wissenschaft

Die Erfahrungen mit der Wissenschaft sind ambivalent.
Sachverstand, der von den Parteien und der politischen
Klasse unabhängig ist, wird immer seltener. Viele, gerade
im Parteienrecht und Parteienwirken besonders erfahrene
Staatsrechtslehrer und Politikwissenschaftler stehen den
Parteien aufgrund von Gutachten, Prozeßvertretungen
und Forschungsvorhaben, die sie für die Parteien (oder
diesen nahestehenden Ministerien) durchführen, so nahe,
daß sie zu unbefangener Kritik kaum mehr in der Lage
sind. Andere halten sich meist zurück. »Leider«, so schrie-

ben zwei engagierte Praktiker kürzlich in einem aufrüttelnden Aufsatz mit dem Titel »Parteigeist und politischer Geist in der Justiz«, »hat es zuweilen den Anschein, als scheue sich auch die Gelehrsamkeit, der Politik und den Parteien wirklich weh zu tun.«[7] Noch andere lassen sich aus Unbedachtheit oder Botmäßigkeit zur Übernahme von Eilgutachten verleiten und dadurch zeitlich so unter Druck setzen, daß ihnen eine sorgfältige Untersuchung nicht mehr möglich ist, das Ergebnis aber gleichwohl von den Auftraggebern als Persilschein für die Unbedenklichkeit von strittigen Regelungen öffentlich verwendet werden kann. Auch dafür finden sich in den ersten sieben Kapiteln konkrete Belege.

Derartige Erfahrungen haben mich veranlaßt, in Hamburg und im Saarland nicht die Verfassungswidrigkeit der jeweiligen Regelungen in den Vordergrund zu stellen, sondern ihre grobe sachliche Unangemessenheit. Die Aussage »verfassungswidrig« läßt sich durch die Aussage »nicht verfassungswidrig« eines gefälligen Gegengutachters in den Augen der Öffentlichkeit oft bis zu einem gewissen Grade neutralisieren. Wer von beiden wirklich recht hat, wird zu einer Auseinandersetzung zwischen Spezialisten, die die Öffentlichkeit nicht mehr nachvollziehen kann. Dagegen ist die Aussage »Es ist grob unangemessen, daß ein saarländischer Minister schon nach einem Tag Amtszeit eine Anwartschaft auf eine Pension von 75 Prozent seiner Aktivenbezüge erlangen kann, wenn er vorher 13⅓ Jahre lang Mitglied im Parlament war, während ein Bundesminister dazu 23 Amtsjahre benötigt« für jedermann nachvollziehbar und läßt sich auch durch Einschaltung gefälliger Spezialisten nicht »neutralisieren«.

Instrumentalisierung von Kommissionen

Die Parteien haben sich immer wieder die Parteinähe vieler
Wissenschaftler bei der Besetzung von Kommissionen
zunutze gemacht. Ein Beispiel ist die erste Parteienfinan-
zierungkommission von 1982/83, die in Wirklichkeit weitgehend von den Parteien besetzt worden war. Ein anderes
Beispiel ist die »Kommission«, die von der Bundestagspräsidentin 1990 berufen worden war. Diese tagte von vornherein nur gemeinsam mit den Mitgliedern des Bundes-
tagspräsidiums und war deren geballtem (wenn auch inter-
essiertem) Sachverstand natürlich nicht gewachsen. So
beschränkten sich ihre Empfehlungen auf eine Erhöhung
der Entschädigung um 3000 Mark, ohne auch nur ein ein-
ziges der strukturellen Probleme des Abgeordnetenstatus
aufzugreifen.

Der Einfluß des Wissenschaftsverständnisses

Die Beeinflussung der Öffentlichkeit durch Herausstellen
der Unangemessenheit bestimmter Regelungen mit dem
Ziel, eine Verbesserung zu erreichen, setzt ein bestimmtes,
auch normativ ausgerichtetes Wissenschaftsverständnis voraus. Kritik verlangt Wertungen und letztlich ein Gemein-
wohlkonzept, natürlich nicht im Sinne eines naiven vorge-
gebenen Gemeinwohlbegriffs, sondern im Sinne eines ste-
ten sach- und problemorientierten Bemühens. Solche Wertungen aber weist ein Zweig der Sozialwissenschaften als
angeblich »unwissenschaftlich« weit von sich. Der Begriff
»Gemeinwohl«, der zwangsläufig auch wertende Elemente
voraussetzt, wird systematisch lächerlich gemacht. Die Kontroverse führt direkt in die wissenschaftliche Methodenfra-

ge; sie berührt damit das Selbstverständnis des Wissen-
schaftlers und letztlich den Nerv seiner beruflichen Existenz. Große Teile der Politikwissenschaft beschränken sich
auf die affirmative Beschreibung des Wirkens der Macht
und die Analyse der zu beobachtenden »Gesetzmäßigkei-
ten«, ohne sich auch Kritik oder gar Verbesserungsvor-
schläge zuzutrauen. Die Ausblendung des Normativen, das
heißt von Wertungen, durch diese Kategorie von Politikwissenschaft macht sie blind für ihre eigentliche Berufung: die
Beschäftigung mit dem Gemeinwohl, verstanden als Wohl
der Bürger insgesamt.[8] Deshalb betont der normative
Ansatz, daß Wertung (zusätzlich zu der sorgfältigen empi-
risch-analytischen Fundierung) auch Sache der Politikwissenschaft sein müsse, wenn sie ihre eigentliche Aufgabe
nicht verfehlen wolle.[9] Dieses Ausgangsverständnis setzt,
wenn Wissenschaft nicht zur willfährigen Magd der politischen Machthaber verkommen soll, erst recht Unabhängigkeit – gerade gegenüber den politisch Mächtigen – voraus. In dieser Sicht ist »Politologie« in der Tat »kein
Geschäft für Leisetreter und Opportunisten«, wie Ernst
Fraenkel, der wohl einflußreichste deutsche Politikwissenschaftler nach 1945, seinen Kollegen ins Stammbuch
schreibt. Fraenkel betont mit Recht, »daß eine Politikwissenschaft, die nicht bereit ist, ständig anzuecken, die sich
scheuen wollte, peinliche Fragen zu stellen, die davor
zurückschreckt, Vorgänge, die kraft gesellschaftlicher Kon-
vention zu arcana societatis erklärt worden sind, rücksichts-
los zu beleuchten, und die es unterläßt, freimütig gerade
über diejenigen Dinge zu reden, über die ›man nicht
spricht‹, ihren Beruf verfehlt hat«.[10]
Wenn die Wissenschaft wirklich eine »Schlüsselfunktion für
die gesamtgesellschaftliche Entwicklung« hat, wie das Bundesverfassungsgericht meint,[11] ist es um so wichtiger, daß

sie »die Möglichkeiten und Maßstäbe menschlichen Handelns« ohne Rücksicht auf Interessenten jeglicher Art »immer wieder von neuem« durchdenkt und fortentwickelt.[12] Die Wahrnehmung dieser Aufgabe bringt die Wissenschaft allerdings leicht in Gegensatz zu den Mächtigen in Staat und Gesellschaft. Auch aus diesem Grund garantiert Artikel 5 Absatz 3 GG wissenschaftliche Freiheit. Die Unabhängigkeit der Wissenschaft ist damit zugleich Verpflichtung.

Diffamierung und Zustimmung

Die Gegenstrategie der von der Kritik in Hamburg und anderswo betroffenen Politiker war stets die gleiche und zielte darauf ab, den Verfasser wissenschaftlich und in seiner persönlichen Glaubwürdigkeit herabzusetzen und auf diese Weise auch die Berechtigung seiner sachlichen Aussage bei Medien und Öffentlichkeit in Zweifel zu ziehen. Für Politiker sind unabhängige Personen oder Institutionen, die ihren Allmachtanspruch stören könnten, schon immer ein Dorn im Auge gewesen. Sie sind leicht versucht, zum Beispiel Gremien der wissenschaftlichen Politikberatung mit politisch Gleichgesinnten zu besetzen und sie auf diese Weise gleichzuschalten. Gelingt ihnen das nicht, verlieren sie leicht das Interesse an der Beratung und neigen dazu, sie links liegen zu lassen. Ist auch das nicht möglich, weil die Öffentlichkeit die Kritik aufgreift, bleibt als letztes Mittel die persönliche Diffamierung. In Hessen wurde eine Diffamierung allerdings nur ansatzweise versucht, beispielsweise durch den FDP-Abgeordneten Hahn (der Verfasser müsse seine Untersuchung »in der Badewanne geschrieben haben«). Die Absurdität der Regelungen in

Hessen lag von Anfang an offen zutage, nachdem ich Monate Zeit gehabt hatte, die Materie zu analysieren und verständlich aufzubereiten, bevor der Bund der Steuerzahler damit an die Öffentlichkeit ging und »Spiegel« und »heute-journal« sogleich die wichtigsten Punkte bundesweit publik machten. Das bewirkte, daß es nur Tage dauerte, bevor die Berechtigung der Kritik allgemein anerkannt war und der Parlamentsspitze, die bei Verabschiedung des Gesetzes die Öffentlichkeit gezielt falsch informiert hatte, schließlich nur noch der Rücktritt und dem Parlament als Ganzem die Rücknahme des Gesetzes ohne Wenn und Aber blieb.

In Hamburg war die Vorbereitungszeit für eine kritische Analyse leider nur sehr kurz; den für den Erfolg letztlich entscheidenden Zusammenhang zwischen dem Abgeordnetengesetz 1991 und der 1987 im Handstreich erhöhten Senatorenpension »entdeckte« ich erst im Laufe der fast vier Monate dauernden Auseinandersetzung. Um so verbissener suchten die verantwortlichen Politiker in der Zwischenzeit ihr Heil in gezielten verbalen Schlägen unter die Gürtellinie, so, als ob sie die Richtigkeit des Satzes des Bundespräsidenten beweisen müßten, in der Bundesrepublik sei ein Berufspolitiker meist »ein Generalist mit dem Spezialwissen, wie man politische Gegner bekämpft«.[13] Gleichwohl schälte sich auch in Hamburg allmählich immer deutlicher heraus, daß meine Kritik in allen Punkten berechtigt war, so daß der politischen Spitze, wenn sie überleben wollte, nur der Verzicht auf die doppelte finanzielle Beute blieb: die 1987 durch ein handstreichartiges Camouflage-Gesetz erschlichenen (für Senatoren) und die 1991 vom Hamburger Parlament schon beschlossenen unmäßigen Privilegien für die Führungsgruppe des Parlaments. Immerhin gelang es ihr, einen Parlamentarischen Untersuchungsausschuß für ihre Machterhaltung zu instrumentalisieren und dadurch die Aufklärung über die grobe Unangemessenheit und vielfältige Verfassungswidrigkeit des Camouflage-Gesetzes von 1987 und die Verantwortlichkeit dafür zu hintertreiben.

Lafontaine

Das persönliche Diffamieren der Kritiker, also die unsachliche Antwort auf sachliche Kritik, hat Oskar Lafontaine auf die Spitze getrieben, und bisher hat er damit erst einmal Erfolg gehabt. Mit einem ganzen Schwall von Anschuldigungen und einer Serie machiavellistischer Manöver gelang es ihm tatsächlich, einen derartig dichten Nebel zu verbreiten, daß in der Sache kaum noch ein Medienvertreter durchblicken konnte – getreu der Devise: »Wenn du nicht überzeugen kannst, mußt du verwirren.« Lafontaines Verachtung für die bundesdeutschen Medien[14] ging so weit, daß er glaubte, sie wie geblendete Tanzbären in der öffentlichen Manege der Bundesrepublik vorführen zu können. Seine Vernebelungsaktion wurde dadurch erleichtert, daß sich im Saarland zwei unterschiedliche Skandale überlagerten, die nur dadurch im Zusammenhang standen, daß Lafontaine in *beide* verstrickt war. Inzwischen hat sich allerdings herausgestellt, daß die Kritik in beiden Fällen voll berechtigt und die Diffamierung der Kritiker nichts anderes als ein großangelegtes Ablenkungsmanöver war. Wenn es dafür noch eines Beweises bedurft hätte, haben ihn jetzt diejenigen Landesregierungen geliefert, die in Reaktion auf die Kritik jüngst neue Ministergesetze vorgelegt haben, und damit die auch bei ihnen bestehenden Privilegien abbauen, wie die niedersächsische und die hessische: Die neuen Ministergesetze beseitigen – jedenfalls für die

Zukunft – die Privilegien und setzen damit auch für das Saarland Maßstäbe.

Zugleich hat sich inzwischen auch die Nebelwand vor dem anderen »Fall Lafontaine« gelichtet. Es hat sich herausgestellt, daß Lafontaine die beanspruchte Pension als früherer Oberbürgermeister von Saarbrücken und den »Ausgleichsbetrag« aus dem Änderungsgesetz von 1986 zu Unrecht erhalten hat. Die Bescheide der Stadtverwaltung und der Oberfinanzdirektion Saarbrücken, die dazu führten, daß Lafontaine als einziger von dem Gesetz von 1986 begünstigt wurde, waren rechtswidrig. Das hat nach einem Gutachten von Prof. Ulrich Battis auch der von Lafontaine selbst als unabhängiger Schiedsrichter angerufene Rechnungshof des Saarlandes inzwischen klargestellt.

Daß Lafontaine – trotz seiner nun widerlegten Ausflüchte – den Sachverhalt von seiner eigenen Partei und von der Öffentlichkeit bisher nicht entschiedener um die Ohren geschlagen bekommen hat, hat neben Lafontaines »politischen Gaben« mit einer Reihe von Gründen zu tun: Die hauptsächliche Machtbasis des Regierungschefs in einer parlamentarischen Demokratie ist seine Parlamentsfraktion, und hier hat Lafontaine vorgesorgt: Fraktionschef der über eine absolute Mehrheit im saarländischen Landtag verfügenden SPD ist sein Vertrauter Klimmt, der ihm als sein »Parlamentswachhund«[15] die Fraktion »auf Kurs hält«. Es gelang Lafontaine zudem, die Kritik an den saarländischen Regelungen (und an ihm selbst als dafür Mitverantwortlichem) als Angriff auf die Selbständigkeit des Saarlandes als eines eigenen Bundeslandes oder doch als Gefährdung der finanziellen Förderungswünsche des Saarlandes gegenüber dem Bund und anderen Ländern hinzustellen und dadurch einen Solidarisierungseffekt bei der Bevölkerung, den (anderen) politischen Kräften und den saarlandspezifischen Medien auszulösen; durch die gesamte saarländische Medienberichterstattung zieht sich immer wieder die Behauptung, die außersaarländischen Medien zielten zwar auf Lafontaine, träfen aber das Saarland;[16] diese von Lafontaine geschickt ausgenützte Lage begünstigt ein Zusammenrücken wie in einer Wagenburg und ein Stützen Lafontaines, was immer er auch treiben mag. Im Saarland gibt es zudem mit der »Saarbrücker Zeitung« im wesentlichen nur *eine* Zeitung, nicht wie in Hessen oder Hamburg eine ganze Presselandschaft; an der »Saarbrücker Zeitung«, die früher in der Hand des Landes war, besitzen die drei Stiftungen der etablierten Parteien, vermittelt durch eine Gesellschaft, eine Beteiligung von mehr als einem Viertel. Jedenfalls hielten sich die öffentliche Kritik und der öffentliche Druck *im Lande* in Grenzen. Schließlich hat Lafontaine auch nicht ohne Erfolg versucht, die Regierungen anderer Bundesländer mit in sein Boot zu ziehen. Auch anderswo gibt es Privilegien in den Ministergesetzen, die nicht weit hinter denen des Saarlandes zurückbleiben.

Überdies hat Lafontaine durch die ersatzlose Streichung des Gesetzes von 1986 der Öffentlichkeit Sand in die Augen gestreut. Durch die Streichung wurde nämlich der Eindruck erweckt, als wäre das Gesetz unrichtig gewesen. In Wahrheit aber war das Gesetz richtig und notwendig und nur seine Auslegung zugunsten Lafontaines falsch. Das Gesetz diente durch seine Anrechnungsregelungen den finanziellen Interessen des Landes und war zudem verfassungsrechtlich angezeigt; seine übereilte Aufhebung ist verfassungsrechtlich bedenklich und widerspricht den Interessen des Landes, was aber hinter dem politischen Ziel, Lafontaine in der Öffentlichkeit scheinbar besser dastehen zu lassen, zurücktreten mußte. Wenn es noch eines Beweises bedurft hätte, daß im Saarland Gesetze notfalls allein im persönlichen Interesse des Ministerpräsidenten erlassen oder auch aufgehoben werden und insofern wirklich Verhältnisse wie weiland beim Sonnenkönig Ludwig XIV. von Frankreich bestehen (»Der Staat bin ich«), hier ist er. Zugleich wurde durch Aufhebung des Gesetzes von 1986 suggeriert, die Sache wäre nun insgesamt ausgestanden, obwohl dadurch die 1972 eingeführten grob unangemessenen Regelungen des Saarländischen Ministergesetzes völlig unberührt geblieben sind.

Diffamierung durch Wissenschaftler

Betroffene Politiker sind nicht die einzigen, die Diffamierungskampagnen betreiben, um einer unbequemen Sachauseinandersetzung aus dem Wege zu gehen. Auch Wissenschaftler beteiligen sich daran; bei ihnen kommt hinzu, daß die Diskussion um Auswüchse des Wirkens der Parteien und der politischen Klasse ihr methodisches Grundverständnis und damit ihre wissenschaftliche Existenz und ihr Lebenswerk berühren kann. Das erklärt auch, warum ihre Kritik schnell persönlich und bösartig werden kann, sobald erst einmal die Skrupel, die normalerweise verhindern, daß ein Mindestniveau der Auseinandersetzung unterschritten wird, außer Kraft gesetzt sind. Daß der Kontroverse Methoden- und damit Lebensfragen der Wissenschaft zugrunde liegen, hat der Chefredakteur der »Zeit« Robert Leicht in einem Porträt bemerkt, als er die theoretische Fundierung meines Vorgehens auf einem normativen Verständnis der Politikwissenschaft hervorhob (und begrüßte).[17] Und in einem methodenkritischen Aufsatz über die Parteienforschung schrieb Stefan Immerfall, ein jüngerer Politikwissenschaftler, in der »Zeitschrift für Parlamentsfra-

gen«: »Sollte denn wirklich die Gefahr der Erosion der
Gewaltenteilung und der Kolonisierung unabhängiger Einrichtungen durch Parteien drohen, es wäre nicht die Parteienforschung, die Alarm schlüge. Patronage und Partei-
enfilz ist ihr bevorzugtes Gebiet nicht. So ist es denn leider
auch kein Zufall, daß es sich bei Hans Herbert von Arnim,
jener Persönlichkeit, die sich große Verdienste bei der Aufdeckung und Abwehr von Tricks und Kniffs erworben hat,
derer sich Parteien bedienen, um an öffentliche Gelder zu
kommen, um einen Volkswirt und Juristen, jedenfalls keinen politik-soziologischen Parteienforscher handelt. Im
großen und ganzen ist daher einstweilen nicht zu sehen,
daß es der Parteienforschung gelungen sei, die Parteien vor
der drohenden Verschärfung ihrer Defizite zu bewahren.
Dabei verdienen die Parteien der Bundesrepublik – im
doppelten Sinne – eine kritische Forschung.«[18] Ähnlich
hatte schon vorher Göttrik Wewer den Opportunismus der
etablierten Parteienforschung bemängelt: »Wo einst Ernst
Fraenkel getreu seiner Maxime, Politologie sei ›kein
Geschäft für Leisetreter und Opportunisten‹ gegen ›Struk-
turdefekte der Demokratie‹ anschrieb, da blieben seine
Apologeten und Gralshüter und eine inzwischen etablierte
Disziplin merkwürdig still, als in den letzten Jahren der Ver-
fassungs- und Gesetzesbruch von Parteien und Politikern
bei Beschaffung ihrer Mittel und ähnliche ›Pathologien der
Politik‹ ans Licht kamen.«[19]

Zustimmung und Ermutigung

Der Verfasser erhielt andererseits von vielen Seiten Zustimmung, die sich etwa in Hunderten von ermutigenden Briefen aus der Bevölkerung, aber auch in Schreiben von Pro-
fessoren-Kollegen niederschlug. Besonders wichtig waren

für mich die Äußerungen Hans-Jochen Vogels, weil sie von
einem Betroffenen, einem besonders einflußreichen, inte-
gren Politiker, herrühren. Vogel dankte 1988 der öffentlichen Kritik an der staatlichen Parteienfinanzierung, weil
das in eigener Sache entscheidende Parlament auf Kritik
besonders angewiesen sei;[20] er trug 1991 durch einen ver-
öffentlichten Brief an mich mit dazu bei, daß seine Hamburger Parteifreunde zur Umkehr fanden,[21] und er hob
»die kritischen Beiträge des Herrn von Arnim« in Sachen
Politikfinanzierung ausdrücklich als förderlich hervor, weil
sie sich nicht in »allgemeiner Pauschalierung« ergingen,
sondern »die konkrete Grundlegung und die Nennung
von Roß und Reiter nie zu vermissen war«.[22]

Politikfinanzierung – Nebenkriegsschauplatz oder Indikator des Grundproblems?

Andere Autoren, wie Herbert Kleinert, meinen, die öffentliche Diskussion um die staatliche Politik*finanzierung* sei
nur ein »Nebenkriegsschauplatz«, durch den die eigentlichen Probleme verdunkelt würden.[23] Antje Vollmer
schreibt: »Das populistische Gerede richtet im Augenblick
mehr Schaden an als mancher noch so aufdeckungswürdi-
ge Korruptionsfall«,[24] ein Satz, den Beyme gern aufgegriffen hat. Nun gibt es sicher – gerade auf diesem Gebiet –
auch unverantwortliche Überdrehungen. Gleichwohl ist
Vollmers Satz in seiner Pauschalität gefährlich, weil er so verstanden werden könnte, als solle Kritik, so berechtigt sie
sachlich auch sein möge, abgewürgt und für illegitim erklärt
werden. Ob Frau Vollmer merkt, daß sie damit der zutiefst
undemokratischen These vom Tabu der arcana imperii Vorschub leistet?[25] Wenn Vollmer und Kleinert übereinstim-

mend betonen, die mangelnde Handlungskompetenz der Politik sei das viel wichtigere Problem, haben sie natürlich insofern recht, als dieses Problem zentral ist; sie verkennen aber den inneren Zusammenhang, den beide Themen in den Augen der Bürger besitzen. Das Problem mangelnder Handlungskompetenz wie überhaupt die Mängel der Politik kommen in der Politik*finanzierung* deutlicher zum Ausdruck als irgendwo sonst. Wenn viele diesen Symptom- und Indikatorcharakter der staatlichen Politikfinanzierung nicht sehen (wollen), so beruht dies sicher auch auf der traditionellen Verachtung von allem Finanziellen, die unter deutschen Intellektuellen seit Rousseau zum guten Ton gehört (Finanzen seien etwas für Sklaven, »une chose d'esclave«). Im übrigen profitieren die Grünen, deren Repräsentanten Vollmer und Kleinert sind, inzwischen zunehmend selbst von der überzogenen Politikfinanzierung, was allerdings nicht ausschließt, daß sich andere Exponenten den kritischen Blick bewahrt haben, zum Beispiel Michael Vesper und Henry Selzer.

Die Kritik an den politischen Parteien und der politischen Klasse läßt sich auf vier Hauptpunkte zurückführen:

1. die Parteien versagen vor der Lösung dringender Gemeinschaftsaufgaben. Es besteht ein Defizit an Problemlösungskompetenz oder gar parteilich bedingtes »Staatsversagen«;

2. das Volk kommt nicht zu Wort, sondern wird durch die politischen Parteien ersetzt, die ihrerseits ihrer Funktion als Sprachrohre des Volkes aber nicht gerecht werden, sondern das Volk eher »entmündigen«;

3. die Parteien höhlen den verfassungsrechtlichen Grundsatz der Gewaltenteilung aus; das hat schädliche Rückwirkungen auf die Funktionsfähigkeit des ganzen Systems;

4. in den Parteien dominiert das Eigeninteresse an Macht, Posten und Stellen, und das führt, angesichts der Ausschaltung der Kontrolle durch das Volk und gewaltenteilender Gegengewichte dazu, daß die Parteien den Staat ausbeuten.

Die in diesem Buch behandelten Fälle von Politikfinanzierung sind Belege für alle vier Problempunkte:
Es ist der Politik nicht gelungen, die Parteienfinanzierung und die Versorgung der Politiker von sich aus befriedigend zu ordnen. Das Versagen zeigt sich auch darin, daß das Bundesverfassungsgericht bei der Parteienfinanzierung im engen Sinne, mehr schlecht als recht und unter manchem Hin und Her, immer wieder als Ersatzgesetzgeber in die Bresche springen mußte. Wo das Gericht dagegen keine Grenzen zog, wie bei der Finanzierung der Fraktionen und Parteistiftungen oder bei der parteipolitischen Ämterpatronage bei Besetzung von Stellen im öffentlichen Dienst, Rundfunk etc., wuchern die Mängel immer weiter fort. Gerade in der staatlichen Politikfinanzierung spiegelt sich also die mangelnde Handlungsfähigkeit der Politik besonders deutlich. Das Versagen äußert sich in grassierenden Mißständen und ungebremsten Ausbeutungstendenzen, die sich wiederum in den Finanzen am deutlichsten zeigen, etwa in den schlaraffenländischen Wachstumsraten der Zahlungen an Parteistiftungen und Parlamentsfraktionen. Das geringe Problemlösungsinteresse der Parteien äußert sich in dem geringen Stellenwert von Sachargumenten und wird ersetzt durch ihren Hunger nach Geld und Ämtern.
Daß das Politikversagen das eigentliche Problem ist, bestätigt auch die Diskussion um die Besoldung der Politiker. Diese ist ja nicht deshalb ins Gerede gekommen, weil Politiker absolut zu viel verdienten, sondern weil sie auf-

grund der vielfachen finanziellen Privilegien relativ, das
heißt gemessen an der *Leistung* der Politiker, unangemessen erscheint. Das sieht auch der Bundestagsabgeordnete
und Herausgeber der Zeitschrift »Die neue Gesellschaft«
Peter Glotz: »›Das Volk‹ beginnt sich immer häufiger zu
fragen, ob die Politiker eigentlich das Geld wert sind, das
für sie ausgegeben wird.«[26] Hier bestätigt sich erneut, daß
die Kritik an der Politikfinanzierung nur ein Symptom für
das Unbehagen an der mangelnden Problemlösungskapa-
zität »der Politik« ist. Daß nicht die Höhe der Bezüge der
Politiker der eigentliche Grund für ihre kritische Behandlung in der Öffentlichkeit darstellt, sondern das Mißverhältnis zu ihren Leistungen, wird am Beispiel der Parlamentarischen Staatssekretäre in Bonn besonders plastisch.
Sie haben praktisch kaum Aufgaben; die ganze Institution
dient der Regierung vornehmlich als Instrument der Disziplinierung ihrer Bundestagsfraktionen, deren Mitglieder
durch Aussicht auf einen solchen Posten bei Laune gehalten werden sollen. Das Volk hat ein recht unverfälschtes
Urteil darüber, daß diese Amtsinhaber überwiegend nicht
wirklich ihr Geld wert sind.
Auch die Entmündigung des Volkes und die Aufhebung
der Gewaltenteilung wurden bei der Politikfinanzierung
besonders manifest: Durch Kartellabsprachen der Parteien,
die auch die Opposition einbinden und die Gewaltenteilung unterlaufen, wird der Bürger vollends entmachtet,
und es werden Steigerungen entsprechend dem größten
gemeinsamen Nenner ermöglicht. Wen immer der Bürger
wählt, alle sind in das Kartell eingebunden. Wo dem Volk
seine Rechte nicht vorenthalten werden, ist das Niveau der
Politikfinanzierung weit niedriger, wie zum Beispiel in der
Schweiz, wo jedes Gesetz unter Vorbehalt des Volksentscheids steht, oder in den USA und England, wo das Direkt-

wahlrecht das Element der personalen Verantwortung des Abgeordneten in viel stärkerer Weise hervorkehrt als bei uns. Auch in Frankreich ist der Zusammenhang zwischen Wahlsystem und staatlicher Politikfinanzierung deutlich geworden. Eine ausgeprägte Staatsfinanzierung der Parteien wurde in der kurzen Periode von 1986 bis 1988 eingeführt, als in Frankreich vorübergehend ein Verhältniswahlrecht bestand.

Und noch etwas: Die Erfahrungen mit der Politikfinanzierung demonstrieren nicht nur die Berechtigung und Verallgemeinerungsfähigkeit der genannten Kritikpunkte an unserer politischen Ordnung, sondern auch, daß diese miteinander zusammenhängen und sich gegenseitig bedingen. Die Entmachtung des Volkes ist in einer Demokratie nicht nur ein Unwert an sich, sie ist überdies eine Ursache dafür, daß es so schwer ist, die Probleme unter Kontrolle zu bringen. Gegen Übermacht und Machtmißbrauch der Parteien gibt es in der Demokratie letztlich nur ein wirksames Gegenmittel: die Aktivierung des Volkes selbst. Umgekehrt erschwert die *Ent*machtung des Volkes ein wirksames Gegenhalten.

Ein Beispiel aus einem anderen Bereich liefert der Kampf um die Volkswahl der Bürgermeister auch in Gemeinden außerhalb Süddeutschlands. Die Direktwahl des Bürgermeisters würde beides zugleich ermöglichen: den Einfluß des Bürgers vergrößern und die Chance für inhaltlich stimmige Politik verbessern, also ein Mehr an Entscheidung *durch* und *für* das Volk versprechen.

In Nordrhein-Westfalen hat Ende 1991 ein Parteitag der dortigen Regierungspartei die von allen Sachkennern und auch von der Regierung selbst dringend befürwortete Reform der Kommunalverfassung abgeschmettert, und die Landesregierung hat sich dem widerspruchslos gefügt.

Hinter dem Nein des Parteitages standen Vorbehalte gegen
die Zusammenlegung der kommunalen Spitze und gegen
ihre Wahl direkt durchs Volk, was beides den Einfluß vor
allem der mächtigen städtischen Fraktionsvorsitzenden
zurückgedrängt hätte. Gerade von diesen wirkten aber viele als Delegierte an dem unseligen Parteitagsbeschluß mit.
Hier zeigte sich Machtversessenheit bei gleichzeitiger
Machtvergessenheit der politischen Klasse in geradezu klinischer Reinheit.

Das Beispiel der Direktwahl von Bürgermeistern zeigt aber
auch, wie machtversessene Blockaden aufgebrochen werden können, und zwar in Hessen. Am 20. Januar 1991 wurde durch Volksentscheid die Direktwahl der Bürgermeister
und Landräte in die Hessische Verfassung geschrieben –
mit einer Mehrheit von 80 Prozent. Kaum jemand scheint
bisher dieses direktdemokratische Signal bemerkt zu haben. Ähnlich könnte auch die Blockade in Nordrhein-Westfalen aufgebrochen werden, wenn auch die Zahl der für ein
Volksbegehren in Nordrhein-Westfalen erforderlichen
Unterschriften mit 20 Prozent der Stimmberechtigten sehr
hoch ist. Die CDU Nordrhein-Westfalen hatte eine solche
Initiative ursprünglich vor. Doch scheint sich jetzt herauszustellen, daß sie ähnliche parteiinterne Probleme mit dem
Thema hat wie die SPD.

Natürlich gibt es auch viele andere Barrieren für politische
Entscheidungen, rechtliche (wie etwa die zunehmenden
Kompetenzen der Europäischen Gemeinschaft oder das
Mitspracherecht anderer Gremien) und faktische (wie den
Druck der mächtigen Partikularinteressen und Medien).
Darauf berufen sich die Parteien und Politiker teilweise zu
Recht, um ihre eingeschränkte Problemlösungskompetenz
zu erklären. Um so wichtiger ist es, Fälle herauszupräparie-
ren, wo keinerlei äußere Barrieren bestanden und trotz-

dem die Parteien unfähig sind, vernünftige Entscheidungen zu treffen. Hier helfen dann keine Schuldzuweisungen an Dritte oder der Hinweis auf die Verhältnisse. Ein solcher Fall ist nicht nur die gescheiterte Reform der Kommunalverfassung in Nordrhein-Westfalen. Auch die Politikfinanzierung insgesamt gehört, wie in diesem Buch dargelegt, dazu. Das macht ihre weit über den eigentlichen Gegenstand hinausgehende Bedeutung aus.

Es geht allerdings nicht nur um eine moralische Kritik an den Parteien, sondern auch um eine Kritik am Grundgesetz und den anderen einschlägigen Regelungen der politischen Willensbildung. Doch auch für die Mängel in diesem Bereich sind die Parteien oder doch die politische Klasse in den Parteien mitverantwortlich. Nur sind Appelle an die Moral der Politik allein nicht der richtige Ansatz. Gefordert ist eine politische Ordnungspolitik. Das staatsrechtliche Koordinatensystem, in dem das politische Kräftespiel abläuft, muß neu strukturiert und der politischen Klasse müssen wirksam Richtung und Grenzen gewiesen werden. Doch geht auch das natürlich nicht ohne Parteien und politische Klasse. Nur muß sich die Diskussion auf anderer Ebene bewegen, auf der Verfassungsebene; es geht um die Verfassungsfrage par excellence.

II. Entscheidung in eigener Sache

Die in den vorstehenden Kapiteln geschilderten Skandale und Machtmißbräuche sind keine zufälligen Ausrutscher; sie beruhen auf einem Konstruktionsmangel unseres parlamentarisch-politischen Systems, auf einem Systemfehler unseres Staatsrechts, der allmählich entstanden und in jüngster Zeit offensichtlich geworden ist.

Befangenheit der Entscheidenden

Das Grundproblem der staatlichen Politikfinanzierung liegt darin, daß die Begünstigten selbst entscheiden. Die Parlamente beherrschen die Gesetzgebung und die öffentlichen Haushalte. Sie beschließen die Haushaltspläne und bestimmen dadurch, wer wieviel Geld aus der Staatskasse erhält, und sie bestimmen durch ihre Gesetzgebung, was als »Recht« für alle verbindlich ist. Die Parlamente bestehen aber ihrerseits aus Abgeordneten und Fraktionen. Sie sind am Ergebnis ihrer Entscheidungen über ihre eigene Finanzierung höchst materiell interessiert. Das gilt auch für die Parteistiftungen, deren Aktivitäten zumindest indirekt das Erscheinungsbild und die Erfolgschancen der Mutterparteien (und damit auch ihrer Abgeordneten und Fraktionen) mitbeeinflussen.[27] Entscheidungen in eigener Sache sind ansonsten in unserer Rechtsordnung seit je verpönt – und das aus gutem Grund: Selbstbetroffenheit macht befangen, und man weiß aus praktischer und geschichtlicher Erfahrung, daß die eigenen Interessen der Entscheidenden mangels Gegengewichts durchschlagen und es leicht zu einseitigen, unangemessenen und mißbräuchlichen Resultaten kommt.

Ausschaltung der Oppositionskontrolle

Auch die Kontrolle durch die parlamentarische Opposition wird in solchen Fällen regelmäßig außer Funktion gesetzt, denn in jüngerer Zeit sind die Parteien und Fraktionen immer mehr dazu übergegangen, Selbstbewilligungen vorher unter sich abzusprechen und dabei auch die Opposition einzubinden. Das bewirkt mit den Worten des Bundesverfassungsgerichts, daß »das Gesetzgebungsverfahren in diesem Bereich regelmäßig des korrigierenden Elements gegenläufiger politischer Interessen« ermangelt.[28] Derartige Absprachen, die von den Verantwortlichen oft als Beleg für die »Einigkeit der Demokraten« verharmlost werden, schalten den politischen Wettbewerb aus und entmachten den Wähler: Welche Partei auch immer er wählt, alle sind in das Kartell der Etablierten eingebunden; allenfalls die Grünen konnten sich bisher oft noch der Einbindung entziehen.

Um die Dimension des Problems deutlich zu machen, sei ein Blick auf kommunistische Monopolparteien geworfen. Wir pflegen die traditionelle Einparteienherrschaft kommunistischer Provenienz nachhaltig zu verdammen – und das mit vollem Recht. Der Bürger, der sich einer Monopolpartei gegenübersieht, kann sich auch gegen offensichtliche Fehlentwicklungen und Mißstände nicht mit dem Stimmzettel zur Wehr setzen. Auch in der Bundesrepublik sieht sich der Bürger aber hinsichtlich der Politikfinanzierung regelmäßig einem Kollektivmonopol der etablierten Parteien gegenüber.

Diese Feststellungen erscheinen heute doppelt wichtig. Nach der deutschen Vereinigung wird – in Abgrenzung zum ehemaligen diktatorischen Regime der DDR mit seiner Einparteienherrschaft – die Güte unseres Parteienstaates, der auf der Konkurrenz mehrerer Parteien beruht, leicht so überbetont, daß die Diskussion über notwendige Reformen bei *uns* gar nicht recht aufkommen kann. In Wahrheit verhalten sich unsere Parteien dort, wo sie durch Blockbildungen in Sachen Politikfinanzierung die Konkurrenz ausschalten, partiell selbst wie Einheitsparteien östlichen Musters.

Die Ausschaltung der Oppositionskontrolle legt darüber hinaus leicht auch die Öffentlichkeitskontrolle lahm. Das ist fatal, denn wenn die Politik in eigener Sache entscheidet, bleibt (neben dem Bundesverfassungsgericht) die Öffentlichkeit die einzige Kontrolle.[29] Doch hängt ihre Wirksamkeit wesentlich von der funktionierenden Opposition ab, die in der parlamentarischen Demokratie normalerweise das eigentlich treibende Moment der öffentlichen Kontrolle ist. Ihre Aufgabe ist es, die Politik der Mehrheit kritisch zu begleiten und Schwächen öffentlich anzuprangern, um per Vorwirkung die Regierung zu möglichst guter Politik zu veranlassen und dem Wähler Alternativen vor Augen zu führen. Wird nun aber die Opposition gleichgeschaltet, entfällt das bewegend-aktive Element, das wie die Unruhe einer Uhr die Öffentlichkeitskontrolle in Funktion hält. Darin liegt das den Staatsrechtslehrer so sehr beunruhigende Dilemma, daß eine wirksame Öffentlichkeitskontrolle eine funktionierende Opposition voraussetzt, diese aber bei Entscheidungen in eigener Sache regelmäßig ausfällt.

Die Problematik verschärft sich noch, wenn die Opposition sich ihr öffentliches Stillhalten durch Ausgleichsleistungen entgelten läßt. Diese Art von Schweigegeldzahlungen aus der Staatskasse ist beides: eine zusätzliche Drehung der Spirale bei der fortschreitenden Erhöhung der staatlichen Politikfinanzierung *und* ein Instrument zu ihrer Abdunkelung vor der Öffentlichkeit. Die Folge ist ein unkontrolliertes Hochschaukeln der verschiedenen Teile der staatlichen Politikfinanzierung ohne Rücksicht auf sachliche Notwendigkeiten.

Mißliche Folgen

Wenn die Politik über ihre eigenen staatlichen Finanzquellen verfügt, droht doppelte Versuchung: übermäßige Selbstversorgung und Benachteiligung derjenigen politischen Konkurrenten, die nicht am Kartell beteiligt sind, also vor allem der außerparlamentarischen Parteien, die aufgrund der Fünfprozentklausel (noch) nicht im Parlament vertreten sind. Darin liegt eine große Gefahr für die Offenheit des politischen Prozesses. Den Parteien wird die Erfüllung ihrer Funktion als Mittler zwischen Bürger und Staat erschwert, Parteien- und Politikverdrossenheit werden gefördert.[30] Herbert Wehner warnte schon früh sehr eindringlich davor, die staatliche Parteienfinanzierung werde »die Bereitschaft zur eigenen, zur freiwilligen Leistung« demoralisieren.[31] Es drohen Bürokratisierung und Bürgerferne der Parteien und damit auch der Politik insgesamt. Derartige Wandlungen verformen leicht auch die politische Gesamtstruktur. Weitsichtige Beobachter wie Theodor Eschenburg[32] und Karl Jaspers[33] wiesen, als die staatliche Parteienfinanzierung eingeführt wurde, darauf hin, daß von der Parteienfinanzierung her auf lange Sicht die Existenz der klassischen Parteien und der parlamentarischen Demokratie in Frage gestellt werden könnte.

Grundprobleme der
parlamentarischen Demokratie

Daß eine Gruppe von Interessenten[34] die ihnen gewährten
staatlichen Leistungen und Subventionen unmittelbar
selbst festsetzt, ist in unserer Rechtsordnung absolut einmalig und erklärt sich nur aus entwicklungsgeschichtlichen
Wandlungen, auf die das Verfassungsrecht bisher noch keine passende Antwort gefunden hat.

Die Thematik geht aber weit über die Belastung der öffentlichen Haushalte zugunsten einer Gruppe von Menschen
(»politische Klasse«) hinaus. Berechnungen, die die
Begünstigten immer wieder in Umlauf setzen und die zeigen sollen, wie wenige Mark auf jeden Einwohner entfallen, verharmlosen die Problematik in verantwortungsloser
Weise. Die vom Virus des Selbstinteresses infizierten Entscheidungen des Parlaments sind von viel größerem
Gewicht, weil das Vertrauen in die Politik und ihre Steue-
rungsfähigkeit auf dem Spiel steht. Dies hat das Bundesverfassungsgericht den Parteien kürzlich mit Deutlichkeit ins
Stammbuch geschrieben: »Gewönne der Bürger den Eindruck, die Parteien ›bedienten‹ sich aus der Staatskasse, so
führte dies notwendig zu einer Verminderung ihres Ansehens und würde letztlich ihre Fähigkeit beeinträchtigen,
die ihnen von der Verfassung zugewiesenen Aufgaben zu
erfüllen.«[35] Diese Gefahr, der das Bundesverfassungsgericht im Fall der staatlichen Politikfinanzierung durch Festlegung einer »absoluten Obergrenze« zu begegnen sucht,
betrifft nicht etwa nur irgendeinen Politikbereich unter vielen anderen. Es geht um Mängel im zentralen Entscheidungsverfahren selbst, von dessen befriedigendem Funk-
tionieren unser aller Wohl und Wehe abhängt.

Die fundamentale Bedeutung der Finanzierung der Politik

(und des Verfahrens, in dem darüber entschieden wird) zeigt sich auch aus einem anderen Blickwinkel: Die Art und Weise der Finanzierung der Politik gehört zu den »Regeln des Machterwerbs« (Rudolf Wildenmann[36]), vergleichbar den Wettbewerbsregeln in der Marktwirtschaft, das heißt, sie gehört zu den zentralen Prozeßregeln, die über Erfolg und Mißerfolg im politischen Wettbewerb und den Ablauf der gesamten politischen Willensbildung entscheiden. Sie bestimmen mit, welche Parteien die Mehrheit im Parlament und damit die Gesetzgebungs-, Regierungs- und Verwaltungsmacht erhalten, der *alle* Bürger, auch die der überstimmten Minderheit, unterworfen sind; sie bestimmen zugleich über den Einfluß der Bürger auf den politischen Prozeß und die Blickrichtung der Parteien und Politiker. Die Finanzierung hat also Einfluß auf das Gefüge der politischen Willensbildung insgesamt. Die besondere Bedeutung jener Regeln für die Entwicklung des Gemeinwesens und damit auch die Dringlichkeit, sie vor Verzerrungen und Fehlentwicklungen zu bewahren, liegen somit auf der Hand.

Ein verfassungspolitisches Novum

Daß derart wichtige Entscheidungen verfassungsrechtlich derart mangelhaft organisiert sind, ist nur *historisch* zu erklären. Das Problem, daß Abgeordnete und Fraktionen über ihre eigene Finanzierung aus der Staatskasse entscheiden, ist ein Novum, eine erst seit kurzem bekannte Herausforderung, auf die die verfassungsrechtliche Antwort bisher noch aussteht.

Als die Väter des Grundgesetzes 1948/49 in der Paulskirche in Frankfurt berieten, war ihnen das Problem noch völlig

fremd. Es entstand erst durch die nachfolgende Entwicklung. Der Parlamentarische Rat konnte es noch nicht kennen, weil es noch gar nicht existierte: Es gab noch keine
nennenswerte Staatsfinanzierung der Politik. Die Parteien
finanzierten sich ausschließlich aus privaten Quellen. Es
gab weder eine direkte Staatsfinanzierung der Parteien
noch eine indirekte – und sollte sie auch nicht geben. Einer
der »Väter« des Grundgesetzes, der hessische Ministerpräsident Zinn, hat später rückblickend bemerkt, ihm und
anderen sei »damals der Gedanke einer Alimentierung der
Parteien durch den Staat völlig unvorstellbar gewesen«.[37] In
der Anfangsphase der Bundesrepublik galt es in der Tat
»als selbstverständlich«, daß die Parteien ihre finanziellen
Aufwendungen »aus eigener Kraft« bestritten;[38] eine staatliche Parteienfinanzierung war verfassungsrechtlich dubios
und stand nicht zur Debatte. Auch in der Weimarer Republik von 1919 bis 1933 hatten die Parteien noch kein Geld
vom Staat bekommen, ein »vorverfassungsrechtliches
Bild«, von dem man bei den Beratungen über das Grundgesetz wie selbstverständlich ausging. Ebensowenig hatte es
eine staatliche Finanzierung der Parlaments*fraktionen* in
Weimar gegeben. Diese finanzierten sich vielmehr ausschließlich aus Beiträgen der Abgeordneten und Zuschüs-
sen ihrer Mutterparteien. Partei*stiftungen* existierten – mit
Ausnahme der 1925 gegründeten Friedrich-Ebert-Stiftung
der SPD – noch gar nicht; sie wurden erst lange nach Gründung der Bundesrepublik errichtet.
Zwar enthält das Grundgesetz von Anfang an eine Bestimmung, wonach das Parteienrecht durch Bundesgesetze zu
regeln sei (Artikel 21 Absatz 3 GG), und mit »Gesetz« ist im
Bund automatisch eine Regelung durch das *Parlament*
gemeint. Diese Bestimmung hatte in den Augen derer, die
die Vorschrift formulierten, aber noch einen anderen

Gegenstand als heute. Sie bezog sich noch nicht auf Zahlungen aus der Staatskasse, *konnte* sich nicht darauf beziehen, weil es derartiges noch nicht gab und nach damaliger Vorstellung auch nicht geben sollte. (Für Fraktionen und erst recht für Parteistiftungen fehlt es auch heute noch an derartigen Regelungsbestimmungen im Grundgesetz.)

Auch die *Abgeordnetenentschädigung* hat im Laufe der letzten Jahrzehnte eine völlig neue verfassungspolitische Qualität erhalten. Die Väter des Grundgesetzes waren, genau wie die Kommentatoren der Weimarer Reichsverfassung in den zwanziger und dreißiger Jahren, noch davon ausgegangen, das Mandat sei ein Ehrenamt, das der Abgeordnete neben seinem Erwerbsberuf ausübe, und die Abgeordnetendiäten seien *Aufwands*entschädigungen, bestimmt zur Abgeltung des Aufwandes, der durch die Wahrnehmung des Mandats entsteht. So wurden das Mandat und der im Grundgesetz enthaltene Begriff »Entschädigung« bis in die siebziger Jahre in der Tat verstanden. Doch hatten sich die Zahlungen allmählich immer mehr zu einem Einkommen zur Finanzierung des Unterhalts der Abgeordneten entwickelt. Das Bundesverfassungsgericht sprach in seinem Diätenurteil von 1975 sogar von einem Anspruch der Bundestagsabgeordneten auf »Vollalimentation«.[39] Mit diesem Wandel in der Auslegung vom Aufwandsersatz zur Alimentation erhielt die Bestimmung des Grundgesetzes, die Verhältnisse der Bundestagsabgeordneten seien durch »ein Bundesgesetz« zu regeln (Art. 48, Abs. 3), einen neuen Gegenstand und eine ganz neue Dimension. Da »Gesetz« im Bund nur ein von den Abgeordneten selbst zu erlassendes Bundesgesetz sein konnte, wuchs damit »den Abgeordneten über den Gesetzesvorbehalt eine Selbstentscheidung von so großem politischen und finanziellen Gewicht zu, daß die Gefahr einer mißbräuchlichen Selbstbedienung in

die Nähe rückte«.[40] Das Bundesverfassungsgericht hat an
dieser Entwicklung, wahrscheinlich ungewollt, mitgewirkt,
ohne gegen »die selbst heraufbeschworene Gefahr«
(Rupp) aber gleich ausreichende Gegengewichte, Bremsen
und Grenzen mitzuliefern.

Und noch aus einem weiteren Grund war dem Parlamentarischen Rat, als er das Grundgesetz formulierte, das Problem der unkontrollierten Entscheidung der Abgeordneten in eigener Sache nicht in den Sinn gekommen. Früher
waren nämlich stets gewisse Gegengewichte gegen einen
Mißbrauch des Selbstentscheidungsrechts in die Gesetzgebung eingebaut gewesen. Die Zuständigkeit des Reichsge-
setzgebers für die Regelung der Entschädigung war im Jahre 1906 in die Reichsverfassung geschrieben worden.
Reichsgesetze konnten aber nur mit Zustimmung des Bundesrats erlassen werden, in dem die Regierungen der mon-
archischen deutschen Staaten saßen.[41] In diesem Zustim-
mungserfordernis lag ein wirksames Gegengewicht, das
sogar zu umgekehrten Problemen geführt hatte: Am Veto
des Bundesrats waren lange alle Initiativen, überhaupt eine
Abgeordnetenentschädigung einzuführen, gescheitert.[42]
Auch in die Weimarer Reichsverfassung von 1919 war eine
Kontrolle eingebaut, weil der volksgewählte Reichspräsi-
dent die Befugnis besaß, Diätengesetze wie alle Reichsgesetze zum Volksentscheid zu bringen.[43] Diese Möglichkeit
hatte präventive Wirkung.

Das Problem einer mißbräuchlichen Instrumentalisierung
der Gesetzgebung zur Durchsetzung übermäßiger Staatsfinanzierung der Politik war dem Parlamentarischen Rat bei
seinen Beratungen über das Grundgesetz in den Jahren
1948/49 also noch unbekannt, weil es eine staatliche Politikfinanzierung praktisch noch nicht gab. Zudem hatte
man die Weimarer Verfassung vor Augen, die Mißbrauch

wirkungsvoll verhinderte. Aus diesen Gründen kam man noch gar nicht auf die Idee, hier könne sich ein Mißbrauchspotential auftun, das schließlich sogar zu einer Legitimationskrise des Parlamentarismus führen könnte.

Wandel der Rolle des Parlaments vom Kontrolleur zum Kontrollierten

Bei Entscheidungen des Parlaments in eigener Sache und Ausschaltung der Oppositionskontrolle durch fraktionsübergreifende politische Kartelle zeigen sich grundlegende Strukturwandlungen, denen die Staatsrechtslehre und die Politik nur durch Wandel ihres staatstheoretischen Ausgangsverständnisses und die Entwicklung adäquater verfassungsrechtlicher Neuerungen gerecht werden kann. Staatsrechtslehre und Demokratietheorie gehen davon aus, der parlamentarische Gesetzgeber treffe tendenziell ausgewogene, richtige Entscheidungen. Dies entspricht auch der Idee der parlamentarischen Repräsentation des Volkes.[44] Die Entscheidungskompetenz ist nicht zuletzt deshalb vom Volk auf das Parlament verlagert, weil man erwartet, das Parlament treffe qualitativ höherwertige Entscheidungen als das Volk selbst. Das Parlament wird zum Dreh- und Angelpunkt des gesamten politischen Prozesses; deshalb verlangt die Verfassung gerade für besonders weitreichende und wichtige (»wesentliche«) staatliche Entscheidungen die Gesetzesform, eben weil sie davon ausgeht, durch ein vom Parlament beschlossenes Gesetz erhielten diese Entscheidungen eine besonders hohe Qualität, auch an Ausgewogenheit und inhaltlicher Richtigkeit.[45] Diese Prämisse trifft nun aber in Sachen Politikfinanzierung – und vielleicht nicht nur dort, aber dort besonders deutlich – nicht mehr zu. Entscheidet das Parlament in eigener Sache über die staatliche Finanzierung von Abgeordneten, Ministern, Parteien, Fraktionen und Parteistiftungen, so ist die klassische Richtigkeitsvermutung offensichtlich außer Kraft gesetzt. Sieht man die Dinge, wie sie sind, realistisch und frei von allem Wunschdenken und parlamentsfrommem Opportunismus, so muß man bei Entscheidungen des Parlaments in eigener Sache eher umgekehrt von einer Unrichtigkeitsvermutung ausgehen. Die Erfahrungen mit der staatlichen Politikfinanzierung in der Bundesrepublik bestätigen dies.

Hier wird das verfassungstheoretische Novum unübersehbar. Nach überkommenem staatsrechlichen Verständnis ist das Parlament der Kontrolleur der anderen politischen Kräfte. Bei Entscheidungen in eigener Sache bedarf das Parlament nun aber selbst der Kontrolle. Der Kontrolleur aller anderen Gewalten wird bei Entscheidungen in eigener Sache zum Kontrollierten (oder *müßte* es doch werden). Aus diesen Vorgegebenheiten muß die Staatsrechtslehre aus innerer Zwangsläufigkeit Konsequenzen ziehen.

Die Fehlentwicklung wäre weniger explosiv, wenn sie nicht in jüngerer Zeit mit einer parallelen Entwicklung zusammenfiele: dem abnehmenden Vertrauen immer weiterer Teile der Bevölkerung in die Politik (und in das Parlament und die Regierung als ihren institutionellen Zentren). Die Mängel der wuchernden staatlichen Politikfinanzierung werden geradezu als sichtbarer Ausdruck für die Berechtigung des Mißtrauens in die Politik generell angesehen. Im Juni 1992 fand im Mainzer Landtag eine Vortragsveranstaltung zum Thema »Legitimation der Parlamente zur Entscheidung in eigener Sache« statt. Beide Referenten, ein renommierter Wissenschaftler und ein hochkarätiger Politiker, der Mainzer Staatsrechtslehrer Hans Heinrich Rupp und der frühere Vorsitzende der SPD Hans-Jochen Vogel, stimmten darin überein, die Mißbräuche der Politikfinanzierung seien ein entscheidender Grund für die zunehmende Politik- und Parteienverdrossenheit in Deutschland.[46]

Der neue wissenschaftliche Ansatz

Die Bemühungen um eine theoretische Erfassung des Problems der Entscheidung des Parlaments in eigener Sache (und um die Entwicklung von Widerlagern) haben inzwischen selbst ihre Geschichte. Gedanklicher Ausgangspunkt war für mich ursprünglich eine Erfahrung aus dem Vertragsrecht, nämlich die Beobachtung von Personen mit unterschiedlicher Verhandlungsmacht, bei der der Starke den Schwachen »unterbuttert« und ihm bei scheinbar freiwilligen Vertragsabsprachen seine Bedingungen aufzwingt.[47] Diese Erfahrung hat mich für das Problem von Machtungleichgewichten auch in anderen Bereichen sensibilisiert und die Augen für Dependenzen zwischen den Machtverhältnissen und den daraus resultierenden inhaltlichen Ergebnissen geöffnet, die sich in dem Erfahrungssatz zusammenfassen lassen: Sind die Determinanten von Entscheidungsverfahren unausgewogen und schief, so sind es regelmäßig auch die Inhalte der Entscheidungen. Dies war auch die Kernthese meines Buches »Gemeinwohl und Gruppeninteressen«:[48] Lassen sich in der pluralistischen Demokratie aus gruppentheoretischen und verbandssoziologischen Gründen nur Partikularinteressen wirksam organisieren, nicht aber übergreifende Gesamtinteressen, so besteht die Gefahr, daß die einen die anderen »unterpflügen«. Mein Buch hatte deshalb den Untertitel »Das Zukurz-

kommen allgemeiner Interessen in der pluralistischen
Demokratie«. Die Berechtigung dieser Thesen, die in den
Jahren seit Erscheinen des Buches immer aktueller geworden sind, zeigt sich etwa bei den stets erneut gescheiterten
politischen Bemühungen, staatliche Subventionen durchgreifend zu kürzen, und beim Umweltschutz. Hier zeigt
sich allerdings auch ein Ansatz für wirksames Gegenhalten.
Es gibt Mittel, die Durchsetzungsschwäche von allgemeinen Interessen zu überwinden. Dazu gehört die »Politisierung« des Themas, das heißt die gezielte Lenkung der
öffentlichen Aufmerksamkeit auf die Problematik.[49]

Ein strukturell nicht unähnliches Problem begegnet uns
bei Entscheidungen des Parlaments in eigener Sache. Ist
die Opposition interessiert und läßt sich politisch einbinden, fällt das wichtigste Gegengewicht aus. Dann gilt auch
hier, daß unausgewogene Verfahren zu unausgewogenen
Entscheidungen tendieren. Auch hier hat sich allerdings
die »Politisierung« eines Themas durch Öffentlichmachen
gelegentlich als wirksames Gegenmittel erwiesen. Öffentlichkeit ist allererste Voraussetzung für Verbesserungen.
Hier darf sich dann auch die Wissenschaft ihrer Verantwortung nicht entziehen. Das rechtfertigt es, daß der Verfasser
in Hessen, Hamburg und anderswo mit seinen Expertisen
die Öffentlichkeit gesucht hat, suchen *mußte*, wenn sie ihre
Gegengewichtsfunktion erfüllen sollten.

Zur konzeptionellen Chiffre, unter der all dies lief und
läuft, hat sich der Begriff der »Entscheidung des Parlaments in eigener Sache« entwickelt. Ich habe diesen Begriff
im Jahre 1970 in einer kleinen Schrift verwendet[50] und ihn
einige Jahre später in den Mittelpunkt eines verfassungsrechtlichen Gutachtens über »die finanziellen Privilegien
der Parlamentsabgeordneten in Bund und Ländern«
gestellt und aus dem gesteigerten Kontrollbedarf eines in

eigener Sache entscheidenden Parlaments die Notwendigkeit einer intensiven verfassungsgerichtlichen Kontrolle
abgeleitet.[51] Dieses Gutachten hat Einfluß auf das Diätenurteil des Bundesverfassungsgerichts gehabt,[52] das den
Begriff der Entscheidung des Parlaments »in eigener
Sache« übernahm.[53] Später wurde dieser Ansatz auf alle
Bereiche der Politikfinanzierung übertragen[54] und auch
von der Parteienfinanzierungskommission 1993 weitgehend übernommen.[55]

III. Mögliche Gegengewichte

Aktivierung des Volkes

Was aber ist zu tun? Wer soll den Kontrolleur Parlament kontrollieren? Läßt man alles unerhebliche Beiwerk beiseite, so kommt dafür in der Demokratie neben dem Bundesverfassungsgericht letztlich nur diejenige Kraft in Betracht, von der das Parlament (wie auch alle anderen Gewalten) seine Legitimation ableitet: das Volk in seinen verschiedenen verfassungstheoretischen Aggregatzuständen. Schon der große Rechtsdenker und Justizminister in der Weimarer Republik, Gustav Radbruch, hat klarsichtig betont, gegen Übermacht und Machtmißbrauch der politischen Parteien gebe es letztlich nur ein wirksames Gegengewicht: die Aktivierung des Volkes selbst. Diese grundlegende Erkenntnis darf bei aller Detaildiskussion nicht aus dem Blick geraten.

Der Wille des Volkes besitzt in der Demokratie mehrere theoretisch mögliche Ansatzpunkte:

1. Bei den periodisch wiederkehrenden *Wahlen* zu den Volksvertretungen bestimmt das Volk die Mehrheit und wählt die Abgeordneten aus. Die Direktwahl kann auch auf andere Repräsentanten übertragen werden, etwa den Bundespräsidenten oder die Bürgermeister auf Gemeindeebene.

2. Das Volk kann per Volksinitiative, die an eine bestimmte Mindestzahl von Stimmen gebunden ist (Volksbegehren), ein Gesetz einbringen und es durch eine Volksabstimmung mit Mehrheit in Kraft setzen (Volksgesetzgebung).

3. Die vorstehenden Möglichkeiten der Einflußnahme betreffen normale Gesetze oder sonstige Maßnahmen. Davon zu unterscheiden ist der Einfluß des Volkes auf die Entstehung und Veränderung der *Verfassung* als rechtlich verbindlicher Grundordnung von Staat und Gesellschaft, an der sich alle anderen staatlichen Akte ausrichten müssen und die auch den Rahmen für die Gesetzgebung zieht. Auch hier können dem Volk direkte Entscheidungsrechte gegeben werden, zum Beispiel bei Auswahl der Mitglieder einer verfassungsgebenden Versammlung und bei Abstimmung über deren Entwurf.

4. Von den vorstehenden personellen und sachlichen Entscheidungsrechten sind die informellen Einwirkungsmöglichkeiten des Volkes zu unterscheiden. So können die Bürger auch zwischen den Parlamentswahlen, insbesondere über die Parteien und über die öffentlichen Medien im Wege einer Beteiligung an der sogenannten öffentlichen Meinung, Einfluß auf Sachentscheidungen von Parlament und Regierung oder von Verfassungsversammlungen nehmen.

Bisher wird das Volk entmündigt

Sieht man die *bundesrepublikanische* Verfassungslage daraufhin durch, welche Einwirkungsmöglichkeiten das Volk tatsächlich besitzt, so stellt man, überraschende Defizite fest. Eine *Volksgesetzgebung* (siehe oben, Ziffer 2) gibt es auf Bundesebene, von unerheblichen Randfällen abgesehen, überhaupt nicht.

Auch von *Verfassungs*entscheidungen (Ziffer 3) ist das Volk ausgeschlossen. Hier ist das Defizit besonders deutlich. Die Verfassung als normative Grundlage des Staates erhält in der Demokratie ihre Legitimation im allgemeinen dadurch, daß das Volk zunächst eine »verfassunggebende Versammlung« wählt und später über deren Verfassungsentwurf durch Volksabstimmung entscheidet. So sind die 1946 und 1947 erlassenen Verfassungen der Länder der späteren Bundesrepublik regelmäßig von Versammlungen beschlossen worden, die zu diesem Zweck direkt vom Volk gewählt worden waren, und vor ihrem Inkrafttreten wurden sie direkt vom Volk angenommen.

Demgegenüber war der Parlamentarische Rat, der das Grundgesetz 1948/49 unter erheblicher Einflußnahme der westlichen Besatzungsmächte ausarbeitete, weder direkt vom Volk gewählt worden, noch wurde das Grundgesetz einer Volksabstimmung unterworfen. Die These, dieses demokratische Legitimationsdefizit sei später durch die hohe Wahlbeteiligung bei Bundestagswahlen geheilt worden, entspringt einer etwas fraglichen Logik. Bei Bundestagswahlen steht die Entscheidung zwischen bestimmten Parteien, nicht aber für oder gegen das Grundgesetz zur Debatte.

Auch der – jetzt ganz aktuell – in der Bundesrepublik eingesetzte vierundsechzigköpfige »Verfassungsausschuß«, der Vorschläge für eventuelle Änderungen des Grundgesetzes machen soll, ist nicht etwa vom Volk für diese Aufgabe eingesetzt, sondern je zur Hälfte vom Bundestag und Bundesrat gewählt. Das wirft seine Schatten voraus – gerade wenn es um die Begrenzung der Macht der Parteien und der »politischen Klasse« geht. Denn der Verfassungsausschuß ist voll von ihnen. Mögen auch viele nachdenkliche, problembewußte und reformbereite Männer und Frauen darunter sein – die Begrenzung der politischen Klasse durch sich selbst gerät doch leicht zum Münchhausen-Problem: sich am eigenen Schopf aus dem Sumpfe zu ziehen. Der große amerikanische Verfassungsphilosoph John Rawls betont, Verfassungsfragen, also Fragen der Grundordnung unserer staatlichen Gemeinschaft, sollten Persönlichkeiten beraten und entscheiden, die unter dem Schleier des Nichtwissens ständen, welche Konsequenzen ihre Entscheidungen für die eigenen persönlichen Interessen haben. Anders ausgedrückt: Wer Verfassungsfragen berät, muß unbefangen sein. Gerade daran fehlt es aber, wenn die politische Klasse im Verfassungsausschuß über ihre eigene verfassungsrechtliche Begrenzung befinden soll und das Volk völlig draußen vor bleibt.

Selbst die Einflußmöglichkeiten des deutschen Volkes bei den *Wahlen* (Ziffer 1) sind beschränkt.[56] Der Wähler entscheidet nur über die Größe der verschiedenen Fraktionen und damit nur noch über die Herrschaftsanteile der Parteien. Wer wirklich die Regierung bildet, hängt oft von Koalitionsabsprachen ab, deren Inhalt nach der Wahl getroffen wird. Über die Kandidaten entscheidet der Wähler regelmäßig schon gar nicht. Wer von seiner Partei auf einen »sicheren« Listenplatz oder in einem »sicheren« Wahlkreis nominiert worden ist, dem kann der Wähler nichts mehr anhaben. Selbst wer im Wahlkreis nicht die Mehrheit der Stimmen erreicht, ist auf der Landesliste oft abgesichert und kommt auf diesem Weg doch noch ins Parlament. Der Wähler wird also selbst hier von den Parteien bevormundet – und zwar weitaus mehr, als nach den Gegebenheiten der Massendemokratie unvermeidlich wäre.

Dem Bundesbürger bleibt die Mitwirkung an der *öffentlichen* Meinung (Ziffer 4); diese wird aber durch die öffentlichen Medien wesentlich mediatisiert; der einzelne Normalbürger hat kaum Einwirkungsmöglichkeiten.

Das Volk wird in der Demokratie des Grundgesetzes also, so schwer das Eingeständnis auch fällt, weitgehend entmündigt. »Das Volk ist frei geboren, ist frei und liegt doch über-

all in Ketten.« Dieses Wort Rousseaus, mit dem er 1762 sein
berühmtes Buch »Contrat social« einleitete, stand an der
Wiege der demokratischen Revolution gegen die absolute
Monarchie. Heute sind die »Ketten« raffinierter, zumal sie
dem Volk von den Parteien, also von Organisationen ange-
legt sind, die erst das Aufkommen der sozialen Demokratie
ermöglicht haben[57] und die natürlich niemand beseitigen
will. In Anlehnung an Abbé Sieyès' berühmtes Wort könnte
man fragen: Was ist das Volk? Alles! Was hat es zu sagen?
Nichts! In Deutschland scheinen bei der Zurückdrängung
des Volkes überkommene obrigkeitsstaatliche Denkweisen,
die dem beschränkten bürgerlichen Untertanenverstand
nichts zutrauen, mit dem Allmachtinteresse der Führungsgruppen der Parteien eine unheilige Allianz eingegangen
zu sein. Die Folgen sind Bürgerferne der Parteien und Parteienverdrossenheit der Bürger.

Erneuerung der Diskussion

Es gibt gute Gründe, die Diskussion um mehr direkten Einfluß des Volkes heute erneut aufzugreifen: Der extrem anti-
plebiszitäre Affekt des bundesrepublikanischen Staatsrechts war durch eine Überreaktion auf Weimar geprägt.
Neue Untersuchungen zeigen, daß die damaligen Erfahrungen – entgegen verbreiteten Behauptungen – durchaus
nicht negativ waren. Die Väter des Grundgesetzes sind
einem historischen Mißverständnis aufgesessen.[58] Jüngste
deutsche Erfahrungen sind gleichfalls ermutigend. Die
friedliche Revolution in der DDR, diese historische Tat der
Befreiung von einem diktatorischen Regime, war ein direk-
ter Akt des Volkes und hat dieser Äußerungsform einen
starken Schub an Legitimation vermittelt. Damit stellt sich
heute die Frage um so dringender: Soll der Bürger eines

einheitlichen Deutschlands auch in Zukunft so weit entmündigt bleiben, wie dies in der Bundesrepublik bisher der Fall war?

Diese allgemeine Problematik hat Auswirkungen auf die Politik*finanzierung,* und zwar in einem zweifachen Sinne. In der Entmündigung des Volkes liegt – das ist eine Hauptthese dieses Buches – ein wesentlicher Grund dafür, daß die Politikfinanzierung in Deutschland so ins Kraut geschossen ist und die Mißbräuche überhandnehmen. Wenn es zutrifft, daß die Aktivierung des Volkes letztlich das einzige wirksame Gegengewicht gegen Übermacht und Machtmißbrauch der politischen Parteien und ihrer Führungen ist, dann mußte die *Ent*machtung des Volkes in der Bundesrepublik geradezu zwangsläufig solchem Mißbrauch Vorschub leisten.

Umgekehrt folgt daraus aber auch, daß eine wirksame Bekämpfung der Mißbräuche nicht ohne Aktivierung des Volkes geschehen kann. Die Chancen für wirklich durchgreifende Reformen mögen zwar auf den ersten Blick schlecht stehen, angesichts dessen, daß die Schaltstellen der Macht und damit auch die Hebel für Reformen in der Hand derer liegen, die durch solche Reformen zu kontrollieren und zu domestizieren sind. Es bleibt (jedenfalls im Bund, solange es dort keine Elemente der direkten Demokratie gibt) im wesentlichen nur der Einfluß über die öffentliche Meinung. Die öffentliche Diskussion ist und bleibt jedenfalls das einzige Forum, auf dem grundlegende Mängel und Fehlentwicklungen überhaupt erörtert werden können und das – über die Jahre hinweg – das nötige Umdenken in den Köpfen der Menschen bewirken kann, was Voraussetzung für alles weitere ist, auch für nötige Verfassungsänderungen (und die Änderung des Verfahrens, in dem Verfassungsänderungen zustande kommen). Es wäre nicht das erste Mal, daß auf diese Weise vorher scheinbar Utopisches plötzlich realisierbar wird. Jedenfalls ist das unsere einzige Chance, und wir müssen diese *selbst* ergreifen und dürfen nicht immer nur alles von anderen erwarten. Der große Staatsphilosoph Karl Raimund Popper hat dies folgendermaßen formuliert: »Die Rechtsordnung kann zu einem mächtigen Instrument für ihre eigene Verteidigung werden. Zudem können wir die öffentliche Meinung beeinflussen und auf einem viel strengeren moralischen Kodex bestehen. All dies können wir tun; es setzt aber die Erkenntnis voraus, daß es ... unsere Aufgabe ist und wir nicht darauf warten dürfen, daß auf wunderbare Weise von selbst eine neue Welt geschaffen werde.«

Öffentlichkeit ist nicht notwendig die einzige wirksame Kontrolle

Der Ansatz des Diätenurteils ...

Das Bundesverfassungsgericht hat in seinem Diätenurteil von 1975 einiges zur Problematik von Entscheidungen des Gesetzgebers in eigener Sache gesagt:
»In einer parlamentarischen Demokratie läßt es sich nicht vermeiden, daß das Parlament in eigener Sache entscheidet, wenn es um die Festsetzung der Höhe und um die nähere Ausgestaltung der mit dem Abgeordnetenstatus verbundenen finanziellen Regelungen geht. Gerade in einem solchen Fall verlangt aber das demokratische und rechtsstaatliche Prinzip (Art. 20 GG), daß der gesamte Willensbildungsprozeß für den Bürger durchschaubar ist und das Ergebnis vor den Augen der Öffentlichkeit beschlossen wird. Denn dies ist die einzige wirksame Kontrolle. Die par-

lamentarische Demokratie basiert auf dem Vertrauen des Volkes; Vertrauen ohne Transparenz, die erlaubt zu verfolgen, was politisch geschieht, ist nicht möglich.«[59]

... ist zu eng

Diese Sätze des Bundesverfassungsgerichts waren in dem Zusammenhang, in dem sie formuliert wurden, sicher berechtigt. Die Ausführungen des Gerichts beziehen sich aber nur auf den *Bund,* nicht unbedingt auch auf die Länder, und sie interpretieren die *gegebene* Verfassungslage, wollen deren Änderung durch verfassungspolitische Neuerungen also nicht von vornherein ausschließen. Legt man die gegebene Verfassungslage zu Grunde, so ist im Bund »Gesetz« in der Tat mit »Parlamentsgesetz« gleichzusetzen, weil das Grundgesetz eine allgemeine »Volksgesetzgebung« durch Volksbegehren und Volksentscheid nicht kennt. Im Bund läßt es sich also derzeit wirklich »nicht vermeiden, daß das Parlament in eigener Sache entscheidet«.

Anders ist es in den meisten deutschen Bundes*ländern.* Dort eröffnen die Landesverfassungen ausdrücklich den Weg der Volksgesetzgebung als Alternative zur Parlamentsgesetzgebung.[60] In den Ländern können, soweit sie die Gesetzgebungszuständigkeit besitzen, Fragen der Politikfinanzierung also regelmäßig auch im Wege der Volksgesetzgebung geregelt werden. So hatte zum Beispiel der Bund der Steuerzahler im Jahre 1978 in Nordrhein-Westfalen ein Volksbegehren angedroht, um zu verhindern, daß der nordrhein-westfälische Landtag die üppige Diätenregelung, die der Bayerische Landtag sich bewilligt hatte, übernahm.[61] Der Bund der Steuerzahler nahm von der angedrohten Initiative erst Abstand, als der Landtag einlenkte und eine unabhängige Diätenkommission unter Vorsitz

von Willi Weyer einsetzte, die dann zu moderateren Vorschlägen gelangte. Damals hatte die nordrhein-westfälische
Staatskanzlei auch die Frage geprüft (und abgelehnt), ob
die Regelung der Abgeordnetenentschädigung eine
»Besoldungsordnung« sei oder eine »Finanzfrage« darstel-
le. Nach Artikel 68 der Verfassung für das Land Nordrhein-
Westfalen ist ein Volksbegehren »über Finanzfragen, Abga-
bengesetze und Besoldungsordnungen unzulässig«. In den
anderen deutschen Ländern mit Volksgesetzgebung findet
sich regelmäßig eine ähnliche dreifache Vorbehaltsklausel.
In den meisten Ländern könnte es sich – im Gegensatz zur
Formulierung des Bundesverfassungsgerichts im Diätenurteil – also, jedenfalls in bestimmten Fällen, durchaus vermeiden lassen, daß das Parlament in eigener Sache entscheidet. Schon die bloße *Möglichkeit* des Volkes, selbst
Gesetze zu initiieren und zu beschließen, wäre geeignet,
Mißbräuche des parlamentarischen Gesetzgebers einzu-
dämmen. In Hessen dürfte die Drohung des Bundes der
Steuerzahler mit einem Volksbegehren dazu beigetragen
haben, daß das maßlose Diätengesetz im Sommer 1988
nach vier Wochen öffentlicher Kritik zurückgenommen
wurde. Hätte es in Hamburg ebenfalls die Möglichkeit der
Volksgesetzgebung gegeben, hätte es dort im Herbst 1991
sicher nicht vier Monate gedauert, bis das Parlament von
seinen grob unangemessenen Diätenplänen abließ.
Auch im *Bund* könnte das Grundgesetz geändert und ein
Verfahren der unmittelbaren Volksgesetzgebung eingeführt werden.[62] Auch hier hätte schon die *Möglichkeit* der
Volksgesetzgebung Vor-Wirkung. Das zeigen die schweizeri-
schen Erfahrungen. In der Schweiz stellt die Befugnis,
jedes Gesetz dem Volk zur Entscheidung zu unterbreiten,
einen wirkungsvollen präventiven »Domestizierungsme-
chanismus« dar,[63] der bisher die staatliche Parteien- und

Fraktionsfinanzierung und die Abgeordnetenentschädigung auf einem geringen Niveau gehalten hat.[64] Es spricht manches dafür, daß einige Parteien sich nicht zuletzt deshalb so sehr gegen die überfällige Einfügung direkt-demokratischer Elemente ins Grundgesetz[65] zur Wehr setzen, weil dann ein für allemal Schluß mit der parlamentarischen Selbstbedienung wäre. Auch auf andere Weise ließe sich der Einfluß des Volkes verstärken, besonders durch Änderung des Wahlrechts der Parlamente und durch Direktwahl bestimmter Gremien: vom Bundespräsidenten bis zum Rechnungshof.

Geht man vorderhand vom geltenden Bundesverfassungsrecht und vom geltenden Wahlrecht aus mit seiner Entmündigung der Bürger, so bleibt – neben dem Bundesverfassungsgericht selbst – in der Tat Öffentlichkeit »die einzige wirksame Kontrolle«. Auch die öffentliche Kritik ist eine Form der Aktivierung des Volkes, wenn auch – mangels *Entscheidungs*befugnissen des Volkes – nur eine abgeschwächte; aber die kritische öffentliche Diskussion, das plebiscite de tous les jours, ist unter den gegebenen restriktiven Verfassungsbedingungen eben die einzig mögliche Kontrolle. Doch muß sie, da sie es mit Regierungsmehrheit *und* Opposition aufzunehmen hat, besonders massiv ausfallen, um überhaupt etwas bewegen zu können. In Hessen (1988) und Hamburg (1991) erzwang das Zusammengehen von Medien, Sachverstand und Bund der Steuerzahler eine Umkehr. In beiden Fällen ist auch zu beachten, daß die Grünen (in Hamburg auch Teile der FDP) sich von den anderen Fraktionen nicht einbinden ließen, die Kritik vielmehr mittrugen und so einen wesentlichen Beitrag zu ihrem Erfolg leisteten. Doch darf man die Erfahrungen in den beiden Ländern andererseits auch nicht verallgemeinern. In Hessen und Hamburg herrschten insofern Son-

derbedingungen, als die Auswüchse besonders kraß waren,
die Öffentlichkeit massiv getäuscht worden war und die
Aufdeckung der Fälle auch schwere frühere Verfehlungen
zum Vorschein brachte. Das gab der öffentlichen Kritik
eine gesteigerte Intensität und Durchschlagskraft.

Vorkehrungen zur Sicherung von Öffentlichkeit

In vielen anderen Fällen erweist sich auch hoch berechtigte öffentliche Kritik als weitgehend zahnlos. Zudem kommt
es – mangels Information – oft gar nicht zur Kritik. Und das
hat wieder in strukturellen Mängeln der öffentlichen Kontrolle bei Entscheidungen des Parlaments in eigener Sache
seine Ursache. Die öffentliche Kontrolle erhält, wie oben
bereits dargelegt, ihre Kraft in der parlamentarischen
Demokratie wesentlich aus den Aktivitäten der Opposition.
An dieser Kraft, die den öffentlichen Prozeß ständig begleitet und bewegt, fehlt es aber regelmäßig bei Entscheidungen des Parlaments in eigener Sache. Dann gewinnt aber
auch die öffentliche Kontrolle eine andere – und leider
sehr viel schwächere – Qualität. Dann werden Medien und
Volk nicht mehr von der Opposition mit Informationen
und Hinweisen versorgt, sondern stehen der gemeinsamen
Phalanx der Regierung *und* der Opposition gegenüber, so
daß Kritik, wenn sie dennoch aufkommt, es schwer hat,
gegen das vereinigte Abblocken des Parlaments, oft gepaart
mit Verdächtigungen und Beschimpfungen der Kritiker, zu
bestehen.
Bei dieser Lage reicht es offensichtlich nicht aus, allgemeine Zugänglichkeit von Entscheidungen zu postulieren,
dem Parlament aber gleichzeitig zu erlauben, in fraktionsübergreifenden Absprachen das Verfahren so zu gestalten,

daß die Öffentlichkeit im Ergebnis faktisch unterlaufen wird. Öffentlichkeit als »einzige wirksame Kontrolle« verlangt hier mehr als sonst. Und die erforderlichen Vorkehrungen können nicht zur Disposition des Parlaments stehen, weil sie sich ja gerade *gegen* das Parlament und die es beherrschenden Kräfte richten müssen, um diese unter die Kontrolle der Gemeinschaft zu bringen. Hier sind die nötigen verfassungsrechtlichen und verfassungspolitischen Konsequenzen aus der Wandlung des Parlaments vom Kontrolleur zum Kontrollierten zu ziehen. Deshalb habe ich in der Vergangenheit eine Reihe von zusätzlichen Anforderungen entwickelt, die eine öffentliche Kontrolle auch *gegen* Widerstreben der Parlamente ermöglichen.[66]

Gesetzliche Regelung ist keine Garantie

Erforderlich ist zunächst einmal eine gesetzliche Regelung. Der beliebte Weg, die Öffentlichkeit dadurch auszuschalten, daß die staatlichen Zuwendungen lediglich im Haushaltsplan bewilligt werden, muß unterbunden werden. Die Angaben gehen in einem Titel des Haushaltsplans mit seinen Tausenden von Titeln praktisch unter. In dem zeitlich eng begrenzten Haushaltsverfahren kann das öffentlich verhandelnde Plenum des Parlaments nicht jeden einzelnen Titel erörtern, und die Titel über die staatliche Politikfinanzierung, über die die Regierungs- und Oppositionsfraktionen sich einig sind, *will* es regelmäßig auch nicht erörtern, so daß die Öffentlichkeit nichts bemerkt; einzelne Angaben im Haushaltsplan nimmt also praktisch niemand Außenstehendes wahr. Selbst bei gewaltigen Steigerungen wird das Parlament deshalb nicht zur öffentlichen Begründung und Rechtfertigung gezwungen. Das Fehlen einer spezialgesetzlichen Regelung, die die öffentlichen

Leistungen genau beziffert, leistet rasanten Steigerungsraten Vorschub. Die Öffentlichkeit wird um so mehr unterlaufen, als sich bei derartigen Staatsleistungen eine Art
Geheimverfahren eingespielt hat.

Aus der Diagnose folgt die Therapie. Öffentliche Leistungen an die Parteien, Fraktionen, Stiftungen, Abgeordneten
und Minister müssen in vollem Umfang durch Gesetz geregelt werden, um ein Mindestmaß an öffentlicher Kontrolle
zu ermöglichen. Dieses Gebot der spezialgesetzlichen
Regelung ist ein Verfassungsgebot,[67] das vor allem für die
Parteistiftungen und zumeist auch für die Fraktionen noch
unerfüllt ist.

Allerdings ist die Regelung durch besonderes Gesetz noch
keine wirkliche Garantie für Mäßigung. Viele Beispiele in
diesem Buch zeigen, daß die Parlamente – selbst im Gesetzgebungsverfahren – durch besondere »Tricks« die öffentliche Kontrolle überlisten und ihren Widerstand unterlaufen können:

- durch »Blitzgesetze«, die eine rechtzeitige öffentliche
  Überprüfung unmöglich machen,
- durch irreführende Angaben oder sonstige Täuschungen
  der Öffentlichkeit im Gesetzgebungsverfahren oder
  durch Unterlassen der erforderlichen Erhebungen,
- durch komplizierte Gesetzesformulierungen, die dem
  Plenum und der Öffentlichkeit aus dem Gesamtzusammenhang herausgerissen präsentiert werden, so daß kein
  Außenstehender den Inhalt und die Auswirkungen der
  geplanten Regelung noch überblicken, geschweige denn
  kritisieren kann,
- durch Berufung von »Sachverständigengremien«, die in
  Wahrheit nichts weiter als »Hofkommissionen« sind.

Vorkehrungen gegen »Blitzgesetze«

Erforderlich ist deshalb, daß die Fristen für ein ordnungs-
gemäßes Gesetzgebungsverfahren, die sich regelmäßig in
den Geschäftsordnungen der Parlamente finden, bei Entscheidungen des Parlaments in eigener Sache wirklich eingehalten werden. In der Praxis werden solche Fristen oft
gerade dann durch einen Mehrheitsbeschluß des Parlaments suspendiert, wenn besonders problematische Regelungen beabsichtigt sind. Es ist aber abwegig, es weiterhin
in das Belieben des zu Kontrollierenden, also des Parlaments, zu stellen, die Öffentlichkeitskontrolle durch
Abweichungsbeschlüsse von den Verfahrensregelungen
unwirksam zu machen. Es müssen also Mindestfristen zwischen Einbringung des Gesetzentwurfs und erster Lesung
und, wenn sich spätere Änderungen ergeben, auch zwischen der öffentlichen Vorlage der Änderungen und der
abschließenden Beratung festgesetzt werden, von denen
das Parlament bei Entscheidungen in eigener Sache nicht
abweichen darf.[68]
Dadurch würde es unmöglich, die erste Lesung eines
Gesetzentwurfs im Parlament zu beginnen, bevor der
Gesetzentwurf an die Abgeordneten verteilt (und damit
auch der Öffentlichkeit zugänglich gemacht) ist, wie dies
etwa beim Änderungsgesetz 1981 zum Hessischen Abgeordnetengesetz geschah. Die Mindestfrist würde auch ein
Vorgehen verhindern, wie es 1987 beim Hamburger Camouflage-Gesetz erfolgte. Ebenso würde eine derart unter
Zeitdruck stehende Verfahrensweise, wie sie bei Verabschiedung der neuen Parteienfinanzierung im Dezember
1988 vorgenommen wurde, unmöglich.

Beratende unabhängige Kommissionen

Zugleich müssen möglichst unabhängige Sachverständigengremien eingeschaltet werden. Hierbei sollte der Bundespräsident die Auswahlbefugnis haben. Dadurch würde
es regelmäßig erschwert, unbegründete Gesetzentwürfe zu
präsentieren und auf die mangelnde Durchschaubarkeit zu
vertrauen, wie dies bisher häufig erfolgte.

Bei Auswahl der Mitglieder der Kommission pflegt allerdings der machtpolitische Gesichtspunkt, daß das Parlament und die in ihm vertretenen Parteien die von der Kommission empfohlenen Regelungen schließlich selbst
beschließen müssen, seinen Schatten vorauszuwerfen und
Kompromisse zu erzwingen. Es ergibt sich ein Dilemma.
Einerseits müssen die Mitglieder einer Sachverständigen-
kommission grundsätzlich unabhängig sein von den Interessen derer, über die die Kommission zu gutachten hat.
Deshalb schreibt § 18 Abs. 8 PartG unabhängige und sachverständige Mitglieder vor. Danach dürften Personen
eigentlich nicht berufen werden, die etwa als ständige Gutachter und Prozeßvertreter eng mit den Parteien verbunden sind. Je unabhängiger und distanzierter die Mitglieder
der Kommission andererseits von den politischen Parteien
sind, desto geringer wäre möglicherweise die Akzeptanz
ihrer Vorschläge bei den das Parlament beherrschenden
Parteien, die die Regelungen letztlich selbst zu beschließen
haben. Angesichts der bei der Besetzung der Kommission
anscheinend nicht zu vermeidenden Kompromisse, erscheint es aber um so notwendiger, daß die Kommission
öffentlich verhandelt. Dies könnte ihre Legitimation in den
Augen der Bürger erhöhen und so auch den Status der
Kommission gegenüber dem Parlament festigen. Eine
Kommission, die mehr Transparenz bei der Politikfinanzie-

rung empfiehlt, sollte dieses Gebot erst recht auch für sich
selbst gelten lassen. Öffentliche Kontrolle würde auch dem
eigenen Verfahren der Kommission nicht schaden. Daß
Sachverständigenkommissionen auch öffentlich verhan-
deln können, zeigen beispielsweise der Bonner Verfassungsausschuß und die Hamburger Enquête-Kommission
»Parlamentsreform«, die im Anschluß an den Hamburger
Diätenskandal eingesetzt wurde und ihren Bericht im Sommer 1992 vorlegte.

Obergrenzen

Die bisherigen Erfahrungen zeigen aber, daß dies alles
nicht ausreicht. Davon geht offenbar auch das Bundesverfassungsgericht aus, wenn es für die staatliche Parteienfinanzierung eine Obergrenze gezogen hat. Ganz neu ist
dies allerdings nicht, sondern wurde in modifizierter Form
bereits 1968 entwickelt und dürfte eine wesentliche Ursache dafür sein, daß die staatliche *Parteien*finanzierung seit
den sechziger Jahren sehr viel moderater gestiegen ist als
die Finanzierung der Fraktionen und der Parteistiftungen.
Die Zahlungen an die Fraktionen des Bundestags und der
Länderparlamente sind seit 1966, bezogen auf die Zahl der
Wahlberechtigten, viermal so schnell wie die staatlichen
Zuwendungen an die Parteien gestiegen, die Zahlungen an
die Parteistiftungen mehr als sechsmal so schnell. Derartige
Grenzen müssen deshalb als auch für die Finanzierung von
Fraktionen und Parteistiftungen geltend angesehen wer-
den.

Übertragung der Entscheidungskompetenz auf Kommissionen?

Darüber hinaus ist vorgeschlagen worden, dem Parlament die Entscheidung in eigener Sache ganz oder teilweise zu entziehen und die Entscheidungskompetenz (also nicht nur die Beratungskompetenz) auf eine Kommission von Unabhängigen zu übertragen.

Wilhelm Henke, einer der großen Parteienrechtler, die sich *nicht* in die Abhängigkeit der Parteien begaben, hatte 1992, kurz vor seinem Tod, für eine solche Kommission votiert. Henke hielt die Entscheidungen des Parlaments in eigener Sache – über das Diätenurteil des Bundesverfassungsgerichts hinaus – bereits aufgrund des geltenden Verfassungsrechts wegen Verstoßes gegen das Rechtsstaatsprinzip für verfassungswidrig. Er schlug eine vom Bundespräsidenten zu berufende Kommission unabhängiger Sachverständiger vor, die die rechnerische und tatsächliche Prüfung der vom Parlament beabsichtigten Entscheidung vornehmen und ein bindendes Vetorecht gegen die vom Parlament beschlossenen Vorlagen haben sollte.[69] Henkes These, daß Entscheidungen in eigener Sache »zu politisch oder sachlich unerträglichen Ergebnissen« führen und deshalb gegen das Rechtsstaatsprinzip verstoßen, ist außerordentlich produktiv und hat dazu beigetragen, dem Kernproblem in der jüngsten Diskussion den Stellenwert zu geben, den es verdient. Allerdings bleiben bei genauer Betrachtung einige im Ergebnis wohl unüberwindbare politische und verfassungsrechtliche Einwände. Es besteht vor allem die Gefahr, daß eine solche Kommission mit Vetorecht das Parlament erst recht in Versuchung führen könnte, sie gleichzuschalten und zu einer »Hofkommission« zu degradieren. Gelänge es der politischen Klasse, die Kommission organisatorisch, prozedural und personell in den Griff zu bekommen, wären Gefälligkeitsgutachten zu befürchten, die den Bürger und Steuerzahler vollends schutzlos machen und alle Bremsen gegen die Ausbeutung des Staates durch seine Diener beseitigen würden. Dann würde das Parlament die Kritik, so berechtigt sie sachlich auch sein mag, von sich weisen und die Zustimmung der Kommission als scheinbare Rechtfertigung vorschieben. Diese aber bräuchte vom Volk nicht gewählt zu werden, wäre ihm nicht verantwortlich und deshalb gegen öffentliche Kritik weitgehend immun. Und der politische Druck zur Gleichschaltung der Kommission wäre gewaltig, viel größer noch als bei lediglich *beratenden* Kommissionen – angesichts dessen, was materiell für die politische Klasse auf dem Spiele stände. Mag man beim derzeitigen Bundespräsidenten noch darauf vertrauen, daß er Einflußversuchen erfolgreich widerstände, so wäre dafür in Zukunft keine Gewähr mehr. Es wäre vielleicht sogar zu befürchten, daß künftige Bundespräsidenten vor ihrer Wahl durch geheime Absprachen ihre Zustimmung zu den personellen Vorschlägen der Parteien für die Besetzung der Kommission (sogenannte Wahlkapitulationen) geben müßten.[70]

Auch verfassungsrechtlich wäre die Einrichtung einer solchen Kommission zweifelhaft, selbst wenn sie durch Verfassungsänderung erfolgte. Denn es fehlt ihr wohl an der erforderlichen demokratischen Legitimation, die über Artikel 79 Absatz 3 und Artikel 20 GG für alle Einrichtungen mit staatlicher Entscheidungsbefugnis unverzichtbar ist.[71]

Immer mehr Politiker haben jüngst mit ähnlichen Ideen geliebäugelt, insbesondere Hans-Jochen Vogel.[72] Die geschilderten Bedenken bleiben aber bestehen.

Entscheidung für die nächste Wahlperiode

Von besonderem Interesse aber ist ein anderer Vorschlag, wie man der problematischen Entscheidung der Abgeordneten in eigener Sache, zumindest teilweise, entgehen könnte, nämlich der Vorschlag, eine gesetzliche Regelung der Abgeordnetenentschädigung dürfe das Parlament immer nur mit Geltung für die zukünftige Legislaturperiode vornehmen. Diesen Vorschlag hat Hildegard Krüger 1964 unterbreitet.[73] Sie konnte sich dabei auf verfassungspolitische Gedanken berufen, die Julius Hatschek bereits 1915 ausgebreitet hatte.[74] Krüger meinte, ihre Auffassung ließe sich bereits aus der Verfassung ableiten. Dies ist zwar nicht der Fall, schließt eine dahingehende Änderung der Verfassung aber nicht aus, und diese wäre sehr zu befürworten.[75]

Diese Initiative hat dadurch Auftrieb erhalten, daß im Jahre 1992 in den Vereinigten Staaten von Amerika durch das 27. Amendment eine dahingehende Verfassungsergänzung zustande kam. Sie lautet: »Ein Gesetz, welches das Entgelt für die Dienste der Senatoren und Abgeordneten ändert, soll so lange nicht in Kraft treten, bis zuvor die Wahl der Volksvertreter stattgefunden hat.« Dieser Ergänzungsvorschlag war bereits im Jahre 1789 von Madison im Kongreß eingebracht worden, er wurde aber erst jetzt nach über 200 Jahren wirksam, nachdem mit der Ratifizierung durch den Staat Michigan die erforderliche Mehrheit von drei Vierteln der Einzelstaaten der USA erreicht war. Die Vorschrift beruht auf Madisons weitsichtiger Feststellung, daß »es unziemlich erscheint, wenn irgendeine Gruppe unkontrolliert mit der Hand in die Staatskasse greift, um daraus Geld in die eigene Tasche zu stecken«.[76]

Eine derartige Regelung hätte zwei Vorteile: die Abgeordneten, die darüber entscheiden, wüßten nicht genau, ob sie von ihrer Entscheidung profitieren würden. Allerdings darf dieser Gesichtspunkt nicht überschätzt werden. Die Entscheidungen ergingen häufig gegen Ende der Legislaturperiode. Und zu diesem Zeitpunkt können jedenfalls die von ihren Parteien auf sichere Listenplätze gesetzten und in sicheren Wahlkreisen aufgestellten Abgeordneten fest mit ihrer Wiederwahl rechnen.

Entscheidend aber wäre, daß zwischen der Entscheidung des Parlaments und ihrem Inkrafttreten stets Wahlkämpfe liegen müßten, in denen die Abgeordneten und ihre Parteien damit rechnen müßten, daß ihnen Mißbräuche vorgehalten werden.

Ein derartiger Vorschlag sollte nicht nur die Abgeordnetenentschädigung, sondern auch die anderen Teile der staatlichen Politikfinanzierung umfassen. Die Sperre sollte sich allerdings auf Erhöhungen beschränken und dem Parlament zudem die Befugnis zu Erhöhungen entsprechend den durchschnittlichen Einkommenssteigerungen nicht nehmen. Dadurch würde dem Einwand Rechnung getragen, daß es – angesichts der Unwägbarkeiten von Konjunktur und Wirtschaftswachstum – kaum möglich ist, angemessene Einkommenssteigerungen der Abgeordneten für vier oder fünf Jahre im voraus festzulegen.[77]

Anhang

Die Ruhegehälter von Ministern und Senatoren in Bund und Ländern

Vergleichender Überblick und Bewertung der gesetzlichen Regelungen und der Reforminitiativen

Vorbemerkung: Die öffentliche Diskussion der Bezüge von Ministern und Senatoren hat die Undurchsichtigkeit gerade der Regelungen über das *Ruhegehalt* bestätigt. Ihre Erfassung ist alles andere als eine leicht lösbare »Dreisatzaufgabe« (so aber Lafontaine), gleichwohl erste Voraussetzung für die nötigen Reformen. Es muß verhindert werden, daß die Undurchschaubarkeit der Ruhegehaltsregelungen, die in der Vergangenheit die unbemerkte Durchsetzung von zum Teil grotesken Privilegien ermöglicht hat, nunmehr auch die Klärung der Tatbestände und die Durchsetzung der Reformen verhindert. Die nachfolgende Skizze behandelt neben dem Bund jedes einzelne Land im Zusammenhang und soll dadurch die querschnittartig-analytische Darstellung des Themas im Text auf S. 137 ff., 177 ff. ergänzen. Tabelle 2 auf S. 182 erlaubt einen Gesamtvergleich auf einen Blick. Ausgangspunkt ist die Regelung des Bundes, weil sie als grober Maßstab herangezogen werden kann. Das Ruhegehalt für Landesminister ist regelmäßig günstiger, was nicht gerechtfertigt werden kann und Reformen erzwingt.

I. Bund

Ein Bundesminister erwirbt nach 4 Jahren Amtszeit ein Ruhegehalt von 29 Prozent der Amtsbezüge, mit jedem *weiteren* Jahr Amtszeit 2,5 Prozent zusätzlich, so daß er das Höchstruhegehalt von 75 Prozent nach 23 Amtsjahren erwirbt.[1] Die Zahlungen beginnen nicht vor Vollendung des 55. Lebensjahres des ehemaligen Ministers. (Die bis 1. 1. 1992 geltende Regelung sah noch vor, daß der Bundesminister nach 4 Amtsjahren 35 Prozent und für jedes weitere Jahr 3 Prozent erwirbt, so daß das Höchstruhegehalt von 75 Prozent nach 18 Jahren erlangt wurde. Die »Streckung« der erforderlichen Zeiten ab dem 1. 1. 1992 erfolgte im Zuge der Verschärfung der Voraussetzungen für alle staatlich finanzierten Altersversorgungssysteme, insbesondere auch für Beamte und Sozialrentner, die in Zukunft immer schwerer zu finanzieren sein werden.)

Der Bundesminister kann auch nach zwei Amtsjahren schon ein Ruhegehalt erwerben, das dann 15,33 Prozent beträgt und frühestens mit vollendetem 60. Lebensjahr zu laufen beginnt. Nach drei Amtsjahren erwirbt er ein Ruhegehalt von 20 Prozent, das mit vollendetem 55. Lebensjahr beginnt. Zeiten als Parlamentarischer Staatssekretär (auf das Entstehen des Anspruchs und die Höhe) und als Mitglied einer Landesregierung (auf die Höhe) werden angerechnet, nicht aber Zeiten im Parlament, im öffentlichen Dienst oder allgemein im Beruf.

Bei dem folgenden Vergleich mit den Landesregelungen werden die unproblematischen Anrechnungsregelungen (besonders von Zeiten in anderen Regierungen) nicht erwähnt, sondern die in vielen Ländern bestehende hochproblematische Anrechnung von Zeiten in einem Parlament, im öffentlichen Dienst oder allgemein im Beruf. Sie werden sehr häufig praktisch relevant und können für die Begünstigten eine enorme Erhöhung ihres Ruhegehalts bedeuten.[2] Im folgenden werden unter III diejenigen Länder dargestellt, in denen vorangehende Zeiten im Parlament, öffentlichen Dienst oder allgemein im Beruf auf das Entstehen und/oder die Höhe des Ruhegehalts angerechnet, das heißt wie Ministerjahre gezählt werden;[3] unter II werden solche Länder aufgeführt, in denen dies (wie im Bund) nicht der Fall ist. Unter IV schließt sich eine zusammenfassende Bewertung und eine Skizze der erforderlichen Reformen des Ruhegehalts an.

II. Länder ohne Anrechnung von Zeiten im Parlament, öffentlichen Dienst oder allgemein im Beruf

Baden-Württemberg und Sachsen

In *Baden-Württemberg* erwirbt der Minister nach vier Jahren ein Ruhegehalt von 35 Prozent des Amtsgehalts und Ortszuschlags und für jedes Amtsjahr 2,5 Prozent. Wegen Fehlens des Wortes »weitere« (vor »Amtsjahr«) zählen die ersten vier Jahre doppelt,[4] so daß der Minister nach vier Jahren in Wahrheit 45 Prozent erhält, 16 Prozent mehr als im Bund. Das Höchstruhegehalt erwirbt der baden-württembergische Minister nach 16 Amtsjahren, sieben weniger als im Bund.

Der Anspruch wird fällig nach Vollendung des 55. Lebensjahres, nach acht Amtsjahren oder mehr sogleich mit Ausscheiden des Ministers aus dem Amt. Zum Vergleich: Im Bund wird das Ruhegehalt niemals vor Vollendung des 55. Lebensjahres fällig.[5]

Die Regelung in *Sachsen* entspricht der baden-württembergischen, nur ist der Ministeranspruch nach vier Amtsjahren *offen* auf 45 Prozent festgesetzt, und für jedes *weitere* Jahr gibt es 2,5 Prozent, was allerdings zum selben Ergebnis wie in Baden-Württemberg führt.

Niedersachsen und Sachsen-Anhalt

In *Niedersachsen* ist kürzlich eine Änderung des Ministergesetzes vorgenommen worden. Dieses gilt jedoch erst für *zukünftige* Mitglieder der Landesregierung.

Nach bisherigem, noch geltendem Recht erhält der Minister nach vier Amtsjahren 35 Prozent. Das ist (nach vier Jahren) der niedrigste Prozentsatz unter den Bundesländern.[6] (Nur der Bund liegt mit 29 Prozent darunter.) Eine Doppelzählung der ersten Amtsjahre ist in Niedersachsen als einzigem westlichen Bundesland nicht vorgesehen, dafür aber ein sehr hoher Steigerungssatz: Für jedes *weitere* Amtsjahr erlangt der Minister 5 Prozent (im Bund sind es nur 2,5 Prozent), so daß ihm nach zwölf Amtsjahren 75

Prozent zustehen. Wie in Baden-Württemberg wird der Anspruch
fällig mit vollendetem 55. Lebensjahr, nach achtjähriger Amtszeit
sogleich mit Ausscheiden des Ministers aus dem Amt.
Das *Änderungsgesetz vom 16. 12. 1992*[7] hat die Regelung des Ruhegehalts in vollem Umfang dem Bund angepaßt, so daß zukünftige
Minister nicht mehr wie bisher zwölf, sondern 23 Amtsjahre
benötigen werden, um ihre Vollversorgung zu erlangen, und diese frühestens ab vollendetem 55. Lebensjahr beginnt.

Die Regelung in *Sachsen-Anhalt* entspricht der bisher geltenden
niedersächsischen. Eine Abweichung besteht nur darin, daß ein
Anspruch schon nach zwei Amtsjahren entsteht (mit 18,33 Prozent, nach drei Amtsjahren mit 25 Prozent) und die Zahlung
frühestens mit Vollendung des 55. Lebensjahres beginnt, bei
unter dreijähriger Amtszeit frühestens mit vollendetem 60.
Lebensjahr.

Berlin und Hamburg

In *Berlin* und *Hamburg* erlangt der Senator nach vier Amtsjahren
35 Prozent und für jedes Jahr 3 Prozent. Da die ersten vier Amtsjahre wegen Fehlens des Worts »weitere« doppelt zählen, sind es
nach vier Amtsjahren in Wahrheit 47 Prozent. Das Höchstruhegehalt von 75 Prozent wird nach 14 Amtsjahren erreicht.

In *Hamburg* besteht seit einer Gesetzesänderung zum 1. 6. 1992
weitgehend die gleiche Regelung wie in Berlin. Vorher waren in
Hamburg – im Jahre 1987 durch ein »Camouflage-Gesetz« eingeführt – fünf Jahre im Parlament oder im öffentlichen Dienst zu je
3 Prozent anrechenbar, so daß sich nach vier Amtsjahren praktisch ein Ruhegehalt von 62 Prozent ergab. Diese Anrechnungsregelung wurde nach öffentlichem Protest im Jahre 1992 ersatzlos
zurückgenommen. Die Rücknahme erfolgte auch mit Wirkung
für die im Amt befindlichen und die ehemaligen Senatoren und
ihre Hinterbliebenen; sie mußten eine entsprechende Kürzung
ihrer Ruhestandsbezüge hinnehmen.
Der Ruhegehaltsanspruch wird grundsätzlich mit vollendetem 55.
Lebensjahr fällig, in Hamburg nach achtjähriger Amtszeit mit

vollendetem 50. Lebensjahr, in Berlin nach zehnjähriger Amtszeit sogleich nach Ausscheiden des Ministers aus dem Amt.

III. Länder mit Anrechnung von Zeiten im öffentlichen Dienst, Parlament und/oder allgemein im Beruf

Schleswig-Holstein, Nordrhein-Westfalen, Brandenburg und Bayern

In *Schleswig-Holstein* benötigt der Minister fünf Amtsjahre, um ein Ruhegehalt zu erlangen. (Angesichts einer Wahlperiode von vier Jahren setzt das eine zweimalige Wahl voraus.) Das Ruhegehalt beträgt mindestens 35 Prozent und je Amtsjahr 2 Prozent, so daß sich mangels des Wortes »weitere« nach fünf Amtsjahren in Wahrheit 45 Prozent ergeben. Das Höchstruhegehalt von 75 Prozent fällt nach 20 Amtsjahren an.

Da aber bis zu fünf Jahre, die nach Beamtenversorgungsrecht ruhegehaltfähige Dienstzeiten wären, zu je 2 Prozent angerechnet werden, kann der Minister häufig bereits nach fünf Amtsjahren 55 Prozent und das Höchstruhegehalt nach 15 Amtsjahren erlangen. Das Ruhegehalt wird – ohne Altersgrenze – sofort mit Ausscheiden aus dem Amt fällig.

In *Nordrhein-Westfalen* erlangt ein Minister nach vier Amtsjahren 35 Prozent und für jedes Jahr 2 Prozent, mangels des Wortes »weitere« also nach vier Amtsjahren in Wahrheit 43 Prozent, nach fünf Amtsjahren (= Dauer der Wahlperiode in Nordrhein-Westfalen) 45 Prozent. 75 Prozent werden nach 20 Amtsjahren erlangt.

Da nach dem Landesbeamtengesetz ruhegehaltfähige Dienstzeiten bis zu zehn Jahren berücksichtigt werden, kann der Minister nach vier Amtsjahren einen Ruhegehaltsanspruch von 63 Prozent und den Höchstanspruch von 75 Prozent nach zehn Amtsjahren erwerben.

Der Anspruch wird bei vierjähriger Amtszeit mit dem vollendeten 60., bei sechsjähriger Amtszeit mit dem vollendeten 55., bei acht-

jähriger Amtszeit mit dem vollendeten 50. Lebensjahr und bei
zehnjähriger Amtszeit sogleich mit dem Ausscheiden des Ministers aus dem Amt fällig.

In *Brandenburg* erlangt ein Minister nach einer Legislaturperiode
(grundsätzlich vier Jahre) 35 Prozent. »Im übrigen gilt die Ruhegehaltsregelung der Besoldungsgruppe B 11 des Bundes.« Die
Bedeutung dieses Satzes ist nicht zu ermitteln. Nach Auskunft des
Innenministeriums Brandenburg war damit eine besonders
bescheidene Regelung beabsichtigt, die sich an die jährlichen
Steigerungssätze für Beamte anlehnen sollte. Dafür wäre allerdings der Bezug auf die Besoldungsgruppe B 11 überflüssig. Eine
gesetzgeberische Klarstellung ist erforderlich, eine Berechnung
auf der derzeitigen Grundlage kaum möglich.
Auf die Höhe werden andere nach dem Beamtenrecht ruhegehaltfähige Dienstzeiten bis zu vier Jahren angerechnet.

In *Bayern* erlangt ein Minister nach vier Amtsjahren 35 Prozent
und für jedes Jahr 3 Prozent, mangels des Wortes »weitere« nach
vier Amtsjahren in Wahrheit also 47 Prozent. 75 Prozent werden
nach 14 Amtsjahren erlangt.
War der Minister bei seiner Berufung Beamter oder Richter, so
werden für das 11. und 18. ruhegehaltfähige Dienstjahr je 2 Prozent, insgesamt also bis zu 16 Prozent angerechnet. Damit kann
der Minister nach vier Amtsjahren einen Ruhegehaltsanspruch
von 63 Prozent und den Höchstanspruch von 75 Prozent nach
acht Amtsjahren erlangen.
Der Ruhegehaltsanspruch des ehemaligen Ministers wird mit Vollendung des 50. Lebensjahres fällig.

Hessen

In *Hessen* setzt der Mindestruhegehaltsanspruch von 35 Prozent
lediglich voraus, daß der Minister einschließlich der Amtszeit als
Minister vorher zehn Jahre im öffentlichen Dienst gestanden hat.
Dabei können zehn Berufsjahre (wozu auch Zeiten im Parlament
gezählt werden) auf Beschluß der Regierung mit Zustimmung des

Haushaltsausschusses des Landtags öffentlichen Dienstjahren gleichgestellt werden. Diese Gleichstellung entspricht der Praxis. Nach vier Ministerjahren werden mindestens 47 Prozent erlangt. Der Anspruch wird – unabhängig vom Lebensalter – sogleich mit dem Ausscheiden aus dem Amt fällig.

Das Ruhegehalt steigt mit jedem Jahr der ruhegehaltfähigen Amtszeit um 3 Prozent. Sofern die Berechnung des Ruhegehalts nach den versorgungsrechtlichen Bestimmungen des Beamtenrechts günstiger ist, ist diese zugrunde zu legen.

Die hessische Landesregierung hat im Herbst 1992 eine *Neuregelung* zum »Abbau von Überversorgungen« beschlossen. Der Gesetzentwurf der Landesregierung[8] beseitigt die Anrechnung von öffentlichen Dienstzeiten und den sofortigen Zahlungsbeginn nach Ende des Ministeramtes ohne Rücksicht auf das Alter und sieht auch sonst wie das niedersächsische Änderungsgesetz eine Angleichung der Ruhegehaltsregelung an das Bundesministergesetz vor. Die Neuregelung gilt nicht für ehemalige Mitglieder der Landesregierung, und auch für die derzeitigen Mitglieder der Landesregierung soll für die Zeit bis zum Inkrafttreten des Gesetzes der Ruhegehaltssatz nach dem bisherigen Gesetz berechnet werden.[9]

Bremen

In *Bremen* erwirbt der Senator nach vier Amtsjahren 35 Prozent und für jedes Amtsjahr 3 Prozent. Mangels des Wortes »weitere« sind dies nach vier Amtsjahren in Wahrheit 47 Prozent. Das Höchstruhegehalt von 75 Prozent erreicht er jedenfalls nach 14 Jahren. Vorangehende Zeiten in der Bremischen Bürgerschaft werden mit 1 Prozent angerechnet. Unterstellt man 15 anrechenbare Bürgerschaftsjahre, so erreicht der Senator das Höchstruhegehalt mit neun Amtsjahren und nach vier Amtsjahren ein Ruhegehalt von 62 Prozent.

Das Ruhegehalt des ehemaligen Senators wird mit vollendetem 55. Lebensjahr, nach acht Amtsjahren sofort mit dem Ausscheiden aus dem Amt fällig.

Mecklenburg-Vorpommern, Rheinland-Pfalz, Thüringen und Saarland

In *Mecklenburg-Vorpommern* erlangt ein Minister nach vier Amtsjahren 35 Prozent und für jedes Amtsjahr 2 Prozent, wegen des Fehlens des Wortes »weitere« nach vier Amtsjahren also in Wahrheit 43 Prozent. Für das Höchstruhegehalt werden 20 Amtsjahre benötigt.

Auf das Entstehen des Anspruchs und auf die Höhe werden Zeiten im Landtag Mecklenburg-Vorpommern voll und ohne zeitliche Begrenzung, daneben andere nach dem Beamtenrecht ruhegehaltfähige Dienstzeiten bis zu fünf Jahren angerechnet.

Die Zahlungen werden mit Vollendung des 60. Lebensjahres fällig, bei sechsjähriger Amtszeit werden sie mit vollendetem 55. Lebensjahr, bei achtjähriger Amtszeit mit vollendetem 50. Lebensjahr und bei zehnjähriger Amtszeit sogleich mit dem Ausscheiden des Ministers aus dem Amt fällig.

Die Regelung geht von der schleswig-holsteinischen aus, enthält aber – abgesehen von dem Erwerb des Mindestruhegehalts bereits nach vier Jahren und den gestaffelten Fälligkeitsterminen – eine wesentliche Besserstellung durch die Anrechnung von Zeiten im Landtag, die sich allerdings erst in späteren Legislaturperioden voll auswirken könnte (wenn zwischenzeitlich keine Reform erfolgte).

In *Rheinland-Pfalz* erlangt ein Minister nach vier Amtsjahren 35 Prozent und für jedes Amtsjahr 3 Prozent, wegen Fehlens des Wortes »weitere« nach vier Amtsjahren also in Wahrheit 47 Prozent und nach 5 Amtsjahren (= Dauer der Legislaturperiode in Rheinland-Pfalz) 50 Prozent.

Auf die vier zum *Erwerb* des Ruhegehaltsanspruchs benötigten Amtsjahre werden vorangegangene Parlamentszeiten zur Hälfte angerechnet, auf die *Höhe* des Ruhegehaltsanspruchs werden bis zu zehn vorangegangene Jahre im Landtag Rheinland-Pfalz (oder im Beruf oder Wehrdienst) zu 2 Prozent angerechnet. Ein Minister mit zehn vorangegangenen Jahren im Landtag Rheinland-Pfalz kann deshalb bereits nach einem Amtstag einen Ruhegehaltsanspruch von 55 Prozent (nach fünf Amtsjahren von 70 Prozent und nach sieben Amtsjahren von 75 Prozent) erwerben.

Das Ruhegeld wird mit vollendetem 55.Lebensjahr fällig, bei mindestens zehnjähriger Amtszeit sogleich nach dem Ausscheiden des Ministers aus dem Amt.

In Rheinland-Pfalz hat die Landesregierung durch Beschluß vom 15. 12. 1992 »Eckpunkte« für eine Reform des Ministergesetzes beschlossen, um »der berechtigten Kritik aus der Öffentlichkeit« (Ministerpräsident Scharping) Rechnung zu tragen. Die neue Ruhegehaltsregelung soll die Anrechnung von Vorzeiten im Parlament und im Beruf oder Wehrdienst beseitigen und sich auch sonst weitgehend an das Bundesministergesetz anlehnen, sieht aber gewisse Modifikationen aufgrund der in Rheinland-Pfalz bestehenden fünfjährigen Wahlperiode vor.

In *Thüringen* erlangt ein Minister nach zwei Amtsjahren einen Anspruch von 18,33 Prozent. Parlamentszeiten (auch aus einem westlichen Parlament vor Konstituierung des Landes Thüringen) werden zur Hälfte angerechnet. Die Höhe des Ruhegehalts beträgt mindestens 18,33 Prozent und nach vier Amtsjahren 35 Prozent. Für jedes *weitere* Jahr erlangt der Minister 3 Prozent. Hinsichtlich der Höhe werden bis zu zehn Parlamentsjahre (auch aus einem westlichen Parlament) voll mit 3 Prozent angerechnet. Das führt dazu, daß ein Minister mit 14 vorangegangenen Parlamentsjahren schon nach einem Amtstag einen Ruhegehaltsanspruch von 50 Prozent erwerben kann; zum Erreichen der Höchstpension benötigt er dann noch sechs Amtsjahre.

Der Anspruch wird fällig bei unter vierjähriger Amtszeit mit Vollendung des 60. Lebensjahres, bei vierjähriger Amtszeit mit vollendetem 55. Lebensjahr und bei zehnjähriger Amtszeit sogleich mit Ausscheiden des Ministers aus dem Amt.

Im *Saarland* erlangt ein Minister nach fünf Amtsjahren (= Dauer der Legislaturperiode im Saarland) 35 Prozent und für jedes Amtsjahr 3 Prozent, mangels des Wortes »weitere« erlangt er in Wahrheit nach fünf Amtsjahren 50 Prozent.

Parlamentszeiten werden auf die Entstehungsvoraussetzungen des Ruhegehaltsanspruchs zur Hälfte, auf die Höhe des Anspruchs voll (und zahlenmäßig unbegrenzt) angerechnet.

Zuzüglich sind auf die Höhe des Ruhegehalts die Jahre als Beamter oder Richter (vom 11. bis 20. Jahr) mit je 2 Prozent anrechenbar.

Diese Regelungen bewirken, daß ein saarländischer Minister zum Beispiel mit 14 vorangegangenen Parlamentsjahren schon nach einem Tag Amtszeit das Höchstruhegehalt von 75 Prozent erwerben kann.

IV. Zusammenfassende Bewertung und erforderliche Reformen

Die Regelungen über das Ruhegehalt von Ministern waren bisher in allen Bundesländern günstiger als im Bund, ohne daß eine Rechtfertigung dafür ersichtlich wäre. Die Besserstellung beruht vor allem darauf,

- daß die Ruhegehaltsformeln in den meisten Ländern (durch Doppelzählung der ersten Amtsjahre und/oder höhere Steigerungssätze je Jahr) erheblich günstiger sind als im Bund,
- daß das Ruhegehalt in den Ländern oft früher fällig wird als im Bund und
- daß in vielen Ländern eine Reihe von Vorzeiten (in einem Parlament, im öffentlichen Dienst oder allgemein im Beruf) wie Amtsjahre des Ministers behandelt werden (Anrechnungszeiten), die im Bund nicht angerechnet werden.

Diese drei Faktoren kommen in den Ländern in unterschiedlichen Kombinationen vor; teils treffen sie auch alle zusammen. Das Ausmaß der Begünstigung gegenüber dem Bund bei Entstehung und/oder Bemessung des Ruhegehalts ist deshalb in den Ländern durchaus unterschiedlich.

Der Bundesminister erlangt nach vier Amtsjahren ein Ruhegehalt von »echten« 29 Prozent der Bezüge (Amtsgehalt und Ortszuschlag) eines Ministers. In fast allen Ländern ist der Prozentsatz nach vier (selten fünf) Amtsjahren schon nominell mit mindestens 35 Prozent höher, in Wahrheit aber wegen *Doppelzählung* der ersten vier beziehungsweise fünf Amtsjahre noch viel höher, nämlich zwischen 43 und 50 Prozent. Die Doppelzählung wird durch Weglassen eines einzigen Wortes, des Wortes »weitere« vor dem Wort »Amtsjahre«, erreicht. Dieser Effekt blieb bisher unbemerkt, nicht nur von der Öffentlichkeit, sondern, wie sich in Hamburg herausstellte, offenbar auch von vielen Parlamentariern, die über die Ministergesetze zu entscheiden hatten. Wie neben Hamburg jetzt auch im Saarland ermittelt wurde, war die Doppelzählung mit »Tricks« (unrichtigen Angaben) eingeführt worden.

Eine Doppelzählung findet sich bisher in den meisten Ländern (Ausnahmen neben dem Bund nur Niedersachsen, Sachsen, Sachsen-Anhalt und Thüringen).

Teilweise sind die *Prozentsätze,* die für jedes weitere Amtsjahr (über den zur Erreichung des Mindestruhegehalts erforderlichen Sockel hinaus) erforderlich sind und die im Bund 2,5 Prozent betragen, auf 3 oder 5 Prozent festgesetzt. Überhöhte Prozentsätze und Doppelzählung der ersten Jahre können auch zusammenfallen.

Die günstigeren Ruhegehaltsformeln der Landesministergesetze führen bereits dazu, daß der Höchstsatz von 75 Prozent, für den ein Bundesminister 23 Amtsjahre benötigt, in den Ländern bisher oft in sehr viel kürzerer Zeit erreicht wird, nämlich zwischen 12 und 20 Jahren (siehe Tabelle 2, 1. Spalte auf S. 182). Die darin zum Ausdruck kommende Begünstigung der Landesminister gegenüber ihren Kollegen im Bund kann nicht dadurch als ausgeglichen betrachtet werden, daß die Bemessungsgrundlage (Amtsgehalt und Ortszuschlag des Ministers) im Bund um ein Drittel höher ist als in den meisten Ländern (so der Rechtfertigungsversuch eines Landesfinanzministers in einer Presseerklärung vom 1. 7. 1992). Daß ein solcher Rechtfertigungsversuch scheitern muß, sieht man bereits daran, daß zum Beispiel ein niedrig eingestufter Beamter als Ausgleich für die niedrigere Besoldung keineswegs ein schnelleres Ansteigen seines Ruhegehaltsanspruchs erwarten kann. Das höhere Amtsgehalt und der höhere Ortszuschlag des Bundesministers sind Ausdruck seiner – im Vergleich zum Landesminister – typischerweise höheren Verantwortung und Belastung.

Die Ruhegehaltszahlungen werden zudem nach den Landesministergesetzen unter bestimmten Voraussetzungen *früher fällig* als im

Bund, wo dies frühestens mit Vollendung des 55. Lebensjahres erfolgt.

In vielen Ländern werden darüber hinaus bestimmte Zeiten den Amtszeiten als Minister hinzugezählt *(Anrechnung von Zeiten im Parlament, im öffentlichen Dienst und allgemein im Beruf)*. Im Bundesministergesetz gibt es nichts Vergleichbares. Daraus ergeben sich sehr erhebliche weitere Vergünstigungen für Landesminister. Solche Anrechnungszeiten gibt es bisher in unterschiedlichem Ausmaß in Schleswig-Holstein, Nordrhein-Westfalen, Brandenburg, Bayern, Hessen, Bremen, Mecklenburg-Vorpommern, Rheinland-Pfalz, Thüringen und im Saarland. In Hamburg wurden derartige Anrechnungszeiten, die 1987 durch ein »Camouflage-Gesetz« eingeführt worden waren, soeben mit Wirkung zum 1. 6. 1992 ersatzlos wieder gestrichen. Daß die Anrechnungszeiten auch in anderen Ländern offenbar nur auf dubiose Weise Eingang ins Gesetz finden konnten, zeigt das Beispiel des Saarlandes. Die Anrechnungsregelungen können – in Verbindung mit den ohnehin günstigen Ruhegehaltsformeln in den Ländern – dazu beitragen, daß Landesminister schon nach ganz kurzen Amtszeiten sehr hohe Ruhegehälter erwerben (siehe Tabelle 2, Spalte 3 und 4, S. 182), so daß sich ein groteskes Mißverhältnis ergibt.

Die Beschneidung der Ruhegehaltsprivilegien in den Landesministergesetzen ist unumgänglich. Maßstab für die Änderung der Ruhegehaltsregelungen der Landesministergesetze kann nur die Bundesregelung sein, nicht etwa ein irgendwie zu ermittelnder »Durchschnitt« der Landesregelungen. Denn die bisherigen Landesregelungen sind *alle* anfechtbar und können deshalb nicht als Maßstab dienen. Erforderlich ist deshalb nicht nur eine Senkung der Prozentsätze und Überprüfung des Zeitpunktes des Zahlungsbeginns des Ruhegehalts, sondern auch und erst recht die Beseitigung der ungerechtfertigten Anrechnungszeiten und der Doppelzählung der ersten Amtsjahre, also der beiden Elemente, die besonders ins Gewicht fallen.

Die Länder *Niedersachsen, Hessen* und *Rheinland-Pfalz* haben kürzlich entsprechende *Änderungen*, die die Ruhegehaltsregelung in ihren Ministergesetzen an die des Bundes angleichen, beschlossen oder eingebracht. Dadurch wurde die Kritik an den bisherigen Regelungen als berechtigt anerkannt; zugleich wurden Vor-

gaben und Maßstäbe für alle anderen Länder gesetzt. Die Reforminitiativen sehen allerdings vor, daß die Pensionen der derzeitigen
und der früheren Minister aufgrund ihrer bisherigen absolvierten
Minister- und Anrechnungszeiten weiterhin nach dem alten
Gesetz berechnet werden. Das erscheint nicht unproblematisch.
Jedenfalls besteht keine verfassungsrechtliche Sperre dagegen,
auch die Ruhegehaltsprivilegien derzeitiger und früherer Minister zu beschneiden, wie dies auch in Hamburg 1992 bei der Aufhebung der 1987 eingeführten Versorgungsprivilegien für Senatoren geschah.

Verzeichnis der Abkürzungen

ParlStG	Gesetz über die Rechtsverhältnisse der Parlamentarischen Staatssekretäre
PartG	Parteiengesetz
Rn	Randnummer
SAn	Sachsen-Anhalt
SenG	Senatsgesetz
Std.	Stand
ZBR	Zeitschrift für Beamtenrecht
ZParl	Zeitschrift für Parlamentsfragen
ZRP	Zeitschrift für Rechtspolitik

Anmerkungen

Einleitung

1 So *Dian Schefold*, Parteienfinanzierung im europäischen Vergleich, in: Dimitris Th. Tsatsos (Hg.), Parteienfinanzierung im europäischen Vergleich, 1992, 481 (486).

Diäten, Diäten ...

1 Ferner erhielten die Abgeordneten nach den Ausführungsbestimmungen, die der Bundestagspräsident im Benehmen mit dem Ältestenrat erlassen hatte, als Ersatz für die Unkosten, die ihnen durch ihre politische Tätigkeit entstanden, eine Pauschale von 100 Mark und gegen Nachweis einen weiteren Betrag bis zur Höhe von 200 Mark; hinzu kam die Erstattung von Kilometergeld für Fahrten zwischen Wohnsitz oder Wahlkreis und Sitz des Bundestags und eine weitere Pauschale von 200 Mark für Fahrten in Bonn oder im Wahlkreis.

2 *Hartmut Klatt*, Die Altersversorgung der Abgeordneten, 1972, 46 ff., 57 ff.

3 *Klatt*, S. 63.

4 *Klatt*, 72 f.

5 *von Arnim*, Steuerfreie Diäten sind verfassungswidrig, Frankfurter Allgemeine Zeitung vom 4. 9. 1972, abgedruckt in: Helmuth C.F. Liesegang, Parlamentsreform in der Bundesrepublik Deutschland, 1974, 90.

6 *von Arnim*, Parlamentsreform, 1970.

7 *von Hassel*, Steuerzahler und Parlament, Bulletin des Presse- und Informationsamtes der Bundesregierung 1971, 1513.

8 BVerfGE 31, 157 (166 ff.).

9 Später gedruckt als von Arnim, Abgeordnetenentschädigung und Grundgesetz, 1975; dazu auch Frankfurter Allgemeine Zeitung vom 31.10.1975, Seiten 1 und 5.

10 In Schleswig-Holstein.

11 *Geiger*, Der Abgeordnete und sein Beruf, ZParl 1978, 522 (528).

12 Frankfurter Allgemeine Zeitung vom 24. 5. 1978 (»Scheel schilt die Abgeordneten«); Süddeutsche Zeitung vom 2.10.1978 (»Bedenken des Bundespräsidenten über Diätenregelung der Parlamente«).

13 GVBl. S. 369. Das Gesetz trat am 28. 10. 1978 in Kraft.

14 *Geiger*, Der Abgeordnete und sein Beruf, ZParl 1978, 522 (532 f.). Geiger sprach von »Abusus«. Vgl. auch von Arnim, Bonner Kommentar, Art 48 GG, Rn 132.

15 *Geiger*, Der Abgeordnete und sein Beruf, ZParl 1978, 522 (533).

16 *Geiger*, Der Abgeordnete und sein Beruf, ZParl 1978, 522 (533).

17 *Geiger*, Der Abgeordnete und sein Beruf, ZParl 1978, 522 (527).

18 BVerfGE 49, 1.

19 Beschluß vom 29.6.1983, BVerfGE 64, 301.

20 Bayerischer Verfassungsgerichtshof, DVBl. 1983, 706 (710) mit Anmerkung *von Arnim*; vgl. auch *von Arnim*, Macht macht erfinderisch, 1988, 42 ff.

21 So z.B. OLG Düsseldorf vom 6. 2. 1984 (Az. UF 151/82); BGH vom 7. 5. 1986 (FamRZ 1986, 780).

22 BT-Drs. 10/5734.

23 Vgl. Der Spiegel Nr. 13 vom 23. 3. 1987, S. 98 (100).

24 *von Arnim*, Abgeordnetengesetz und Grundgesetz. Eine Kommentierung des Art. 48 GG, Sonderausgabe des Bonner Kommentars, 1980.

25 *von Arnim*, Das neue Abgeordnetengesetz Rheinland-Pfalz. Ein verfassungsrechtliches Gutachten, Dezember 1978. Die Ergebnisse des Gutachtens waren:

  – Das Übergangsgeld ist verfassungsrechtlich bedenklich unter zwei Gesichtspunkten: wegen der langen Höchstdauer von bis zu 20 Monaten und wegen der undifferenzierten Gewährung auch an solche ehemalige Abgeordnete, die bereits aus ihrem privaten Beruf ein ausreichendes Einkommen beziehen und deshalb kein Übergangsgeld brauchen.

  – Die Altersversorgung stellt den Abgeordneten sehr viel günstiger als andere Berufsgruppen und ist schwerlich mit den Grundsätzen vereinbar, die das Bundesverfassungsgericht entwickelt hat.

  – Im Abgeordnetengesetz fehlen in verfassungswidriger Weise die vom Bundesverfassungsgericht geforderten gesetzlichen Vorkehrungen gegen Zahlungen von Lobbyisten an Abgeordnete, welche deren Unabhängigkeit beeinträchtigen können und gegen die Gleichheit der Bezüge verstoßen.

  – Die Vorschriften über die Anrechnung von mehreren Bezügen aus öffentlichen Kassen genügen den verfassungsrechtlichen Anforderungen nicht. Die verfassungswidrigen Regelungen betreffen zum Beispiel den Fall, daß ein Minister sowohl Minister- als auch gleichzeitig Abgeordnetengehalt bezieht oder ein ehemaliger Minister und Abgeordneter zwei Pensionen erhält, die eine aus dem Ministeramt, die andere aus dem Mandat.

  – Zweifelhaft ist auch, ob die Unkostenpauschale, die damals mit einem Schlag von 600 auf 1500 Mark erhöht (und zusätzlich zu anderen Erstattungen gewährt) wurde, den verfassungsrechtlichen Anforderungen genügte.

Meine damaligen Ergebnisse wurden durch ein weiteres Gutachten für den Bund der Steuerzahler von *Prof. Dr. Joachim Wieland* aus dem Jahre 1991 bestätigt, auf dem auch das Verfahren vor dem Bundesverfassungsgericht beruht. Inzwischen sind noch einige zusätzliche Bedenken durch zwischenzeitliche Gesetzesänderungen hinzugekommen, etwa gegen die Einführung der 13. Entschädigung und die gestufte Anhebung der Entschädigung.

26 Frankfurter Allgemeine Zeitung vom 20. 12. 1978, Seite 5. Dazu Leserbrief des Verfassers in Frankfurter Allgemeine Zeitung vom 30. 1. 1979, Seite 13.

2 Der hessische Diätenfall

1 *von Arnim*, Macht macht erfinderisch, 1988, 23 ff.; *ders.*, Der hessische Diätenfall. 2. Teil, 1989, 43.

2 Frankfurter Allgemeine Zeitung vom 28.6.1988.

3 Gesetz zur Änderung des Hessischen Abgeordnetengesetzes vom 1. 7. 1981 (GVBl. I S. 205).

4 Dazu *von Arnim*, Der hessische Diätenfall. Zweiter Teil, 1989, 47 ff.

5 Bundestagsdrucksache 7/5531, S. 7.

6 *Dr. Wagner*, Hessischer Landtag, 9. Wahlperiode, 57. Sitzung vom 22. 6. 1981, Protokoll 3552.

7 Hessischer Landtag, 9. Wahlperiode, 58. Sitzung vom 23. 6. 1981, Protokoll 3593.

8 Gesetzentwurf der Fraktionen der CDU, der SPD und der FDP für ein Gesetz zur Änderung des Hessischen Abgeordnetengesetzes vom 22. 6. 1981, Landtagsdrucksache 9/4870, S. 3.

9 *Dr. Wagner*, Hessischer Landtag, 9. Wahlperiode, 57. Sitzung vom 22. 6. 1981, Protokoll 3552-3555.

10 *Dr. Wagner*, Hessischer Landtag, 9. Wahlperiode, 57. Sitzung vom 22. 6. 1981, Protokoll 3552 (3555).

11 Zum Beispiel Bergsträßer Anzeigenblatt vom 4.7.1981 »Die Kassen sind leer – aber 13. Monatsgehalt für Abgeordnete«; Frankfurter Allgemeine Zeitung vom 19. 7. 1981 »Verhöhnung des Steuerzahlers«.

12 Für Abgeordnete, die 100 km oder mehr von Wiesbaden weg wohnten. Abgeordnete mit Wohnsitz in Wiesbaden sollten 4000 Mark, mit Wohnsitz im Umkreis bis zu 100 km von Wiesbaden 4500 Mark an Kostenpauschale erhalten.

13 *von Arnim*, Macht macht erfinderisch, 1988, S. 228 f. (Tabelle 6).

14 BVerfGE 76, 256 (341–343).

15 Voraussetzung war allerdings, daß die Zeiten als Fraktionsvorsitzender *vor* den Ministerzeiten liegen. Dazu *von Arnim*, Macht macht erfinderisch, 1988, 86.

16 Vgl. die Tagespresse vom 28. 1. 1988, zum Beispiel den Bericht in der Frankfurter Allgemeinen Zeitung.

17 Vgl. *von Arnim*, Der hessische Diätenfall. Zweiter Teil, 1989, Tabellen 1–5.

18 Näheres bei *von Arnim*, Macht macht erfinderisch, 1988, 129 f. und durchgehend.

19 Dazu im einzelnen *von Arnim*, Macht macht erfinderisch, 135–137.

20 Näheres bei *von Arnim*, Macht macht erfinderisch, 130 –134.

21 *von Arnim*, Macht macht erfinderisch, durchgehend.

22 Der Spiegel vom 26. 6. 1988, S. 21.

23 Vgl. *von Arnim*, Entschädigung und Amtsausstattung, in: Hans-Peter Schneider/Wolfgang Zeh (Hg.), Parlamentsrecht und Parlamentspraxis, 1989, 523 ff.

24 Schreiben an Herrn Dr. Friedrich Karl Fromme vom 1.2.1988.

25 Abschlägige Antwort von Herrn Dr. Friedrich Karl Fromme vom 17. 2. 1988.

26 Hessischer Landtag, Drucks. 12/2630.

27 Der Verfasser hatte am 27. 6. 1988 im heute-journal des Zweiten Deutschen Fernsehens als Sofortmaßnahme angeregt: »Das Gesetz muß aufgehoben werden.«

28 Hessischer Landtag, Drucks. 12/2549.

29 Hessischer Landtag, 12. Wahlperiode, 46. Sitzung vom 13. 7. 1988, Protokoll S. 2437–2467.

30 Näheres bei *von Arnim*, Macht macht erfinderisch, 1988, 111 ff., 189 ff.

31 von Arnim, aaO, 113 f.

32 Diese und die folgenden Angaben beruhen auf Protokollen der Sitzungen des Landtagspräsidiums vom 12. und 15.7.1988.

33 Protokoll der Sitzung des Landtagspräsidiums vom 15.7.1988, S. 4. Hier erklärte *Dr. Lang*, hinsichtlich der Mehrkosten in den Jahren 1989 ff. hätte der Betrag richtigerweise 750 000 Mark heißen müssen. Die Zahl 570 000 Mark sei effektiv falsch.

34 Vgl. Frankfurter Allgemeine Zeitung vom 22. 7. 1988, S. 1 und 5; Frankfurter Rundschau vom 22. 7. 1988, S. 14; Stuttgarter Zeitung vom 22. 7. 1988, S. 1; Der Spiegel Nr. 30 vom 25.7.1988, S. 21 ff.

35 *Dr. Wallmann:* »Ich hätte die Vorschläge nicht gemacht, wenn es nicht die öffentlichen Reaktionen gegeben hätte.« (Frankfurter Rundschau vom 23.7.1988, S. 3).

36 Hessischer Landtag, Drucks. 12/2755 vom 28.7.1988.

37 Hessischer Landtag, 12. Wahlperiode, 51. Sitzung vom 28.7.1988, Protokoll 2663–2684.

38 *Wolfgang Maaß* und *Hans H. Rupp*, Verfassungsrechtliche Fragen der Abgeordnetenentschädigung in Hessen. Gutachtliche Äußerung für

die vom Hessischen Landtag eingesetzte Kommission zur Überarbeitung des Hessischen Abgeordnetengesetzes, September 1988.

39 *Martin Hirsch*, Kurzgutachten, September 1988.

40 Das Kurzgutachten von *Hirsch* begann sogar mit den Worten: »Wegen der zur Verfügung stehenden kurzen Zeit, wäre mir die Erstellung eines Gutachtens im eigentlichen Sinne kaum möglich gewesen, wenn nicht die hervorragenden Vorarbeiten von Herrn Professor Arnim vorgelegen hätten. Dafür müssen ihm alle Demokraten, das heißt nicht nur die Bürger Hessens und seine Politiker, sehr dankbar sein.«

41 *Dieter Meng*, Frankfurter Rundschau vom 12. 10. 1989, S. 3.

42 *Geiger*, Der Abgeordnete und sein Beruf, ZParl 1978, 522 (528, 532).

43 Vgl. auch *Meng*, Frankfurter Rundschau vom 30. 9. 1989.

44 *Starzacher*, Hessischer Landtag, 12. Wahlperiode, 88. Sitzung vom 11. 10. 1989, Protokoll S. 4911 f.

45 Berechnung aufgrund der von der Landtagskanzlei zugrunde gelegten Zahlen (*Starzacher*, Hessischer Landtag, 12. Wahlperiode, 88. Sitzung vom 11. 10. 1989, Protokoll S. 4911). Einschließlich der allgemeinen Kostenpauschale in Höhe von 800 Mark.

46 BT-Drs. 11/7398.

3 Der Fall Hamburg

1 *Klaus Brill*, Süddeutsche Zeitung vom 6. 9. 1991.

2 Drucksache 14/13 (Neufassung) vom 26. 6. 1991.

3 Bürgerschaft der Freien und Hansestadt Hamburg, 14. Wahlperiode, 2. Sitzung am 26. 6. 1991, Protokoll 61–67.

4 Eine publizistisch überarbeitete Zusammenfassung findet sich in: Die Zeit Nr. 38 vom 12. 9. 1991, S. 20. Die von der Redaktion formulierte Überschrift lautete: »Macht zum eigenen Vorteil. Politikfinanzierung nach Hanseaten-Art«.

5 Die Verantwortlichen hatten versucht, die hohen Summen für Fraktionsvorsitzende damit zu begründen, diese erhielten schon vor der Gesetzesänderung eine finanzielle Aufbesserung aus der Fraktionskasse, die auch aus öffentlichen Mitteln stamme; der Gesetzentwurf weise dies nun offen aus. Diese Begründung war aber nicht schlüssig, denn für die Altersversorgung, die das wirtschaftliche Schwergewicht des neuen Gesetzes bilden sollte, galt sie gerade nicht. Die Fraktionen, die rechtlich nur für die Dauer der jeweiligen Legislaturperiode existent sind, konnten keine Versorgungszusagen geben.

6 Zitiert nach »Die Welt« vom 30. 8. 1991, S. 23.

7 BVerfGE 40, 296 (314). Dazu auch *von Arnim*, Zweitbearbeitung des Art. 48 GG im Bonner Kommentar (1980), Randnummer 117.

8   BVerfGE 76, 256 (341 ff.). Dazu *von Arnim*, Die Partei, der Abgeord-
    nete und das Geld, 1991, 140–142.

9   Dazu auch *Matthäus Naß*, in »Die Zeit« Nr. 2 vom 3. 1. 1992, S. 2.

10 *Voscherau*, Bürgerschaft der Freien und Hansestadt Hamburg, 14.
    Wahlperiode, 9. Sitzung am 13. 11. 1991, Protokoll S. 399.

11 *von Arnim*, Zweite Stellungnahme zum geplanten hamburgischen
    Abgeordnetengesetz (Bürgerschaftsdrucks. 14/13) und zur geplanten
    Änderung des Artikel 13 der hamburgischen Verfassung in der Fas-
    sung des Berichtes des Verfassungsausschusses (Bürgerschaftsdrucks.
    14/197 vom 3.9.1991). Diese Stellungnahme fand ihren publi-
    zistischen Niederschlag in der Frankfurter Allgemeinen Zeitung Nr.
    226 vom 28. 9. 1991, S. 28, unter dem von der Redaktion formulierten
    Titel »Geld läßt das Gewissen schweigen. Einige Lehren aus dem Ham-
    burger Diätenfall«.

12 *Joseph A. Schumpeter*, Kapitalismus, Sozialismus und Demokratie, 2.
    Aufl., 1950.

13 *Antony Downs*, Ökonomische Theorie der Demokratie, 1968.

14 Bürgerschaftsdrucks. 14/524 vom 30. 10. 1991.

15 Die Begriffe Altersrente, Pension und Altersversorgung werden im fol-
    genden als gleichbedeutend verwendet.

16 Einschließlich Invaliden- und Hinterbliebenenversorgung.

17 Bezieht man korrekterweise die Rente auf die Dauer der dafür erfor-
    derlichen Arbeitsjahre, so ist die Rente der Bürgerschafts- und Frakti-
    onsvorsitzenden rund siebzigmal so hoch wie die des Normalverbrau-
    chers.

18 Nach 7 1/2 Amtsjahren sollte die Versorgung bereits mit Vollendung
    des 50. Lebensjahres beginnen.

19 Der Betrag setzt sich zusammen aus der Amtspension von 9672 Mark
    und der normalen Abgeordnetenpension von 877,50 Mark.

20 Die Vorsitzenden mancher Fraktionen erhalten zwar in manchen Par-
    lamenten eine Aufbesserung ihrer Aktivenbezüge aus der Fraktions-
    kasse. Dies gilt aber nur für die *Aktiven*bezüge, nicht für die hier allein
    verglichene *Alters*grenze. Bisherige Zahlungen aus der Fraktionskasse
    könnten deshalb höchstens die ebenfalls starke Anhebung der *Akti-
    ven*bezüge von Fraktionsvorsitzenden rechtfertigen, nicht aber die
    maßlose Altersrente.

21 Hinzu kommt, daß die Rente in Hamburg schon mit dem vollendeten
    55. Lebensjahr beginnt, während sie im Bund insgesamt erst mit voll-
    endetem 64. Lebensjahr einsetzt.

22 Die Vergleichbarkeit mit anderen Ländern ist auch nicht etwa deshalb
    eingeschränkt, weil die Hamburger Regelung sich auf *hauptberufliche*
    Amtsträger bezieht, während andere Länder keine Differenzierung

zwischen hauptberuflicher und nebenberuflicher Wahrnehmung kennen. Denn die anderen Länder gehen bei Bemessung der Entschädigung und Versorgung davon aus, daß das Amt eines Parlamentspräsidenten und eines Fraktionsvorsitzenden wegen der Arbeitsbelastung grundsätzlich nur hauptberuflich wahrgenommen werden kann.

23 In einer Vorabstimmung der SPD-Fraktion am 28. 10. 1991 stimmte nur der Abgeordnete *Jan Klarmann,* der während des Diätenkampfs zu einem Symbol der kompromißlosen Aufrichtigkeit wurde, dagegen. Vgl. Gisela Reiners, »Die Welt« vom 30. 10. 1991, S. 29.

24 Die Abgeordneten der Fraktionen GAL/Die Grünen stimmten gegen das Gesetz, und die der FDP enthielten sich der Stimme. Der Hamburger FDP-Vorsitzende *Robert Vogel* hatte sich von Anfang an – ungeachtet der häßlichsten persönlichen Anfeindungen – gegen das Gesetz gestellt. Vgl. Hamburger Tagespresse vom 29. und 30. 10. 1991.

25 Dazu näher *von Arnim,* Politikerselbstversorgung in Hamburg. Dritte Stellungnahme zum geplanten Hamburger Abgeordnetengesetz in der Fassung des Berichts des Verfassungsausschusses vom 30. 10. 1991 (Bürgerschaftsdrucksache 14/524), S. 23ff.

26 Drucksache 14/524, Anlage, S. 20.

27 Mitteilungen des Senats an die Bürgerschaft Nr. 235 vom 18. 12. 1962, S. 686.

28 Art. 4 Nr. 1 und Art. 20 Absatz 1 des Gesetzes zur Änderung des Beamtenversorgungsgesetzes und sonstiger dienst- und versorgungsrechtlicher Vorschriften vom 18. 12. 1989, BGBl. I S. 2218.

29 So später vor dem Parlamentarischen Untersuchungsausschuß der frühere Präsident der Bürgerschaft *Peter Schulz.*

30 *Dr. Martin Willich,* Bürgerschaft der Freien und Hansestadt Hamburg, 14. Wahlperiode, 11. Sitzung am 28. 11. 1991, Protokoll 485.

31 So *Dr. Willich* laut Protokoll der nichtöffentlichen Sitzung des Unterausschusses des Verfassungsausschusses vom 19. 3. 1987.

32 *Wilfried Ahrens,* Rheinischer Merkur vom 12. 4. 1987: »Willich, der bis zur letzten Hamburgwahl Präsident der Bürgerschaft war und bei einem CDU-Sieg Innensenator geworden wäre ...«

33 Näheres bei *von Arnim,* Der Fall Hamburg, Teil 1: Inhalt und Zustandekommen des Camouflage-Gesetzes von 1987, 1992, Bürgerschaft der Freien und Hansestadt Hamburg, Drucksache 14/2052 vom 2. 6. 1992, Anlage, S. 17 ff. (34 ff.).

34 Dies ist im einzelnen aufgezeigt, in: *von Arnim,* Der Fall Hamburg (Fußnote 33), S. 17 (106 ff.)

35 Protokoll der Sitzung der Bürgerschaft vom 19. 3. 1987, S. 529.

36 Bericht des Haushaltsausschusses der Bürgerschaft der Freien und

Hansestadt Hamburg vom 23.11.1987 (Drucksache 13/700), S. 24.

37 Erster Nachtrag des Präsidenten Dr. Willich vom 17.3.1987 zur Tagesordnung der Bürgerschaft für die 10. Sitzung am 19.3.1987.

38 Antrag der Abgeordneten Dr. Henning Voscherau und Fraktion vom 5.3.1987, Drucksache 12/501.

39 Protokoll der Sitzung der Bürgerschaft vom 5.3.1987, S. 518 f.

40 Protokoll, S. 521.

41 Beide Titel waren gegenseitig deckungsfähig.

42 Mitteilung des Senats an die Bürgerschaft betreffend Ausbau der Filmförderung in Hamburg vom 3.7.1986, Drucksache 11/6542, S. 3.

43 Mitteilung des Senats (vorangehende Fußnote), S. 7.

44 Vorangehende Fußnote.

45 Bericht des Senats über die Erfahrungen mit der kulturellen Filmförderung in Hamburg vom 25.10.1983, Bürgerschaftsdrucksache 11/1259, S. 5; *Kai Wuttke*, »Ein ›Modell‹ geht baden. Hamburgs Filmförderung – das Ende in Sicht?« in: Vorwärts vom 5.1.1984.

46 Rechnungshof Hamburg, Jahresbericht 1989, Textziffer 382.

47 Rechnungshof Hamburg, Jahresbericht 1989, Textziffer 383.

48 Die Welt vom 13.2.1987; Manager Magazin 12/87, S. 102.

49 Handelsblatt vom 11.6.1987.

50 Hamburger Abendblatt vom 3.8.1987.

51 Die Welt vom 13.2.1987.

52 Rechnungshof, Jahresbericht 1989, Tz 384.

53 *von Arnim*, Der Fall Hamburg (Fußnote 33), S. 110 f.; Bericht des Parlamentarischen Untersuchungsausschusses, Bürgerschaftsdrucksache 14/2000, S. 74.

54 Protokoll der Bürgerschaftssitzung vom 11.9.1986, S. 6158.

55 Bericht des Parlamentarischen Untersuchungsausschusses (Fußnote 53), S. 47 ff.

56 Dazu Näheres unter VIII.

57 Quelle: Pressearchiv Munzinger.

58 Näheres zur Unangemessenheit der früheren Regelung in Hamburg bei *von Arnim*, Der Fall Hamburg (oben Fußnote 33).

59 Dem Verfasser liegt z.B. ein Vermerk der Senatskanzlei vom 1.7.1991 vor, in dem »erhebliche rechtliche, auch verfassungsrechtliche Mängel« des Gesetzentwurfs aufgelistet werden.

60 Z.B. Abendblatt vom 11.11.1992; Die Welt vom 12.11.1992.

61 Vgl. das Interview mit *Klarmann* in der Welt am Sonntag vom 3.11.1991, S. 95.

62 Am 15. Mai 1992.

63 Eine Rückzahlung der zwischen 1987 und 1992 erfolgten Überzahlungen wurde allerdings nicht vorgesehen.

64 So Der Spiegel Nr. 51 vom 16. 12. 1991, S. 30.

65 *Dr. Martin Willich*, Bürgerschaft der Freien und Hansestadt Hamburg, 14. Wahlperiode, 11. Sitzung am 28. 11. 1991, Protokoll 483 ff.

66 Vgl. Die Welt vom 24. 12. 1991, S. 19.

67 Hamburger Tagespresse vom 24. 12. 1991, z. B. Die Welt, S. 19.

68 Vgl. zum Beispiel den Kommentar »Die Hamburger Blamage« in: Süddeutsche Zeitung vom 9.12.1991.

69 Vgl. auch Der Spiegel Nr. 51 vom 16.12.1991, S. 30.

70 Welt am Sonntag vom 15.12.1991, S. 87; Hamburger Morgenpost vom 16. 12. 1991, S. 1, 10 und 11.

71 Frankfurter Rundschau vom 9. 12. 1991, S. 3.

72 Hamburger Abendblatt vom 10.12.1991.

73 Die Enquête-Kommission hat ihren Bericht »Parlamentsreform« im Oktober 1992 vorgelegt. Bürgerschaftsdrucksache 14/2600 vom 20. 10. 1992. Darauf einzugehen würde den Rahmen dieses Buches sprengen.

74 Bericht des Parlamentarischen Untersuchungsausschusses »Klärung von verfassungsrechtlichen Fragen und politischen Verantwortlichkeiten im Zusammenhang mit der Änderung des Senatsgesetzes vom 19. März 1987«, Bürgerschaft der Freien und Hansestadt Hamburg, Drucksache 14/2000 vom 25. 5. 1992.

75 Vgl. nur den Bericht des Rechtsausschusses der Bürgerschaft vom 14. 1. 1992 (Drs. 14/938), S. 1, und die dort erwähnte persönliche Erklärung des Ausschußvorsitzenden Ralf-Dieter Fischer: »Er verglich die Untersuchung des eigenen Handelns durch ein Parlament mit einem In-sich-Geschäft, an dem er sich nicht beteiligen wolle«.

76 Bericht (Fußnote 74), Abschnitte D und E.

77 *Schmidt-Jortzig*, Die Steuerungskraft der Verfassungsvorschriften über das Gesetzgebungsverfahren, Gutachtliche Stellungnahme der FDP-Fraktion in der Hamburgischen Bürgerschaft erstattet, vom 20. 5. 1992, Anlage zum Minderheitsbericht des FDP-Abgeordneten zum Bericht des Untersuchungsausschusses, Bürgerschaftsdrucks. 14/2000. Das Gutachten Schmidt-Jortzigs ist in überarbeiteter Fassung auch veröffentlicht in: Zeitschrift für Parlamentsfragen 1992, 582 ff.

78 *Stober*, »Rechtsgutachten zur Verfassungsmäßigkeit des Hamburger Senatsgesetzes vom 19. 3. 1987« vom Mai 1992, Anlage zum Bericht des Untersuchungsausschusses, Bürgerschaftsdrucks. 14/2000.

79 *von Arnim*, Der Fall Hamburg, Teil 1: Inhalt und Zustandekommen des Camouflage-Gesetzes von 1987, Anlage zum Minderheitsvotum der Grünen/GAL-Fraktion, Bürgerschaftsdrucks. 14/2052 vom 2. 6. 1992, S. 17 ff.

80 Minderheitsvotum (vorangehende Fußnote), S. 13.

81 Dazu *von Arnim* (Fußnote 33), Abschnitt B II 2 (S. 59 ff.).

82 BVerfGE 85, 264 (292).

83 BVerfGE 40, 296 (327).

84 Oben Fußnote 33.

85 Bürgerschaftsdrucksache 14/2000 vom 25. 5. 1992, S. 109 ff.

86 *von Arnim*, Der Fall Hamburg, Bürgerschaftsdrucksache 14/2052 vom 2. 6. 1992, S. 17 ff.

87 Bürgerschaft der Freien und Hansestadt Hamburg, 14. Wahlperiode, 12. Sitzung am 11.12.1991, Protokoll 531.

88 *Charlotte Fera*, Bürgerschaft der Freien und Hansestadt Hamburg, 14. Wahlperiode, 11. Sitzung am 28. 11. 1991, Protokoll 477.

89 *Voscherau*, Bürgerschaft der Freien und Hansestadt Hamburg, 14. Wahlperiode, 12. Sitzung am 11. 12. 1991, Protokoll 530.

4 Das saarländische Ministergesetz und Oskar Lafontaine

1 Die frühe Studie *Theodor Eschenburgs*, Der Sold des Politikers, 1959, der auch die Ministerbezüge (aber nur die des Bundes) behandelt hatte, hat bisher keine Aktualisierung und Erweiterung auf die Länder erfahren. Die vom Karl-Bräuer-Institut des Bundes der Steuerzahler herausgegebenen Stellungnahmen »Bezüge von Politikern – Eine Dokumentation« (1982) und »Bezüge von Politikern II – Eine Dokumentation« (1986) hatten die besonderen Problempunkte der Ministerversorgung noch nicht erfaßt – ein Beleg für die Kompliziertheit und Unzugänglichkeit der Regelungen.

2 So zum Beispiel *Alfred Schön*, Die Minister und das Geld, Saarbrücker Zeitung vom 11. 5. 1992, S. 2.

3 Wörtlich hieß es in dem Schreiben des Innenministeriums vom 23. 4. 1992, »daß im Hinblick auf die am 1. Januar 1992 in Kraft getretenen versorgungsrechtlichen Neuregelungen im Beamtenbereich auch im Saarland Überlegungen angestellt werden, die Versorgungsvorschriften für die Mitglieder der Landesregierung einer umfassenden Überprüfung zu unterziehen. Soweit sich aus den gegenwärtigen Bestimmungen unangemessene Versorgungsansprüche ergeben sollten, wird es Ziel sein, diese zu beseitigen. Die Prüfung einer Neuregelung der Ministerversorgung wird im Zusammenhang mit einer allgemeinen Überprüfung des Ministergesetzes erfolgen. Konkrete Einzelheiten über Änderungen vermag ich Ihnen zum gegenwärtigen Zeitpunkt noch nicht mitzuteilen.«

4 *von Arnim*, Die finanziellen Privilegien von Ministern in Deutschland, 1992. Im ersten Teil dieser Schrift sind das saarländische Ministerge-

setz und die für Minister geltenden Teile des saarländischen Abgeordnetengesetzes näher analysiert und kommentiert. Dieser Teil war
am 11. 5. 1992 auf einer Pressekonferenz des Bundes der Steuerzahler
in Saarbrücken vorgestellt worden und Grundlage einer Titelgeschichte des Spiegel vom gleichen Tag (dazu unten unter IV.).

5   Näheres bei von Arnim, Die finanziellen Privilegien von Ministern in
    Deutschland, 1992, 48 ff.

6   BVerfGE 40, 296 (317).

7   Näheres bei *von Arnim*, Die finanziellen Privilegien von Ministern in
    Deutschland, 1992, 41 ff.

8   BVerfGE 40, 296 (316 f.). Dazu *von Arnim*, Zweitbearbeitung des Art.
    48 GG im Bonner Kommentar (1980), Rn 93 m.w.N. Das Bundesver-
    fassungsgericht hat in seinem Urteil vom 9. 4. 1992 zwar eine In-
    dexierung der absoluten Obergrenze für die staatliche Parteienfinan-
    zierung mit dem relevanten Preisindex nicht ausgeschlossen (Um-
    druck, S. 35 f.). Es liegen aber keine Hinweise vor, daß das Gericht da-
    mit das Verbot der Koppelung der Diäten an die Beamtengehälter auf-
    geben wollte.

9   So sollen nach einem Beschluß des Bundeskabinetts vom 3. 6. 1992
    z. B. auch die Tarifergebnisse, die im Frühjahr 1992 erzielt wurden
    (Erhöhung der Bezüge um 5,4 Prozent), auf die Besoldungsempfän-
    ger von Bund und Ländern übertragen werden. Frankfurter Allge-
    meine Zeitung vom 3. 6. 1992.

10 Darauf wies der Abg. *Feller* (CDU) am 8. 6. 1962 im Landtag des Saar-
    landes hin.

11 So der Abg. *Conrad* (SPD) am 11. 7. 1962 im Landtag des Saarlandes.

12 So der Abg. *Wolf* (SVP) am 11. 7. 1962 im Landtag des Saarlandes.

13 Begründung zu § 8 des Gesetzentwurfs eines Saarländischen Mini-
    stergesetzes der CDU- und der DPS-Landtagsfraktionen vom 16. 4.
    1962 (Landtag des Saarlandes, Drs. Nr. 448).

14 So Ministerpräsident *Dr. Röder* am 11. 7. 1962 bei der zweiten Lesung
    des Gesetzentwurfs im Landtag des Saarlandes.

15 So der Abg. *Feller* (CDU) am 8. 6. 1962 bei der 1. Lesung des Gesetz-
    entwurfs im Landtag und der Abg. *Scherer* (CDU) am 11. 7. 1962 bei
    der 2. Lesung im Landtag.

16 Gesetzentwurf eines Saarländischen Ministergesetzes der CDU- und
    der DPS-Landtagsfraktionen vom 12. 7. 1963 (Landtag des Saarlandes,
    Drs. Nr. 690), S. 10.

17 In der Fassung des Siebenten Gesetzes zur Änderung des Gesetzes
    über die Rechtsverhältnisse der Mitglieder des Landtages des Saarlan-
    des (Abgeordnetengesetz) vom 27. 2. 1991 (Abl. S. 430).

18 Zur Verfassungswidrigkeit des Ausgleichsbetrages *von Arnim*, Zweitbe-

arbeitung des Art. 48 GG im Bonner Kommentar (1980), Rn 141 m. w. N.

19 Gesetzentwurf der SPD-, CDU- und FDP-Landtagsfraktionen vom 4.2.1991 (Landtag des Saarlandes, Drs. 10/357), S. 1 und 3 der Begründung. Dort wird zur Begründung der Anhebung auch bemerkt, »die im Jahre 1979 noch berechtigte Annahme, daß Abgeordnete auch künftig als Teilzeitparlamentarier ihr Mandat wahrnehmen könnten«, sei »angesichts des zu bewältigenden Arbeitsanfalls nicht mehr aufrechtzuerhalten«. Dies geschieht allerdings ohne jede Spezifizierung und bleibt damit bloße Behauptung. Kritisch dazu *Wolfgang Knies*, in: Klaus Stern (Hg.), 40 Jahre Grundgesetz, 1990, 157–159; *von Arnim*, Die Partei, der Abgeordnete und das Geld, 1991, 150ff. m.w.N.

20 Vergleichender Überblick, allerdings auf dem Stand von September 1990 und ohne die fünf neuen Länder, bei *von Arnim*, Die Partei, der Abgeordnete und das Geld, 1991, S. 372.

21 BVerfGE 40, 296 (329).

22 *von Arnim*, Zweitbearbeitung des Art. 48 GG im Bonner Kommentar (1980), Rn 15 ff., 164, 166. Dieses Ergebnis wird auch durch die neue Entscheidung des Bundesverfassungsgerichts von 1987 nicht berührt.
    Dazu von Arnim, Die Partei, der Abgeordnete und das Geld, 1991, S. 174–176 m.w.N.

23 So für die entsprechende Regelung im baden-württembergischen Abgeordnetengesetz, an die sich die saarländische Regelung anlehnte: Landtag Baden-Württemberg, Landtagsdrucksache 7/2981, S. 81.

24 Dazu – verneinend – *von Arnim*, Bonner Kommentar, a.a.O., Rn 166.

25 Begründung des Gesetzentwurfs eines Siebenten Gesetzes zur Änderung des Saarländischen Abgeordnetengesetzes vom 4.2.1991 (Drs. 10/357, S. 3).

26 Hinzu kommt für den Ministerpräsidenten, wenn er keine Amtswohnung erhält, eine weitere Dienstaufwandsentschädigung von 11 Prozent seiner Amtsbezüge. Sie ist nur im Haushaltsplan festgelegt, nicht im Ministergesetz und – angesichts der zwingend erforderlichen vollständigen gesetzlichen Regelung bei Entscheidungen des Parlaments über die Bezüge von Amtsträgern – verfassungsrechtlich bedenklich. Dazu allgemein *von Arnim*, zur »Wesentlichkeitstheorie« des Bundesverfassungsgerichts. Einige Anmerkungen zum Parlamentsvorbehalt, Deutsches Verwaltungsblatt 1987, 1241 (1245–1247).

27 BVerfGE 40, 296 (318, 328).

28 BVerfGE 49, 1 (2).

29 *von Arnim*, Bonner Kommentar, a.a.O., Rn 175ff.; ders., Die Partei, der Abgeordnete und das Geld, 1991, 177 ff. *Joachim Wieland*, Rechtsgut-

achten zur Verfassungsmäßigkeit des Abgeordnetengesetzes des Landes Rheinland-Pfalz, erstattet im Auftrag des Bundes der Steuerzahler Rheinland-Pfalz e.V., 1991, 77 ff.

30 Stellungnahme des Sachverständigengremiums gem. § 28 des Schleswig-Holsteinischen Abgeordnetengesetzes, 1989, S. 38. Die Kommission beruft sich ihrerseits auch auf eine Empfehlung des Landesrechnungshofs Schleswig-Holstein.

31 So z.B. in der Presseinformation des Innenministerium des Saarlandes Nr. 67/92 vom 11.5.1992 und in der heute-Sendung des ZDF am 11.5.1992, 19.00 Uhr. Ferner z.B. Saarbrücker Zeitung vom 11.5. 1992.

32 Deutscher Depeschendienst vom 10.5.1992, 15.37 Uhr; Rheinpfalz vom 11.5.1992; Saarbrücker Zeitung vom 13.5.1992.

33 Tagespresse vom 12.5.1992.

34 Vgl. z.B. die Wiedergabe des Zwischenstandes durch *Alfred Schön*, Ein mühsamer Lernprozeß, Saarbrücker Zeitung vom 14.5.1992, S. 2: »Die Richtung seiner (des Gutachters) Ausführungen stimmt«.

35 Saarbrücker Zeitung vom 11.5.1992, ebenso Frankfurter Allgemeine Zeitung vom 11.5.1992.

36 *Alfred Schön*, Die Minister und das Geld, Saarbrücker Zeitung vom 11.5.1992, S. 2.

37 *Läpple*, Stuttgarter Zeitung vom 11.5.1992. Presseerklärung des Innenministers des Saarlandes Nr. 67/92 vom 11.5.1992.

38 Das Innenministerium des Saarlandes legte laut Pressemeldungen ein dahingehendes Papier vor.

39 Zuletzt im Bericht des Landesrechnungshofs des Saarlandes für das Rechnungsjahr 1991, Rn 20.

40 *Michael Jungmann*, Saarbrücker Zeitung vom 12.5.1992: von Arnim »hebelte die Kritik der Landesregierung an seinem Opus aus«.

41 *Michael Jungmann*, Saarbrücker Zeitung vom 12.5.1992: »Die von Arnim bereits gekonterten Argumente der Landesregierung wiederholte SPD-Fraktionschef Reinhard Klimmt.«

42 Tagespresse vom 14.5.1992.

43 *Lafontaine*, Landtag des Saarlandes, 10. Wahlperiode, 31. Sitzung am 13. Mai 1992, Protokoll 1760.

44 Dies hat in Hamburg sogar der frühere Parlamentspräsident *Dr. Willich* eingeräumt: Protokoll der Vernehmung Dr. Willichs durch den Parlamentarischen Untersuchungsausschuß der Bürgerschaft Hamburgs vom 2.4.1992, S. 14 f., 106 f.

45 Landtag des Saarlandes, 10. Wahlperiode, 31. Sitzung am 13. Mai 1992, Protokoll 1763.

46 Abg. Müller a.a.O.

47 Landtag des Saarlandes, 10. Wahlperiode, 31. Sitzung am 13. 5. 1992, Protokoll 1760. Dieser Punkt war Lafontaine so wichtig, daß er ihn mehrmals wiederholte, z.B. in der Sitzung des Landtags am 8. 6. 1992: »Wir hatten vor einigen Wochen hier eine Diskussion über das Ministergesetz aus dem Jahre 1972, das, wie jeder weiß, von mir in den Endabstimmungen nicht mit beschlossen wurde.« Landtag des Saarlandes, 10. Wahlperiode, 33. Sitzung am 9. 6. 1992, Protokoll 1860.

48 Protokoll 1761.

49 *Lafontaine,* »Wunschlos unglücklich«? Von Politikern als Sündenböcken und Journalisten als Hütern der Demokratie, in: Gunter Hofmann/Werner A. Perger (Hg.), Die Kontroverse, 1992, 103 (106): »Der gute Chefredakteur weiß, wann es fürs Geschäft erforderlich ist, den Daumen über einem Sündenbock zu senken. Und er weiß auch, daß ein kollektiver Sündenbock nicht so einfach zu schlachten ist. Also wird er versuchen, sein Thema an einer Person, am einzelnen Beispiel festzumachen. Die Personifizierung des Sündenbocks war den Meistern der Propaganda zu allen Zeiten geläufig. ›Der Jude hat einen Namen‹ – bleute schon Goebbels der Nazi-Presse ein.«

50 Abg. *Hein* (CDU), Landtag des Saarlandes, 10. Wahlperiode, 31. Sitzung am 13. Mai 1992, Protokoll 1761 f.

51 *Ernst Gottfried Mahrenholz,* Bundesverfassungsgericht und Parteienstaatlichkeit, in: Klaus Stern (Hg.), 40. Jahre Grundgesetz 1990, S. 93 (103).

52 Süddeutsche Zeitung vom 9. 12. 1988.

53 Protokoll 1760.

54 Vgl. z.B. *Joachim Schucht,* »Die heimliche Angst, daß jetzt der Funke überspringt. Bonn fürchtet die Debatte um Versorgungswildwuchs«, Saarbrücker Zeitung vom 2. 6. 1992.; Der Spiegel vom 8. 6. 1992, S. 22.

55 *Klaus von Beyme,* Wie bemißt man Lohn und Leistungen von Berufpolitikern?, in: Das Parlament vom 2. 10. 1992, S. 9.

56 Daß ihm das teilweise auch gelang, bestätigten u.a. die Stellungnahmen der Presse im Saarland, z.B. durch *Alfred Schön* in der Saarbrücker Zeitung vom 12. 5. 1992 (»Der Spiegel schießt gezielt auf Lafontaine«) und vom 1. 6. 1992: »Das Saarland kämpft um seine Zukunft in Eigenständigkeit. ... Die Möglichkeit einer Länderneugliederung steht nach wie vor im Raum. Auch in diesem Zusammenhang ist der jüngste ›Fall‹ zu sehen. ... Die gezielte Kampagne des ›Spiegel‹ gegen sein früheres Hätschelkind [gemeint war Lafontaine] ist auch ein Faktum ...«.

57 *Lafontaine,* in: Hofmann/Perger, a.a.O., 107.

58 Vgl. Der Spiegel Nr. 23 vom 1. Juni 1992, S. 28.

59 Begründung des Gesetzentwurfs der Landesregierung vom 6. 2. 1986

(Drucksache 9/471), S. 1 f.; Niederschrift des Ausschusses für innere Verwaltung vom 13. 3. 1986. Dort teilte Ministerialdirektor Wittling auch auf Fragen mit, »von der neuen Regelung sei von der jetzigen Landesregierung niemand, von der vorherigen Regierung – nach seinem Kenntnisstand – zwei ehemalige Minister betroffen«. (S. 12). Auf der gleichen Seite der Niederschrift wird bemerkt, daß der Termin für das Inkrafttreten des Gesetzes auf den 1. 7. 1986 verschoben werde. Dies ist deshalb nicht unerheblich, weil Lafontaine später behauptete, erst durch diese Terminverschiebung sei das Gesetz auf ihn anwendbar geworden.

60 Zweite Lesung des Gesetzentwurfs vom 23. 4. 1986, Landtag des Saarlandes, 9. Wahlperiode, 19. Sitzung am 23. 4. 1986, Protokoll 1133: Das Gesetz werde »sich kostensparend auswirken«.

61 Begründung des Gesetzentwurfs (Drucks. 9/471), S. 2.

62 Der Spiegel Nr. 23 vom 1. 6. 1992, S. 28 f.

63 Dabei müssen Zahlungen aus dem Ausgleichsbetrag, die eventuell die geschiedene Frau von Lafontaine erhielt, ihm selbstverständlich zugerechnet werden.

64 Der Spiegel, a.a.O, S. 29: »Bis heute summierten sich die Zahlungen auf rund 300 000 Mark brutto.«

65 Der Spiegel, a.a.O.

66 Saarbrücker Zeitung vom 1. 6. 1992.

67 Landtag des Saarlandes, 10. Wahlperiode, 33. Sitzung am 9. 6. 1992, Protokoll 1860.

68 Diese Feststellungen beruhen auf einer Auskunft von Herrn Battis.

69 *Klaus Grupp*, Rechtliche Stellungnahme zu der von der Regierung des Saarlandes vorgelegten »Darstellung der rechtlichen Grundlagen des Anspruchs des Ministerpräsidenten auf Ruhegehalt und Amtsbezüge« vom 12.6.1992. – Die beiden Zitate im Text stammen aus dieser Stellungnahme.

70 Landtag des Saarlandes, Protokoll 1860.

71 Protokoll 1861.

72 Protokoll 1861.

74 Dazu die Erörterungen in der gemeinsamen Sitzung der Ausschüsse für innere Verwaltung und für Verfassungs- und Rechtsfragen am 10. und 17.9.1992, insbesondere die Stellungnahme der Staatsrechtslehrer Battis, Schneider und Grupp, letzterer in einem ausführlichen schriftlichen Rechtsgutachten.

75 Bemerkungen des Bundesrechnungshofes für 1990, Bundestagsdrucksache 11/7810, S. 24–26 (»unter dem Gesichtspunkt der Gleichbehandlung ... bedenklich«).

76 Gesetzentwurf der SPD-Landtagsfraktion vom 2. 7. 1992 (Drs.

10/1092); Änderungsantrag des Ausschusses für innere Verwaltung vom 17. 9. 1992 (Drs. 10/1158).

77 Gesetz Nr. 1294 zur Änderung des Saarländischen Ministergesetzes vom 23. 9. 1992, Amtsblatt des Saarlandes vom 29. 10.1 992, S. 1026.

5 Die Minister anderer Bundesländer und weitere Amtsträger

1 Vgl. »Politikerpensionen – ein Millionenspiel. Ob Minister oder Abgeordneter: Ihre Altersbezüge sind von Arbeitnehmern auch durch Zusatzversicherungen kaum zu erreichen«, Die Welt vom 3. 7. 1992; »Was verdienen Abgeordnete, Minister und Ministerpräsidenten in den Bundesländern?«, Süddeutsche Zeitung vom 8. 7. 1992 und 9. 7. 1992.

2 *von Arnim,* Die finanziellen Privilegien von Ministern in Deutschland (Heft 74 der Schriftenreihe des Karl-Bräuer-Instituts des Bundes der Steuerzahler), Juli 1992.

3 Tagespresse vom 23. 7. 1992 und Stern vom 23. 7. 1992.

4 *Hans Heinrich Rupp,* Legitimation der Parlamente zur Entscheidung in eigener Sache, Zeitschrift für Gesetzgebung 1992, 285 (286).

5 Drs. 10/850 und 10/851 vom 16. 1. 1992.

6 Drs. 10/1053 vom 25. 5. 1992.

7 Antrag der CDU-Landtagsfraktion vom 20. 5. 1992, Drs. 10/1048.

8 Antrag der FDP-Landtagsfraktion vom 21. 5. 1992, Drs. 10/1051.

9 *Klimmt,* Landtag des Saarlandes, 10. Wahlperiode, 32. Sitzung am 27. 5. 1992, Protokoll 1814.

10 Innenminister Läpple, Landtag des Saarlandes, 10. Wahlperiode, 32. Sitzung am 27. 5. 1992, Protokoll 1818.

11 Innenminister *Läpple,* a.a.O. 1818.

12 Presseerklärung der FDP-Bundestagsfraktion Nr. 770 vom 24. 7. 1992.

13 Gesetzentwurf der Landesregierung für ein Gesetz über die Bezüge der Mitglieder der Landesregierung, Hessischer Landtag, Drucksache 13/3010 vom 3. 11. 1992.

14 Regierungsentwurf, S. 9. Darüber hinaus wurde mit Gesetz vom 31. 8. 1992 eine einmalige »Nichtanpassung des Amtsgehalts und der Wohnungsentschädigung der Mitglieder der hessischen Landesregierung« an die Gehaltserhöhungen der Beamten festgelegt: GVBl. I S. 369.

15 Es bestehen allerdings kleinere Divergenzen, die hier aber nicht behandelt werden sollen.

16 Regierungsentwurf S. 13.

17 *von Arnim,* Die finanziellen Privilegien von Ministern in Deutschland, 1992, 45.

18 Hessischer Landtag, Protokoll 2859 f. und 2864.

19 Vgl. BVerfGE 85, 264 (292); Näheres bei *von Arnim*, Die finanziellen Privilegien von Ministern in Deutschland, 1992, 21 ff. m.w.N.

20 *Dieter Meng*, Frankfurter Rundschau vom 28. 10. 1992.

21 *von Arnim*, Die finanziellen Privilegien von Ministern in Deutschland, 1992, 41 ff.

22 BVerfGE 24, 300 (347).

23 BVerfGE 30, 367 (388).

24 Gesetz vom 2. 8. 1988 zur Aufhebung des Hessischen Abgeordnetengesetzes und anderer Rechtsvorschriften vom 11. 2. 1988, GVBl. I S. 299.

25 Abg. *Hein*, Landtag des Saarlandes, 31. Sitzung vom 13. Mai 1992, Protokoll 1761.

26 Stenographische Niederschrift der 21. Sitzung des Ältestenrates des Hessischen Landtags vom 19. 1. 1993, S. 6 f. (von Arnim), 9 f. (Battis); Anlage 2, S. 3 f. (Udo Müller).

27 *von Arnim*, Die finanziellen Privilegien von Ministern in Deutschland, 1992, 21ff.

28 So zum Beispiel auf einer Ansprache auf dem Hambacher Disput am 26. 9. 1992 auf dem Hambacher Schloß.

29 *von Arnim*, Verdienen Politiker, was sie verdienen?, Frankfurter Allgemeine Zeitung vom 16. 6. 1992.

30 Kienbaum-Vergütungsstudie 1990/91, S. 38.

31 So *Heinz Evers*, der Projektleiter der in der vorangehenden Fußnote genannten Vergütungs-Studie, in der erwähnten Anhörung des Hessischen Landtags vom 19. 1. 1993, Stenographisches Protokoll (oben Fußnote 26) 51.

32 Siehe Tabelle 1, S. 178 f.

33 Dazu *von Arnim*, Die finanziellen Privilegien von Ministern in Deutschland, 1992, 84 ff.

34 *von Arnim*, Die finanziellen Privilegien von Ministern in Deutschland, 1992, 24 f., 71 f.

35 Vgl. dazu die von Hans Meyer bei der Anhörung des Hessischen Landtags vom 19. 1. 1993 angestoßene Debatte. Stenographisches Protokoll, S. 29 f.

36 Mainzer Allgemeine Zeitung vom 16. 12. 1992.

37 Viertes Gesetz zur Änderung des Gesetzes über die Rechtsverhältnisse der Mitglieder der Landesregierung vom 16. 12. 1992, Nieders. GVBl. S. 337.

38 Rheinland-pfälzische Landespresse vom 16. 12. 1992, zum Beispiel Rheinpfalz und Mainzer Allgemeine Zeitung.

39 Artikel II des genannten Änderungsgesetzes.

40 Ähnlich der Titel meines Zeitungsbeitrags: *von Arnim*, Verdienen die Politiker, was sie verdienen?, Frankfurter Allgemeine Zeitung vom 16. 6. 1992.

41 Gesetz über die Rechtsverhältnisse der Parlamentarischen Staatssekretäre vom 6. 4. 1967, BGBl. I S. 396.

42 Gesetz über die Rechtsverhältnisse der Parlamentarischen Staatssekretäre (ParlStG) vom 24 .7. 1974, BGBl. I S. 1538.

43 FAZ-Magazin Nr. 671 vom 8. 1. 1993.

44 Einzelplan 01, Titel 42101.

45 Besoldungsgruppe 11 »einschließlich zum Grundgehalt allgemein gewährter Zulagen«.

46 § 11 Absatz 1 Buchstabe a Bundesministergesetz.

47 Ab 1. 3. 1991 aufgrund des Gesetzes über die Anpassung von Dienst- und Versorgungsbezügen im Bund und in den Ländern vom 21. 2. 1992 BGBl. I 1992, S. 266.

48 Die Relation 9:10 zwischen Amtsgehalt des Bundeskanzlers und den Amtsbezügen des Bundespräsidenten bestand von Anfang an. Im Jahre 1951 betrug das Amtsgehalt des Bundeskanzlers 45 000 Mark jährlich, das des Bundespräsidenten 50 000 Mark.

49 Die Entschädigung von Bundestagsabgeordneten wird zwölfmal im Jahr gezahlt.

50 Dabei ist von einem steuerfreien Einkommensteil der Kostenpauschale von 2000 Mark ausgegangen worden. Zugleich ist unterstellt, daß die Kostenpauschale der Bundespräsidenten für Amtsaufwand wirklich verbraucht wird.

51 Bundeshaushaltsplan, Einzelplan 01 (Bundespräsident und Bundespräsidialamt).

52 Im Jahre 1951 betrugen die Aufwandsgelder bereits 100 000 DM (1992: 132 000 DM), für außergewöhnlichen Aufwand aus dienstlicher Veranlassung in besonderen Fällen waren dagegen nur 40 000 DM (1992: 700 000 DM) veranschlagt.

53 Gesetz zur Änderung des Gesetzes über die Ruhebezüge des Bundespräsidenten vom 24. 7. 1959, BGBl. S. 525.

54 Vgl. BVerfGE 40, 296 (317, 327).

55 Vgl. § 3 Absatz 2 Bundeshaushaltsordnung.

56 Begründung des Regierungsentwurfs vom 24. 6. 1952, Bundestagsdrucksache vom 24. 7. 1959, BGBl. S. 525.

57 Gesetz über die Ruhebezüge des Bundespräsidenten vom 17. 6. 1953, BGBl. S. 406.

58 Antrag der Fraktionen der CDU/CSU, SPD, FDP, DP vom 17. 3. 1959, Bundestagsdrucksache Nr. 939.

59 Mündliche Berichte des Ausschusses für Inneres vom 8. 4. 1959 (Bun-

destagsdrucksache Nr. 998) und vom 27. 5. 1959 (Bundestagsdrucksache Nr. 998 [neu]).

60 Bericht des Haushaltsausschusses vom 3. 6. 1959 (Bundestagsdrucksache Nr. 1134).

61 Erste Beratung am 18. 3. 1959, Verhandlungen des Deutschen Bundestags, 3. Wahlperiode, S. 3539; zweite und dritte Beratung am
18. 6. 1959, Verhandlungen des Deutschen Bundestags, 3. Wahlperiode, S. 4200 f.

62 *Eschenburg*, Der Sold des Politikers, 1959, 66.

63 Tagespresse vom 25. 6. 1992, zum Beispiel Mannheimer Morgen.

6 Politische Beamte

1 Zwölftes Gesetz zur Änderung des Hamburgischen Beamtengesetzes
vom 13. Juli 1978, Hamburgisches Gesetz- und Verordnungsblatt Teil
I, S. 315. Nach dieser Gesetzesänderung mußten Staatsräte während
einer Übergangszeit von fünf Jahren sogar jederzeit auf ihren eigenen
Antrag in den einstweiligen Ruhestand versetzt werden.

2 Stenographische Niederschrift der Sitzung des Ältestenrates vom
19. 1. 1993 , S. 31 f. (Landtagspräsident Starzacher), 32 f. (Abg. Kurth),
34 (Abg. Dr. Jung).

3 Art. 43 II Verfassung des Freistaates Bayern; Art 1 des Gesetzes über
die Rechtsverhältnisse der Mitglieder der Staatsregierung.

4 Art. 13 ff. des in der vorangehenden Fußnote genannten Gesetzes.

5 Beamtengesetz für den Freistaat Sachsen vom 17. 12. 1992, Sachs
GVBl. S. 615.

6 *Derlien*, Einstweiliger Ruhestand politischer Beamter des Bundes 1949
bis 1983, Die Öffentliche Verwaltung, 1948, 689.

7 *Cecior*, in: Schütz, Beamtenrecht, 5. Aufl. (Januar 1992) 14 Beamtenversorgungsgesetz, Erläuterung 1b.

8 Bericht des Bundestagsinnenausschusses zu § 7, Bundestagsdrucksache 7/5165, S. 7.

9 *Wolfgang Junker*, Das Beamtenversorgungsgesetz – kritisch betrachtet,
ZBR 1976, 293 (298).

10 Artikel 2 des Haushaltsgesetzes 1981, GVBl. I 1980 S. 497.

11 Hessischer Landtag, Drucksache 9/3331 vom 1. 8. 1980.

12 Landtagsdrucksache 9/3859.

13 Hessischer Landtag, Drucksache 9/3859, S. 2: »einstimmiger Beschluß des Haushaltsausschusses«.

14 Hessischer Landtag, 9. Wahlperiode, 47. Sitzung vom 11. 12. 1980,
Protokoll 2903-2925.

15 Hessischer Landtag, Drucksache 9/3952 vom 11. 12. 1980.

16 *von Arnim*, Macht macht erfinderisch, 1988, 189 ff.

17 *Klaus Stern*, Staatsrecht der Bundesrepublik Deutschland, Band II, 1980, S. 1204 ff., 1252 ff.

18 *Fischer-Menshausen*, in: von Münch, Grundgesetz-Kommentar, Band 3, 2. Auflage 1983, Art. 110 GG, Rn 24.

19 *von Arnim*, Zur Wesentlichkeitstheorie des Bundesverfassungsgerichts, Deutsches Verwaltungsblatt 1987.

20 Dazu unten S. 230.

21 BVerfGE 40, 296 (327).

22 Näheres siehe S. 367 f.

23 *Fischer-Menshausen*, a.a.O., Rn 25, *Schmidt-Bleibtreu/Klein*, Kommentar zum Grundgesetz, 5. Auflage 1980, Rn 21; *Mauntz/Dürig/Herzog/Scholz*, Grundgesetz-Kommentar (Loseblatt), Rn 45; *Klaus Stern*, Staatsrecht II, a.a.O., S. 1253; *Jörn Ipsen*, Staatsorganisationsrecht, 4. Aufl. 1992, Rn 466 ff.

24 Änderung des Hessischen Abgeordnetengesetzes vom 1. 7. 1981, GVBl. I S. 205.

25 Zweifel an der Rechtmäßigkeit auch bei *Crisolli/Schwarz/Gerke*, a.a.O., § 185 HBG, Erläuterung Nr. 4.

26 Näheres siehe S. 280 ff..

27 BVerfGE 80, 188 (214): »Der Bundesrechnungshof ist ... verpflichtet, die ordnungsgemäße Verwendung der Fraktionszuschüsse im Sinne ausschließlichen Einsatzes für die Arbeit der Fraktionen regelmäßig nachzuprüfen, Verstöße gegen die Zweckbindung sowie die Wirtschaftlichkeit und sonstige Ordnungsmäßigkeit der Mittelverwendung aufzudecken und zu beanstanden, gegebenenfalls Abhilfevorschläge zu unterbreiten und Beanstandungen in den jährlichen Prüfungsbericht aufzunehmen (Art. 114 Abs. 2 GG)«; näheres siehe S. 289 f.

28 Hessischer Landtag, Drucksache 13/3153. Vgl. besonders § 2 Abs. 2 des Gesetzentwurfs. In § 3 Abs. 2 des Entwurfs ist lediglich vorgesehen, daß die Mittel jetzt vollständig ausgewiesen und sie um den Wert der Dienstbezüge der den Fraktionen zugewiesenen Bediensteten gekürzt werden.

29 Protokoll der Sitzung des Hessischen Landtags vom 11. 12. 1980, S. 2906.

30 Protokoll 2908.

31 Protokoll 2918.

32 Protokoll 2914.

33 *Battis*, Bundesbeamtengesetz mit Erklärungen, 1980, Nr. 1 zu § BBG; *Schütz*, Beamtenrecht des Bundes und der Länder, Loseblatt-Kommentar, Nr. 3 zu § 38 Beamtengesetz für das Land Nordrhein-Westfalen; *Crisolli/Schwarz/Gerke*, Hessisches Beamtengesetz mit Beamtenver-

sorgungsgesetz, Loseblatt-Kommentar, Erläuterungen zu § 57 HBG, Nr.5; jeweils mit weiteren Nachweisen.

34 *Hilg,* Allgemeines Beamtenrecht, 2. Aufl., 1981, 280; *Thiele,* Zur Problematik der Sonderstellung des sogenannten politischen Beamten, Der Öffentliche Dienst 1986, 262.

35 Der Spiegel 1981, Nr. 29, S. 70 ff.; *Thiele,* Zur Problematik der Sonderstellung des sogenannten politischen Beamten, Der Öffentliche Dienst, 1986, 257 (262).

36 *von Arnim,* Ämterpatronage durch politische Parteien, Die Personalvertretung, 1981, 129, (141); *Wilhelm Thiele,* Zur Problematik der Sonderstellung des sogenannten politischen Beamten, Der Öffentliche Dienst 1986, 257 (262).

37 Dazu Nachtrag vom schriftlichen Bericht des Ausschusses für Beamtenrechtler über den Entwurf eines Bundesbeamtengesetzes Nr. 2846, 4246 der Drucksachen.

38 Umdrucke Nr. 927, 928 zu den stenographischen Berichten der 1. Wahlperiode.

39 So mit Recht *Jenke,* Sachfremde Einflüsse auf Statusentscheidungen von Beamten 1974, 39. Zu beachten ist indessen, daß in Bayern die Staatssekretäre Mitglieder der Staatsregierung sind (Art. 43 Abs. 2 bay. Verf.) und deshalb ebenfalls aus politischen Gründen entlassen werden können. Vgl. andererseits aber auch die Einführung der Parlamentarischen Staatssekretäre im Bund, 49.

40 *Thieme,* Der »politische Beamte« im Sinne des § 31 Beamtenrechtsrahmengesetz, in: Öffentlicher Dienst und politischer Bereich, 1968, Bd. 37 der Schriftenreihe der Verwaltungshochschule Speyer, 161; ähnlich *Ule,* (FN 66), 651; *Jenke,* (FN 52), 49 f. m.w.N.A.A. *Kugele,* (FN 53), 235 ff. (für den Abteilungsleiter im Bund, nicht aber für den Senatsdirektor in Bremen).

41 *Isensee,* Öffentlicher Dienst, in: *Benda/Maihofer/Vogel,* Handbuch des Verfassungsrechts, 1983, 1182 f.

42 So auch *Schunke,* Die politischen Beamten, 1973, 371; *Kugele,* Der politische Beamte, 1976, 261.

43 So auch *Jenke,* Sachfremde Einflüsse auf Statusentscheidungen von Beamten, 1974, 371; *Kugele,* Der politische Beamte, 1976, 260.

44 *Haubrichs,* ZBR 1964, 136 (138); *Kugele,* Der politische Beamte, 1976, 262 ff. m.w.N.; *Jenke,* Sachfremde Einflüsse auf Statusentscheidungen von Beamten, 1974, 52 f. m.w.N.; *Thiele,* DÖD 1986, 257 (263).

45 So auch *Haubrichs,* ZBR 1964, 137 f.; *Schunke,* Die politischen Beamten, 1973, 362; *Kugele,* Der politische Beamte, 1976, 269.

46 *Schunke,* Die politischen Beamten, 1973, 343 ff.; *Kugele,* Der politische Beamte, 1976, 275 ff.; *Jenke,* Sachfremde Einflüsse auf Statusentschei-

dungen von Beamten, 1974, 52 (hinsichtlich der Generalstaatsanwälte).

47 Drs. 13/522 vom 4. 9. 1991

.

7 Staatliche Parteienfinanzierung

1 *Richard von Weizsäcker*, Krise und Chance unserer Parteiendemokratie. In: Aus Politik und Zeitgeschichte, B 42/82, S. 3(4).

2 *Richard von Weizsäcker*, a.a.O.

3 *Gerhard Leibholz*, Verfassungsrechtliche Stellung und innere Ordnung der Parteien. In: Verhandlungen des 38. Deutschen Juristentages (1950), S. C 10.

4 BVerfGE 8, 51 (63).

5 Näheres bei *von Arnim*, Zur normativen Politikwissenschaft. Versuch einer Rehabilitierung, Der Staat 1987, 477.

6 Ausführlicher zur staatlichen Parteienfinanzierung jetzt *Hans Herbert von Arnim*, Die Partei, der Abgeordnete und das Geld, Mainz 1991, S. 17 ff. m.w.N.

7 *Richard von Weizsäcker*, Gesprächsbuch, 1992, 152. Vgl. auch *von Arnim*, Die Partei, der Abgeordnete und das Geld, 1991, 118 f. Zum Bild des »Schlaraffenlands« im Zusammenhang mit der Parteienfinanzierung schon *von Arnim*, Machtkampf im Schlaraffenland, in: Die Zeit vom 2. 12. 1988.

8 *von Weizsäcker*, a.a.O.

9 Zitiert in *Ulrich Dübber*, Geld und Politik, 1970, 97.

10 BVerfGE 6, 273 (279-281).

11 BVerfGE 8, 51.

12 Das Gericht ging davon aus, »daß der Staat mittelbar in Höhe des ihm verlorengehenden Steueranteils an der Finanzierung der politischen Parteien teilnimmt« (BVerfGE 8, 51 [62]). Dies sei aber nicht verboten. »Wegen der zentralen Stellung, die die Parteien im gesamten Verfassungsleben heute einnehmen und die in den Wahlen besonders sichtbar wird, hat das Bundesverfassungsgericht ihnen organschaftliche Funktionen im inneren Bereich des Verfassungslebens zuerkannt und ihnen für die Geltendmachung ihrer Rechte im Wahlverfahren den Weg des Organstreits eröffnet.« (BVerfGE 4, 27 [30]) Und dann fährt das Gericht fort: »Da die Abhaltung von Wahlen eine öffentliche Aufgabe ist und den Parteien bei der Durchführung dieser Aufgabe von Verfassungs wegen eine entscheidende Rolle zukommt, muß es auch zulässig sein, nicht nur für die Wahlen selbst, sondern auch für die die Wahlen tragenden politischen Parteien finanzielle Mittel von Staats wegen zur Verfügung zu stellen.« (BVerfGE 8, 51 [63]). Diese

zunächst auf die grundsätzliche verfassungsrechtliche Zulässigkeit einer *indirekten* Staatsfinanzierung durch Steuerverzicht bezogenen Aussagen hat das Gericht im Jahre 1961 ausdrücklich auch auf die *direkte* Staatsfinanzierung bezogen (BVerfGE 12, 276 [280]), die damals allerdings erst 5 Millionen Mark jährlich betrug.

13 *Heiko Faber,* Parteifinanzierung und Grundgesetz, 1966, 57; *Dübber,* Geld und Politik, 1970, 94.

14 *Heiko Plate,* a.a.O.

15 Entwurf eines Parteiengesetzes der Fraktionen der CDU/CSU und der FDP vom 17. 12. 1964, Bundestagsdrucksache IV/2853.

16 *Ulrich Dübber,* Geld und Politik, 1970, 91.

17 Unter Einschluß der 1959 in Nordrhein-Westfalen in den Haushaltsplan eingestellten zusätzlichen eine Million Mark für die dortigen Parteien ergibt sich für dieses Jahr eine Staatsfinanzierung von sechs Millionen Mark.

18 BVerfGE 20, 1 (5 ff.). Dazu die ausführliche Dokumentation bei *Heinz Laufer,* Verfassungsgerichtsbarkeit und politischer Prozeß, 1968, 516 ff.

19 BVerfGE 20, 56 (114): »Der Wahlkampf setzt voraus, daß die Wahl nahe bevorsteht; er ist zeitlich begrenzt.«

20 BVerfGE 20, 56 (102).

21 BVerfGE 24, 300 (348 f.). Die Auffassung, der erstattungsfähige Wahlkampf beziehe sich nur auf die der Wahl nahe vorausliegende Zeit, wird vom Gericht stillschweigend aufgegeben, indem auch langfristige Wahlvorbereitungen einbezogen werden, die »schon in den Jahren vor der Wahl« anfallen.

22 BVerfGE 24, 300 (339). Jedenfalls wurde das Bundesverfassungsgericht in der Literatur im Sinne einer solchen Begrenzung verstanden: Bericht der (ersten) Parteienfinanzierungskommission, 1983, 209; *Kaack,* Anhörung des Innenausschusses des Deutschen Bundestages vom 21. 11. 1983, 117 f.; *von Arnim,* Die neue Parteienfinanzierung, 1989, 65 ff., *ders.,* Die Partei, der Abgeordnete und das Geld, 1991, 62.

23 BVerfGE, 24, 300 (305 f.).

24 *Heino Kaack,* Anhörung des Innenausschusses des Deutschen Bundestages am 21. 11. 1988, Stenographisches Protokoll, 117.

25 *Rupert Breitling,* Offene Partei- und Wahlfinanzierung, Politische Vierteljahresschrift 1968, 223 (224): »Rechnet man die 2,50 Mark auf gleiche Jahresbeträge um, so würden die Ansprüche an den Bundeshaushalt nach dem Parteiengesetz von bisher 38 Millionen Mark p.a. auf ca. 28 Millionen Mark ermäßigt«.

26 Näheres bei *Dübber,* Geld und Politik, 1970, 102 f.

27 Bericht 210 f.

28 *Kaack,* Vortrag vor der Deutschen Vereinigung für Parlamentsfragen am 22. 6. 1983, Stenographische Niederschrift, 4 (16 f.).

29 *Kurt H. Biedenkopf,* Zeitsignale, 1989, 249.

30 *von Arnim,* Die Partei, der Abgeordnete und das Geld, 1991, 232 f.

31 *Ilona Klein,* Die Bundesrepublik als Parteienstaat, 1991, 280.

32 Zum Beispiel *Biedenkopf,* a.a.O.; *Richard von Weizsäcker,* Gesprächsbuch, 1992, 146 f.

33 *Rupert Breitling,* Offene Partei- und Wahlfinanzierung, Politische Vierteljahresschrift 1968, 223 (224).

34 *Rolf Groß,* Zum neuen Parteienrecht, Die Öffentliche Verwaltung 1968, 80 (81).

35 *Ilona Klein,* a.a.O., 285. Vergleiche auch *Dieter Grimm,* Die politischen Parteien, in: *Benda/Maihofer/Vogel* (Hg.), Handbuch des Verfassungsrechts, 1983, 317 (370): Die Parteien pflegen mit ihrer verfassungsrechtlichen Anerkennung »und dem im Wege der Selbstcharakterisierung beschlossenen Aufgabenkatalog des § 1 Parteiengesetz zu wuchern«, »wenn es um die Ausweitung von Privilegien geht«. Ferner *Heinrich Oberreuter,* Die Macht der Parteien, in: Emil Hübner/Heinrich Oberreuter (Hg.), Parteien in Deutschland 1992, 187 (204): »Rechtstitel für weitreichende Aktivitäten ... Aufgaben und Rechtspflichten, die öffentliche Zuwendungen legitimieren.«

36 Bericht, 1983, 52–56. Dazu kritisch bereits *von Arnim,* Aktuelle Probleme der Parteienfinanzierung, September 1983 (Nr. 18 der Stellungnahmen des Karl-Bräuer-Instituts des Bundes der Steuerzahler), 21 f.; *ders.,* Die Partei, der Abgeordnete und das Geld, 1991, 232 f.

37 Dazu *Gerhard Konow,* Verfassungsrechtliche Fragen zum Parteiengesetz, Die Öffentliche Verwaltung 1968, 73 (74).

38 Dazu kritisch *Ernst Friesenhahn,* Die verfassungsrechtliche Stellung der Parteien in der Bundesrepublik Deutschland, Zeitschrift für Schweizerisches Recht 1968, 245 (263); *Ilona Klein,* a.a.O., 283 f. m.w.N.

39 BVerfGE 20, 56 (113).

40 BVerfGE 73, 1 (31 f.).

41 BVerfGE 73, 1 (33 f.).

42 Näheres unter IV.

43 So auch Parteienfinanzierungskommission 1993, Empfehlungen, 2. Kapitel, I (BT-Drs. 12/4425, S. 14).

44 *Pestalozza,* Die Selbstamnestie, Juristenzeitung 1984, 559.

45 Vgl. Bericht des Innenausschusses vom 29. 11. 1983, BT-Drucks. 10/697, 10.

46 Stenographisches Protokoll über die 12. Sitzung des Innenausschusses des Deutschen Bundestages am 9.11.1983, Protokoll Nr. 12 (hier: Sachverständigen-Anhörung).

47 So *von Arnim*, Sachverständigen-Anhörung, 14 ff., 64 ff., 86 ff., 125 ff.; *Seifert*, ebenda, 20 ff., 63 f., 153 ff.; *Isensee*, ebenda, 108. Demgegenüber verteidigte *Hans-Peter Schneider* als Mitglied der Kommission die auf deren Bericht aufbauende Neuregelung: 76ff., 79ff.; gleicher Ansicht *Friauf*, ebenda, 93 ff., der allerdings ein »verfassungsrechtliches Restrisiko« nicht ausschließen mochte.

48 Vgl. die zweite und dritte Beratung des Gesetzentwurfs im Bundestag am 1. 12. 1983, Plenarprotokoll 10/40, S. 2713 ff.

49 35. Gesetz zur Änderung des Grundgesetzes vom 21. 12. 1983 (BGBl. I S. 1481); Gesetz zur Änderung des Parteiengesetzes und anderer Gesetze vom 22. 12. 1983 (BGBl. I S. 1577).

50 Art. II und Art. 9 der in der vorangehenden Fußnote genannten Gesetze.

51 Vgl. Abg. *Schily* bei der ersten Beratung des Gesetzentwurfs am 24. 6. 1983, Plenarprotokoll 10/17, S. 1152 ff.; Abg. *Fischer* und Abg. *Schily* bei der zweiten und dritten Beratung am 1. 12. 1983, Plenarprotokoll 10/40, S. 2713 f., 2722 ff.

52 Den Antrag erhoben sowohl die Partei der Grünen als auch ein einzelnes Mitglied.

53 § 22 a PartG i.d.F. des Änderungsgesetzes vom 22. 12. 1988, BGBl.

54 Näheres sogleich unter 2.

55 Die Einzelheiten sind in meiner Schrift »Die neue Parteienfinanzierung«, 1989, behandelt.

56 Zum politischen Zusammenhang zwischen Chancenausgleich und Sockelbetrag *von Arnim*, Die neue Parteienfinanzierung, 1989, 81 ff.

57 Dazu *von Arnim*, Die Partei, der Abgeordnete und das Geld, 1991, 304 ff.

58 Dies beruht zu einem guten Teil auf der Übergangsregelung des § 39 I 1 PartG n.F. Vgl. dazu *von Arnim*, Die neue Parteienfinanzierung, 1989, 28 f.

59 *Hans H. Klein*, Parteien sind gemeinnützig – das Problem der Parteienfinanzierung, NJW 1982, 735-737.

60 BVerfGE 73, 40 II (64).

61 Vgl. *von Arnim*, Die neue Parteienfinanzierung, 1989, 128 ff., 133 f.

62 BT-Drs. 11/2421. Vgl. zum Gesetzgebungsverfahren auch *Göttrik Wewer*, Wieder mehr Geld für die Parteien: Die Novellierung der Novellierung des Parteiengesetzes, Gegenwartskunde 1/1989, S. 77 ff.

63 Vgl. Der Spiegel Nr. 24/1988 vom 13. 6. 1988, S. 18ff. und Nr. 25/1988 vom 20. 6. 1988, S. 28 ff.

64 BVerfGE 73, 40.

65 So *Robert Leicht*, Dreister Zugriff. Wie die Parteien sich bedienen, Die Zeit Nr. 26 vom 24. 6. 1988. Vgl. auch Der Spiegel Nr. 24/1988, a.a.O.

66 Deutscher Bundestag, 11. Wahlperiode, 100. Sitzung vom 13. 10. 1988, Protokoll 6853–6866.

67 Überblick über die Pressekritik bei *Wewer*, Gegenwartskunde 1/1989, 77 (78 ff.).

68 *von Arnim*, Stellungnahme zur geplanten Änderung der Parteienfinanzierung im Herbst 1988 vom 17. 11. 1988, wiedergegeben in der Niederschrift der Anhörung des Innenausschusses vom 21. 11. 1988 (Anhörung 190–274); vgl. auch schon Der Spiegel Nr. 45/1988 vom 7. 11. 1988, S. 25 f.

69 Stenographisches Protokoll über die 36. Sitzung des Innenausschusses am 21. November 1988.

70 Dazu kritisch *von Arnim*, Stellungnahme vom 17. 11. 1988, S. 24 f. (Anhörung 222 f.). Vgl. auch Der Spiegel Nr. 45/1988 vom 7.11.1988, S. 25 (26).

71 Dazu *von Arnim*, Stellungnahme vom 17. 11. 1988, S. 12 (Anhörung 210). Vgl. auch Der Spiegel Nr. 45/1988 vom 7. 11. 1988, S. 25 (26).

72 Dazu *von Arnim*, Stellungnahme vom 17. 11. 1988, S. 8, 25 (Anhörung 206, 223).

73 Dazu *von Arnim*, Stellungnahme vom 17. 11. 1988, S. 9 f.(Anhörung 207 f.).

74 *Bernrath*, Deutscher Bundestag vom 9. 12. 1988, Protokoll 8595; *Lüder*, Protokoll 8598; *Conradi*, Protokoll 8606. Vgl. dazu auch unter Polemik gegen die Kritiker, S. 268 ff.

75 Vgl. die Tagespresse vom 18.11.1988 (wobei die Berichte fast durchweg auf Seite 1 plaziert und häufig mit Kommentar versehen waren). Vgl. auch schon Der Spiegel Nr. 45/1988 vom 7. 11. 1988, S. 25.

76 Vgl. die Tagespresse vom 22. 11. 1988.

77 Dazu sogleich.

78 *von Arnim*, Die neue Parteienfinanzierung, 1989, 71 ff.

79 *Kaltefleiter*, Anhörung 19 ff.

80 Dazu der Spiegel Nr. 45/1988 vom 7. 11. 1988, S. 25 (26). Fünf der ursprünglich neun geladenen Sachverständigen sagten ab.

81 Vgl. Tagespresse vom 23. 11. 1988, z. B. Neue Osnabrücker Zeitung.

82 Vgl. Tagespresse vom 3. 12. 1988, z. B. Frankfurter Allgemeine Zeitung, Stuttgarter Zeitung.

83 Vgl. die Tagespresse vom 3. 12. 1988.

84 Zuständig für die Regelung der Wahlkampfkostenerstattung auch in den Bundesländern ist nach Art. 21 III GG der Bundesgesetzgeber, soweit er nicht gem. Art. 71 GG die Länder ermächtigt. § 22 PartG enthält eine solche Ermächtigung.

85 *von Arnim*, Interview durch den Kölner Express vom 3. 12. 1988 und Interview durch den Hessischen Rundfunk am 5. 12. 1988.

86 *von Arnim*, Stellungnahme zur Neuregelung der Parteienfinanzierung. Stand: 5. 12. 1988. Vgl. dazu die Tagespresse vom 8. 12. 1988.

87 Vgl. auch Bericht des Innenausschusses vom 8. 12. 1988, BT-Drs. 11/3697, S. 8 f.

88 Der Spiegel Nr. 50/1988 vom 12. 12. 1988, S. 26. Vgl. z.B. auch Frankfurter Rundschau vom 8. 12. 1988, S. 1: »Professor Hans Herbert von Arnim aus Speyer ... hatte in einer den Bundestagsparteien zugeschickten Stellungnahme darauf aufmerksam gemacht, daß sich die Parteien mit dem von ihnen jetzt neu eingeführten ›Sockelbetrag‹ doppelt bedient hätten.« Stuttgarter Zeitung vom 10. 12. 1988, S. 2: »Auf Druck des Bundes der Steuerzahler änderten die Parteien in letzter Minute auch noch ihre Absicht, den Sockelbetrag für die laufende Legislaturperiode in voller Höhe auszubezahlen, obwohl zwei Jahre dieser Wahlperiode bereits verstrichen sind.«

89 So jetzt § 18 VIII und § 22a VI PartG.

90 Bericht des Innenausschusses vom 8.12.1988, BT-Drs. 11/3697.

91 Protokoll 8553–8556.

92 BVerfGE 40, 296 (327).

93 Dazu näher *von Arnim*, Macht macht erfinderisch. Der Diätenfall: ein politisches Lehrstück, 1988, 153 ff.

94 Dazu gehören Zweifel an der Berechnung des Sockelbetrages (*von Arnim*, Die neue Parteifinanzierung, 1989, 59 ff.), eine problematische Anhebung der Obergrenzen für den Chancenausgleich (a.a.O., 43 f.) und die versäumte Senkung der Obergrenzen für den Sockel für die Bundestagswahl 1990, die dazu führte, daß die Halbierung des Sockels für kleine Parteien unter 7,5 Prozent der Stimmen leerlief und diese bis zum Doppelten der an sich für sie vorgesehenen Mittel erhielten (a.a.O., 61 ff.).

95 Protokoll 8615.

96 Vgl. die Erklärungen der Abgeordneten *Dr. Struck* und *Catenhusen* (beide SPD), die sich der Stimme enthielten, weil sie verfassungsrechtliche Bedenken gegen die Einführung des Sockelbetrages und die Heraufsetzung der Publizitätspflicht für Spenden hatten (Protokoll 8617); ferner die Erklärungen der Abgeordneten Frau *Dr. Adam-Schwaetzer* und Frau *Dr. Hamm-Brücher* (beide FDP), die sich gegen die Einführung des Sockelbetrages vor Überprüfung durch eine Sachverständigen-Kommission des Bundespräsidenten wandten, für sparsamere Wahlkämpfe eintraten und deshalb dem Gesetz nicht zustimmten (Protokoll 8617); weiter die Stellungnahme des früheren SPD-Schatzmeisters *Wischnewski*, der in einem Brief an den Fraktionsvorsitzenden *Dr. Vogel* seine Ablehnung des Gesetzes folgendermaßen begründete: »Wegen des gesunkenen Ansehens der Parteien könne

man jetzt nicht dieses Gesetz verabschieden, zumal die Parteien darauf verzichtet hätten, zuvor ernsthafte Verhandlungen über eine Ein-
grenzung und Senkung ihrer Wahlkampfkosten zu führen. Die Partei-
en veränderten mit diesem Gesetz immer mehr ihren Charakter, sie
würden immer mehr zu Behörden« (zitiert nach Frankfurter Allgemeine Zeitung vom 10. 12. 1988); schließlich die Verweigerung der
Zustimmung durch den Abgeordneten *Dr. de With* (SPD), der in einer
sorgfältig begründeten Erklärung verfassungsrechtliche Bedenken
gegen die Ausgestaltung des Sockelbetrages geltend machte (Protokoll 8689).

97 Oben S. 261.

98 Oben S. 264.

99 Vgl. auch die Kritik des Abg. *Conradi*, Protokoll 8606: »Das Parlament
ist kein Vollzugsorgan von Schatzmeister-Runden«.

100 Abg. *Bernrath*, Protokoll 8595.

101 Abg. *Lüder* (FDP), Protokoll 8598.

102 Abg. *Conradi* (SPD), Protokoll 8606.

103 BVerfGE 40, 296 (327).

104 Protokoll 8609.

105 Süddeutsche Zeitung vom 9.12.1988. »Die Presse« war zu einem guten
Teil durch die Sachanalysen des Verfassers unterrichtet worden.

106 BVerfGE 85, 264.

107 Tagespresse vom 10. 4. 1992 und den folgenden Tagen.

108 BVerfGE 85, 264 (286).

109 BVerfGE 85, 264, Leitsatz 1.

110 BVerfGE 85, 264 (283).

111 So schon *von Arnim*, Parteienfinanzierung, 1982, 49 ff. m.w.N.; *Jörn
Ipsen*, Steuerbegünstigung und Chancenausgleich, Juristen-Zeitung
1984, 1060 (1064).

112 *von Arnim*, Verfassungsfragen der Parteienfinanzierung (Teil 2), Juristische Arbeitsblätter 1985, 207 (213 f. m.w.N.).

113 BVerfGE 85, 264 (290).

114 BVerfGE 85, 264 (291).

115 *von Arnim*, Die Partei, der Abgeordnete und das Geld, 1991, 291.

116 BVerfGE 85, 264 (292).

117 BVerfGE 85, 264 (293).

118 Parteienfinanzierungskommission 1993, Empfehlungen, Abweichende Meinung, E IV 1 (BT-Drs. 12/4425, S. 54).

119 BVerfGE 85, 264 (294 f.).

120 BVerfGE 85, 264 (296, 298 ff.). So schon *von Arnim*, Die neue Parteienfinanzierung, 1989, 33 f.; *ders.*, Die Partei, der Abgeordnete und
das Geld, 1991, 47 ff.

121 BVerfGE 85, 264 (313).

122 BVerfGE 85, 264 (314 ff.). So schon *von Arnim*, Aktuelle Probleme der Parteienfinanzierung. Stellungnahme zum Entwurf eines Gesetzes über die Neuordnung der Parteienfinanzierung vom 21. 6. 1983 (BT-Drs. 10/183), September 1983 (Nr. 18 der Reihe »Stellungnahmen« des Karl-Bräuer-Instituts des Bundes der Steuerzahler), 15 f.; *ders.* Verfassungsfragen der Parteienfinanzierung (Teil 1), Juristische Arbeitsblätter 1985, 121 (126 ff.).

123 So besonders *von Arnim* (vorangehende Fußnote) gegen den Bericht der (ersten) Parteienfinanzierungskommission (Bericht zur Neuordnung der Parteienfinanzierung. Vorschläge der vom Bundespräsidenten berufenen Sachverständigen-Kommission, 1983).

124 Der Spiegel Nr. 30/1983 vom 25. 7. 1983, S. 27–32.

125 Die Wette war im »Spiegel« allerdings nicht mehr abgedruckt worden.

126 BVerfGE 85, 264 (316).

127 BVerfGE 85, 264 (316).

128 BVerfGE 85, 264 (323). So auch schon *von Arnim*, Die neue Parteienfinanzierung, 1989, 84 ff. mit weiteren Nachweisen.

129 *Göttrik Wewer*, Plädoyer für eine integrierende Sichtweise von Parteien-Finanzen und Abgeordneten-Alimentierung, in: *ders.* (Hg.), Parteienfinanzierung und politischer Wettbewerb, 1990, 420 (443ff.); *Christine Landfried*, Parteifinanzen und politische Macht, 1990, 143 ff.; *Ernst Gottfried Mahrenholz*, Bundesverfassungsgericht und Parteienstaatlichkeit, in: Klaus Stern (Hg.), 40 Jahre Grundgesetz, 1990, 93 (100 ff.); *von Arnim*, Die Partei, der Abgeordnete und das Geld, 1991, 22ff.

130 BVerfGE 85, 364 (325 f.).

131 BVerfGE 85, 264.

132 Davon geht auch die Parteienfinanzierungskommission 1993 aus. Sie hatte »Vorschläge für eine künftige Regelung der mit der Parteienfinanzierung zusammenhängenden Fragen zu erarbeiten« (BT-Drs. 12/4425, S. 7) und dazu mit Recht auch die Fraktionen, Parteistiftungen und Abgeordnetenmitarbeiter gerechnet.

133 Auch das Bundesverfassungsgericht hat in seinem sog. Stiftungsurteil von 1986 (BVerfGE 73, 1 [37]) anerkannt, daß die Arbeit der Stiftungen »der ihr jeweils nahestehenden Partei in einem gewissen Maße zugute« kommt.

134 Während die Finanzierung der Abgeordneten gesetzlich geregelt ist, trifft dies für die der Abgeordnetenmitarbeiter regelmäßig noch nicht zu. Die Bewilligung erfolgt vielmehr regelmäßig nur im Haushaltsplan.

135 *Ulrich Dübber*, Geld und Politik, 1970, 103.

136 Quelle: Statistisches Bundesamt, Fachserie 17, Preise, Reihe 7, Preise

und Preisindizes für die Lebenshaltung, Dezember 1992, S. 4. Für 1992 Schätzung.

137 Bruttoeinkommen aus unselbständiger Arbeit monatlich je durchschnittlich beschäftigten Arbeitnehmer; Quelle: Statistisches Bundesamt, Fachserie 18, Volkswirtschaftliche Gesamtrechnungen, Reihe S. 14, Erste Ergebnisse der Revision 1960 bis 1990, 1991. Für 1991 und 1992 Schätzung.

138 Quelle: Jahresgutachten des Sachverständigenrates zur Begutachtung der gesamtwirtschaftlichen Entwicklung 1991/92, BR-Drs. 808/92 v. 19. 11. 1992, S. 304. Für 1992 Monatsberichte der Deutschen Bundesbank, Januar 1992, S. 78*.

139 Zählte man die einigungsbedingten Steigerungen und die zweckgebundenen Zuwendungen an die Parteistiftungen nicht mit, so ergäbe sich ein Wert von ca. 800 Millionen Mark und damit eine Steigerung von 596 Prozent. Das wäre ebenfalls eine sehr viel größere Steigerung als bei den genannten wirtschaftlichen Vergleichsgrößen.

140 *Alexander*, Money and politics: rethinking a conceptual framework, in: *ders.* (Hg.), Comparative Political Finance in the 1980s, 1989, 9 (22).

141 Von einer Mark auf vier Mark je Wahlberechtigten.

142 Von 25 Pfennig auf vier Mark je Wahlberechtigten.

143 BVerfGE 20, 56 (104).

144 BVerfGE 80, 188 (231).

145 BVerfGE 80, 188 (205).

146 *Udo Müller*, Fraktionsfinanzierung unter Kontrolle der Rechnungshöfe, Neue Juristische Wochenschrift 1990, 2046 (2048).

147 Empfehlungen der vom Bundespräsidenten berufenen Kommission unabhängiger Sachverständiger zur Finanzierung der Parteien, 1993, 6. Kapitel III (BT-Drs. 12/4425, S. 34).

148 BVerfGE 80, 188 (214).

149 6. Kapitel IV, VI 3 (BT-Drs. 12/4425, S. 34, 36).

150 *von Arnim*, Die Partei, der Abgeordnete und das Geld, 1991, 82 ff., 123 ff.; *Hans Apel*, Die deformierte Demokratie, 1991, 193 ff.

151 Gesetz zur Rechtsstellung und Finanzierung der Fraktionen im Bayerischen Landtag (Bayerisches Fraktionsgesetz) vom 26. März 1992, GVBl. Nr. 5 1992, S. 39 (40).

152 Zwölftes Gesetz zur Änderung des Niedersächsischen Abgeordnetengesetzes vom 30. 11. 1992, Nieders.GVBl. 1992, S. 311. – In Thüringen war schon 1991 eine Regelung in § 41 des Abgeordnetengesetzes gekommen, die die exakten Beträge nennt, die die Fraktionen erhalten (Gesetz vom 13. 2. 1991, GVBl. S. 27).

153 Gesetz über die Rechtsstellung und die Finanzierung der Fraktionen im Landtag von Sachsen-Anhalt (Fraktionsgesetz SAn.) vom

     5. 11. 1992, GVBl. LSA Nr. 45 1992, S. 768.

154 So bisher in Berlin, Hessen und Nordrhein-Westfalen.

155 So auch Parteienfinanzierungskommission 1993, Empfehlungen, 6. Kapitel, IV (BT.Drs. 12/4425, S. 34).

156 § 41 Abgeordnetengesetz Thüringen.

157 § 31 Abgeordnetengesetz Niedersachsen.

158 *von Arnim*, Fraktionsfinanzierung ohne Kontrolle?, 1987, 26 ff.; *ders.*, Zur »Wesentlichkeitstheorie« des Bundesverfassungsgerichts. Einige Anmerkungen zum Parlamentsvorbehalt, Deutsches Verwaltungsblatt 1987, 1241 (1245 ff. mit weiteren Nachweisen).

159 Parteienfinanzierungskommission 1993, Empfehlungen, 6. Kapitel, VI 2; 8. Kapitel, II 2 (BT-Drs. 12/4425, S. 36, 40).

160 BVerfGE 80, 188 (214 f.).

161 So auch Parteienfinanzierungskommission, a.a.O.

162 Ähnlich auch die Parteienfinanzierungskommission 1993, 6. Kapitel, VI 2 (BT-Drs. 12/4425, S. 36).

163 Die Konrad-Adenauer-Stiftung ging aus der Politischen Akademie Eichholz e.V. hervor, die es seit 1958 gab und die ihrerseits aus der 1956 gebildeten Gesellschaft für Christlich-Demokratische Bildungsarbeit e.V. entstanden war. In die Konrad-Adenauer-Stiftung ging noch das Institut für Internationale Solidarität ein, das 1962 gegründet worden war.

164 Näheres über die etablierten Parteistiftungen BVerfGE 73, 1 (2–12); *Henning von Vieregge*, Die Partei-Stiftungen: Ihre Rolle im politischen System; in: Göttrik Wewer (Hg.) Parteienfinanzierung und politischer Wettbewerb, 1990, 164 ff.

165 *Rudolf Wildenmann*, Volksparteien – ratlose Riesen, 1989, 113 f.; Wildenmann bezieht in seine Darstellung der Aufgaben der Parteistiftungen allerdings die Friedrich-Naumann-Stiftung wegen ihrer zum Teil andersartigen Stellung in der FDP nicht ein.

166 Derzeit erhalten die Stiftung Regenbogen 5,5 Prozent des Gesamtansatzes, die »Stiftungen« der etablierten Parteien den »Rest«, aufgeteilt im Verhältnis 2:2:1:1. Parteienfinanzierungskommission 1993, 7. Kapitel III (BT-Drs. 12/4425, S. 37).

167 *von Arnim*, Verfassungsfragen der Parteienfinanzierung, Juristische Arbeitsblätter 1985, 207 (208 ff.); *Jürgen Ockermann*, Die staatliche Finanzierung parteinaher bzw. parteibeeinflußter Organisationen im Lichte der Wesentlichkeitstheorie, Zeitschrift für Rechtspolitik 1992, 323.

168 BVerfGE 73, 1 (39).

169 Parteienfinanzierungskommission 1993, Empfehlungen, 8. Kapitel II 3 (BT-Drs. 12/4425, S. 41).

170 So die Abweichende Meinung des Verfassers, Empfehlungen der Parteienfinanzierungskommission 1993, E IV 3 (BT-Drs. 12/4425, S. 56).

171 Zur Problematik generell *von Arnim*, Finanzzuständigkeit, in: Isensee/Kirchhof (Hg.), Handbuch des Staatsrechts, Bd. IV, 1990, 987 ff.

172 BVerfGE 73, 1 (BT-Drs. 12/4425, S. 56).

173 Das Bundesverfassungsgericht hat die Frage ausdrücklich offengelassen (BVerfGE 73, 1 [29]). Dieses Urteil des zuständigen Zweiten Senats des Bundesverfassungsgerichts erfolgte aber in derselben personellen Besetzung und in demselben Geist wie das gleichzeitig ergangene Parteienfinanzierungsurteil von 1986, das den Chancenausgleich und die immens hohen steuerlichen Begünstigungen von Parteispenden verfassungsrechtlich abgesegnete. Beides (und noch einiges mehr) hat der Zweite Senat aber in seinem Urteil vom 9. 4. 1992 in neuer Besetzung und mit neuem (durch die berechtigte öffentliche Kritik offensichtlich nicht unbeeinflußten) Geist für verfassungswidrig erklärt. Es ist deshalb zu erwarten, daß das Gericht in einem eventuellen neuen Urteil zu den Parteistiftungen auch diese sehr viel konsequenter als noch 1986 überprüfen würde.

174 Parteienfinanzierungskommission 1993, 8. Kapitel, II 3 (BT-Drs. 12/4425, S. 41).

175 So auch die Kritik in meinem abweichenden Votum, Parteienfinanzierungskommission 1993, E IV 3 (BT-Drs. 12/4425, S. 56).

176 Vgl. schon *von Arnim*, Parlamentsreform, Heft 16 der Schriftenreihe des Karl-Bräuer-Instituts des Bundes der Steuerzahler, 1970, 32 ff.

177 *Heide-Karen Hirsch*, Die persönlichen parlamentarischen Mitarbeiter der Bundestagsabgeordneten, ZParl 1981, 203; *Werner Stolz*, Die persönlichen Mitarbeiter der Bundestagsabgeordneten – ein neues Feld verdeckter Parteienfinanzierung?, ZRP 1992, 372; *Hans Apel*, Die deformierte Demokratie, 1991, 275 ff.

178 *Stolz*, a.a.O., 375.

179 Mitglieder der Kommission sind (in alphabetischer Reihenfolge): Hans Herbert von Arnim (Hochschule für Verwaltungswissenschaften Speyer), Ernst Breit (früherer Vorsitzender des Deutschen Gewerkschaftsbundes), Wolfgang Kartte (früherer Präsident des Bundeskartellamts), Siegfried Mann (früherer Hauptgeschäftsführer des Bundesverbandes der Deutschen Industrie), Hans-Peter Schneider (Universität Hannover), Horst Sendler (ehemaliger Präsident des Bundesverwaltungsgerichts [Vorsitzender]), Klaus Stern (Universität Köln).

180 Oben A IV.

181 So auch die Abweichende Meinung des Verfassers. Parteienfinanzierungskommission 1993, E I und IV 1 (BT-Drs. 12/4425, S. 54): 60 Pfen-

nig je Wählerstimme und 20 Pfennig je Zuwendungsmark. Das ergäbe eine Staatsfinanzierung, die zunächst einmal etwa 25 Prozent unter der Obergrenze bliebe. Durch die in dem doppelten Anreizeffekt liegende Ausweitung der Zuwendungen könnte dieser Ausfall aber voraussichtlich wieder wettgemacht werden.

182 Parteienfinanzierungskommission 1993, 8. Kapitel (BT-Drs. 12/4425, S. 39).

183 Parteienfinanzierungskommission 1993, Empfehlungen, 4. Kapitel, I 2 b (BT-Drs. 12/4425, S. 22).

184 Empfehlungen der Kommission 1993, Abweichende Meinung, E I und IV 2 (BT-Drs. 12/4425, S. 51, 55).

185 Pressemitteilung der SPD Nr. 98/93 vom 17.2.1993.

186 Dazu Parteienfinanzierungskommission 1993, Abweichende Meinung des Kommissionsmitglieds von Arnim, E IV 4 (BT-Drs. 12/4425, S. 58).

187 4. Kapitel, II 5 und 6 (BT-Drs. 12/4425, S. 25, 26).

188 4. Kapitel, II 1 d und II 2 e (BT-Drs. 12/4425, S. 23, 24).

189 Bild-Zeitung vom 24.2.1993.

190 So auch *Richard von Weizsäcker,* Bild am Sonntag vom 28.2.1993; Frankfurter Allgemeine Zeitung vom 1.3.1993.

191 *von Arnim,* Parteienfinanzierung. Eine verfassungsrechtliche Untersuchung, Heft 52 der Schriftenreihe des Karl-Bräuer-Instituts des Bundes der Steuerzahler, 1982.

192 Z. B. *von Arnim,* Zweitbearbeitung des Art. 48 GG im Bonner Kommentar (1980).

193 *von Arnim,* Parteienfinanzierung, 1982, 46 ff., und durchgehend.

194 Kommission, Bericht, 175.

195 *von Arnim,* Parteienfinanzierung, 1982, 65 ff., 102 ff. m.w.N.

196 *Schulze-Fielitz,* Der informale Verfassungsstaat, 1984, 42 f.; *von Arnim,* Verfassungsfragen der Parteienfinanzierung (2 Teile), Juristische Arbeitsblätter 1984, 121 (126) und 207 (220).

197 *Heino Kaack,* in: WDR II Morgenmagazin vom 4.5.1984 (zitiert nach Schulze-Fielitz, Der informale Verfassungsstaat, 1984, 43).

198 Bericht der Kommission, 1983, 182ff.

199 Näheres oben S. 250 ff.

200 *von Arnim,* Zur Neuordnung der Parteienfinanzierung, Die Öffentliche Verwaltung 1983, 486; *ders.,* Zur Neuregelung der Parteienfinanzierung 1983, Reihe Kurzanalysen des Karl-Bräuer-Instituts des Bundes der Steuerzahler; *ders.,* Aktuelle Probleme der Parteienfinanzierung, Nr. 18 der Stellungnahmen des Karl-Bräuer-Instituts des Bundes der Steuerzahler, September 1983; *ders.,* Verfassungsfragen der Parteienfinanzierung (2 Teile), Juristische Arbeitsblätter 1985, 121ff. und 207ff.

201 *Jörn Ipsen*, Steuerbegünstigung und Chancenausgleich, Juristen-Zeitung 1984, 1060; *Michael Stolleis*, Parteienstaatlichkeit – Krisensymptome des demokratischen Verfassungsstaats?, Veröffentlichungen der Vereinigung der Deutschen Staatsrechtslehrer am 3.10.1985, Band 44 (1986), 7ff.

202 Stenographisches Protokoll über die 12. Sitzung des Innenausschusses des Deutschen Bundestags am 9. 11. 1983, Protokoll Nr. 12.

203 BVerfGE 73, 40. Dazu kritisch das Minderheitsvotum von *Böckenförde* (BVerfGE 40, 103) und z.B. *von Arnim*, Die Partei, der Abgeordnete und das Geld, 1991, 36 ff. m.w.N.

204 *von Arnim*, Die neue Parteienfinanzierung, 1989; *ders.*, Die Partei, der Abgeordnete und das Geld, 1991.

205 *Hans Hugo Klein*, Parteien sind gemeinnützig – das Problem der Parteienfinanzierung, Neue Juristische Wochenschrift 1982, 735. Dazu kritisch *von Arnim*, Parteienfinanzierung, 1982, 76 ff.

206 Das Werk wurde schließlich im Jahre 1990 veröffentlicht: *Göttrik Wewer* (Hg.), Parteienfinanzierung und politischer Wettbewerb, 1990; darin auf den Seiten 134 ff.; *von Anim*, Verfassungsfragen der Fraktionsfinanzierung im Bundestag und in den Landespartlarmenten.

207 Vgl. auch Der Spiegel Nr. 44/1987, S. 41.

208 Frankfurter Allgemeine Zeitung vom 21. 10. 1987: »Bundestag weist Kritik an Finanzgebaren zurück.«

209 BVerfGE 80, 188 (214).

210 BVerfGE 80, 188 (231).

211 Gesetz vom 26. 3. 1992 (BayGVBl S. 39), das rückwirkend zum 1. 1. 1992 in Kraft getreten ist.

212 BVerfGE 73, 1.

213 Z. B. *von Fürst*, Stenographisches Protokoll über die öffentliche Anhörung von Sachverständigen durch den Innenausschuß des Deutschen Bundestags vom 21. 11. 1988, S. 110a.

214 Das Urteil behandelte nur das Verhältnis von Stiftungen und ihren Mutterparteien und ließ andere Fragen ausdrücklich offen. Zusammenfassend *von Arnim*, Die Partei, der Abgeordnete und das Geld, 1991, 110 (115 f.).

8 Auswertung der Erfahrungen und institutionelle Vorschläge

1 *von Arnim*, Verfassungsfragen der Parteienfinanzierung, 2 Teile, Juristische Arbeitsblätter 1985, 121 ff.; 207 ff.; *ders.*, Die neue Parteienfinanzierung, 1989; jeweils mit weiteren Nachweisen.

2 *von Arnim*, Macht macht erfinderisch, 1988.

3   *von Arnim,* Macht zum eigenen Vorteil. Politikfinanzierung nach Han-
    seaten-Art, Die Zeit vom 12. 9. 1991; *ders.,* Geld läßt das Gewissen
    schweigen. Einige Lehren aus dem Hamburger Diätenfall, Frankfur-
    ter Allgemeine Zeitung vom 28. 9. 1991; *ders.,* Wie kommt ein Politiker
    schnell zu einer hohen Pension?, Frankfurter Rundschau vom 22. 11.
    1991; *ders.,* Wie der erfolgreiche Coup wiederholt werden soll, Frank-
    furter Rundschau vom 27. 11. 1991. Die Überschriften wurden jeweils
    von den Redaktionen formuliert.

4   *von Arnim,* Die finanziellen Privilegien von Ministern in Deutschland,
    1992.

5   *von Arnim,* Parteienfinanzierung, 1982, 75 ff., *ders.,* Staatslehre der
    Bundesrepublik Deutschland, 1984, 266 ff., 384 ff., 423 ff.; *Grimm,* Die
    politischen Parteien, in: Benda/Maihofer/Vogel (Hg.), Handbuch des
    Verfassungsrechts 1983, 317 (367 f.).

6   *Alexander von Brünneck,* Verfassungsgerichtsbarkeit in den westlichen
    Demokratien. Ein systematischer Verfassungsvergleich, 1992.

7   *Werner Schmidt-Hieber* (Oberstaatsanwalt) / *Ekkehard Kisswetter* (Rechts-
    anwalt), Parteigeist und politischer Geist in der Justiz, Neue Juristische
    Wochenschrift 1992, 1790 (1793). Beide nehmen allerdings ausdrück-
    lich den Verfasser dieses Buches aus: »den Hochschullehrer v. Arnim,
    der seit vielen Jahren einen erbitterten Kampf gegen die Raffgier der
    Parteien« führe.

8   Vorsichtige Zustimmung bei *Göttrik Wewer,* Politikwissenschaft und
    Zeitdiagnose in der Bundesrepublik Deutschland, Aus Politik und
    Zeitgeschichte B 46/89 vom 10. 11. 1989, S. 32 (38); *Stefan Immerfall,*
    Die letzte Dekade westdeutscher Parteienforschung – zur Analogie
    der Defizite von Parteien und Parteienforschung, Zeitschrift für Parla-
    mentsfragen 1992, 172 (188f.).

9   *von Arnim,* Zur normative Politikwissenschaft. Versuch einer Rehabi-
    litierung, Der Staat 1987, 477; *ders.,* Ist Staatslehre möglich? Anforde-
    rungen und Schwierigkeiten einer zeitgenössischen Staatslehre, Vor-
    trag auf dem 2. Grundfragen-Colloquium der Deutschen Gesellschaft
    für Politikwissenschaft am 6. 5. 1988 in Mannheim, abgedruckt zu-
    gleich in: Juristen-Zeitung 1989, 157ff. und in: Peter Haungs (Hg.),
    Wissenschaft, Theorie und Philosophie der Politik. Konzepte und Pro-
    bleme, Veröffentlichungen der Deutschen Gesellschaft für Politikwis-
    senschaft, Bd. 7, 1990, 309ff.

10 *Ernst Fraenkel,* Die Wissenschaft von der Politik und die Gesellschaft
    (1963), in: *Ders.,* Reformismus und Pluralismus, 1973, 337 (344).

11 BVerfGE 35, 79 (114).

12 *Klaus Vogel,* Veröffentlichungen der Vereinigung der Deutschen
    Staatsrechtslehrer, Bd. 27, 200 f. Weitere Fundierung bei *von Arnim,*

Gemeinwohl und Gruppeninteressen, 315–320; *ders.*, Staatslehre der Bundesrepublik Deutschland, 1984, 421 ff.; *Dietzel*, Wissenschaft und staatliche Entscheidungsplanung, 1978, 191 ff.; *Heilbronner*, die Freiheit der Forschung und Lehre als Funktionsgrundrecht, 1979.

13 *Richard von Weizsäcker*, Gesprächsbuch, 1992, 150.

14 *Lafontaine*, Wunschlos unglücklich? Von Politikern als Sündenböcken und Journalisten als Hütern der Demokratie, in: Gunter Hofmann/ Werner A. Perger (Hg.), Die Kontroverse. Weizsäckers Parteienkritik in der Diskussion, 1992, 103.

15 *Jürgen Busche*, Das war kein Heldenstück, Süddeutsche Zeitung vom 21. 1. 1993.

16 Typisch *Walter W. Weber*, Lafontaines vertane Chance, Saarbrücker Zeitung vom 21. 1. 1993 (in bezug auf die neuerliche Kritik des Spiegel und ihre Resonanz in anderen Medien an Lafontaine): »Denn die vernichtenden Urteile in den Kommentaren der Medien zwischen Kiel und Passau zielen zwar auf Lafontaine, treffen aber das Saarland.«

17 *Robert Leicht*, Als Einmann-Instanz gegen die Parteien. Hans Herbert von Arnim weist die Begehrlichkeit der Politiker in die Schranken, Die Zeit Nr. 2, 3. 1. 1992, S. 2. Ebenso Hans-Helmut Kohl, Ein deutscher Professor lichtet das politische Dickicht. Gefürchteter Kritiker an Ministergesetzen und Diätenregelungen: der Verwaltungsrechtler Hans Herbert von Arnim, Frankfurter Rundschau, 3. 8. 1992, S. 3.

18 *Stefan Immerfall*, Die letzte Dekade westdeutscher Parteienforschung zur Analogie der Defizite von Parteien und Parteienforschung, Zeitschrift für Parlamentsfragen 1992, 172 (189).

19 *Göttrik Wewer*, Politikwissenschaft und Zeitdiagnose in der Bundesrepublik Deutschland, Aus Politik und Zeitgeschichte B 46/89, S. 32 (38).

20 Oben S. 269.

21 Oben S. 109.

22 *Hans-Jochen Vogel*, Legitimation der Parlamente zur Entscheidung in eigener Sache, Vortrag auf der Fachtagung der Deutschen Gesellschaft für Gesetzgebung und des Landtags Rheinland-Pfalz am 26. 6. 1992 in Mainz.

23 *Hubert Kleinert*, Die Krise der Politik, Aus Politik und Zeitgeschichte B 34/92 vom 14. August 1992, 15 (24).

24 *Antje Vollmer*, Vom Menschenrecht, sich selbst zu schonen, Die Zeit Nr. 28 vom 3. 7. 1992, S. 4.

25 Vergleiche demgegenüber die klassischen Sätze von *Ernst Fraenkel* über die Aufgaben der Wissenschaft von der Politik, die oben bei Fußnote 10 zitiert sind.

26 *Peter Glotz*, Entscheidungsteilung, in: *von Weizsäcker*, Kontroversen, 1992, 170 (173).

27 Dies gilt regelmäßig auch für den finanziellen Status von Regierungs-
    mitgliedern. Dazu oben S. 124.

28 BVerfGE 85, 264 (292).

29 Vgl. BVerfGE 40, 296 (327).

30 *Rolf Zundel*, Das verarmte Parlament, 1980, 47 ff.

31 Deutscher Bundestag, 4. Wahlperiode, 122. Sitzung vom 15. 4. 1964,
    Protokoll 5777 f.

32 *Eschenburg*, Stuttgarter Zeitung vom 12. 5. 1961.

33 *Jaspers*, Wohin treibt die Bundesrepublik?, 1966, 128 ff.

34 *Klaus Stern*, Das Staatsrecht der Bundesrepublik Deutschland, Band I,
    2. Aufl. 1984, § 13 IV 1 (S. 456): »Parteien vertreten primär Partikular-
    interessen.«

35 BVerfGE 85, 264 (290).

36 *Wildenmann*, zum Beispiel in: Mühleisen (Hg.), Das Geld der Parteien,
    1986, 80 (82).

37 Zitiert nach *Dübber*, Geld und Politik, 1970, 97.

38 BVerfGE 20, 56 (108).

39 BVerfGE 40, 296.

40 *Hans Heinrich Rupp*, Legitimation der Parlamente zur Entscheidung in
    eigener Sache, Zeitschrift für Gesetzgebung 1992, 285 (288).

41 *Ernst-Rudolf Huber*, Deutsche Verfassungsgeschichte, Band III, 3. Aufl.,
    1988, 922.

42 Vgl. *Eschenburg*, Der Sold des Politikers, 1959, 58 f.; *von Arnim*, Bonner
    Kommentar, Zweitbearbeitung des Art. 48 GG (1980), Randnummern
    58 ff. m.w.N.

43 *Ernst-Rudolf Huber*, Dt. Verfassungsgeschichte, Band VI, 1981, 411 f.

44 *von Arnim*, Staatslehre der Bundesrepublik Deutschland, 1984, 50 ff.,
    512 ff.

45 *von Arnim*, Zur Wesentlichkeitstheorie des Bundesverfassungsgerichts,
    DVBl. 1987, 1241 ff. mit weiteren Nachweisen.

46 *Hans Heinrich Rupp/Hans-Jochen Vogel*, Zeitschrift für Gesetzgebung
    1992, 285 ff., 294 ff.

47 *von Arnim*, Die Verfallbarkeit von betrieblichen Ruhegeldanwartschaf-
    ten, 1970. (Das Manuskript wurde 1967/68 geschrieben.) *Ders.*, Rück-
    zahlungsklauseln bei sogenannten freiwilligen sozialen Leistungen
    des Arbeitgebers, Recht der Arbeit 1970, 257 ff.

48 *von Arnim*, Gemeinwohl und Gruppeninteressen. Die Durchsetzungs-
    schwäche allgemeiner Interessen in der pluralistischen Demokratie,
    1977.

49 Dazu etwa für den Fall der Subventionskontrolle Näheres bei *von
    Arnim*, Subventionen. Von den Schwierigkeiten der Subventionskon-
    trolle, Finanzarchiv 1986, 81 ff.

50 *von Arnim*, Parlamentsreform, 1970, 48 f. Vgl. auch *von Arnim*, Die Abgeordnetendiäten, 1974, 41 ff., 49.

51 *von Arnim*, Abgeordnetenentschädigung und Grundgesetz. Ein verfassungsrechtliches Gutachten über die finanziellen Privilegien der Parlamentsabgeordneten in Bund und Ländern, Heft 32 der Schriftenreihe des Karl-Bräuer-Instituts des Bundes der Steuerzahler, 1975, 70 ff.

52 Vgl. die ausführliche Wiedergabe des Gutachtens auf Seite 1 der Frankfurter Allgemeinen Zeitung vom 31. 10. 1975.

53 BVerfGE 40, 296 (327). Vgl. auch *von Arnim*, Zweitbearbeitung des Art. 48 GG im Bonner Kommentar (1980), Randnummern 85 ff.

54 Zunächst wurde der Begriff der Entscheidung in eigener Sache auf die Regelung der Parteien-, Fraktions- und Stiftungsfinanzierung ausgedehnt (*von Arnim*, Parteienfinanzierung, 1982, 46 ff.), was die Parteienfinanzierungskommission in ihrem Bericht von 1983 übernahm (Parteienfinanzierungskommission, Bericht, 1983, 175). Die Konzeption wurde dabei fortschreitend vertieft (*von Arnim*, Staatslehre der Bundesrepublik Deutschland, 1984, 389, 430, 482 f.; *ders.*, Staatliche Fraktionsfinanzierung ohne Kontrolle?, 1987, 23 ff.; *ders.*, Macht macht erfinderisch, 1988, 138 ff.; *ders.*, Die Partei, der Abgeordnete und das Geld, 1991, 230 ff. mit zahlreichen Belegen aus der Praxis; *ders.*, Die finanziellen Privilegien von Ministern in Deutschland, 1992, 21 ff.; *Henke*, Drittbearbeitung des Art. 21 GG, Randnummern 321 f.). Auch das Bundesverfassungsgericht machte den Gedanken 1992 ausdrücklich für die Parteienfinanzierung nutzbar und verallgemeinerte ihn zugleich für alle Fälle der Festlegung der Bezüge von Inhabern politischer Ämter (BVerfGE 85, 264 [291 f.]).

55 Parteienfinanzierungskommission 1993, Empfehlungen, Kapitel 8 (BT-Drs. 12/4425, S. 39).

56 Dazu *von Arnim*, Staatslehre der Bundesrepublik Deutschland, 1984, 245 ff.

57 *von Arnim*, Staatslehre der Bundesrepublik Deutschland, 1984; *ders.*, Staatsversagen: Schicksal oder Herausforderung? Aus Politik und Zeitgeschichte. Beilage zur Wochenzeitung Das Parlament vom 28. 11. 1987, S. 17.

58 *von Arnim*, Staatslehre der Bundesrepublik Deutschland, 1984, 512 ff.

59 BVerfGE 40, 296 (327).

60 *Albrecht Weber*, Direkte Demokratie im Landesverfassungsrecht, Die Öffentliche Verwaltung 1985, 178.

61 Frankfurter Allgemeine Zeitung vom 18. 5. 1978, S. 4.

62 Zur Verstärkung direkt-demokratischer Elemente in der Bundesrepublik generell *von Arnim*, Staatslehre der Bundesrepublik Deutschland,

1984, 512 ff.; *ders.*, Möglichkeiten unmittelbarer Demokratie auf Gemeindeebene, Die Öffentliche Verwaltung 1990, 85 ff.; jeweils m.w.N.

63 *Gerhard Schmid*, Diskussionsbeitrag, Veröffentlichungen der Vereinigung Deutscher Staatsrechtslehrer, Band 44, 135.

64 In der Schweiz tauchen umgekehrte Probleme auf. Vgl. *Schmid*, 135: Die Präventivwirkung der plebiszitären Institutionen bewirke, »daß wir auch das Vernünftige nur mit Mühe tun können«.

65 Vgl. *von Arnim*, Entmündigen die Parteien das Volk?, Aus Politik und Zeitgeschichte, Beilage 21/1990, S. 25–36.

66 Zusammenfassung in *von Arnim*, Die Partei, der Abgeordnete und das Geld, 1991, 251 ff.

67 Näheres bei *von Arnim*, Zur Wesentlichkeitstheorie des Bundesverfassungsgerichts, Deutsches Verwaltungsblatt 1987, 1241 (1245 ff.); ähnlich Parteienfinanzierungskommission, Empfehlungen, Kapitel 8, II (BT-Drs. 12/4425, S. 40 ff.).

68 *von Arnim*, Macht macht erfinderisch, 1988, 153 ff.; Parteienfinanzierungskommission 1993, Empfehlungen, Kapitel 8, III (BT-Drs. 12/4425, S. 39).

69 *Wilhelm Henke*, Drittbearbeitung des Artikels 21 GG (1991), Rn 322.

70 *von Arnim*, Verdienen die Politiker, was sie verdienen?, Frankfurter Allgemeine Zeitung vom 16. 6. 1992.

71 So auch Parteienfinanzierungskommission 1993, Empfehlungen, Kapitel 8, VI 1 (BT-Drs. 12/4425, S. 39).

72 *Hans-Jochen Vogel*, Entscheidungen des Parlaments in eigener Sache, Zeitschrift für Gesetzgebung 1992, 293.

73 *Hildegard Krüger*, Die Diäten der Bundestagsabgeordneten, Deutsches Verwaltungsblatt 1964, 220.

74 *Julius Hatschek*, Das Parlamentsrecht des Deutschen Reiches, 1. Teil, 1915, 627 f.

75 *von Arnim*, Zweitbearbeitung des Art. 48 GG im Bonner Kommentar (1980), Rn 87.

76 *Leo Wieland*, Mit Madison wider die Selbstbedienung der Diätenerhöher, Frankfurter Allgemeine Zeitung vom 22.5.1992.

77 So auch Parteienfinanzierungskommission 1993, Empfehlungen, Kapitel 8, IV (BT-Drs. 12/4425, S. 39).

Anhang – Die Ruhegehälter von Ministern und Senatoren in Bund und Ländern

1 Bruchteile des letzten zur Erreichung der Vollversorgung erforderlichen Amtsjahres sind der Übersichtlichkeit wegen gerundet. – Nicht einbezogen sind auch die Ruhegehälter, welche Minister, die gleichzeitig Abgeordnete sind, aus ihrem Abgeordnetenmandat zusätzlich erwerben können und welche regelmäßig nur zum Teil angerechnet werden.

2 Ein umfassender Überblick findet sich in: *von Arnim,* Die finanziellen Privilegien von Ministern in Deutschland, 1992, S. 75ff. mit Tabelle 7.

3 Näheres zu diesen Anrechnungszeiten bei *von Arnim,* ebenda (vorangehende Fußnote), S. 34f., 38, 80, 82f.

4 Näheres zu dieser Doppelzählung bei *von Arnim,* ebenda, S. 32 f., 82.

5 Bei den folgenden Ländern unterbleibt der unmittelbare Vergleich mit der Bundesregelung; der Leser kann ihn selbst leicht vornehmen.

6 In Thüringen erfolgt eine Anrechnung von Parlamentszeiten. Siehe dazu S. 385.

7 Viertes Gesetz zur Änderung des Gesetzes über die Rechtsverhältnisse der Mitglieder der Landesregierung vom 16. 12. 1992, Nieders. GVBl. S. 337.

8 Gesetzentwurf der Landesregierung für ein Gesetz über die Bezüge der Mitglieder des Landesregierung vom 3. 11. 1992 (Hessischer Landtag, Drs. 13/3010).

9 § 12 des vorgenannten Gesetzentwurfs.

Sach- und Personenregister

Politik und Zeitgeschichte

(80006)

Friedrich Schorlemmer
Träume und Alpträume
Einmischungen 1982-1990

Hans Apel
Die deformierte Demokratie
Parteienherrschaft in Deutschland

(80000)

HANS HERBERT VON ARNIM
DER STAAT ALS BEUTE
WIE POLITIKER IN EIGENER SACHE GESETZE MACHEN

(80014)

Friedrich Schorlemmer
Bis alle Mauern fallen
Texte aus einem verschwundenen Land

(80005)

GIOVANNI FALCONE
MAFIA INTERN

(80012)

ANTONINO CAPONNETTO
Die Antimafia
Wie dem organisierten Verbrechen der Prozeß gemacht werden kann

(80013)

Zeitgeschichte

(77010)

(4845)

(3785)

(3971)

Deutschland im Blickpunkt

(4830)

(4855)

(77010)

(77027)

(77051)

Hans-Joachim Maaz

(77010)

Foto: Gerlind Klemens

(80001)